"101计划"核心教材

中药学领域

中药新药创制

主　　审	刘红宁　屠鹏飞
主　　编	张　彤　韩　波
副 主 编	庄朋伟　王鹏龙　张　蕾　郑云枫　朱艳华
编　　者	（按姓氏汉语拼音排序）

陈乾乾（南京中医药大学）　　　褚福浩（北京中医药大学）
韩　波（成都中医药大学）　　　姜　晨（天津中医药大学第一附属医院）
李　想（成都中医药大学）　　　浦益琼（上海中医药大学）
王鹏龙（北京中医药大学）　　　玄振玉（苏州玉森新药开发有限公司）
严国俊（南京中医药大学）　　　阎雪莹（黑龙江中医药大学）
张　蕾（中国药科大学）　　　　张　彤（上海中医药大学）
郑云枫（南京中医药大学）　　　朱艳华（黑龙江中医药大学）
庄朋伟（天津中医药大学第一附属医院）

编写秘书　浦益琼（上海中医药大学）　　　李　想（成都中医药大学）

中国教育出版传媒集团

高等教育出版社·北京

内容简介

中药新药研发融合了中医药基础理论和现代科学技术,是联结中医临床诊疗和医药产业的重要桥梁。《中药新药创制》为教育部中药学领域"101计划"核心教材之一。本教材以中药学知识为基础,结合新药创制的理念、政策和要求,介绍中药新药的发现、药学研究、药理毒理研究和临床研究等中药新药研发环节的相关知识,引导学生重视中医理论学习、人用经验搜集整理和临床试验科学规范等相关内容的深度思考与实践。

本教材将培养学生新药研发的创新思维和严谨求真的科研品质,有效掌握新药研发相关技术与方法,为在中医药临床有效性指导下,研发生产更多适合中国人生命基因传承和身体素质特点的"中国药"奠定基础。

图书在版编目(CIP)数据

中药新药创制 / 张彤,韩波主编. -- 北京:高等教育出版社,2025.9. -- ISBN 978-7-04-064369-5

Ⅰ. R286

中国国家版本馆 CIP 数据核字第 2025MM0976 号

Zhongyao Xinyao Chuangzhi

策划编辑 瞿德竑	责任编辑 瞿德竑	封面设计 李小璐	责任印制 赵义民

出版发行	高等教育出版社	网　　址	http://www.hep.edu.cn
社　　址	北京市西城区德外大街4号		http://www.hep.com.cn
邮政编码	100120	网上订购	http://www.hepmall.com.cn
印　　刷	北京盛通印刷股份有限公司		http://www.hepmall.com
开　　本	850mm×1168mm　1/16		http://www.hepmall.cn
印　　张	20.5		
字　　数	510 千字	版　　次	2025 年 9 月第 1 版
购书热线	010-58581118	印　　次	2025 年 9 月第 1 次印刷
咨询电话	400-810-0598	定　　价	63.00元

本书如有缺页、倒页、脱页等质量问题,请到所购图书销售部门联系调换

版权所有　侵权必究

物 料 号　64369-00

中药学"101计划"主审专家委员会

（按姓氏汉语拼音排序）

蔡宝昌（南京中医药大学）
陈红专（上海中医药大学）
陈士林（成都中医药大学）
程翼宇（浙江大学）
段金廒（南京中医药大学）
谷晓红（北京中医药大学）
果德安（中国科学院上海药物研究所）
匡海学（黑龙江中医药大学）
李　萍（中国药科大学）
李永吉（黑龙江中医药大学）
刘红宁（江西中医药大学）
彭　成（成都中医药大学）
屠鹏飞（北京大学）
万德光（成都中医药大学）
王广基（中国药科大学）
王继峰（北京中医药大学）
肖　伟（南京中医药大学）
徐宏喜（上海中医药大学）
颜正华（北京中医药大学）
张伯礼（天津中医药大学）

数字课程(基础版)

中药新药创制

主编 张彤 韩波

abooks.hep.com.cn/64369

使用方法:

1. 电脑或移动设备访问课程网站。
2. 注册并登录后,进入"个人中心"。
3. 刮开图书封底防伪码涂层,通过扫描二维码或手动输入 20 位密码,完成防伪码绑定。
4. 绑定成功后,即可开始本数字课程的学习。

如有使用问题,请点击页面下方的"疑问"按钮。

"中药新药创制"数字课程编委会

（按姓氏汉语拼音排序）

陈乾乾（南京中医药大学）
褚福浩（北京中医药大学）
韩　波（成都中医药大学）
姜　晨（天津中医药大学第一附属医院）
李　想（成都中医药大学）
浦益琼（上海中医药大学）
王鹏龙（北京中医药大学）
玄振玉（苏州玉森新药开发有限公司）
严国俊（南京中医药大学）
阎雪莹（黑龙江中医药大学）
张　蕾（中国药科大学）
张　彤（上海中医药大学）
郑云枫（南京中医药大学）
朱艳华（黑龙江中医药大学）
庄朋伟（天津中医药大学第一附属医院）

总 序

党的二十大报告指出，"全面提高人才自主培养质量，着力造就拔尖创新人才，聚天下英才而用之"。党的二十届三中全会强调，"加强基础学科、新兴学科、交叉学科建设和拔尖人才培养""分类推进高校改革，建立科技发展、国家战略需求牵引的学科调整机制和人才培养模式"。教育部为落实党中央指示，开拓了培养能够引领重大原始创新、突破关键核心技术的拔尖人才有益探索，启动了"四个一流"建设的"101计划"。以小切口解决大问题，在深处（课程）、实处（教材）、难处（实践）、痛处（教师）下功夫，为培养拔尖人才创造了一种新的教育范式。

习近平总书记多次对中医药工作做出重要指示，要"充分发挥中医药的独特优势，推进中医药现代化""加快推进中医药现代化、产业化""积极推进中医药科研和创新，注重用现代科学解读中医药学原理"，对中医药现代化与拔尖创新人才培养提出了具体要求。

中药学"101计划"作为教育部基础学科教育教学改革研究项目之一，对中药学拔尖人才的培养目标、培养模式、课程体系、实践项目、教材建设、师资队伍建设进行了前瞻性、设计性改革。

本套中药学"101计划"核心教材共13本。其中既有对中药学传统专业课程进行前沿性、研究性深化与延伸的教材，也有将生命与基础医学相关课程整合形成的教材（如《生命科学基础》），还有为了满足对人工智能、大数据与智能制造等新技术发展的需求，前瞻性编写的教材（如《中药工程学》《中药信息学》）。该系列教材建设强调教材质量，建立了主编、主审双负责制，强化顶层设计，建立学科督导组，动态跟踪评估教学效果和课堂授课质量，建立了多元评价体系。

这13门核心课程的建设及其相应教材的编写，进一步固化了中药学"101计划"改革成果，加强了课程建设与科学进步、产业革新的紧密结合，推动了知识图谱与能力图谱建设，促进了院校间高水平教师的教研活动与交流，更是为开设中药学专业的院校开展拔尖人才培养改革提供了借鉴与参考。

本套中药学"101计划"核心教材由天津中医药大学、北京中医药大学、上海中医药大学、南京中医药大学、成都中医药大学、黑龙江中医药大学、中国药科大学牵头，相关院校的专家参与编写。教材编写等的组织工作中，一直得到了教育部等单位有关领导的指导和支持。在此一并致谢！

张伯礼

2024年8月

前　言

中医药学是中华文明的瑰宝，是中华民族在与疾病长期斗争中创造的人类科学和文化宝库，也是最有希望实现原始创新突破、对世界科技和医学发展产生重大影响的学科。

中药新药研发融合了中医药基础理论和现代科学技术，是连接临床诊疗和医药产业的重要桥梁。习近平总书记指出，要研发生产更多适合中国人生命基因传承和身体素质特点的"中国药"，特别是要加强中医药传承创新发展。2024年3月，"创新药"首次被写入全国两会政府工作报告。中药新药创制承载着中国生物医药领域的原始创新和重大技术突破等学科及行业发展重任，是关乎国计民生、解决临床重大疾病预防与治疗问题的关键途径。

"中药新药创制"课程入选教育部中药学基础学科本科教育教学改革（"101计划"）核心课程，首次成为中药学拔尖创新人才培养的必修课程。一方面，通过本课程的学习，学生将熟悉新药研发的相关法规，融合多学科的知识，掌握新药研发相关知识与技能，确保中药新药的安全、有效和质量可控；另一方面，在中医药临床有效性的指导下，本课程将培养学生新药研发的创新思维和严谨求真的科研品质，树立创制生物医药领域的"航母、大飞机"的理想信念，以好方创好药。

《中药新药创制》教材共分为九章。第一章讲解中药新药的定义及主要研究内容，中药新药申报与审批的相关法规和指南，以及中药在我国港澳台地区及国外的注册要求，由张彤、浦益琼编写。第二章讲解新药研发的基本思路与策略、中药新药选题的原则和方法等，由韩波、李想编写。第三章至第五章讲解中药新药的药学研究，其中第三章讲解中药的原料、辅料与包装材料，由朱艳华、阎雪莹编写；第四章讲解中药新药制备工艺研究的基本思路与策略，由郑云枫、严国俊编写；第五章讲解中药新药质量标准和稳定性研究的基本思路与主要内容，由王鹏龙、褚福浩编写。第六、七章讲解中药新药的药理、毒理研究，其中第六章讲解中药新药药理学研究的主要任务和主要药效学研究思路与方法，由张蕾、陈乾乾编写；第七章讲解中药新药毒理学研究的主要内容与常用技术，由韩波、李想编写。第八章为中药新药的临床研究部分，讲解"三结合"审评证据体系下中药新药临床研究的主要路径和方法，由庄朋伟、姜晨编写。第九章讲解中药新药注册申报资料与数据合规性要求，由张彤、玄振玉编写。各高校的部分授课教师也参与了本教材内容的编写与讨论。全书由浦益琼统稿，主编张彤、韩波对纸质教材和数字资源进行修改和审定，并经主审刘红宁和屠鹏飞审核。

在教材编写体例上，《中药新药创制》包含纸质教材和数字资源两部分。纸质教材章后设有针对各章具体内容的思考题，力求帮助学生掌握各章节关键知识点，并进一步引导学生深度思考，培养中药新药研究的创新思维，为激发学生的创造力及解决实际问题的能力打下基础。数字资源设有学习目标、知识图谱、推荐阅读、教学课件和自测题。

《中药新药创制》内容具有高阶性、创新性和挑战度的"金课"属性,需要融合多门中药基础课程的知识和技能。然而,教材只是一个基础"剧本",从教材到金课,需要多学科教学团队的反复实践,课程讲授过程中仍需授课教师持续补充最新的政策法规、相关研究进展和研究实例,培养拔尖学生理论联系实际、分析和解决中药新药研发中难点问题的创新实践能力。

由于中药新药创制本身的挑战性,以及编写团队理论和实战经验有限,书中相关内容难免存在不足,恳请各位同仁及广大读者多提宝贵意见,共同完善。

张彤　韩波
2025 年 3 月

目 录

第一章　绪论 ⋯⋯⋯⋯⋯⋯⋯⋯⋯⋯⋯⋯ 1

第一节　中药新药的定义和主要研究内容 ⋯ 2
一、中药新药的定义 ⋯⋯⋯⋯⋯⋯⋯ 2
二、中药新药研发的特点 ⋯⋯⋯⋯⋯ 2
三、中药新药研发的内容与过程 ⋯⋯ 3
第二节　中药新药申报与审批 ⋯⋯⋯⋯⋯ 7
一、药品注册的概念 ⋯⋯⋯⋯⋯⋯⋯ 7
二、药品注册管理机构 ⋯⋯⋯⋯⋯⋯ 7
三、中药研发政策的发展历程 ⋯⋯⋯ 8
四、中药新药的注册分类 ⋯⋯⋯⋯⋯ 9
五、中药新药的注册程序 ⋯⋯⋯⋯⋯ 11
第三节　中药新药研究的相关法规和
　　　　指南 ⋯⋯⋯⋯⋯⋯⋯⋯⋯⋯⋯ 15
一、中药新药研究的相关法规 ⋯⋯⋯ 15
二、中药相关质量标准 ⋯⋯⋯⋯⋯⋯ 17
三、中药新药研究的指导原则 ⋯⋯⋯ 18
第四节　中药在我国港澳台地区的注册 ⋯ 19
一、中药在香港的注册 ⋯⋯⋯⋯⋯⋯ 20
二、中药在澳门的注册 ⋯⋯⋯⋯⋯⋯ 20
三、中药在台湾的注册 ⋯⋯⋯⋯⋯⋯ 21
第五节　中药在国外的注册 ⋯⋯⋯⋯⋯⋯ 22
一、中药在美国的注册 ⋯⋯⋯⋯⋯⋯ 22
二、中药在加拿大的注册 ⋯⋯⋯⋯⋯ 23
三、中药在欧盟的注册 ⋯⋯⋯⋯⋯⋯ 24
四、中药在日本的注册 ⋯⋯⋯⋯⋯⋯ 26
五、中药在澳大利亚的注册 ⋯⋯⋯⋯ 27

第二章　中药新药的发现与设计 ⋯⋯⋯ 29

第一节　中药研发的思路与策略 ⋯⋯⋯⋯ 30

一、面向国家重大战略需求 ⋯⋯⋯⋯ 30
二、面向人民生命健康需求 ⋯⋯⋯⋯ 30
三、中医药思维与新药研发 ⋯⋯⋯⋯ 31
第二节　中药新药的发现 ⋯⋯⋯⋯⋯⋯⋯ 32
一、中药新药的选题原则 ⋯⋯⋯⋯⋯ 32
二、中药新药的选方途径 ⋯⋯⋯⋯⋯ 33
第三节　中药新药的立项 ⋯⋯⋯⋯⋯⋯⋯ 34
一、中药新药的立项意义 ⋯⋯⋯⋯⋯ 34
二、中药新药的立项要素 ⋯⋯⋯⋯⋯ 35
第四节　中药新药的设计 ⋯⋯⋯⋯⋯⋯⋯ 37
一、中药新药设计的原则与优化策略 ⋯ 38
二、中药创新药发现的途径、方法与
　　新领域 ⋯⋯⋯⋯⋯⋯⋯⋯⋯⋯⋯ 41

第三章　中药新药的原料、辅料与
　　　　包装材料 ⋯⋯⋯⋯⋯⋯⋯⋯ 46

第一节　中药基原鉴定与资源评估 ⋯⋯⋯ 47
一、中药基原鉴定 ⋯⋯⋯⋯⋯⋯⋯⋯ 47
二、中药资源评估 ⋯⋯⋯⋯⋯⋯⋯⋯ 49
第二节　中药新药的原料 ⋯⋯⋯⋯⋯⋯⋯ 54
一、中药材、中药饮片、中药提取物 ⋯ 54
二、原料的质量要求 ⋯⋯⋯⋯⋯⋯⋯ 56
第三节　中药新药的辅料 ⋯⋯⋯⋯⋯⋯⋯ 58
一、辅料选择的原则 ⋯⋯⋯⋯⋯⋯⋯ 59
二、辅料在制剂中的作用 ⋯⋯⋯⋯⋯ 59
三、辅料的合理应用 ⋯⋯⋯⋯⋯⋯⋯ 63
第四节　中药新药的包装材料 ⋯⋯⋯⋯⋯ 65
一、药品包装材料概述 ⋯⋯⋯⋯⋯⋯ 65
二、药品包装材料的标准 ⋯⋯⋯⋯⋯ 66
三、药品包装材料举例 ⋯⋯⋯⋯⋯⋯ 68

目录

第四章　中药新药的制备工艺研究 …… 74

第一节　中药新药制备工艺研究的主要内容与基本要求 …………… 75
　一、制备工艺研究的主要内容 ………… 75
　二、制备工艺研究的基本要求 ………… 76
　三、制备工艺研究的特点 ……………… 79
第二节　工艺路线设计 …………………… 80
　一、剂型的选择 ………………………… 80
　二、中间体制备工艺路线的选择 ……… 82
第三节　制备工艺条件研究 ……………… 90
　一、中药制备工艺条件研究的基本原则 ……………………………… 90
　二、处方药味前处理研究 ……………… 90
　三、提取、纯化工艺研究 ……………… 92
　四、浓缩、干燥工艺研究 ……………… 99
　五、制剂处方研究 ……………………… 104
　六、制剂成型工艺研究 ………………… 106
　七、直接接触药品的包装材料的选择 … 107
第四节　制备过程中的量值传递 ………… 107
　一、中药制剂量值传递的含义 ………… 108
　二、中药量值传递研究的主要内容 …… 108
　三、量值传递规律对制药过程质量控制的影响 ……………………… 111
第五节　中试放大及生产工艺研究 ……… 112
　一、中试研究及工艺验证 ……………… 112
　二、规模化生产研究 …………………… 118

第五章　中药新药的质量标准和稳定性研究 ……………………… 121

第一节　中药质量研究的基本原则和主要内容 ………………………… 122
　一、质量研究的基本原则 ……………… 122
　二、质量研究不同阶段的主要研究内容 ………………………………… 123
第二节　中药新药的化学成分及质量研究 …………………………… 124
　一、化学成分研究 ……………………… 124
　二、制剂质量研究 ……………………… 125
　三、质量研究的关联性 ………………… 126
第三节　中药新药的质量标准研究 ……… 126
　一、中药质量标准制定的基本原则 … 127
　二、中药新药质量标准的主要内容 … 128
　三、起草说明 …………………………… 132
　四、质量标准检测药味和成分的选择 … 140
　五、中药标准物质 ……………………… 141
　六、质量标准案例 ……………………… 145
第四节　中药新药的稳定性研究 ………… 152
　一、基本原则 …………………………… 152
　二、试验方法 …………………………… 153
　三、研究要求与结果评价 ……………… 155
　四、稳定性研究报告 …………………… 157

第六章　中药新药的药理学研究 …… 158

第一节　中药新药药理学研究的主要任务 …………………………… 159
　一、中药新药药理学研究的概念 …… 159
　二、中药新药药理学研究的任务 …… 160
第二节　中药新药药理学研究的主要内容 …………………………… 165
　一、中药新药药理学研究总体要求 … 165
　二、中药新药药理学研究内容 ………… 166
第三节　主要药效学研究思路与方法 … 181
　一、整体试验研究 ……………………… 181
　二、离体试验研究 ……………………… 183
　三、虚拟研究法 ………………………… 183
　四、多组学研究法 ……………………… 185
　五、常见病（证）的中药主要药效学研究 ……………………………… 185
第四节　与功效主治相关的药效学研究试验设计实例 ………………… 197

第七章　中药新药的毒理学研究 …… 208

第一节　中药新药毒理学研究的基本概念和要求 ……………………… 209

一、中药新药毒理学研究的基本概念… 209
二、中药新药毒理学研究的基本要求… 209
三、中药新药毒理学研究的总体要求… 212

第二节　中药新药毒理学研究的主要内容 …………………………… 213
一、单次给药毒性试验 ……………… 213
二、重复性给药毒性试验 …………… 219
三、其他安全性试验 ………………… 224

第三节　药物非临床研究质量管理 …… 233
一、《药物非临床研究质量管理规范》概述 ……………………………… 234
二、《药物非临床研究质量管理规范》的主要内容 ………………………… 234
三、新药研究中的相关要求 ………… 235

第八章　中药新药的临床研究 …… 238

第一节　"三结合"中药注册审评证据体系 …………………………… 239
一、中医药理论推动中药新药转化… 239
二、重视人用经验的中药新药临床研发指导原则 …………………… 242
三、精准设计临床试验实现中药新药转化 ………………………… 247

第二节　中药新药临床试验设计的关键问题 ……………………… 253

一、中药新药临床试验的一般要求… 253
二、适应病证的选择 ………………… 260
三、对照药物的选择 ………………… 265
四、检测指标的选择 ………………… 269

第三节　中药新药临床研究的质量保证 …………………………… 273
一、临床研究的组织管理 …………… 273
二、临床研究的质量控制 …………… 275
三、临床研究的监查、稽查与检查… 278

第九章　中药新药注册申报资料与数据合规性要求 …………… 281

第一节　中药新药注册申报资料要求… 282
一、申报资料项目 …………………… 282
二、申报资料说明 …………………… 285

第二节　新药研究数据合规性要求 …… 295
一、新药研究原始记录的一般要求… 297
二、药学研制和生产现场核查要求… 298
三、药理毒理学研究核查要求 ……… 299
四、药物临床试验核查要求 ………… 300
五、参考案例 ………………………… 301

参考文献 …………………………… 303

附录 ………………………………… 306

第一章 绪 论

中医药是中华民族的伟大创造，以其独特的理论体系和临床疗效在世界医药体系中独树一帜。中药新药研发是中药产业发展和科技进步的源泉，是关乎国计民生、解决临床重大疾病预防与治疗问题的关键途径。自1985年我国实行新药审评制度以来，中药新药研发经过不懈努力，已取得了一定进展。然而，中药新药创制也面临着一系列挑战，包括缺乏整体思路统领、基础研究成果难以转化等问题，影响了中药产业的科技创新和中药新药的临床应用。近年来，国家陆续出台了一系列推进中医药产业高质量发展的支持政策。2020年1月，国家市场监督管理总局公布了新版《药品注册管理办法》；2020年9月，国家药品监督管理局发布了《中药注册分类及申报资料要求》；2023年2月，国家药品监督管理局发布《中药注册管理专门规定》，要求推进中医药理论、人用经验和临床试验"三结合"，建立具有中药特点的审评审批体系。2023年5月，总书记在河北考察时指出，要"研发生产更多适合中国人生命基因传承和身体素质特点的'中国药'，特别是要加强中医药传承创新发展"。2024年3月，"创新药"首次被写入政府工作报告，中药新药创制将进一步推进中医药现代化、产业化，推动中医药走向世界。

通过本章学习，学生应掌握中药新药的定义，熟悉中药新药申报与审批的法规，并了解中药在港澳台及国外的注册要求。

第一节　中药新药的定义和主要研究内容

基于中医临床实践经验，为现代医学难题提供有效的中药创新药，是中医药现代化的重要任务之一。本节将依据现行法规和中药新药的注册实践，概述中药新药的定义、中药新药研发的特点及中药新药研发内容与过程。

一、中药新药的定义

新药，是未曾在中国境内上市销售的药品。中药是指在中医药理论指导下使用的药用物质及其制剂。依据国家药品监督管理局（简称药监局）《中药注册分类及申报资料要求》，中药注册分为4类，分别是中药创新药、中药改良型新药、古代经典名方中药复方制剂和同名同方药，前三类均属于未曾在中国境内上市销售的"中药新药"。其中，中药创新药（1类）指处方未在国家药品标准、药品注册标准及国家中医药主管部门发布的《古代经典名方目录》中收载，具有临床价值，且未在境外上市的中药新处方制剂；中药改良型新药（2类）指改变已上市中药的给药途径、剂型，且具有临床应用优势和特点，或增加功能主治等的制剂；古代经典名方中药复方制剂（3类）指来源于古代经典名方的中药复方制剂。天然药物是指在现代医药理论指导下使用的天然药用物质及其制剂，天然药物参照中药注册分类管理。

中药新药创制是一项涉及药学、药理、毒理、临床等多学科研究的系统工程，应在中医药理论指导下，根据中药特点、新药研发的一般规律及不同研究阶段的主要目的，开展针对性研究，落实药品全生命周期管理，促进中药传承与创新，保证药品安全、有效、质量可控。从注册申报的流程上来说，中药新药必须按照国家的有关规定，经过系统研究，并通过国家药品监督管理局药品审评中心（center for drug evaluation，CDE）审评，由国家药品监督管理局批准发给新药证书及生产批准文号，才可投放市场进行销售与使用。

二、中药新药研发的特点

与化学药品或生物制品相比，中药新药研发是在中医药理论指导下进行的，积累了丰富的传统用药经验和临床实践基础，这是中药新药研发最基本、最重要的特征。总体而言，中药新药研发的独特性体现在以下几方面。

（一）临床有效性的实践基础

中医药是包括汉族和少数民族医药在内的中国各民族医药的统称，是中国医药卫生事业的重要组成部分。中医药反映了中华民族对生命、健康和疾病的认识，具有悠久的历史传统和独特的理论及技术方法，凝聚着中华民族的博大智慧。中药新药的处方一般来源于经典、临床经验方，或在中医药理论指导和临床启发下的新组方，具有较好的临床实践基础。

（二）成分的复杂性和质量的可控性

中药复方通常由多味中药组成，每味中药可能含有多种生物活性成分，形成一个复杂的化学成分体系，从而构成了中药的多靶点、多途径的药效特点。与化学药品（通常为单一的化学实体或小分子药物）和生物制品（如单克隆抗体或重组蛋白等大分子）相比，中药复方成分的复杂性更为突出。由于中药成分的复杂性，其质量控制和标准化面临更大的挑战。在质量控制过程中，中药新药的研发需要建立一套完整的质量标准体系，包括但不限于指纹图谱分析、多成分定量分析等手段，以保证批间和批内的稳定性和一致性。

（三）临床前药效学和安全性评价

中药虽然来源于临床实践，但对某一固定处方如果缺少系统人用经验证据，那么在中药新药研究阶段就需要评价中药新药的临床前药效学和安全性。一般采用系统药理学和毒理学方法，并结合现代生物技术，通过动物、体外或离体试验，全面评估其药效、作用机制和可能的毒副作用，为临床试验提供科学依据。

（四）临床有效性的系统评价

中药新药一般需进行系统的临床评价，根据不同新药类型开展Ⅰ期、Ⅱ期和Ⅲ期临床试验。基于中医药理论和人用经验发现的中药，主要通过人用经验或者必要的临床试验来确认其疗效。中药新药上市后，还需要结合临床使用情况，不断积累相关数据，关注其有效性和安全性。

（五）物质基础和作用机制研究

中药新药的研发需要通过现代分析技术，如液相色谱-质谱法（liquid chromatography–mass spectrometry，LC-MS）、气相色谱-质谱法（gas chromatography–mass spectrometry，GC-MS）等手段，对药效成分进行筛选、结构鉴定和质量控制。由于中药涉及多成分、多靶点，对于其作用机制的研究也更为复杂，需要运用系统生物学、药理学和分子生物学等多学科知识，通过体内外实验来阐释其作用网络和作用机制。

（六）源于中药的天然药物研究

源于中药的天然药物研究是在中医药临床实践的基础上，以植物、动物和矿物等天然资源为基础，通过对传统中药的深入研究，揭示其中的活性成分和药理作用，从而研制出成分确定、作用靶点清晰的中药创新药。通过挖掘和利用天然药物的药用价值，中药新药研发得以获得更多的创新和发展机会，为疾病的临床诊疗带来更多选择和可能。青蒿素就是源于中药的天然药物，是中国传统医药献给世界的一份礼物。

基于上述特点，中药新药的研发周期普遍较长，且工艺验证、药效学、安全性评价和临床研究等环节的研究成本较高。尽管存在上述挑战，中药新药研发还是逐步引入现代科技和方法，通过科学化、标准化的研究流程，将传统中药的疗效与现代医药的研发模式相融合，以期开发出既安全有效又符合国际标准的新药物。

三、中药新药研发的内容与过程

中药新药的研发应当结合中药注册分类要求，根据品种情况选择符合其特点的"新药类别"，再实施其对应的研发路径或者模式。

以1.1类中药新药为例，研发申报主要包括：选题立项、药学研究、药理毒理研究、临床研

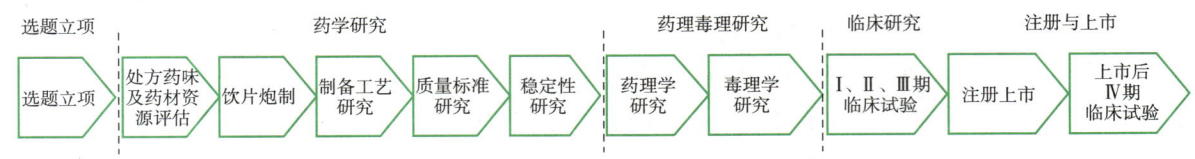

图 1-1　中药新药（1.1 类）研发申报程序

究、注册与上市（图 1-1）。

按《古代经典名方目录》管理的中药复方制剂，其研发豁免非临床有效性研究和临床试验，申报程序可以简化，参考 2022 年 12 月 27 日获批的中国第一个古代经典名方中药复方制剂——苓桂术甘颗粒。

3.1 类中药复方制剂的研发申报流程主要包括：选题立项、药学研究、非临床安全性研究、注册与上市。

根据中医药理论、人用经验和临床试验相结合的审评证据体系（"三结合"体系）评审原则，中药新药处方来源于古代经典名方或者中医临床经验方，如果处方组成、临床定位、用法用量等与既往临床应用基本一致，采用与临床使用药物基本一致的传统工艺，且可通过人用经验初步确定功能主治、适用人群、给药方案和临床获益等的项目，可不开展非临床有效性研究。

（一）中药新药的选题立项

在中药新药研发过程中，选题是决定研发方向和资源投入的关键步骤，也是新药开发能否成功的关键。正确的选题不仅关乎研发的方向性，也是实现中药新药研究与市场需求对接的前提，直接影响着中药新药开发的前景、企业的经济效益和社会效益。

中药新药研究选题应遵循以下基本原则：需求性、可行性、科学性、创新性和效益性。"需求性"要求中药新药立项前应先进行市场调研，选择临床优势明显、市场需求大的疾病作为切入点，从而解决"未被满足的临床需求"；"可行性"涉及研究资源、技术支持、人才队伍等实际条件的匹配；"科学性"要求中药新药研究选题基于中医药科学理论和临床实践，确保研究的合理性；"创新性"则强调通过新的研究方法或新的理论应用，开拓中药新药研究的新领域；"效益性"则要求研究具有市场前景、经济效益和社会效益。

中药新药研究的选题应面向国家重大战略需求，重点关注选择中医药临床优势病种，针对临床治疗需求、现有疗法和现有药物，提出临床治疗定位，聚焦治疗领域和选题方向。中药新药研发的选题途径应紧密结合中医药的理论与临床实践，并确保疗效可靠。选题主要源自传统古方、经方、验方、秘方、少数民族药方及现代科技成果。此外，改进传统中成药或医疗机构中药制剂的剂型和工艺，提取有效成分，增强疗效和安全性，也是现代中药创新发展的重要方向。

（二）中药新药的药学研究

中药新药的药学研究主要包括处方药味及药材资源评估、饮片炮制、制备工艺、质量标准、稳定性等研究。新发现中药材还应包括来源、生态环境、栽培（养殖）技术、采收处理、加工炮制等研究。

1. 处方药味及药材资源评估　处方药味及药材资源评估是确保中药安全性和有效性的关键环节。中药处方药味包括饮片、提取物等。处方药味及药材资源评估应提供药材的基原（包括科名、中文名、拉丁学名）、药用部位（矿物药注明类、族、矿石名或岩石名、主要成分）、药材产地、采收期、饮片炮制方法、药材是种植养殖（人工生产）还是来源于野生资源等信息。对于药材基原易混淆品种，需提供药材基原鉴定报告。多基原的药材除必须符合质量标准的要求外，必须固定基原，并提供基原选用的依据。药材应固定主要产地，涉及濒危物种的药材应符合国家的有关规定，应保证可持续利用，并特别注意来源的合法性。此外，处方药味及药材资源评估还包括对药材的质量评价和安全性评估，确保药材符合药品质量标准和安全使用要求。处方药味及药材资源的综合评估可以保证新药的药效、安全性和质量，促进中药的科学研究和临床应用。

2. 饮片炮制 饮片是中药临床应用和中成药生产的原料，新药研究过程中应对饮片炮制方法进行研究，明确饮片炮制加工依据，优选炮制工艺参数。按《古代经典名方目录》管理的中药复方制剂所用饮片的炮制方法应与国家发布的古代经典名方关键信息一致。申请上市许可时，应说明药物研发各阶段饮片炮制方法的一致性。

3. 制备工艺研究 中药新药的制备工艺研究是以中医药理论为指导，根据疾病的性质、临床用药的需要及药物的理化性质，确定适宜的给药途径和剂型，选择合适的辅料和制备工艺，筛选制剂的最佳处方和工艺条件，确定包装，最终形成适合于生产和临床应用的制剂产品。制备工艺研究是中药新药研发的一个重要环节。中药成分复杂，为了提高疗效、减小服用量、便于制剂，饮片一般需要经过前处理、提取、纯化、浓缩等处理，这是中药制剂特有的工艺步骤。剂型的选择应兼顾药材的性质和临床需求，工艺设计以确保疗效、用药方便为前提；辅料要避免影响主药的疗效和稳定性；包装要力求稳定、美观、新颖。不同处方组成和不同方源的制剂，其新药申报类型和工艺路线设计可能不同。因此，首先应明确新药的目标分类，然后按规定要求进行系统的工艺考察。

4. 质量标准研究 质量标准是中药新药研究的重要内容。中药质量标准研究应遵循中医药发展规律，坚持传承和创新相结合，体现药品质量全生命周期管理的理念；在深入研究的基础上，运用现代科学技术，建立科学、合理、可行的质量标准，保障药品质量可控。

研究者应根据中药新药的处方组成、制备工艺、药用物质的理化性质、制剂的特性和稳定性的特点，有针对性地选择并确定质量控制指标，还应结合不断发展的相关分析技术，不断完善质量标准的内容，提高中药新药的质量控制水平，保证药品的安全性和有效性。

5. 稳定性试验 稳定性是新药质量的主要评价指标之一，也是制定新药有效期的主要依据。稳定性研究是新药研究中不可缺少的重要环节，其目的是探测药品在储存期内质量变化的规律，保证药品在使用期限内不发生明显质量变化。中药新药依据剂型、品种的不同，其稳定性试验中要求检查的项目也不尽相同。

中药新药药学研究应体现全生命周期管理，加强药材、饮片、中间体、制剂等全过程的量值传递研究，建立和完善符合中药特点的全过程质量控制体系，并随着对产品认知的提高和科学技术的不断进步，持续改进药品生产工艺、质量控制方法和手段，保障中药的安全有效和质量稳定。

（三）中药新药的药理毒理研究

1. 药理学研究 药理学研究是通过动物或体外、离体试验来获得非临床有效性信息，涉及药效学作用及其特点、药物作用机制等，主要包括主要药效学、次要药效学、安全药理学、药物相互作用和药物代谢动力学（简称药代动力学）等研究模块。主要药效学研究，初步证实新药的主要治疗作用及较重要的其他治疗作用，同时说明药效的强度、范围、特点，揭示临床研究应注意的事项。次要药效学试验是研究与预期的治疗目标不相关的作用和作用模式的试验。安全药理学是研究某受试物在治疗剂量及以上剂量的暴露水平时，对生理功能潜在的非预期的药效学作用。药代动力学研究，主要研究新药在体内吸收、分布、代谢及排泄规律，获得药物的基本药代动力学参数，指导Ⅰ期临床用药。

2. 毒理学研究 毒理学研究的主要目的是对新药的安全性作出评价，为临床研究用药提供科学依据，保证临床用药安全。试验项目包括单次给药毒性试验、重复给药毒性试验、遗传毒性试验、生殖毒性试验、致癌性试验、依赖性试验，以及刺激性、过敏性、溶血性等与局部、全身给药相关的制剂安全性试验和其他毒性试验等。

从事新药安全性研究的实验室应符合国家药品监督管理局《药物非临床研究质量管理规范》（good laboratory practice for non-clinical laboratory studies，GLP）的相应要求，以保证各项实验的科学性和实验结果的可靠性。

（四）中药新药的临床研究

新药的临床试验分为Ⅰ期临床试验、Ⅱ期临床试验、Ⅲ期临床试验、Ⅳ期临床试验及生物等效性试验。申请人完成支持药物临床试验的药学、药理毒理学等研究后，根据中药制剂不同类别，按照申报资料要求向药品评审中心提出临床试验申请。

1. Ⅰ期临床试验 即初步的临床药理学及人体安全性评价试验，观察人体对于新药的耐受程度和药代动力学，为制定给药方案提供依据。

2. Ⅱ期临床试验 即随机盲法对照临床试验，对新药有效性及安全性作出初步评价，推荐临床给药剂量。

3. Ⅲ期临床试验 即扩大的多中心临床试验，应遵循随机对照原则，进一步评价新药有效性、安全性。

4. Ⅳ期临床试验 即新药上市后监测，在广泛使用条件下考察疗效和不良反应（注意罕见不良反应）。

5. 生物等效性试验 为新药生物利用度研究的方法，是以药代动力学参数为指标，比较同一种药物的相同或者不同剂型的制剂在相同的试验条件下，其活性成分吸收程度和速度有无统计学差异的人体试验。

基于中医药理论和人用经验发现、探索疗效特点的中药，主要通过人用经验或者必要的临床试验确认其疗效；基于药理学筛选研究确定拟研发的中药，应当进行必要的Ⅰ期临床试验，并循序开展Ⅱ期临床试验和Ⅲ期临床试验。

（五）中药新药的申报审批

中药新药包括中药创新药、中药改良型新药和古代经典名方中药复方制剂，相应的申报资料要求应按照中药注册分类及申报资料要求的有关规定执行。中药新药的研发应当结合中药注册分类，根据品种情况选择符合其特点的研发路径或者模式。中药注册审评，应采用"三结合"体系，综合评价中药的安全性、有效性和质量可控性。对古代经典名方中药复方制剂的上市申请实施简化注册审批，具体要求按照相关规定执行。对临床定位清晰且具有明显临床价值的中药新药等的注册申请实行优先审评审批。对治疗严重危及生命且尚无有效治疗手段的疾病及国务院卫生健康或者中医药主管部门认定急需的中药，药物临床试验已有数据或者高质量中药人用经验证据显示疗效并能预测其临床价值的，可以附条件批准，并在药品注册证书中载明有关事项。在突发公共卫生事件时，国务院卫生健康或者中医药主管部门认定急需的中药，可应用人用经验证据直接按照特别审批程序申请开展临床试验或者上市许可或者增加功能主治。

第二节　中药新药申报与审批

1984年我国颁布的《中华人民共和国药品管理法》，首次从法律层面将中药纳入药品进行管理，同时明确了中药新药的注册要求和注册管理机构。中药注册的管理历经1985—2020年的多次改版变革，《药品注册管理办法》得以不断优化。本节将介绍药品注册的概念及管理，并系统回顾我国实施药品注册管理制度以来中药注册分类的历史演变过程。

一、药品注册的概念

药品注册是指药品注册申请人依照法定程序和相关要求提出药物临床试验、药品上市许可、再注册等申请以及补充申请，药品监督管理部门基于法律法规和现有科学认知进行安全性、有效性和质量可控性等审查，决定是否同意其申请的活动。申请人取得药品注册证书后，为药品上市许可持有人。

药品注册证书有效期为五年，药品注册证书有效期内持有人应当持续保证上市药品的安全性、有效性和质量可控性，并在有效期届满前六个月申请药品再注册。

为规范药品注册行为，保证药品的安全性、有效性和质量可控性，根据《中华人民共和国药品管理法》《中华人民共和国中医药法》《中华人民共和国药品管理法实施条例》等法律、行政法规，国家制定了《药品注册管理办法》。

药品注册是确保药品质量、安全性和有效性的重要手段，也是国家对药品进行监督和管理的重要途径之一。药品注册的过程，必须符合国家相关的法律法规和规范标准，以确保药品的安全、有效和质量可控，保障人民的生命安全和身体健康，促进医药行业的发展和进步。

二、药品注册管理机构

国家药品监督管理局主管全国药品注册管理工作，负责建立药品注册管理工作体系和制度，制定药品注册管理规范，依法组织药品注册审评及相关的监督管理工作。

CDE负责新药临床试验申请（investigational new drug，IND）、新药上市许可申请（new drug application，NDA）、补充申请和境外生产药品再注册申请等的审评。

中国食品药品检定研究院（简称中检院）、国家药典委员会（简称药典委）、国家药品监督管理局食品药品审核查验中心（简称药品核查中心）、国家药品监督管理局药品评价中心（简称药品评价中心）、国家药品监督管理局行政事项受理服务和投诉举报中心、国家药品监督管理局信息中心（简称信息中心）等药品专业技术机构，承担依法实施药品注册管理所需的药品注册检验、通用名称核准、核查、监测与评价、制证送达以及相应的信息化建设与管理等相关工作。

省、自治区、直辖市药品监督管理部门负责本行政区域内以下药品注册相关管理工作：①境内生产药品再注册申请的受理、审查和审批。②药品上市后变更的备案、报告事项管理。③组织对药物非临床安全性评价研究机构、药物临床试验机构的日常监管及违法行为的查处。④参与国家药品监督管理局组织的药品注册核查、检验等工作。⑤国家药品监督管理局委托实施的药品注册相关事项。

三、中药研发政策的发展历程

1. 形成与发展阶段 1963年10月，卫生部、化工部、商业部发布了《关于药政管理的若干规定》。这是新中国成立后药政管理的第一个综合性法规文件。随着改革开放的深入发展，1978年，中共中央转发卫生部《关于认真贯彻党的中医政策，解决中医队伍后继乏人问题的报告》，有力地推动了中医药事业发展。1984年9月，我国第一部有关药品的法规《中华人民共和国药品管理法》(简称《药品管理法》)诞生，标志着中国药品注册法治化新阶段的开始。1985年，卫生部颁布实施了《新药审批办法》，首次将中药纳入药品管理范畴，将新药分成中药、西药和生物制品三大类别，其中中药又分为5类，建立了一套比较完整的新药审批程序。随后又进行了多次的修订和补充完善。1998年8月，国家药品监督管理局正式成立，并组织对《新药审批办法》进行修订。1999年，国家药品监督管理局重新制定颁布了《新药审批办法》，新药被明确定义为"我国未生产过的药品"，中药注册仍分为5类，且均按新药管理，特别关注药物的化学属性，主要在前述第1、2类中新增"复方中提取的有效成分""复方中提取的有效部位群"，并规定我国新药审批开始采用全国统一的法律法规进行管理。

2. 完善阶段 2001年，新的《药品管理法》正式颁布实施。2002年，国家药品监督管理局发布并实施了《药品注册管理办法（试行）》，第一次明确提出了药品注册的概念，标志着我国药品注册政策进入完善阶段。该办法将中药分类由5类增加至11类。1~7类为新药（第7类为中药注射剂），8、9类为改变给药途径和改变剂型品种（按照新药管理），10类为改变工艺的制剂，11类为仿制药。2005年和2007年，国家食品药品监督管理局分别对《药品注册管理办法》进行修订，形成了《药品注册管理办法》（局令第28号），删除了中药注射剂及改变工艺的制剂类别。为更好地实施《药品注册管理办法》，国家食品药品监督管理局颁布实施了一系列与《药品注册管理办法》配套的政策法规，如《中药注册管理补充规定》《关于开展中药注射剂安全性再评价工作的通知》《药品注册现场核查规定》等，对新药的研究和创制管理更加严谨、科学、有序。这一阶段中药注册分类中偏重药物的化学属性，化学属性越明确，分类级别相对越高。

3. 优化阶段 2015年，国务院发布了《关于改革药品医疗器械审评审批制度的意见》（国发〔2015〕44号），标志着药品审评审批改革的开始。2017年，国家对《药品管理法》《药品注册管理办法》进行修订；为加快建立符合中医药特点的中药开发技术标准体系，推动中药新药的科学有序研发，又相继起草和发布了一系列新药研究相关技术指导原则。2020年9月，国家药品监督管理局发布的《中药注册分类及申报资料要求》明确了将中药注册按照中药创新药、中药改良型新药、古代经典名方中药复方制剂、同名同方药等进行分类，前三类属于中药新药。该注册分类标准强调临床价值，不再强调化学属性。2021年8月27日，CDE发布了《按古代经典名方目录管理的中药复方制剂药学研究技术指导原则（试行）》。2023年2月10日，国家药品监督管理局发布了《中药注册管理专门规定》，要求推进中医药理论、人用经验和临床试验"三结合"，建立具有中药特点的审评审批体系。《药品管理法》《药品注册管理办法》等法律法规的不断完善，使中药新药的研制有法可依、有章可循，促进了中药事业的发展。

四、中药新药的注册分类

中医药作为我国独特的卫生资源、潜力巨大的经济资源、具有原创优势的科技资源、优秀的文化资源和重要的生态资源,在我国经济社会发展中发挥着重要作用,也是我国医疗卫生健康系统中不可或缺的部分。中药注册分类作为中药注册管理制度的核心内容,对推动中医药事业的传承与创新具有重要意义。《新药审批办法》《药品注册管理办法》在修订过程中,对中药的分类及其新药的界定均做出了多次调整,不断完善(表1-1)。

表1-1 1985—2020年中药注册分类变化

分类	1985年	2002年	2005年	2007年	2020年
1	中药材的人工制成品,新发现的中药材,中药材新的药用部位	未在国内上市的从中药、天然药物中提取的有效成分及其制剂	未在国内上市销售的从植物、动物、矿物等物质中提取的有效成分及其制剂	未在国内上市销售的从植物、动物、矿物等物质中提取的有效成分及其制剂	中药创新药
2	改变中药传统给药途径的新制剂,天然药物中提取的有效部位及其制剂	未在国内上市销售的来源于植物、动物、矿物等药用物质制成的制剂	新发现的药材及其制剂	新发现的药材及其制剂	中药改良型新药
3	新的中药制剂(包括古方、秘方、验方和改变传统处方组成者)	中药材的代用品	新的中药材代用品	新的中药材代用品	古代经典名方中药复方制剂
4	改变剂型但不改变给药途径的中成药	未在国内上市销售的中药材新的药用部位制成的制剂	药材新的药用部位及其制剂	药材新的药用部位及其制剂	同名同方药
5	增加适应证的中成药	未在国内上市销售的从中药、天然药物中提取有效部位制成的制剂	未在国内上市销售的从植物、动物、矿物等物质中提取的有效部位及其制剂	未在国内上市销售的从植物、动物、矿物等物质中提取的有效部位及其制剂	
6		未在国内上市销售的由中药、天然药物制成的复方制剂	未在国内上市销售的中药、天然药物复方制剂	未在国内上市销售的中药、天然药物复方制剂	
7		未在国内上市销售的由中药、天然药物制成的注射剂	改变国内已上市销售中药、天然药物给药途径的制剂	改变国内已上市销售中药、天然药物给药途径的制剂	
8		改变国内已上市销售药品给药途径的制剂	改变国内已上市销售中药、天然药物剂型的制剂	改变国内已上市销售中药、天然药物剂型的制剂	
9		改变国内已上市销售药品剂型的制剂	已有国家标准的中药、天然药物	仿制药	
10		改变国内已上市销售药品工艺的制剂			
11		已有国家标准的中成药和天然药物制剂			

2020年版《药品注册管理办法》将中药的注册分类简化为4类（图1-2），更加注重中医药自身的发展规律，这也意味着我国中药注册管理进入了全新发展阶段。

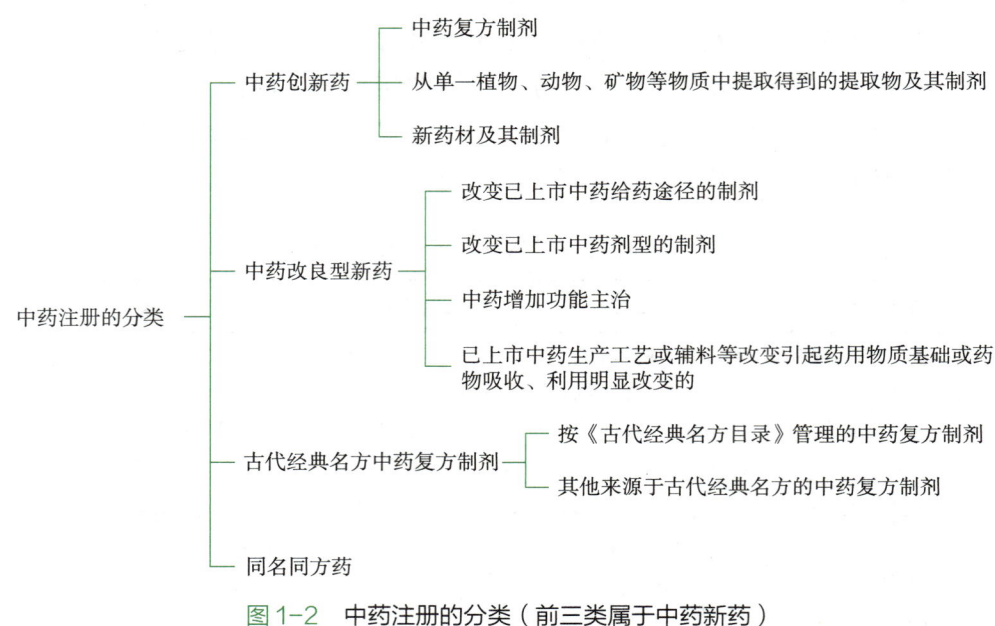

图1-2 中药注册的分类（前三类属于中药新药）

（一）中药创新药

中药创新药指处方未在国家药品标准、药品注册标准及国家中医药主管部门发布的《古代经典名方目录》中收载，具有临床价值，且未在境外上市的中药新处方制剂。一般包含以下情形：①中药复方制剂，系指由多味饮片、提取物等在中医药理论指导下组方而成的制剂。②从单一植物、动物、矿物等物质中提取得到的提取物及其制剂。③新药材及其制剂，即未被国家药品标准、药品注册标准以及省、自治区、直辖市药材标准收载的药材及其制剂，还包括上述标准药材的原动物、植物新的药用部位及其制剂。

（二）中药改良型新药

中药改良型新药指改变已上市中药的给药途径、剂型，且具有临床应用优势和特点，或增加功能主治等的制剂。一般包含以下情形：①改变已上市中药给药途径的制剂，即不同给药途径或不同吸收部位之间相互改变的制剂。②改变已上市中药剂型的制剂，即在给药途径不变的情况下改变剂型的制剂。③中药增加功能主治。④已上市中药生产工艺或辅料等改变引起药用物质基础或药物吸收、利用明显改变的。

（三）古代经典名方中药复方制剂

古代经典名方是指符合《中华人民共和国中医药法》（简称《中医药法》）规定的，至今仍广泛应用、疗效确切、具有明显特色与优势的古代中医典籍所记载的方剂。古代经典名方中药复方制剂是指来源于古代经典名方的中药复方制剂，包含以下情形：①按《古代经典名方目录》管理的中药复方制剂。②其他来源于古代经典名方的中药复方制剂，包括未按《古代经典名方目录》管理的古代经典名方中药复方制剂和基于古代经典名方加减化裁的中药复方制剂。

（四）同名同方药

同名同方药指通用名称、处方、剂型、功能主治、用法及日用饮片量与已上市中药相同，且在安全性、有效性、质量可控性方面不低于该已上市中药的制剂。

天然药物是指在现代医药理论指导下使用的天然药用物质及其制剂。天然药物参照中药注册分类。

其他情形，主要指境外已上市境内未上市的中药、天然药物制剂。

五、中药新药的注册程序

药品注册申请人（简称申请人）依照《药品注册管理办法》等相关要求向国家药品监督管理局提出以下类型药品注册申请，包括新药临床试验申请（IND）、新药上市许可申请（NDA）、补充申请和境外生产药品再注册申请等。

（一）沟通交流

药物研发与注册申请技术审评过程中，申请人与药审中心审评团队应就现行药物研发与评价指南不能涵盖的关键技术等问题进行沟通交流。沟通交流会议经申请人提出，由药审中心项目管理人员与申请人指定的药品注册专员共同商议，并经药审中心审评团队同意后召开。沟通交流的形式包括面对面会议、视频会议、电话会议或书面回复。鼓励申请人与药审中心通过电话会议沟通。沟通交流的提出、商议、进行，以及相关会议的准备、召开、记录和纪要等均应遵守《药物研发与技术审评沟通交流管理办法》。

沟通交流会议分为Ⅰ类、Ⅱ类和Ⅲ类会议，就关键阶段重大问题进行沟通交流。

1. **Ⅰ类会议** 系指为解决药物临床试验过程中遇到的重大安全性问题和突破性治疗药物研发过程中的重大技术问题，或其他规定情形而召开的会议。

2. **Ⅱ类会议** 系指为药物在研发关键阶段而召开的会议，主要包括下列情形：

（1）新药临床试验申请前会议。

（2）药物Ⅱ期临床试验结束/Ⅲ期临床试验启动前会议。

（3）新药上市许可申请前会议。

（4）风险评估和控制会议。

3. **Ⅲ类会议** 系指除Ⅰ类和Ⅱ类会议之外的其他会议。

确定召开沟通交流会议的，Ⅰ类会议一般安排在申请后30日内召开，Ⅱ类会议一般安排在申请后60日内召开，Ⅲ类会议一般安排在申请后75日内召开。

具体流程，见图1-3。

（二）新药临床试验申请

（1）申请人完成支持药物临床试验的药学、药理毒理学等研究后，向药审中心提出新药临床试验申请，按照申报资料要求提交相关研究资料。

（2）药审中心在收到申报资料后5日内完成形式审查。符合要求或按照规定补正后符合要求的，发出受理通知书。不符合要求的，出具不予受理通知书或者申请材料补正通知书，并说明理由。

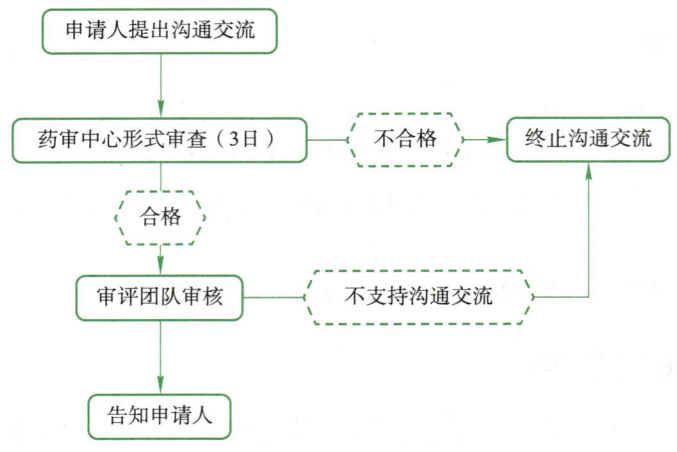

图1-3 中药注册的沟通交流申请流程

（3）药审中心组织药学、医学和其他技术人员对已受理的新药临床试验申请进行审评，自受理缴费之日起60个工作日内决定是否同意开展药物临床试验，并通过药审中心网站通知申请人审批结果；逾期未通知的，视为同意，申请人可以按照提交的方案开展药物临床试验。

具体流程见图1-4。

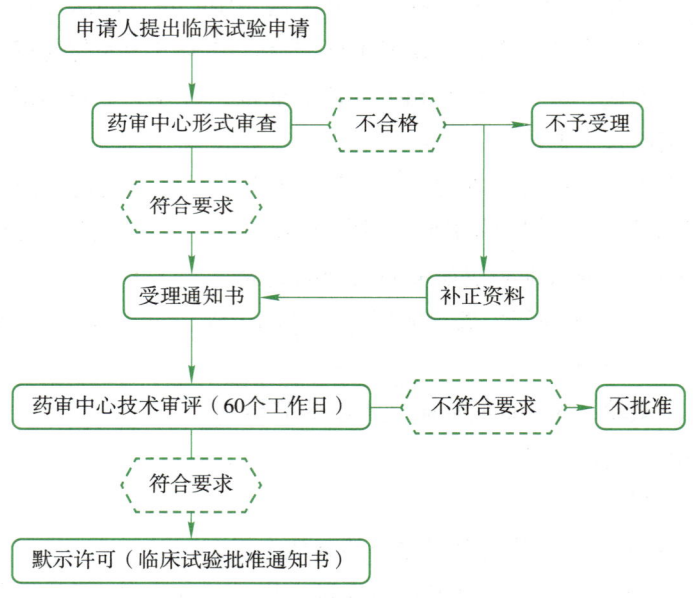

图1-4 中药注册的临床试验申请流程

（三）新药生产上市申请

（1）申请人经选题立项后，在完成支持药品上市注册的药学、药理毒理学和药物临床试验等研究，确定质量标准，完成商业规模生产工艺验证，做好接受药品注册核查检验的准备，向药审中心提出新药上市许可申请，按照申报资料要求提交相关研究资料。

（2）药审中心对申报资料进行形式审查，符合要求的，出具受理通知书；不符合要求的，出具不予受理通知书或者申请材料补正通知书，并说明理由。

（3）药审中心组织药学、医学和其他技术人员，在规定时限内对已受理的新药上市许可申请进行审评。

（4）审评过程中基于风险启动药品注册核查、检验，相关技术机构应当在规定时限内完成核查、检验工作。

（5）药审中心根据药品注册申报资料、核查结果、检验结果等，对药品的安全性、有效性和质量可控性等进行审查，综合审评结论通过的，批准药品上市，发给药品注册证书。不予批准，发给药品上市许可不予批准通知书。

具体流程见图1-5。

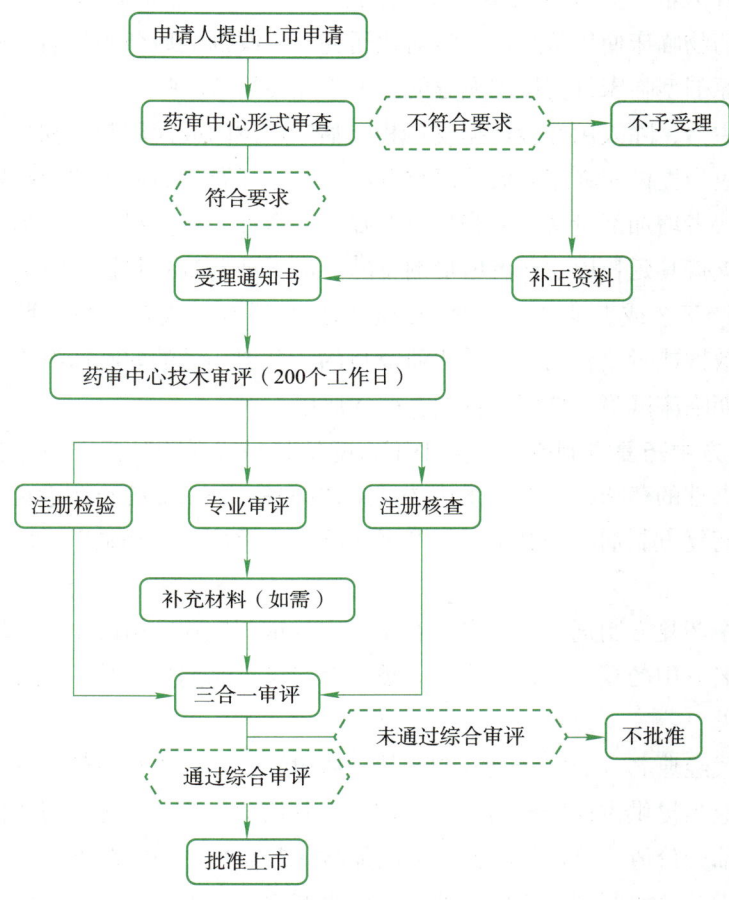

图1-5　中药注册的生产上市申请流程

中药新药的研发应当结合中药注册分类，根据品种情况选择符合其特点的研发路径或者模式。

（四）不同分类中药新药注册要求

针对不同注册分类的中药新药，以及在特殊情形下，药品注册管理部门可以简化审批程序或者优先进行审评审批，以加快药品上市进程，满足临床需求。

1. 中药创新药　申请人应当根据药物特点、临床应用情况等获取的安全性信息，开展相应的非临床安全性试验；可根据不同注册分类、风险评估情况、开发进程，开展相应的非临床安全性试验。

中药创新药有以下情形，应当开展必要的Ⅰ期临床试验：

（1）处方含毒性药味。

（2）除处方含确有习用历史且被省级中药饮片炮制规范收载的中药饮片外，处方含无国家药品标准且不具有药品注册标准的中药饮片、提取物。

（3）非临床安全性试验结果出现明显毒性反应且提示对人体可能具有一定的安全风险。

（4）需获得人体药代数据以指导临床用药等的中药注册申请。

2. 中药改良型新药 申请人应当根据新剂型的具体情形开展相应的药学研究，必要时开展非临床有效性、安全性研究和临床试验。

儿童用药、特殊人群（如吞咽困难者等）用药、某些因用法特殊而使用不便的已上市中药，通过改变剂型提高药物临床使用依从性，若对比研究显示改剂型后药用物质基础和药物吸收、利用无明显改变，且原剂型临床价值依据充分的，可不开展临床试验。

中药增加功能主治，除人用经验证据支持相应临床定位的或使用剂量和疗程不增加且适用人群不变的情形外，应当提供非临床有效性研究资料，循序开展Ⅱ期临床试验及Ⅲ期临床试验。

延长用药周期或者增加剂量者，应当提供非临床安全性研究资料。上市前已进行相关的非临床安全性研究且可支持其延长周期或者增加剂量的，可不进行新的非临床安全性试验。

已上市中药生产工艺或者辅料等的改变引起药用物质基础或者药物的吸收、利用明显改变的，应当以提高有效性或者改善安全性等为研究目的，开展相关的非临床有效性、安全性试验及Ⅱ期临床试验、Ⅲ期临床试验，按照改良型新药注册申报。

3. 古代经典名方中药复方制剂 处方中不含配伍禁忌或者药品标准中标有剧毒、大毒及经现代毒理学证明有毒性的药味，均应当采用传统工艺制备，采用传统给药途径，功能主治以中医术语表述。该类中药复方制剂的研制不需要开展非临床有效性研究和临床试验。药品批准文号给予专门格式。

古代经典名方中药复方制剂采用以专家意见为主的审评模式。由院士、国医大师、全国名中医为主的古代经典名方中药复方制剂专家审评委员会对该类制剂进行技术审评，并出具是否同意上市的技术审评意见。

其他来源于古代经典名方的中药复方制剂的注册申请，除提供相应的药学研究和非临床安全性试验资料外，还应当提供古代经典名方关键信息及其依据，并应当提供对中医临床实践进行的系统总结，说明其临床价值。对古代经典名方的加减化裁应当在中医药理论指导下进行。

古代经典名方中药复方制剂上市后，持有人应当开展药品上市后临床研究，不断充实完善临床有效性、安全性证据。持有人应当持续收集不良反应信息，及时修改完善说明书，对临床使用过程中发现的非预期不良反应及时开展非临床安全性研究。

4. 同名同方药 应当与对照同名同方药在中药材、中药饮片、中间体、制剂等全过程质量控制方面进行比较研究。申请人根据对照同名同方药的有效性、安全性证据，以及同名同方药与对照同名同方药的工艺、辅料等比较结果，评估是否开展非临床安全性研究及临床试验。

此外，对临床定位清晰且具有明显临床价值的以下情形中药新药等的注册申请实行优先审评审批：

（1）用于重大疾病、新发突发传染病、罕见病防治。

（2）临床急需而市场短缺。

（3）儿童用药。

（4）新发现的药材及其制剂，或者药材新的药用部位及其制剂。

（5）药用物质基础清楚、作用机制基本明确。

对治疗严重危及生命且尚无有效治疗手段的疾病以及国务院卫生健康或者中医药主管部门认定急需的中药，药物临床试验已有数据或者高质量中药人用经验证据显示疗效并能预测其临床价值的，可以附条件批准，并在药品注册证书中载明有关事项。

突发公共卫生事件时，国务院卫生健康或者中医药主管部门认定急需的中药，可应用人用经验证据直接按照特别审批程序申请开展临床试验或者上市许可或者增加功能主治。

来源于临床实践的中药新药，人用经验在临床定位、适用人群筛选、疗程探索、剂量探索等方面提供研究、支持证据的，可不开展Ⅱ期临床试验。

来源于医疗机构制剂的中药新药，如处方组成、工艺路线、临床定位、用法用量等与既往临床应用基本一致，且可通过人用经验初步确定功能主治、适用人群、给药方案和临床获益等的，可不开展非临床有效性研究。如处方组成、提取工艺、剂型、直接接触药品的包装等与该医疗机构中药制剂一致的，在提供该医疗机构中药制剂的药学研究资料基础上，可不提供剂型选择、工艺路线筛选、直接接触药品的包装材料研究等研究资料。

第三节　中药新药研究的相关法规和指南

中药新药研究工作与科研、生产、经营与医疗等密切相关，因此受到临床、药物和有关政策法规的约束。中药新药研究必须按国家、行业主管部门制定的管理办法和技术指导原则开展工作。本节将系统梳理中药新药研究的相关法规、质量标准及指导原则。

一、中药新药研究的相关法规

（一）药品注册管理通用法律法规

《中华人民共和国药品管理法》（简称《药品管理法》）、《中华人民共和国药品管理法实施条例》（简称《药品管理法实施条例》）、《药品注册管理办法》从法律、法规和规章三个层次构筑我国药品注册管理的法律体系框架。

1.《药品管理法》　《药品管理法》是我国药品监管的基本法律。为了加强药品管理，保证药品质量，保障公众用药安全和合法权益，保护和促进公众健康，依据《中华人民共和国宪法》制定了《药品管理法》，适用于在中华人民共和国境内从事药品研制、生产、经营、使用和监督管理活动，是中药新药研究必须遵循的大法。药品管理应当以人民健康为中心，坚持风险管理、全程管控、社会共治的原则，建立科学、严格的监督管理制度，全面提升药品质量，保障药品的安全、有效、可及。我国第一部《药品管理法》自1985年7月1日起施行，现行版本于2019年8月26日修订，自2019年12月1日起施行。

2.《药品管理法实施条例》　《药品管理法实施条例》依据《药品管理法》制定，于2002年9月15日起实施，对《药品管理法》进行细化和补充，明确了药品检验机构，分别在药品生产企业管理、药品经营企业管理、医疗机构的药剂管理、药品管理、药品包装的管理、药品价格和广告的管理、药品监督和法律责任等方面制定条例。现行版本根据2019年3月2日《国务院关于修改部分行政法规的决定》完成第二次修订，2022年5月9日，国家药监局发布《中华人民共和国药品管理法实施条例（修订草案征求意见稿）》，向社会公开征求意见。征求意见稿共十章181条，与原有《药品管理法实施条例》相比全文条目增加了101条，新增了药品上市许可持有人、药品供应保障专章，其余章节也在现行《药品管理法实施条例》相关内容的基础上进行修改。

3.《药品注册管理办法》 2002年12月1日《药品注册管理办法（试行）》颁布实施，并在此基础上于2005年5月1日起实施《药品注册管理办法》，现行版《药品注册管理办法》于2020年1月22日公布，自2020年7月1日起施行。该办法适用于在中华人民共和国境内以药品上市为目的，从事药品研制、注册及监督管理活动；对药品注册的基本制度、基本原则、基本程序和各方主要责任义务等做出规定，以规范药品注册行为，保证药品的安全、有效和质量可控。

4.《中医药法》 为了继承和弘扬中医药，保障和促进中医药事业发展，保障人民健康，全国人民代表大会常务委员会于2016年12月25日审议通过了《中医药法》，并于2017年7月1日起施行。《中医药法》是我国第一部全面、系统体现中医药特点的综合性法律，其颁布实施体现了党和国家对中医药事业的高度重视，对中医药行业发展具有里程碑意义。该法第三章中明确指出，国家鼓励和支持中药新药的研制和生产，国家保护传统中药加工技术和工艺，支持传统剂型中成药的生产，鼓励运用现代科学技术研究开发传统中药新药；来源于古代经典名方的中药复方制剂，在申请药品批准文号时，可以仅提供非临床安全性研究资料；国家鼓励医疗机构根据本医疗机构临床用药需要配制和使用中药制剂，支持应用传统工艺配制中药制剂，支持以中药制剂为基础研制中药新药。《中医药法》的实施，从各方面为中药新药的研发提供了直接法律依据。

5.《中药注册管理专门规定》 为促进中医药传承创新发展，遵循中医药研究规律，加强中药新药研制与注册管理，根据《药品管理法》《中医药法》《药品管理法实施条例》《药品注册管理办法》等法律、法规和规章，国家药监局组织制定了《中药注册管理专门规定》，于2023年2月10日发布，自2023年7月1日起施行。《中药注册管理专门规定》与《药品管理法》《药品注册管理办法》有机衔接，在药品注册管理通用性规定的基础上，进一步对中药研制相关要求进行细化，加强了中药新药研制与注册管理，充分吸纳了药品审评审批制度改革成熟经验，借鉴国内外药品监管科学研究成果，全方位、系统地构建了中药注册管理体系，全力推进中国式药品监管现代化建设。

《中药注册管理专门规定》将药品的基本要求与中药特殊性有机结合，辩证处理中药传承与创新的关系，充分尊重中药人用经验，系统阐释了中药注册分类研制原则与要求，明确了中药疗效评价指标的多元性。《中药注册管理专门规定》的实施推动了中药新药研制创新，促进了中医药独特的评价方法与体系的建立和古代经典名方中药复方制剂的研发，为中药新药研制拓展思路和激发活力。

6.《药品标准管理办法》 为规范和加强药品标准管理，建立严谨的药品标准，保障药品安全性、有效性和质量可控性，促进药品高质量发展，国家药监局组织制定了《药品标准管理办法》，自2024年1月1日起施行。该办法适用于国家药品标准、药品注册标准和省级中药标准的管理，其制定和发布对于加强药品全生命周期管理、全面加强药品监管能力建设、促进医药产业高质量发展和实现药品监管中国式现代化意义重大。

7.《中药标准管理专门规定》 中药标准是保证中药质量而制定或核准的强制性技术规定，

是保障中药安全有效的重要基础，其作为中药监管的重要抓手，在中药监管工作中发挥着基础性、引领性作用。2024年7月，国家药监局发布《中药标准管理专门规定》，于2025年1月1日起施行。

（二）特殊中药研发的相关法规

若新药研究的过程涉及野生动物时，为保护野生动物，拯救珍贵、濒危野生动物，维护生物多样性和生态平衡，需遵守《中华人民共和国野生动物保护法》中的相关规定，该法现行版于2023年5月1日起施行；若新药研究的过程涉及野生植物时，为了保护、发展和合理利用野生植物资源，保护生物多样性，需按照《中华人民共和国野生植物保护条例》的要求执行，该条例自1997年1月1日起施行，于2017年10月7日进行修正。

若研究的新药为麻醉药品和精神药品时，需遵循《麻醉药品和精神药品管理条例》（2016年修订）中的相关规定；若含有医疗用毒性药品时，需遵守《医疗用毒性药品管理办法》中的相关要求。

（三）中药研发不同阶段的相关法规

为规范中药材的生产，保证中药材质量，国家药监局、农业农村部、国家林草局和国家中医药管理局2022年3月7日发布《中药材生产质量管理规范》，以促进中药高质量发展；药品生产中需遵循的相关法规政策有《药品生产质量管理规范》《药品说明书和标签管理规定》等，确保药品生产、管理的规范性；新药安全性评价研究时，为保证药物非临床安全性评价研究的质量，保障公众用药安全，根据《药品管理法》《药品管理法实施条例》制定《药物非临床研究质量管理规范》（2017年9月1日施行）；临床试验阶段，为保证药物临床试验过程规范，数据和结果的科学、真实、可靠，保护受试者的权益和安全，根据《药品管理法》《中华人民共和国疫苗管理法》《药品管理法实施条例》制定《药物临床试验质量管理规范》（2020年7月1日施行）；临床试验研究和上市后均需进行不良反应的研究，需要遵循《药品不良反应报告和检测管理办法》中的相关要求，及时、有效控制药品风险，保障公众用药安全；药品注册申报时应符合《中药注册管理专门规定》（2023年7月1日施行）相关规定，并按照《中药注册分类及申报资料要求》进行申报；为保证药品注册现场核查工作质量，国家食品药品监督管理局于2008年组织制定了《药品注册现场核查管理规定》，规范药品研制秩序。

（四）知识产权

除上述相关法律法规、办法外，中药新药研究过程应具有知识产权保护意识。在进行新药研究工作时，研究人员应首先确定自己的工作不会侵犯他人的知识产权。在此前提下所获得的研究成果应采取相应保护措施，维护合法权益。药品的知识产权的保护包括专利保护、商标保护、商业秘密保护和行政保护四类。《中华人民共和国专利法》《中华人民共和国商标法》《中华人民共和国民法典》和《中药品种保护条例》等相关规定均为知识产权保护的依据。

二、中药相关质量标准

从事中药新药研究工作必须遵循国家药品标准和相关管理法规，依据法定标准以确保中药新药研究的科学、规范、合理。药品标准是国家对药品质量、规格及检验方法所做的技术规定，是保证药品质量，供药品生产、经营、使用、检验和管理部门共同遵循的法定依据。

1. 国家标准　《中华人民共和国药典》（简称《中国药典》）由国家药典委员会组织编纂，并由政府施行，具有法律约束力，是一个国家记载药品标准、质量规格的法典。自中华人民共和国成立以来，《中国药典》已经颁发十一版。1953年，卫生部颁布首部《中国药典》。自1985年版起每五年修订一次。2025年3月25日，国家药监局正式颁布2025年版《中国药典》，于2025年10月1日起施行。该版药典一部中药收载药材和饮片、植物油脂和提取物、成方制剂和单味制剂等，共计3 069种（新增28种，修订420种，删除非药用饮片19种）。该版药典收载通用技术要求共计410个（新增69个，修订133个）；四部新增通则56个，修订102个；收载指导原则共计72个（新增33个，修订17个，删除3个）。该版药典一部的修订进一步完善了符合中医药特点的国家药品标准体系，坚持以中医药理论为指导、以中医临床疗效为导向、以中药科学研究为基础制定中药质量标准，为中药质量控制树立新标杆，全面保障公众用药安全有效。

为进一步规范中药饮片炮制、健全中药饮片标准体系、促进中药饮片质量提升，根据《药品管理法》《中共中央　国务院关于促进中医药传承创新发展的意见》有关规定，国家药监局组织国家药典委员会制定了《国家中药饮片炮制规范》，该规范属于中药饮片的国家药品标准。

《中国药典》暂未收载的药物和辅料，可结合《美国药典》（United States Pharmacopoeia，简称USP）、《欧洲药典》（European Pharmacopoeia，简称EP）、《英国药典》（British Pharmacopoeia，简称BP）、《日本药典》（日本药局方，Japanese Pharmacopoeia，简称JP）、《国际药典》（International Pharmacopoeia，简称Ph. Int.）等其他各国药典进行参考。《中国药典》尚未收载的药品品种，可参考其他药品标准。

2. 部颁、局颁药品标准　由卫生部颁布的药品标准称为"部颁药品标准"，包括中药材分册、中药成方制剂分册共20册，共收载品种4 052种。由国家食品药品监督管理局和国家药监局颁布的药品标准，称为"局颁药品标准"。

3. 地方饮片标准　省级饮片炮制规范是对国家药品标准中未收载的地方临床习用饮片品规和炮制方法的补充，收载具有地方炮制特色或中医用药特点的饮片品种及其炮制技术，满足地方中医临床需求。未收载于《中国药典》和《国家中药饮片炮制规范》的中药饮片应参照省级炮制规范进行研究。

三、中药新药研究的指导原则

药审中心以深化药品审评审批制度改革为统领，围绕鼓励药品研发和创新的原则，积极推进药品技术指导原则制修订工作，保证指导原则质量，广泛听取公众意见和建议，不断提高审评标准的公开透明力度，保障药品技术审评尺度科学统一。积极开展国际人用药品注册技术协调会（the International Council for Harmonisation of Technical Requirements for Pharmaceuticals for Human Use，ICH）指导原则在中国的转化实施工作，并在国际视野下参与监管规则的制定，同步提升国内技术标准水平，为药品研发和注册迈向国际化提供技术保障。因此，药审中心相继发布一系列技术指导原则，为中药新药研究提供思路和标准。

1. 药学研究　根据不同中药新药分类及来源，与其药学研究有关的技术指导原则包括《中药新药研究各阶段药学研究技术指导原则（试行）》《中药新药质量研究技术指导原则（试行）》《按古代经典名方目录管理的中药复方制剂药学研究技术指导原则（试行）》《其他来源于古代经典名方的中药复方制剂药学研究技术指导原则（试行）》《基于人用经验的中药复方制剂新药药学研究技术指导原则（试行）》等。

药学研究阶段，需对其药材饮片质量、制备工艺、质量标准和稳定性进行研究。

与药材饮片研究相关的技术指导原则包括《中药资源评估技术指导原则》《中药新药用饮片炮制研究技术指导原则（试行）》《中药新药用药材质量控制研究技术指导原则（试行）》《中药、天然药物原料的前处理技术指导原则》等。

与制备工艺研究相关的技术指导原则包括《中药复方制剂生产工艺研究技术指导原则（试行）》《中药新药临床试验用药品的制备研究技术指导原则（试行）》《中药、天然药物提取纯化工艺研究的技术指导原则》《中药、天然制剂研究的技术指导原则》《中药、天然药物中试研究技术指导原则》《中药工艺相关问题的处理原则》等。

与质量标准研究相关的技术指导原则包括《中药新药质量标准研究技术指导原则（试行）》《中药生物效应检测研究技术指导原则（试行）》《中药制剂特征图谱研究技术指导原则（试行）》《中药质量控制研究相关问题的处理原则》等。

与稳定性研究相关的技术指导原则有《中药制剂稳定性研究技术指导原则（试行）》。

2. 药理毒理学研究　药理毒理学研究内容包括药理学研究、药代动力学研究和毒理学研究，与药理、毒理研究有关的技术指导原则包括《药物安全药理学研究技术指导原则》《药物重复给药毒性研究技术指导原则》《药物单次给药毒性研究技术指导原则》《药物刺激性、过敏性和溶血性研究技术指导原则》《药物免疫毒性非临床研究技术指导原则》《药物遗传毒性研究技术指导原则》《药物致癌试验必要性的技术指导原则》《药物非临床依赖性研究技术指导原则》等。

3. 临床研究　与临床研究有关的技术指导原则包括《药物相互作用研究技术指导原则（试行）》《基于人用经验的中药复方制剂新药临床研发指导原则（试行）》《研究者手册中安全性参考信息撰写技术指导原则》《临床试验中的药物性肝损伤识别、处理及评价指导原则》《药物临床试验数据管理与统计分析计划指导原则》等。

4. 申报资料撰写　与申报资料撰写有关的技术指导原则包括《药品注册申报资料的体例与整理规范》《中药新药研究过程中沟通交流会的药学资料要求（试行）》《中成药通用名称命名技术指导原则》《中成药规格表述技术指导原则》《古代经典名方中药复方制剂说明书撰写指导原则（试行）》《中药新药复方制剂中医药理论申报资料撰写指导原则（试行）》等。

5. 上市、审查相关指导原则　与申请上市、审查有关的技术指导原则包括《药品附条件批准上市技术指导原则（试行）》《已上市中药药学变更研究技术指导原则（试行）》《已上市中药生产工艺变更研究技术指导原则》等。

第四节　中药在我国港澳台地区的注册

中医药是中华文化的重要组成，海峡两岸暨港澳同为中华文化的传承者，历来都把中医药作为国粹和瑰宝来继承和发展，中药在中国香港、澳门和台湾地区同样具有高度认同感和广泛的应用基础。此外，随着内地与港澳台经贸往来的日益密切，两岸的医药交流必将更加广泛与深入发展。本节将介绍中药在港、澳、台地区的注册政策要求。

一、中药在香港的注册

香港地区的"中成药"指纯粹由中药材或华人惯常使用的源于植物、动物或矿物物料的有效成分组成,配制成剂型形式,已知或声称用于诊断、治疗、预防或缓解人的疾病或症状或用于调节人体功能状态的专卖产品,并规定中成药不可含有西药成分。

香港的中药注册活动以《中医药条例》为纲领,按照《中医药条例》设立中药规管制度,实施中药商发牌制度和中成药注册制度,通过《中药规例》《中医药(费用)规例》及相关技术指引文件规定中成药注册制度的相关工作程序及技术要求。

香港医务卫生局是香港医疗卫生系统的最高行政机构,其内设的中医药处负责在政策层面统筹和促进香港中医药发展。香港医务卫生局下设卫生署,其内设的中医药规管办公室为香港中医药行政管理的核心部门。此外,依据香港的《中医药条例》设立的香港中医药管理委员会,由卫生署署长或副署长任行政长官,负责统筹和监管中医组和中药组的活动,包括决定须由各组实施的政策、审查有关各组活动的政策事宜、提供各组所要求的任何咨询及协助等。香港中医药管理委员会中药组下设中药管理小组,中药管理小组的中成药注册评审小组负责处理中成药注册申请的专业及技术性问题,提供专业意见;最终由中药组作出批准或拒绝中成药注册的申请、中成药更改注册详情的申请及作出取消中成药注册的决定。

香港的中药注册对象为中药材、中药制剂(中成药)、中药保健品和中药配方颗粒。根据中国香港《中成药注册申请手册》,中成药的注册分为三种类别,即固有药类别、非固有药类别、新药类别。值得注意的是,香港中成药注册固有药类别(古方)所规定的中成药注册范畴与内地经典名方的情况具有相似性。但在注册申报期间,香港除了对制剂重金属、农残、微生物限度这3份检测报告要求必须提交以外,不要求提交辅料及包装材料的相关资料,不要求提交长期毒性试验报告、致突变试验报告(遗传毒性试验资料)、致癌试验报告、生殖毒性试验报告。获得批准注册的中成药将获发中成药注册证明书,有效期为5年,在证明书有效期届满前1年,中成药注册持有人将收到香港中医药管理委员会中药组寄出的"中成药注册证明书续期通知书""中成药注册续期申请书"及"中成药注册续期补交文件清单",中成药注册持有人需于"中成药注册证明书续期通知书"发出之日起计6个月内按要求向中药组提交续期申请。

二、中药在澳门的注册

澳门地区的"中成药"是指在中医药理论指导下,以一种或多种植物、动物、矿物的天然药用成分配制成一定剂型的产品,且施用于人体以达到治疗、减轻或预防人体疾病或症状的目的。其中,"中药成分"是指按中医药理论使用的源自植物、动物、矿物或其加工品,且适合制造中成药的中药材、中药饮片或中药提取物。

在澳门,凡是从事药物的制造、进出口、流通和供应等药物相关活动,均由第58/90/M号法令管制。而第53/94/M号法令则是针对专门从事中成药进口、出口及批发商号的法律。不仅如此,澳门药品管理法律及规定还包括广告活动的法律(第7/89/M号法令)、麻醉品及精神科物质之买卖及合法使用规范(第34/99/M号法令)等。2021年7月26日,澳门特别行政区颁布了《中药药事活动及中成药注册法》(第11/2021号法律),该法律包含了中药药事活动准照制度及中成药注册制度,并已于2022年1月1日开始施行。2021年12月6日,澳门特别行政区颁布了补充性行政法规《中药药事活动及中成药注册法实施细则》(第46/2021号行政法规),进一步明确了中成药的注册申请材料及申请程序等内容。

澳门药物监督管理局是澳门中药注册管理的行政机构，其内设注册厅下设的中药处负责编制中药及天然药物的质量、有效性及安全性评估报告，就中成药及天然药物的注册申请组成卷宗，并发出有关意见书，以及管理载于注册的资料。依据《中药药事活动及中成药注册法》设立的中成药审评专家顾问委员会，承担澳门中成药注册审评工作。中成药注册涉及的研制场所检查和制造场所检查，均由澳门药物监督管理局组织实施。澳门的中药注册活动需按照《中药药事活动及中成药注册法》开展，具体行为遵照《中药药事活动及中成药注册法实施细则》等行政法规及《批准药品入口前必须呈交之文件》等技术指引执行。

澳门的中药注册对象仅指不含化学药成分的中药制剂，分为四种注册类别，即创新药、改良型新药、经典名方制剂和同名同方药。天然药物需配合相关法规文件和技术指引，参照《中药药事活动及中成药注册法》执行。获得批准注册的中成药将获发中成药注册证明书，有效期为5年。其中改良型新药及创新药的首次注册续期，注册持有人须向澳门药物监督管理局提交证明有关中成药于注册有效期内通过成效及稳定性试验的报告。

2020年以来，澳门特别行政区的中药新药的产业发展得到了党中央、国务院的高度重视。根据国家《粤港澳大湾区发展规划纲要》，横琴粤澳深度合作区于2021年挂牌成立。2022年10月，《横琴粤澳深度合作区支持生物医药大健康产业高质量发展的若干措施》正式印发，提出大力支持发展中医药澳门品牌工业，加快发展以中医药研发制造为切入点的大健康产业，推动中医药"澳门注册+横琴生产"模式，即内地中药企业可在澳门注册企业，将药品在澳门注册上市，而部分研发和生产等环节布局在珠海横琴。不仅如此，2023年10月，在国家药监局支持下，经粤澳两地药监部门批准，广东省中医院研制的骨松安胶囊、莪棱胶囊等五种医院制剂离粤发往澳门，并成功应用于澳门临床，这是内地医疗机构中药制剂首次成功进入澳门医院使用。2023年12月，国家发展改革委、商务部联合印发《关于支持横琴粤澳深度合作区放宽市场准入特别措施的意见》，指出放宽中医药市场准入，鼓励澳门医疗机构中药制剂在粤澳医疗机构中药制剂中心研发、生产；支持经由粤澳医疗机构中药制剂中心研发的医疗机构中药制剂向中药新药转化，符合有关规定的，可不开展Ⅰ、Ⅱ期临床试验。

三、中药在台湾的注册

在中国台湾地区，中药是指不包含已经高度纯化或经化学合成或修饰的各款药品，包含典籍记载的传统中药、民间使用或其他国家使用的草药、经传统或现代抽提方法获得的药品。中药定义的核心均强调在中医理论指导下，中成药强调来源于植物、动物或矿物物料制成一定剂型。

台湾根据"卫生福利部食品药物管理署组织法"，卫生福利部食品药物管理署负责台湾食品和药品的监督管理，包括食品药物化妆品的查验登记、审核、药品的临床试验的审查监督。卫生福利部中医药司是台湾处理中药注册事宜的主管机构，下设中医科、中药药事科、中药药政科、政策发展科四个科。台湾关于中药注册的事项的规范和指南，包括"中药药品查验登记须知""中药新药查验登记须知"，临床试验必须遵循"中药新药临床试验基准"。

台湾"药事法"对新药的定义，是指经主管机关审查认定属新成分、新疗效复方或新使用途径制剂的药品。台湾中药注册可分为台湾产中药药品、输入中药产品、中药新药三大类。台湾地区申请中药注册时，对于已经收载于典籍中的传统方、已上市销售的非传统复方、未超过传统使用经验的中药复方及经过适当萃取或部分纯化的传统方，如果已具备人用经验数据，申请时可直接将其作为初期疗效评价的临床试验数据。对于具有广泛人用经验的中药传统复方，方中各药味的基原和药用部位与相应的古籍一致，用药剂量在传统使用经验以内，制备方法与古籍一致，并具备充足的临床使用安全性数据时，可申请不提供药理毒理学试验数据，直接进入初期疗效评价的临床试验。对于经过适当萃取或部分纯化的传统方，其纯化后的剂量不超过原有剂量，可申请不提供药理毒理学试验数据，直接进入初期疗效评价的临床试验，且临床试验应在密切监测下进行。中药新药材、新药用部位以及超过传统使用经验范围的中药提取部位等新药，应依据"中药新药临床试验基准"申请临床试验。

第五节 中药在国外的注册

中药的临床疗效在我国长期医疗实践中得到了充分证明，同时对世界医药文明发展亦产生了深远的影响。随着我国国际地位的不断提升，推动中药走出国门、走向世界，以药品身份在国外进行注册和临床应用，对于弘扬中华民族优秀文化、促进中药产业发展具有重大意义。本节将重点介绍中药在美国、加拿大、欧盟、日本和澳大利亚的注册要求与进程。

一、中药在美国的注册

（一）美国的植物药注册法规

2004年6月，美国食品药品监督管理局（Food and Drug Administration，FDA）针对植物药的发展发布了《植物药行业指南》，其为美国FDA对植物药发展颁发的第一份官方指南，明确了植物药药品的身份，并对植物药进入美国市场提出了全程的指导。2016年，FDA发布《植物药研发工业指南》最新版，增加了大量植物药后期开发建议及上市后建议。《植物药研发工业指南》对植物药定义遵循《联邦食品、药品和化妆品法案》的基本原则，即植物成分或标签说明的具有疾病治疗效用的产品就是植物药。植物药以药品方式使用，可制成片剂、胶囊剂、外用制剂等多种剂型，其由植物药材原料制成但不包括转基因植物、发酵获得的植物产品以及高纯度植物产品或具有化合物性质的高纯度提取物。

（二）美国植物药的注册申报分类及程序

植物药在美国注册销售可通过两种途径，一是非处方药（over the counter，OTC）专论途径，二是新药申请（NDA）途径。OTC专论是药品评价研究中心对OTC药品管理的专用系统，符合OTC专论要求是指被广泛认可为安全和有效并无伪标现象。通过OTC专论途径上市的基础是药物成分已经以某一适应证在美国上市并在一定范围内销售一段时间。对于满足该前提但没有收录专论中的药物，申请人可通过提交公民请愿书提出修改OTC专论，对于没有在美国市场有销售历史的药品，但在其他国家连续销售5年并具有广泛的销售市场，可通过"历史和覆盖范围申报"方式向FDA递交在海外的植物药使用资料，提出修改OTC专论。目前，樟脑、麻黄碱、薄荷醇等多种植物药成分被收录在OTC专论中。对于已经列入OTC专论的药品若符合标签、产品生产质量管理规范及登记等法律规定，则任何制药企业可以按法规向药监局进行注册并提交所有药物清单，登记后将获得国家药品代码，并经OTC专论途径审核上市以非处方药身份销售，无须再进行上市前审批。需要注意的是OTC专论系统针对的是成分而不是植物药（复方），因此每个特定成分需要花费较长的时间进行审核。

对于不满足OTC专论列入条件或适应证不适用非处方药的植物药则必须通过NDA途径。NDA途径包括临床前研究、IND、临床试验、NDA及新药审批5个阶段。由于植物药具有多成分、多靶点、多途径等特性，其有效成分往往不明确以及具有丰富的人用历史，因此FDA对植物药审批要求不同于化学药品。临床前研究目的是阐述药物作用机制、药理学机制、毒性特征和靶器官，以及吸收、分布、代谢、排泄途径，需要递交严格的化学、生产与控制结果及药理毒理学研究报告。由于植物药不同于化学药，因此提交要求较低于化学药物。此外，如果是具有大量人用经验的口服中药制剂，则可以减少甚至免除相关标准非临床试验，而对于非口服剂型则需要提交详细的研究结果以证明药品的安全有效性。IND用于说明药物实行临床研究是安全的，且需要设计合理的临床研究策略，在IND提交前，FDA鼓励申请人与FDA进行沟通，以讨论植物药申报要求和具体事宜。NDA资料包括Ⅰ、Ⅱ、Ⅲ期临床研究资料。由于植物药的特殊性，FDA在审查Ⅰ、Ⅱ期临床试验申请时会根据是否上市、有无已知安全性问题、是否为传统剂型等情况调整需要提交的申报资料，但是对Ⅲ期临床试验申请要求与现代药品管理要求相同，需要提交详细的临床前资料和生产与控制资料以验证药品疗效。NDA非常严格，旨在保证药品安全有效和质量可控，其申报资料与化学药类似包括临床前数据、临床数据、样品、专利、标签等信息。FDA在收到NDA后将对相关数据展开严格审查，药物样品送给相关实验室检验，并根据风险效益比，最终确定是否颁发批准文件。

我国陆续有十余种中药制剂向美国FDA申请新药注册，包括复方丹参滴丸、扶正化瘀片、血脂康胶囊、桂枝茯苓胶囊等，但目前仍未获得美国新药注册许可。其中，复方丹参滴丸是第一个向FDA提出NDA的中药复方品种。复方丹参滴丸1997年通过IND，并获批直接进入Ⅱ期和Ⅲ期临床试验。2007年2月启动Ⅱ期临床以证明疗效并确定使用剂量，于2010年1月完成；2012年8月启动Ⅲ期临床试验。遗憾的是，Ⅲ期临床研究结果显示第4周末关键观测指标的改善仅临界有效（$P=0.06$），未能满足预设的首要疗效指标。2018年12月，研究人员再度发布公告称，将按照FDA要求，在美国地区启动一项多中心、双盲、随机对照的临床试验，再次验证复方丹参滴丸治疗慢性稳定型心绞痛的有效性和安全性，以满足FDA对复方丹参滴丸治疗该适应证的新药申报的要求。截至2024年6月，相关临床试验结果仍未被披露。

二、中药在加拿大的注册

（一）加拿大的天然健康产品注册法规

加拿大卫生部包括药品食品管理局、健康政策局、公共事务咨询与地区局、稽查与审计局等公共卫生审批、监督部门，其中药品食品管理局专门负责全部药品、食品、健康产品的审批和上市后监督管理工作，包括健康食品局、生物制品与基因药品局、治疗药品局、天然健康产品与非处方药品局、上市药品局、兽用药局6个管辖部门。2003年，加拿大颁布实施了《天然健康产品管理办法》，并于2004年进行了更新完善。加拿大的天然健康产品（natural health products，NHP）是指具有治疗效应、药用成分为天然来源（通常来自植物、动物、微生物或海洋生物），包括维生素、矿物质、草药制剂、顺势疗法药品、传统药品、微生态制剂、其他氨基酸和必需脂肪酸等，用于治疗、缓解或预防人体疾病、功能紊乱或身体异常状态的产品。中药被列入 NHP 的管理范畴，中成药的上市注册申请及上市后监管由天然健康产品与非处方药品局负责管理，相关注册要求遵循《天然健康产品管理办法》，这一举措，正式承认了中成药在加拿大作为 NHP 的合法地位。

（二）加拿大天然健康产品的注册申报分类及程序

基于加拿大卫生部颁布的《天然健康产品管理办法》，加拿大 NHP 的注册分类有 7 种，包括简易申请、传统功效申请、非传统功效申请、顺势疗法产品申请、治疗产品司Ⅳ专论等，中药相关 NHP 的注册一般为前 3 种，即简易申请（药典申请）、传统申请和非传统申请。

在注册申请过程中，首先需要确定申请类别，当申请注册的 NHP 的组成成分已经列入加拿大卫生部天然健康产品与非处方药品局颁布的专论集的品种时，该注册可以直接走简易申请的注册流程；若按传统申请的要求，则产品组方、制备过程和适应证必须具备 50 年以上的应用时间，对于产品疗效方面的申报资料相对灵活（加拿大卫生部认可产品的传统应用证据），但需要提供确保产品安全性和质量的有力证据；而按非传统药效申请流程，应提交该产品的安全性和有效性科学证据。简易申请要求主治症状必须是西医症状，传统申请及非传统申请则不限。简易申请获批周期非常快，而无论是传统申请还是非传统申请，申报周期一般都会超过 2 年。

申请人将材料充分准备后递交到天然健康产品与非处方药品局，由其负责审查产品许可申请资料，以评估 NHP 的安全性、有效性和质量可控性，确保 NHP 的收益大于风险，并清楚地记录产品许可的决策。加拿大天然健康产品企业监管体系将根据 NHP 获得的产品许可和场地许可进行产品评估，并且对其采取相应的监管措施。

我国已陆续在加拿大成功注册并上市了多个中成药品种，包括胆宁片、银杏叶片、板蓝根颗粒等。其中，胆宁片是目前国内唯一获得加拿大卫生部批准适应证为慢性胆囊炎的中成药。胆宁片为上海和黄药业独家品种，于 1991 年获批上市。该品种在国内上市后进行了持续的科技创新研究，基本阐明了药效物质基础和作用机制，开展了质量标准提升和上市后临床再评价研究。在此基础上，2014 年 5 月启动了胆宁片加拿大的注册工作。2016 年 12 月，胆宁片（加拿大商品名：Biliflow）通过 NHP 的Ⅲ类-传统申请途径获得加拿大卫生部正式颁发的天然产品上市许可证（NPN-80073325）；2018 年 10 月接受生产现场核查；2019 年 7 月通过加拿大境外生产场地认证；2022 年 11 月出口运抵加拿大多伦多鲁珀特王子港，12 月正式在加拿大药店和医疗机构应用。历时 9 年，胆宁片成功实现了中成药以药品身份进入国际市场。

三、中药在欧盟的注册

（一）欧盟的植物药注册法规

欧盟的药品法规是由各成员国的法规制度和欧洲药品管理局的技术指南等组成。从 1965 年的第一部药品监管法令（65/65/EEC）开始，一直到 2004 年 4 月颁布的《欧盟传统草药指令》（2004/24/EC），第一次从法律层面上承认了植物药的药品身份。欧盟药品法规将植物药分为三类，分别是新植物药、固有应用植物药与传统植物药。其中新植物药申请资料最全；传统植物药申请难度最低，但是门槛最高，需超过 30 年的应用历史，且在欧盟应用的时间超 15 年，必须为口服、外用或吸入制剂，才可进行简化注册申请；固有应用植物药则要求在欧洲有超过10年的应用历史，部分申请资料可用相关文献进行代替。

（二）欧盟植物药专论

为了促进欧盟地区植物药药品领域技术标准的统一，植物药药品委员会建立了植物药专论，并为成员国内部植物药药品审评标准提供参考。其内容主要包含对植物药物质及其制剂有效性和安全性数据的科学分析，同时提供含有特定植物药物质或制剂的药物的所有信息，包括功能用途、适用人群、不良反应及药物相互作用的安全数据。除植物药专论外，还有欧盟植物药目录，来补充植物药物质的传统应用。但与植物药专论不同的是，欧盟植物药目录具备法律效力。因此，其可以被传统植物药药品注册的申请人用于代替其产品在安全性和传统使用的证据，前提是申请人可以证明他们提供的产品或相关声称符合目录中的信息。

（三）欧盟植物药的注册申报分类及程序

根据相关法规，欧盟的植物药药品注册分为完整注册和简化注册两大类。完整注册申请，提交的资料较为完整，需提供一系列完整的非临床试验数据和临床试验结果，来向欧盟证明其产品的安全性、有效性及质量可控性。而简化注册申请，提供的申请资料可实行简化程序，一些非临床及临床数据可用文献、专家报告或证据替代。

1. 传统植物药药品注册　这类申请关键在于提供30年应用历史及15年欧盟使用历史的证据来证明其产品安全有效，从而减免非临床和临床研究。

2. 固有应用注册　医疗用途明确、疗效可靠和具备安全性的植物药产品可进行申请注册。这类申请关键是提供详细的科研文献来证明其在欧盟使用10年以上，从而减免非临床和临床研究。

3. 独立/混合申请　独立和混合申请的区别就在于安全性和有效性的数据是否全部由申请人本身提供，若是一部分由文献数据支撑则属于混合申请，否则为独立申请。这类申请需要提供完整的申报资料，且一般需要进行临床研究，仅有部分资料可用文献代替。

欧盟进行植物药注册主要有两种方式，即集中授权程序和国家授权方式。①集中授权方式：为集中审评程序，是指药品通过欧洲药品管理局审批后，在整个欧盟地区上市销售。②国家授权方式：包含非集中审评程序、互认程序及成员国审批程序。

我国目前已有地奥心血康胶囊、丹参胶囊、板蓝根颗粒、愈风宁心片和逍遥片等品种获得欧盟成员国批准，成功注册并上市销售。其中，地奥心血康胶囊是我国最早获得欧盟植物药注册许可的中药品种。2004年，全欧中医药学会联合会中药专家特别小组将地奥心血康胶囊作为向欧盟推荐的第一批中药品种。2008年2月，我国企业按当时欧盟药品注册要求向荷兰药品评价委员会递交了地奥心血康胶囊欧盟药品注册申请。随后，我国制药企业与荷兰药品评价委员会进行了多方面的沟通交流及合作研究，并于2009年3月向药品评价委员会递交欧盟药品生产质量管理规范（good manufacturing practice，GMP）认证申请，并一次性通过了最为关键的原料药和制剂的欧盟GMP认证。2010年1月，地奥心血康胶囊正式获得欧盟GMP证书并批准上市，由此成为第一个通过欧盟GMP认证的中药制剂。

四、中药在日本的注册

(一) 日本的汉方药注册法规

日本的传统医学，即汉方医学，源于我国传统医学。隋唐时期，中医药学传入日本，在日本明治维新阶段前一直作为主流医学。中药在日本称为汉方药，在日本整个医药体系中承担着重要作用。1972年，由日本厚生省选出二百余种以我国中医药古籍为主收载的经典名方作为非处方药批准使用。日本药品注册管理的最高行政机构为厚生劳动省，全面负责药品的审批，并制定相关法律法规。在汉方制剂的注册审评中，日本厚生劳动省的医药生活卫生局及其下设的药品评价部负责对提交的审查报告进行行政审查与指导，为符合要求的药品颁发药品注册证书。

日本汉方制剂的注册及管理制度依据《日本药局方》和《一般用汉方制剂承认基准》制定。《日本药局方》是日本的国家药典，由日本药局方编辑委员会编写，每5年更新一版，经日本厚生劳动省颁布执行。《日本药局方》分为两部，第一部收载原料药及其基础制剂，第二部收载生药、家庭药制剂和制剂原料。《一般用汉方制剂承认基准》可追溯到20世纪70年代。1975年，日本厚生劳动省确立了第一版《一般用汉方制剂承认基准》，其中包含210种处方，主要选自张仲景的《伤寒论》《金匮要略》、孙思邈的《千金要方》及陈师文等编写的《太平惠民和剂局方》。《一般用汉方制剂承认基准》经历多次增补修订，2017年厚生劳动省发布的"新基准"所列汉方制剂已达到294种。《一般用汉方制剂承认基准》中大部分处方中药材配伍量并非固定不变，而是规定了剂量范围，各药品生产单位可在此范围内自主确定药材配伍量。对于仅以水为提取溶剂的汉方药处方，药品生产单位可自主选择剂型、制定工艺及质量标准。同时，日本针对汉方药的特点制定了《关于如何对待医疗用汉方浸膏制剂的问题》《医疗用汉方制剂管理的通知》《汉方浸膏制剂的生产管理和质量管理的自定技术标准》《日本药局方外生药规格》等相关法规。

(二) 日本汉方药的注册申报分类及程序

日本汉方药的注册申报是采用通用技术文件规定的格式和术语。汉方药注册分为医疗用汉方制剂注册和一般用汉方制剂注册。医疗用汉方制剂主要指所用生药作用相对较强、需要医师监督指导使用的制剂，相当于我国的中药处方药。一般用汉方制剂为经长期临床使用，药物安全、有效，所使用的生药作用比较缓和的制剂，相当于我国的中药非处方药。

医疗用汉方制剂的注册可向厚生劳动省或地方药事管理机构进行申请。其中，厚生劳动大臣批准的新医疗用汉方制剂在审批过程中，还增加了药事分科会和部会审议以及毒剧药和生物制品等的指定刊载。一般用汉方制剂注册申请的审批也分为厚生劳动大臣审批和地方药事管理机构审批两种方式，其中厚生劳动大臣对新的一般用汉方制剂审批还增加了审查专门协议会和部会审议。

医疗用汉方制剂注册申请所需的材料包括5个部分：①申请书等行政情报以及提交文件的情报，包括申请资料目录、生产销售批准申请书、证明文件、知识产权状况；②资料概要，包括品种质量标准概括资料、临床试验概要等通用技术文件；③关于品种质量标准的文件，包括详细数据或报告书、参考文献等；④非临床试验报告书；⑤临床试验报告书。

与医疗用汉方制剂不同，一般用汉方制剂注册申请时所需提交的材料按所含成分的不同而有所区别：①含有新有效成分的汉方制剂，须提交历史使用状况、质量标准资料、安全性评价资料、药理及毒理学研究资料、药物动力学研究资料和临床试验资料；②其他汉方制剂，须提供历史使用情况、质量标准资料里的规格和试验项目、临床试验资料。此外，安全性评价资料、药物动力学研究资料、毒理学研究资料和局部刺激性研究资料在必要时需要提供，用于审查。

五、中药在澳大利亚的注册

（一）澳大利亚的中药注册法规

澳大利亚的植物药使用历史悠久，中医药文化起源于19世纪50年代。2000年5月16日，澳大利亚维多利亚州颁布的《中医注册法》正式生效，《中医注册法》是西方国家第一个肯定中医法律地位并承认其合法的法案。澳大利亚政府卫生部治疗用品管理部门（therapeutic goods administration，TGA）是执行药品审批及监管的机构，负责评估新药、颁发药品制造许可、监督药品生产过程等工作，以确保在澳大利亚上市药品的安全、有效。TGA下设的补充药品和非处方药处负责传统药物及中草药药品的监管，是中草药申请审批上市的主管部门。根据不同药品类别和实际使用状况，TGA制定了一系列有关药品监管法规的指南性文件。其中，《澳大利亚补充药品监管指南8.0》和《评册药物证据指南1.1》是现行补充药品监管指南的核心基础，对包括中药在内的补充药物的申请审批上市，医疗用品立法、研究开发、价格控制、临床研究、生产许可证发放等多个方面给出了详细具体的规定。2020年5月，澳大利亚TGA以上述两个法规为核心，结合《补充药物海外可比机构指南》《列册补充药物适应证证据指南》等相关内容，形成了现行较为完整的以风险评估为核心原则的《澳大利亚列册评册补充药物和注册补充药物监管指南》，为中药在澳大利亚的注册申报提供关键依据。

（二）澳大利亚中药产品的注册申报分类及程序

澳大利亚联邦政府规定，所有治疗性药物包括中药需向TGA登记或注册，并记入《澳大利亚药品和医疗器械注册名录》，取得产品注册证书后方可合法销售和使用。TGA在《澳大利亚药品和医疗器械注册名录》中依据药品的性质、适应证及毒副作用等，将药品注册分为两个途径，即列册药物和注册药物。从药品成分和服用风险角度，澳大利亚将药物体系分为处方药、非处方药和辅助药物3种。中药被列入辅助药物中，通常作为列册药物进行注册，但对于适应证明确、具有优势疗效、药效成分明确的中药复方，也可通过注册药物途径进行注册。

列册药物只可含有TGA发布的允许使用配料条目中的原料，不能标注其安全性、质量和有效性已经过TGA评估审核，只可用于低风险类适应证，并且审批资料由申请者依法规要求自认证提交。列册药物的申请较为简便、快捷，但对于药物本身的安全性要求较高。注册药物的申请条件高于列册药物，其含有成分及毒性标准具有一定的限制，包含低、中、高3级风险的适应证，可以在标签或宣传上声称其产品的安全性、质量和有效性已经过独立机构评估审核，审批必须全程完整地进行TGA上市前评审程序，在出现安全性问题时还要进行上市后核审。

思考题

1. 中药新药的定义，以及药品的基本属性是什么？
2. 源于中药的新药成功案例有哪些？
3. 中药新药的研发有哪些特点？

4. 根据现行版《药品注册管理办法》，中药新药的注册分类有哪些？每种注册分类分别包含哪些细分类别？

5. 中药新药研发的基本流程包括哪些模块？这些模块相关的技术要求或指导原则有哪些？

6. 我国中药新药注册政策（含港澳台）与欧盟及美国相比，有何异同？

（张彤，浦益琼）

 数字资源详见　　新形态教材网

　学习目标　　知识图谱　　推荐阅读　　教学课件　　自测题

第二章

中药新药的发现与设计

中医药是我国劳动人民长期应用中药与疾病作斗争的过程中，由实践升华为理论，再由理论指导实践，逐渐积累起来的医学理论和实践体系。这一体系以"辨证论治"为核心，强调"整体观念"和"治未病"的理念，通过"四诊合参"（望、闻、问、切）来诊断疾病，采用"君臣佐使"的配伍原则来组方用药。在中医药理论指导下组方或源于中医药研发的创新药物，一直是发现中国新药的重要途径，源于中药的创新药物如麝香保心丸、复方丹参滴丸、复方黄黛片、黄连素、地奥心血康胶囊等为中药临床用药和产业发展做出了巨大贡献。随着经济和科技的不断发展，以及人民健康需求的不断提升，中药创新药物的发现和研发也将发生重大的改变。

通过本章学习，学生应掌握中药新药研发的基本思路与策略，熟悉中药新药选题的原则和方法，了解中医药体系的形成与发展，并了解现代科技在中药新药研发中的应用。

第一节　中药研发的思路与策略

本节内容聚焦于中药新药研发的思路与策略，探讨如何将中医药理论融入现代中药研发之中；明确中药新药研发如何面向国家重大战略需求，以及如何满足人民生命健康需求；探讨中医药思维在新药研发中的应用，以及现代科技手段与中医药理论的结合方式，为中药新药的研发提供科学、系统的指导。

一、面向国家重大战略需求

中药新药研发是国家战略需求的重要研究领域，涉及社会需求、科技进步和经济发展。因此，中药新药研发首先要面向国家的重大战略需求，解决临床迫切问题，满足提高国民医疗健康水平的需要。中药新药研发应在中医药理论指导下，重点关注国家"重大新药创制""重点研发计划"等重大科技项目中的重点支持领域，例如心血管疾病、恶性肿瘤、代谢类疾病、呼吸系统疾病、免疫性疾病等重大疾病和难治性疾病。除此之外，还需关注重点健康事件，如新型冠状病毒感染的暴发，我们充分发挥中医药特色优势，筛选出以"三药三方"为代表的一批有效抗疫中药方剂，中医药参与救治的疗效得到了实践检验。同时，中医药积极参与全球疫情防控，为全球抗疫贡献了中国智慧和力量，获得国际社会高度评价，为未来中药新药的开发和国内国际双循环格局下的市场路径提供了新的机遇。

二、面向人民生命健康需求

中药新药项目区别于化学药品新药的突出特点，在于大多具有较好的临床应用基础，这也是中药新药研发的重要特点。从源于临床的中药作为开发起点，经过药学和药理毒理学研究形成中药新药，再经临床试验，以循证中药学研究获得更优的临床证据，实现其临床价值。坚持以临床需求为核心的原则，包括以下几方面。

（一）以中医临床需求为指导的中药新药研发

中药新药研究的目的是满足临床用药需求，尤为重要的是要遵循"中医临床价值观"的研发思路。这一价值观的核心在于以患者的临床综合获益为标准，挽救生命、恢复健康、减轻痛苦。在此基础上，中药新药研发还需紧密跟随临床需求的导向，主要反映在以下几个方面：①疾病的发病率及流行病学特点；②针对现行干预手段和临床方案存在的问题；③患者的临床获益诉求；④体现与同类药物的比较优势；⑤基于中医理论对疾病的认识和药物干预原则（治则）进行临床定位、处方选择和科研设计，以中医药临床治疗特点评价中药的疗效。通过中药新药开发，解决以上问题，为临床提供有效的治疗药物。

（二）重视临床经验在中药新药研发中的重要性

中药新药基于中医药理论，源于临床经验。特别是复方中药，其主要来源于经典古方、现代临床经验方（包括医院制剂）和民间验方。复方新药选择应考虑以下因素：①中医药临床优势病种；②处方来源的人用药经验及背景、医疗实践活动的背景，处方沿革与应用源流；③医家的医学流派、倾向、特长；④处方所用药味的本草源流、一脉相承、沿革与变迁特点；⑤现代人群体质特点及其发病、传变及转归规律；⑥组方、药味的药理作用特点；⑦配伍原理；⑧现代临床应用资料。

（三）临床导向的科研设计在中药新药研发中的应用

中药的疗效评价应当结合中医药临床治疗特点，确定与中药临床定位相适应、体现其作用特点和优势的疗效结局指标。基于中医药理论体系和新药研发的实际需求，临床因素在新药研发中显得尤为重要。以临床导向的科研设计主要包括以下几个方面：①基于临床功效的制备工艺设计；②基于临床病-证结合建立药效学模型和评价指标；③基于中药有效性表达特点的质量控制方法的建立；④基于中药临床干预方式和特点的临床试验方案设计。

三、中医药思维与新药研发

（一）中医药理论在新药研发中的指导作用

中医药理论在中药新药研发中具有重要的指导作用，为研究人员提供了对疾病本质和药物作用机制的深刻认识，有助于确保制剂的功能主治与目标适应证紧密契合。同时，中医药理论的临床实践价值也不容忽视，西药新药研发多基于基础实验研究的发现，而中药新药研发的显著特点主要是基于临床应用效果，之后开展中药新药研发。因此，中医药理论的指导可以帮助研究人员避免仅依赖实验室研究的局限性，合理选择临床评价指标，提高临床试验的成功率，还能减免相应的申报资料，缩短研发周期，加快中药新药上市。

（二）结合疾病病机与共性处方指导中药新药研发

疾病病机是中医对疾病本质的一种深刻认识，它揭示了疾病发生、发展的内在规律。在中药新药研发中，我们应运用中医基础理论，如阴阳五行、气血津液、藏象、经络等，来深入剖析疾病的核心病机。通过对病机的准确把握，研发人员可以提出针对性的共性处方，即"辨机论治"的方法，为新药的开发提供理论基础。

（三）现代科技手段与中医药理论的结合

在中药新药研发中，研究人员应注重现代科技手段与中医药理论的结合。通过运用现代科技手段，如分子生物学、药理学等，研究人员可以更深入地研究疾病的发病机制和药物的作用机制。同时，还应注重中医药理论的创新，不断探索新的治疗方法和手段，以满足临床不断变化的需求，运用现代科技手段来总结和验证疾病的病机，为新药的研发提供科学依据。

中药新药研发是一个复杂而系统的过程，需要深入挖掘并遵循中医临床价值观，以患者的临床综合获益为导向。同时，研究人员还应结合中医药理论与现代科技手段，注重临床实践和创新，以开发出真正有效、安全、满足临床需求的新药。

第二节 中药新药的发现

在探讨了中药新药研发的思路与策略之后，本节将转向中药新药的发现过程，详细阐述中药新药选题的原则和方法，并介绍中药新药的选方途径。

一、中药新药的选题原则

（一）需求性原则

新药立项需进行市场调研，包括中药在临床上有防治优势的领域、需求大的常见病、政策法规的推动以及与市场上同类产品进行对比，确定研发价值。利用中药独特的理论体系和治疗效果，发掘更多具有潜力的中药新药，为疾病治疗提供新的思路，为市场需求提供新药品种，满足临床需要，推动中药产业健康发展。

（二）可行性原则

中药新药研究既要重视技术因素、经济因素，还需要考虑非技术因素、非经济因素，只有在人力、物力、财力和技术力量均能保证的前提下，才可开展研究。中药新药研究与一般科研课题的研究还存在着政策及成果上的不同，中药新药研究的全过程必须严格按《药品注册管理办法》的具体要求进行。例如，原辅料须有相应的质量标准、药效学研究须有规范且公认的动物模型等；研究结果必须是正结果，最终得到一个安全、有效的新药。

（三）科学性原则

中药新药选题必须要有科学依据。首先，应以中医药理论指导组方、设计工艺、质量标准、药效研究、临床研究等整个研究过程。其中组方配伍应合理，或应来源于临床有效病案，并应结合现代药理研究结果，确认药味的有效成分或组分，以便与现代医学的"病""症"对照观察。在制剂工艺方面，应根据药物的性质和临床需求选择适宜的剂型，确定有效成分后，选择合理的制剂工艺和质量标准。其次，在基础医学研究中，也同样应结合中药学的特点，强调中医药理论指导。用药剂量、方法、疗效标准等应根据《药品注册管理办法》构建科学而严格的具体要求。

（四）创新性原则

创新是中药新药研究的核心，应贯彻于研究全过程，尤其在组方上更要有特色，不应出现抄袭、仿制或对现有方药进行低水平加减等重复研究。中药新药的研究应强调中医药理论指导，突出临床疗效，处方合理，使用方便。除此之外，还应在新技术、新设备和新辅料等的应用方面开拓发展、有所创新。

（五）效益性原则

药品是具有特殊性质的商品，中药研究中的科研投入与产出的综合效益是否相当，衡量的标准是研究的中药是否具有临床使用价值，以及这种价值的社会经济效益。因此，中药新药研究在选题之初，就应以对常见病、多发病、疑难病具有确切疗效的中药为基础，并充分利用现有条件能取得较快成果的中药（处方），以充分考虑该研究的效益性特点。

二、中药新药的选方途径

（一）传统古方的优选

从古代医籍中选择处方，即引用古代医籍中原方，保持药味剂量不变，或对其略为加减，是比较常见的中药新药处方来源形式。《中药注册分类及申报资料要求》中的第3类新药，是古代经典名方中药复方制剂。这类新药是指符合《中华人民共和国中医药法》规定的，至今仍广泛应用、疗效确切、具有明显特色与优势的古代中医典籍所记载的方剂。其组方理论性强，但其现代临床定位不一定很明确，可运用现代药理、化学方法拆方研究，结合临床使用的经验，确定其主治功能。通过改进给药途径和剂型、完善质量标准、增加适应证等，研制出疗效更好的"古为今用"新药。例如，风寒感冒颗粒是在《伤寒论》中记载的"麻黄汤"基础上再加上干姜、葛根、紫苏叶、防风、白芷、陈皮制成的中成药。方中甘草、干姜配伍能温中扶阳；葛根外可助麻黄、桂枝解肌退热，内可合甘草、干姜解肌生津；紫苏叶、防风、白芷、陈皮，疏散表邪、理气和中。与原方相比，风寒感冒颗粒更适合现代人的生活方式所产生的疾病，例如空调、冰箱等的使用而造成的久寒里虚、脾阳太虚，甘草、干姜配伍有利于温中扶阳。

（二）中医药文献的发掘

海量的古籍文献是中医药学术和原创思维的重要载体，也是中药新药研发的坚实支撑和宝贵资源，结合当今中医药相关的研究成果，形成了庞大文献知识库，是中药新药研发候选处方的重要来源。但由于记载的粗放性以及庞大的数据量，人们在使用前还需要经过去伪存真的检验过程。因此，需要引进面对海量数据的挖掘分析方法，筛选并获得组方合理、治疗病证明确、具有明显的特色和优势的新药处方，以减少筛选的盲目性。青蒿素的发现即是通过研究者们在寻找抗疟药物过程中，阅读大量中医药典籍，梳理出近百种中药并进行活性成分的提取与药理活性的筛选后发现的抗疟药物。屠呦呦在查阅文献的过程中，发现葛洪《肘后备急方》中的"青蒿一握，以水二升渍，绞取汁，尽服之"，受此启发，成功地利用乙醚提取获得了青蒿素，挽救了无数受疟疾折磨的患者。

（三）民间单方、验方、祖传秘方中的研究

民间单方、验方和祖传秘方中蕴藏着不少有效方，对许多临床上的疑难杂病往往有着奇功异效。这些处方通常针对性很强，用药也有其独特之处。针对这类处方，应当深入发掘并整理其处方来源和药味组成，以更好地传承和发扬其独特疗效。然而，单纯的发掘与整理尚不足以确保其安全与有效，还需经过严谨的文献考证，以追溯其历史渊源和理论依据。此外，需要借助药效学实验结果和临床疗效总结资料来加以说明，确保其安全、有效地应用于临床实践中。例如，收载于现行版《中国药典》中的腰痛宁胶囊，最早来源于清代医家费山寿所著《急救应验良方》中的"九分散"，随后经过多年实践而形成民间治疗腰腿痛的验方。1985年，腰痛宁胶囊获准投产。自此，传统的民间验方开始走上了工业化生产的道路，腰痛宁胶囊也成为国家中

药保护品种。

（四）现代先进科技方法的筛选和发现

基因组学筛选、蛋白质组学研究、代谢组学分析、药物靶点鉴定、计算机辅助药物设计、高通量筛选技术以及数据挖掘与知识发现等现代先进科技方法的应用，能够在庞大的中药资源中快速锁定有效成分，加速中药新药的发现概率、阐明作用机制、揭示作用靶点、提高研发效率和成功率，提高中药质量稳定性和一致性。随着科技的不断进步和发展，研究方法也在不断完善和优化，为中药新药的研发提供更强有力的技术支持和创新动力。

（五）老药的升级换代

随着人类疾病谱的改变、疾病机制的明确以及医疗理念的持续更新等，老药新用、一药多用、剂型或给药方式的改变等都在不断推动中药新药领域的进步。在《中药注册分类及申报资料要求》中，这种改变已上市中药的给药途径、剂型且具有临床应用优势和特点，或增加功能主治等的制剂被明确地归类为2类中药改良型新药。鉴于传统散剂、丸剂制备工艺粗糙、服用量大，已不太适应患者的用药需求，可以将传统的中成药进行剂型和工艺改进。这种改良若不涉及给药途径则属于2.2类中药新药；如果同时改变了给药途径则属于2.1类中药新药。对目前市场上畅销且疗效肯定的制剂，宜采用现代仪器方法如高效液相色谱法（HPLC）、LC-MS等在化学分离、结构测定等方面深入分析研究，找出其中的有效成分，除去无生物活性成分，开发出剂量小、疗效好的新药。例如，藿香正气散记载于《太平惠民和剂局方》，具有解表和中、理气化湿的功效。但传统汤剂、散剂为粗制剂，服用剂量大，贮存、携带不甚方便。为了满足广大患者的用药需求，研究人员利用先进生产设备和工艺技术方法，确定有效成分的基础上研究开发形成了藿香正气口服液、藿香正气合剂、藿香正气水、藿香正气胶囊、藿香正气软胶囊、藿香正气丸、藿香正气滴丸、藿香正气颗粒、藿香正气片等一系列藿香正气制剂。

第三节 中药新药的立项

中药新药的立项是新药研发过程中的关键步骤，涉及多个方面的考量。本节主要讨论中药新药立项的意义和要素，包括临床需求、科学依据、资源可持续性、生产可行性、知识产权保护、安全性评估、临床试验设计和社会经济效益分析。

一、中药新药的立项意义

新药研发是一项周期长、资金投入大、不可预测性高的系统工程。新药研发的步骤涉及立项、临床前研究、研究新药申请、临床试验及临床前补充研究、新药申请、上市及检测。立项是新药研究的关键，也是每个医药企业关注的焦点。一旦新药项目开发失败，对企业的影响是巨大的。因此，建立一套完善的新药立项体系可降低因盲目开展项目而产生的风险，帮助医药企业筛选出潜力较大的优质新药项目。

二、中药新药的立项要素

中药成分复杂、可变因素多、研发产业链长,使得新药研发具有相当难度和挑战性。因此,中药新药的立项应考虑以下多方面要素。

(一)临床需求

中药新药立项最核心的要素是临床需求。中药新药的研发应基于临床需求,以解决临床上的实际问题为目标,满足患者对安全有效、质量可控的药品的需求。通过对疾病的流行病学特征、发病机制、治疗方案及现有药物的疗效和副作用进行深入分析,可以发现未被满足的临床需求,进而确定中药新药研发的切入点和创新点。另外,还可以通过对临床需求的深入研究,发现新的治疗靶点和方法,从而推动中药新药的研发创新。同时,临床需求也推动着中药新药在剂型、给药方式等方面的创新,以满足患者对于用药便捷性的要求。此外,在立项阶段,医药研发人员必须深入了解当前市场和临床需求,对疾病谱的变化趋势和未来治疗需求有清晰的认知。基于临床需求的中药新药研发不仅有助于提高药物研发的质量和效率,还有助于推动中医药事业的持续发展。

(二)科学依据

中药新药立项需要有充分的科学依据,不仅包括对疾病的发病机制、病理生理过程的深入理解,还包括对现有治疗手段的局限性有清晰的认识,确保所研发的药物具有明确的治疗效果和较低的安全风险。首先,对疾病的发病机制进行深入探究是中药新药研发的重要前提。只有深入了解疾病的成因和发展过程,才能针对性地研发出有效的治疗药物。这需要研究者结合现代医学的研究成果,运用先进的实验技术和方法,对疾病的发病机制进行深入研究。其次,对现有治疗手段的局限性分析也是中药新药研发的关键环节。当前,许多疾病的治疗手段仍然存在一定的局限性和不足,这为中药新药的研发提供了广阔的空间。研究者需要对现有治疗手段进行评估,发现其中的不足和缺陷,进而确定中药新药研发的切入点和突破口。在研发过程中,研究者应运用现代科学技术手段,对药物成分、作用机制、疗效和安全性等方面进行科学评估,可以筛选出具有潜力的药物候选,为后续的临床试验和广泛应用奠定坚实基础。同时,研究方法和技术应符合现代科学技术要求。

(三)资源可持续性

中药新药的研发和生产需要考虑到资源的可持续性,确保资源的长期利用和环境的可持续发展,同时实现经济效益和社会效益的协调增长。这包括药材的采收或养殖、生态环境的维护、生产设备的投入、生产工艺的优化等多个方面的可持续性。中药材是中药新药研发和生产的基础,其资源的可持续性是确保新药长期稳定生产的前提。

首先,为了实现药材的可持续利用,需要对野生药材资源进行科学合理的采收管理,避免过度开采导致的资源枯竭。同时,积极推广药材的人工种植和养殖技术,通过规模化、标准化的种植和养殖,提高药材的产量和质量,降低对野生资源的依赖。在资源紧缺的情况下,扩大药用部位或使用亲缘相近的药用动、植物替代也是保护濒危中药材、促进中药资源可持续利用的重要途径。近二十年来,以人参、西洋参的茎、叶、花中的人参总皂苷替代其传统药用部位,以黄芩茎叶、地黄茎叶、柴胡茎叶等传统非药用部位为原料开发创制了一批国家中药新药,以瓦布贝母替代松贝母治疗肺热咳嗽,以同属植物管花肉苁蓉替代肉苁蓉作为补肾壮阳的中药等研究,均取得了标志性成果,为相关资源的可持续发展奠定了基础。

其次,生态环境的维护同样不可忽视。中药材的生长与生态环境密切相关,良好的生态环境是确保药材质量的关键。因此,在中药新药的研发和生产过程中,需要注重生态环境的保护,避免对生态环境造成破坏。通过推广绿色种植技术、加强生态修复等措施,实现中药材产业的绿色发展。

再次,生产设备的投入和生产工艺的优化也是实现资源可持续性的重要手段。先进的生产设备和技术可以提高生产效率、降低能耗和排放,从而实现资源的有效利用和环境的可持续发展。引进和研发先进的中药生产设备和技术,可优化生产工艺流程,降低生产成本,提高产品质量,进一步提升中药新药的竞争力。

最后,还需要加强政策引导和市场监管。政府可以出台相关政策,鼓励和支持中药材产业的可持续发展,加大对中药材种植、养殖、加工等环节的扶持力度。同时,加强市场监管,规范中药材市场秩序,打击非法采挖、制假售假等行为,保障中药材产业的健康发展。

通过这些措施的实施,我们可以实现中药资源的长期利用和环境的可持续发展,为中药新药的长期稳定生产提供有力保障。

(四)生产可行性

立项符合研发企业的战略发展方向及资本实力,需要从多方面充分考虑新药的生产可行性。生产可行性包括工艺流程的设计、生产设备的选型、生产环境的控制、生产成本的核算等。第一,在设计工艺流程时,应充分考虑药材的特性、提取方法的有效性以及制剂的稳定性等因素。通过优化工艺流程,可以提高生产效率、降低生产成本,并确保产品质量。同时,工艺流程应具备灵活性和可扩展性,以适应未来规模化生产的需求。第二,在选择生产设备时,应考虑设备的性能、产能、自动化程度以及维护保养的便捷性。选用性能稳定、产能匹配、自动化程度高的设备,可以提高生产效率,降低人工成本,同时减少生产过程中的误差和污染。此外,设备的维护保养也是确保生产持续稳定的重要环节。第三,在生产过程中,应严格控制生产环境的温度、湿度、洁净度等,防止微生物污染和交叉污染。同时,建立健全的环境监测和记录制度,确保生产环境符合相关法规和标准要求。第四,在立项阶段,应对生产成本进行全面预算和核算,包括原材料成本、人工成本、设备折旧、能源消耗等方面。通过优化生产工艺、提高设备利用率、降低能耗和物耗等措施,实现生产成本的降低和控制。同时,还需要考虑到未来规模化生产的可能性和难度,以及生产过程中的质量控制和标准化操作。

(五)知识产权保护

中药新药研发涉及的知识产权相关事项是立项时需要考虑的重要因素。研发者需在立项阶段对相关领域的知识产权进行全面检索和分析,了解现有专利、技术秘密、商标等权益状况,评估潜在的知识产权风险和冲突,确保新药研发过程不出现侵权风险。在研发阶段对创新药物进行全面的专利申请和保护,建立完善的专利申请和保护机制,及时将创新成果转化为专利权,确保技术的独占性和市场竞争力,以避免知识产权纠纷和市场损失。此外,也需要有长期的知识产权战略规划,根据自身的发展战略和市场需求,制定知识产权的布局和保护策略。同时,要注意申请专利的策略和时机，避免过早或过晚申请导致的不利影响。

（六）安全性评估

中药新药的安全性评估是立项的重要环节。研发者需要对新药的原料、生产工艺、产品质量等从急性毒性、长期毒性、特殊毒性研究，以及对生殖、发育的影响等多方面进行安全性评估，确保新药在使用过程中的安全可靠。建立完善的安全性监测和风险控制体系至关重要。研究者需要制定详细的安全性监测计划，定期对药物进行安全性评估，及时发现并处理潜在的安全问题。同时，建立风险预警机制，对可能出现的安全风险进行预测和防范，确保患者的用药安全。此外，还需要及时向监管部门报告药物的研发进展和安全性评估结果，接受其监督和指导，共同推动中药新药的安全性评估工作不断完善和提高。

（七）临床试验设计

临床试验是新药研发的关键环节，也是立项阶段需要重点考虑的因素。临床试验设计需要科学严谨，根据临床前研究的结果和目标适应证人群的需求，制定合理的试验方案和评价标准。临床前研究内容主要包括明确研究目的、选定合适的受试者群体、设定合理的给药方案和剂量、确定观察指标和评价标准等。同时，需要充分考虑伦理和法规的要求，确保临床试验的合法性和规范性。此外，采用科学的统计方法和数据分析手段，对临床试验数据进行准确、可靠的分析和解读。通过合理的样本量计算、数据质量控制和统计分析方法，提高试验结果的准确性和可信度。最后，还需要加强临床试验的监管和质量控制；建立完善的临床试验监管体系，对试验过程进行全程监控和管理；对试验数据进行严格的质量控制，确保数据的真实性和完整性。

（八）社会经济效益分析

中药新药研发需要考虑社会经济效益。研发者需要对新药的研发成本、生产成本、销售收入等进行全面的经济分析，评估新药的盈利能力。同时，需要考虑新药对社会的贡献，如提高患者生活质量、减轻社会负担等。社会经济效益分析有助于判断新药的可持续发展能力和投资价值。

中药新药研发立项是一个综合性的决策过程，需要我们全方位地考量从药材资源与来源到生产工艺与质控的每一个环节。这一过程中，涉及的风险错综复杂，不容忽视。每一个要素都直接关系到新药的安全性与有效性，是构成中药新药研发完整链条的不可或缺的一环。因此，在立项时必须综合考虑所有相关要素，确保中药新药的研发既具备科学性、实用性，又符合伦理法规和市场需求。只有这样，我们才能为项目的顺利进行奠定坚实的基础，确保新药的安全上市，并在竞争激烈的市场中脱颖而出。通过全面细致的考量，研究人员不仅可以提升中药新药研发的质量和效率，还可以为患者带来更多安全、有效的治疗选择，推动中医药事业的不断发展和创新。

第四节　中药新药的设计

在前述内容的基础上，本节将深入分析中药新药的设计环节，涵盖中药新药设计的原则、优化策略与研究内容，以及中药创新药发现的途径、方法与新领域等内容。

一、中药新药设计的原则与优化策略

（一）中药新药设计的一般原则

中药新药设计须根据病情的需要，按照一定的原则，选择和组合适当剂量的药物，以形成特定剂型来治疗疾病。组方的目的在于充分发挥各个药物的疗效，同时制约其不良反应，以提高药物的疗效，降低其毒性，更好地满足临床需求。因此，在组方时必须遵循以下原则。

1. 君臣佐使　君药，是针对主病或主证起主要治疗作用的药物，是方剂组成的核心。君药的选择应根据病证的性质和病情的轻重而定，一般用量较大。臣药，辅助君药，增强疗效或针对次要症状进行治疗。佐药分为3种：①佐助药，协助君药或臣药，起到协调作用或针对一些次要症状进行治疗；②佐制药，用以消除或减弱君、臣药的毒性或烈性的药物；③反佐药，病重邪甚，用正治法可能拒药时，使用与君药药性相反而又能在治疗中起相成作用的药物。使药，引导药物到达病所，发挥调和作用。

例如，半夏泻心汤，主治胃气不和之痞证。方中以辛温之半夏为君，散结除痞，又善降逆止呕；干姜之辛热以温中散寒，黄芩、黄连之苦寒以泄热开痞共为臣药。以上四味相伍，具有寒热平调，辛开苦降之用。然寒热错杂，又缘于中虚失运，故方中又以人参、大枣甘温益气，以补脾虚，为佐药。甘草补脾和中而调诸药为佐使。综合全方，寒热互用以和其阴阳，苦辛并进以调其升降，补泻兼施以顾其虚实，是为本方的配伍特点。寒去热清，升降复常，则痞满可除、呕利自愈。

2. 配伍得当　配伍是指根据患者的症状、体征及病因、体质等病情需要，确定治疗原则，并根据药物性能选择合适的药物组成复方。配伍得当是提高方剂疗效的重要环节，也是制约方剂不良反应的重要手段。在符合君臣佐使组方原则的基础上，配伍时还应遵循"七情合和""补泻合用""寒温相宜""升降相因""阴阳相济"等原则，提高药物之间的协调作用，增强疗效。

3. 剂量合理　剂量是指单味药的用量或方剂中各药物的总量。剂量是否合理，当直接影响到方剂的疗效和安全性。因此，在组方时应根据药物性能、配伍关系及病情需要等因素，合理确定剂量；并根据患者的病情变化和反应情况，适当加减剂量，以调整药效。药量过小可能导致治疗效果不佳，药量过大可能增加副作用和风险。因此，确保药量的合理，是保证中药新药安全有效的重要环节。

4. 剂型适宜　剂型是指根据病情需要和药物性质制成的不同给药形式，如汤剂、散剂、丸剂、膏剂等。在组方时应根据病情需要和药物性质选择适宜的剂型。

（二）中药新药设计的优化策略

中药新药设计的策略主要包括经典方剂借鉴、民间验方挖掘、复方加减、单味中药深入研究、现代药理实验指导、现代科学技术指导研发、药物活性成分的筛选与结构优化、药物组合化学研究、药材配伍优化和制剂工艺改进等方面。

1. 经典方剂借鉴　经典方剂是中医药学中的宝贵财富，其组方原则和用药经验经过了长期的实践检验。中药新药的研发可以从中汲取灵感，通过借鉴经典方剂的组方思路和用药经验，结合现代科学技术手段，对经典方剂进行改良和创新，研发出具有新用途或新适应证的中药新药。例如，苓桂术甘汤记载于东汉张仲景的《金匮要略》，是其温阳化饮法治疗"痰饮病"的代表方，具有温阳化饮、健脾利湿的功效，由茯苓、桂枝、白术、甘草四味药组成，是国家中医药管理局发布的《古代经典名方目录（第一批）》中的第19方，以及《古代经典名方关键信息表（7首方剂）》中的第1方。2022年，苓桂术甘颗粒成为首个按古代经典名方目录管理的中药复方制剂（即3.1类中药新药）通过技术审评的新药，获批上市。苓桂术甘颗粒的研发成功的策略之一，在于建立了符合中药特点的"药材—饮片—中间体—制剂"全过程、多维度的质量控制体系，保障经典名方中药复方制剂质量稳定可控，是推进古代经典名方向新药转化的一项标志性成果。

2. 民间验方挖掘 民间验方是广大人民群众在长期实践中积累的用药经验，具有独特疗效和地域特色。通过挖掘民间验方，可以发现一些被忽视的有效组方，经过科学研究和临床验证，将其转化为具有自主知识产权的中药新药。例如，三氧化二砷就是源于国家在各地收集中医秘方，汇编成册时的发现。三氧化二砷来源于砒霜，民间用砒霜、轻粉（氯化亚汞）、蟾酥治疗皮肤病，随后研究者对该民间验方研究发现，其主要有效治疗成分是三氧化二砷，相关研究者对其机制进行了深入的研究并发表多篇论文，在医学界引起了巨大的轰动。经过多年的潜心研究，砷剂疗法先后获得了欧盟和FDA的批准，成为急性早幼粒细胞白血病治疗的一线疗法。

3. 复方加减 复方加减是在已有复方的基础上，根据临床需求和现代药理研究成果，对原复方的药物组成进行加减调整，以优化药效和适应证。这种方法既保留了原复方的优势，又通过结合现代医学理论和实践加减调整提高了疗效和针对性，但需要具备一定的临床经验和药学知识，是中药新药研发中常用的一种组方方法。

4. 单味中药深入研究 针对单味中药进行深入研究，探讨其在不同病理模型和临床应用中的疗效和作用机制。通过对单味中药的深入了解，可以为其寻找新的适应证或发现新的入药成分，从而研发出中药新药。

5. 现代科学技术指导研发 现代科学技术手段为传统组方筛选中药新药的过程提供了诸多便利，大大提高了筛选的效率以及结果的准确性和可靠性，为中药新药的研发提供有力的支持。例如，通过现代药理实验手段，可以深入了解药物的活性成分、作用机制和药效学特点，为中药新药的组方提供科学依据。在实验基础上，可以对药物进行优化组合，提高疗效并降低副作用。值得注意的是，虽然现代科技手段为中药新药研发带来了诸多便利，但仍需结合传统中医药理论和临床实践进行综合评价和优化，以确保新药的安全性和有效性。

6. 药物活性成分的筛选与结构优化 药物活性成分的筛选是通过现代科学技术手段，对中药中的活性成分进行分离、纯化和筛选，找到具有特定药理作用的化合物。在此基础上，可以针对这些活性成分进行优化组合，开发出具有新用途或新作用机制的中药新药。此外，还可以就某一个活性很强的单体化合物进行进一步的研究开发成为新药，或者对先导化合物进行结构优化，达到安全、有效和可控的药用目的。例如，双环醇（bicyclol）的发现，早在70年代初，临床观察发现五味子对慢性乙型肝炎患者的肝功能异常的改善具有明显的效果，基于这一临床线索，研究人员系统地开展了五味子的药理及化学研究。从五味子果实中分离出7种二苯并（a，c）环辛烯木脂素，并筛选了对四氯化碳中毒小鼠的肝损伤保护作用，其中五味子丙素的活性最强。随后在对五味子丙素的全合成研究中发现中间体联苯双酯（bifendate或DDB）在降低转氨酶水平方面具有较强活性，从结构上来看，与五味子丙素相比，联苯双酯缺少七元碳环，极大地降低了合成难度。但联苯双酯抗病毒活性和生物利用度较低，为解决这些问题，通过对联苯双酯衍生物在肝损伤模型中的构效关系研究，用6-羟甲基代替一个侧链中的6-羧酸酯成功制备双环醇，成为我国自主研发的用于治疗肝脏炎性损伤的单体类药物。

7. 计算机虚拟筛选 计算机虚拟筛选融合了化学、分子生物学、毒理学、统计学及计算机科学等多个学科，通过构建数学及计算机模型得到最佳的组方方案，如计算机辅助组方、分子对接组方、网络药理学组方等。这种方法的优点在于可以大大缩短新药研发周期，提高成功率；缺点是需要强大的技术支持和数据库资源。

（三）中药新药设计的优化研究

中药新药的研发是中医药现代化的重要内容，而组方优化研究则是中药新药研发的关键环节之一。中药新药组方优化研究的主要内容包括制剂学研究、质量控制研究、药效学研究、药物代谢动力学研究、药物相互作用研究、毒理学研究、临床试验研究及药物经济学研究等方面。通过组方优化研究寻找最佳的中药新药组方方案。这一过程涉及多个学科的知识和技术，以确保新药的有效性和安全性。

1. 制剂学研究 制剂学研究是中药新药组方优化研究中不可忽视的一环，主要涉及药物制剂的制备工艺、质量控制和稳定性等方面。通过制剂学研究，可以开发出高效、安全、稳定的药物制剂，提高药物的生物利用度和患者用药的便利性。在进行制剂学研究时，需要注意制备工艺的优化、质量控制和稳定性评价的规范性等方面。

2. 质量控制研究 质量控制研究是中药新药组方优化研究中不可或缺的一部分，主要涉及药品的质量控制和质量保证等方面。通过质量控制研究，可以建立科学有效的质量控制体系和质量标准，保证药品的质量和安全性。在进行质量控制研究时，需要注意质量标准和检测方法的制定和优化以及数据分析和解读的准确性等方面。

3. 药效学研究 药效学研究是中药新药组方优化研究的一个重要方面，主要涉及药物对机体生理功能的影响。通过药效学研究，可以了解药物的作用特点和作用机制，为药物的合理使用和剂量调整提供科学依据。在进行药效学研究时，需要注意对药物作用特点和作用机制的深入探讨。

4. 药物代谢动力学研究 药物代谢动力学研究是中药新药组方优化研究中不可忽视的一环，主要涉及药物在体内的吸收、分布、代谢和排泄等方面。通过药物代谢动力学研究，可以了解药物的代谢特点和排泄途径，为药物的合理使用和给药方案提供科学依据。在进行药物代谢动力学研究时，需要注意实验设计和方法学的规范性以及数据分析和解读的准确性等方面。

5. 药物相互作用研究 药物相互作用研究是中药新药组方优化研究中不可忽视的一环，主要涉及药物之间的相互作用和影响。通过药物相互作用研究，可以了解不同药物之间的相互作用特点和影响程度，为药物的联合使用和配伍禁忌提供科学依据。在进行药物相互作用研究时，需要注意实验设计和方法学的规范性以及数据分析和解读的准确性等方面。

6. 毒理学研究 毒理学研究是中药新药组方优化研究中不可或缺的一部分，主要目的是评估药物的安全性和毒性。通过毒理学研究，可以了解药物对机体的毒性作用和不良反应，为药物的临床应用和推广提供安全性的保障。在进行毒理学研究时，需要注意实验设计和方法学的规范性以及数据分析和解读的准确性。

7. 临床试验研究 临床试验研究是中药新药组方优化研究的最终环节，主要目的是评估药物在人体内的疗效和安全性。通过临床试验研究，可以全面了解药物的疗效、不良反应和用药方案等方面，为药物的临床应用和推广提供全面的科学依据。在进行临床试验研究时，需要注意实验设计和方法学的规范性、数据分析和解读的准确性以及伦理和法规的遵守等方面。

8. 药物经济学研究　药物经济学研究是中药新药组方优化研究中不可或缺的一部分，主要目的是评估药物的经济效益和社会效益。通过药物经济学研究，可以了解药物的治疗成本和效益，为药物的合理使用和卫生资源的优化配置提供科学依据。在进行药物经济学研究时，需要注意数据来源的可靠性和分析方法的规范性等方面。

二、中药创新药发现的途径、方法与新领域

中药的发现是一个历史长河中逐渐积累和沉淀的过程，是中华民族在长期与疾病斗争中，通过实践、观察和经验总结所形成的宝贵财富。随着科学技术的发展，尤其是现代生物技术、化学分析技术和信息技术的应用，对中药的认识不断深入，能够更加精确地揭示中药的有效成分和作用机制，为中药创新药物的发现和开发提供了坚实的基础。中药创新药物的发现是一个融合传统知识和现代科技的过程，在传统经方、验方的基础上，结合现代科学技术深入研究中药的物质基础和作用机制，由此开发出的中药创新药物，如1.1类创新中药通络明目胶囊、参郁宁神片、小儿紫贝宣肺糖浆、九味止咳口服液等，不仅继承了传统中药的精髓，更以其新颖性、有效性和安全性，满足了现代医学对药物研发的高标准要求。

（一）中药创新药发现的过程

中药创新药发现的途径主要包括从传统组方筛选、从中药复方二次开发，以及基于靶标和网络药理学发现中药新药等。

1. 从传统组方筛选中药新药　中药不同于化学药，其中很多组方已经通过长期临床实践确证其疗效且安全性高。以传统组方为资源发现和研发创新药物是中药新药创制的重要途径。传统组方成分复杂，结构多样，活性的成分提取与分离是发现新药的首要步骤。随后，再根据体内外活性成分的筛选，发现活性部位。这些活性部位是中药发挥疗效的核心所在，也是研发新药的重要依据。基于有效部位研究的新药为有效部位新药或复方制剂。针对有效部位分离得到的活性很高的单体化合物开发的新药为有效成分新药，这类新药往往具有明确的药理作用和治疗效果，为临床提供了新的治疗选择。除此之外，针对活性不强或毒性很大的单体化合物进行结构优化和构效关系研究开发的新药则为小分子中药创新药物。

基于传统组方的新药发现过程见图2-1。

2. 中药复方二次开发发现中药新药　中药复方的二次开发主要是针对已上市中成药围绕药品质量和临床用药需求进行深入研究并取得成果的过程。其中成药一般具备以下基本条件：①在中医药理论指导下组成的成方制剂，具有明确的适应证和病证；②明确的药效物质基础，且有明确的有效成分作为指标的质量控制方法；③毒副作用有客观、实事求是的表达；④整个研究过程符合GAP/GMP/GLP/GCP/标准；⑤有适宜的剂型。基于中药复方的二次开发可以完善、细化、补充、修订中成药说明书有效性、安全性、经济性的相关内容，亦可针对目标疾病（证候）、人群、药物进行筛选、确定、重组，形成更具市场竞争力的产品或系列产品。

基于中药复方二次开发的中药新药的发现过程见图2-2。

3. 基于靶标寻找中药新药　在中药创新药物发现过程中，研究者还可以在选定一种潜在的可治疗性疾病后，确定与该疾病相关的药物靶点，基于药物靶标对中药的有效成分或有效部位进行筛选，从中寻找既有选择性又有药理活性的中药有效成分。建立分子、细胞或离体器官的生物模型进行体外活性评价，在此基础上进行动物病理模型体内验证，确定中药有效成分。对这些

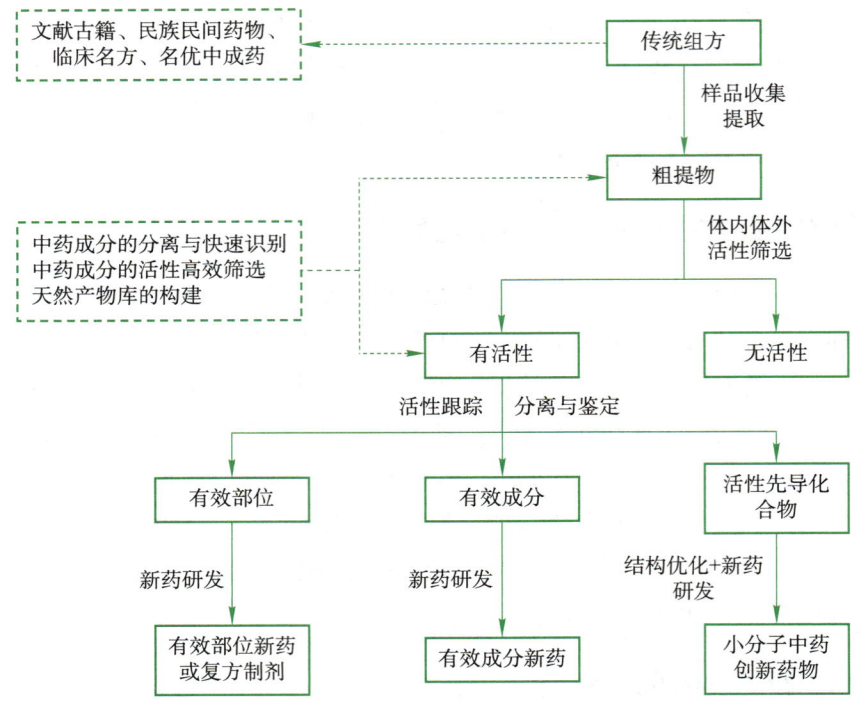

图2-1 基于传统组方的新药发现过程

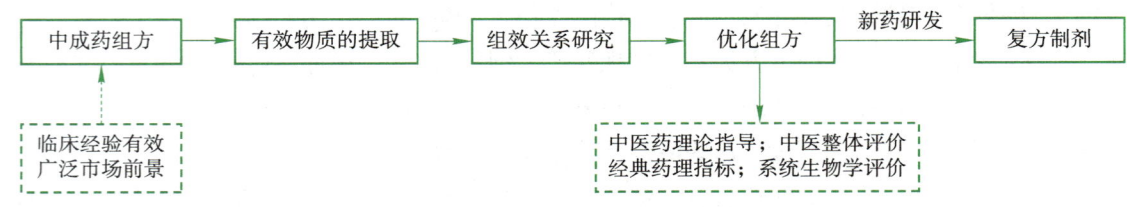

图2-2 基于中药复方二次开发的中药新药的发现过程

成分进行临床前研究，再进行临床研究。

例如，阿尔茨海默病患者记忆和认知障碍主要原因是海马体和大脑皮质胆碱能神经元的变性死亡，导致突触间隙神经递质乙酰胆碱降低。因此可推测增加脑内乙酰胆碱的水平是治疗阿尔茨海默病的重要途径。从中药蛇足石杉（千层塔）中分离得到的单体有效成分石杉碱甲就是基于药物靶标筛选获得的一种乙酰胆碱酯酶的可逆性抑制剂。经实验发现，石杉碱甲结合乙酰胆碱酯酶的过程较快，但解离乙酰胆碱酯酶所需的时间却比其结合过程长得多。石杉碱甲与乙酰胆碱酯酶的结合时间较长，即药效时间长，并具有选择性高、毒性低等特点，因此被用于良性记忆障碍及各型痴呆和脑器质性病变引起的记忆障碍。

基于靶标为基础的中药新药发现过程见图2-3。

4. 基于网络药理学发现中药新药 网络药理学（network pharmacology）是基于系统生物学和多向药理学的理论基础，通过对生物系统的网络分析，选取特定信号节点（nodes）进行多靶点药物分子设计的药理学新分支学科。与传统药理学最大的区别是，网络药理学更注重整体性和系统性，强调从系统层次和生物网络的整体角度出发，通过开展单药物对多靶点、多药物对单靶点或多药物对多靶点的交叉分析，来解析药物及治疗对象之间的分子关联规律。这与中药多成分、多靶点的特点以及中医药整体观念和系统化更加贴合。中药复方是通过中药中多个有效成分与疾病相关的多个靶点相互作用、相互调节，形成有效成分-有效成分关联网络的有机组合，协调疾病相关主要靶点、次要靶点和协同靶点形成的疾病网络，使得机体从非平衡状态调节到新的平衡状态，达到治愈疾病的目的。

基于网络药理学的中药复方新药研究思路，首先根据选定的方剂以及临床明确的适应证建立疾病-靶点网络，预测出药物靶标群和功能模块；再采用计算机虚拟筛选出中药药效物质。针对中药组分配伍设计，利用网络药理学建立现有分子结构-靶点网络模型，寻找中药主要成分与分子的相似结构，计算药效物质的最佳组合比例。网络药理学作为一种建立在高通量组学数据分析、计算机虚拟计算及网络数据库检索基础上的新药发现、药效作用、机制挖掘的研究方法，其整体性、系统性和注重药物间相互作用的特点与中医药学的基本特点相吻合，符合中医药对疾病本质的认识。

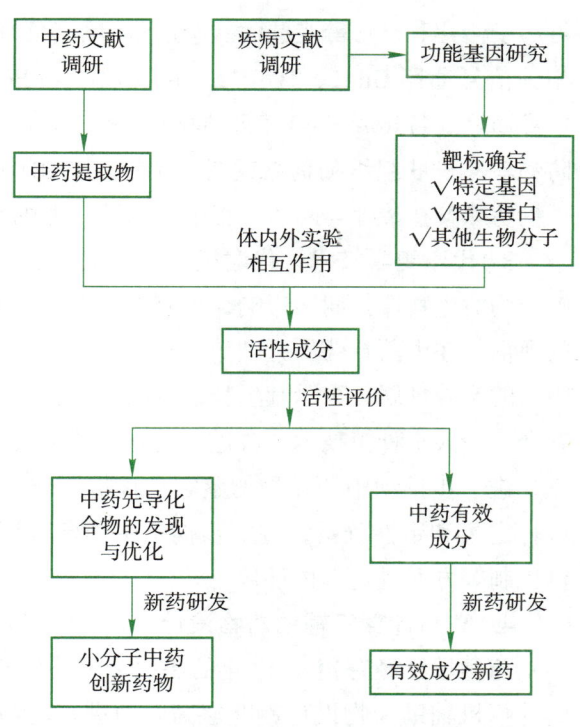

图 2-3 基于靶标为基础的中药新药发现过程

（二）中药创新药物发现的新方法、新技术

随着科技的飞速发展，中药创新药物的发现也正经历着巨大的变革。许多新方法与新技术的涌现，为中药创新药物的发现提供了更广阔的思路和更高效的方法。中药创新药物发现的一些新方法与新技术主要包括以下几种。

1. 基因组学技术 基因组学是研究生物体基因组结构和功能的科学，通过破译生物体的全部基因和基因组合，来了解生物体的遗传特征和疾病发生机制。中药创新药物的发现可以借助基因组学技术，深入研究药物的基因作用机制，为药物的研发提供更精准的靶点和更个性化的治疗方案。中药基因组学研究不仅为阐明中药活性成分的合成途径奠定了基础，也为中药合成生物学研究提供了丰富的生物学元件，通过将这些生物学元件转入底盘细胞系统，重建中药有效成分的合成途径，进而实现高效、定向的异源生物合成，为创新药物的研发和生产提供新的手段，是目前中药合成生物学研究的主要目标。目前为止，一大批重要的中药材，如人参、西洋参、三七、茯苓、甘草等已完成转录组测序与分析。

2. 蛋白质组学技术 蛋白质组学是研究蛋白质的表达、功能和相互作用的科学。通过蛋白质组学的研究，可以深入了解药物作用机制和药物与靶点之间的相互作用，为新药的发现提供更直接的证据。利用蛋白组学技术，可以揭示中药多环节、多靶点、多组分的分子机制，还对于控制中药质量、优选种质资源、发现中药新靶点和信号通路及完善现代中药安全性评价体系具有重要的指导意义。例如，通过 Label free 非标记定量蛋白质组研究和中心碳代谢技术成功探讨荆防颗粒治疗荨麻疹的现代药理机制。荆防颗粒是荆防败毒散的中成药，由人参败毒散加减而成，组方包括荆芥、防风、羌活、独活、柴胡、前胡、枳壳、茯苓、桔梗、川芎、甘草，在临床实践中可用于治疗荨麻疹等皮肤病。经过蛋白组学研究表明荆防颗粒可显著调节荨麻疹小鼠葡萄糖代谢相关信号通路 Glut1、TORC2、p-CREB、PEPCK、HNF4α、G6Pase，从而抑制 NLRP3 炎性小体信号通路、TLR4/NF-κB 信号通路和 MAPK 信号通路，调节脾脏 T 淋巴细胞亚群失衡。同时，荆防颗粒对皮肤组织葡萄糖代谢的调控与 LKB1/AMPK/SIRT1 轴功能上调密切相关。这一发现揭示了荆防颗粒在治疗荨麻疹过程中的深层药理机制，为临床应用提供了坚实的理论基础。

3. 代谢组学技术 代谢组学是研究生物体代谢产物的科学。通过代谢组学的研究，可以了解药物对生物体代谢的影响，预测新药在不同个体内的效果和安全性，为新药的发现提供更全面的评估。在中药新药研究领域，代谢组学同样发挥着举足轻重的作用。它不仅能够协助我们鉴定中药的亲缘种属，揭示其生长发育的内在机制，还能深入探究中药炮制的科学原理，保障其质量安全。为人工种植技术的改进、药材最佳采收时间的确定以及药材来源的拓展提供宝贵的参考信息，进一步推动中药品种的鉴定与优选工作。此外，代谢组学还能对生物体内代谢产物的变化进行定量和定性分析，进一步揭示中药药效评价、中药毒性评估、药物相互作用研究、中药质量控制等方面进行整体评价。

4. AI 与计算机辅助药物设计 自 1981 年被 *Discovery* 首次报道以来，人工智能（AI）应用于制药领域已经有超过 40 年的历史。中药新药研发涉及复杂的化学成分和多靶点效应机制。借助计算机辅助药物设计，能够高效地进行药物筛选、设计和优化，大大提高了研究效率和成功率。利用高通量虚拟筛选技术，可以从庞大的化合物数据库中筛选出具有潜在活性的先导化合物，大大缩短了实验周期，降低了研发成本。此外，还能够帮助研究人员更好地理解中药中的活性分子及其作用机制。通过计算机模拟技术，研究人员可以预测药物分子的药效和性质，进而优化其结构和活性，从而提高药物发现的成功率和效率，为药物设计提供有力依据。同时，计算机辅助药物设计还可以用于研究中药与生物大分子之间的相互作用。通过模拟药物分子与蛋白质、核酸等生物大分子的相互作用模式，为进一步优化药物结构和提高疗效提供了有力支持。近年来，随着 AI 在新药研发领域持续深入以及相关技术的迭代创新，也将为中药的新药创制带来新的机遇。

（三）中药创新药物发现的新领域、新途径

中药创新药物发现的新领域和新途径，主要有以下几个方面。

1. 植物共生菌研究 共生菌与药用植物在长期的进化过程中形成了特殊的互惠共生关系，药用植物内生菌自身也能产生一些生理活性物质，其对药用植物的生长、道地性等方面产生重要的影响。例如，丝核菌株能够促进金线莲叶片中超氧化物歧化酶、根系酸性和碱性磷酸酶活性，以及抗坏血酸、多酚、类黄酮和多糖化合物含量的增加。此外，铁皮石斛内生真菌能够增加多糖含量，而大戟内生真菌则能促进大戟组培苗中萜类物质的合成。不仅如此，近年来植物共生菌等微生物，还被发现含有大量新化合物骨架和活性化合物，成为创新药物发现的一个重要领域。例如，红树林药用植物秋茄的共生真菌 *Aspergillus sp.* SK-28 能够产生具有良好抗结核活性的 Brevianamide K。在研究该化合物的生物合成机制时还发现一个催化立体构型翻转的羟化酶，这为设计生物合成含有不同手性羟基中心的天然产物提供了新的工具和思路。植物共生菌的研究为中药创新药物的发现提供了新的资源，在新药研发方面显示出巨大的开发潜力。

2. 动物药研究 动物药作为中药的一部分，具有悠久的历史。近年来随着药物研发技术的不断提高，某些动物药被发现了一些新用途。例如，地龙（蚯蚓）原知具有清热解痉、利尿通络

的功效，现阶段还发现在其他疾病方面也发挥了显著功效，包括支气管哮喘、高血压等，成为临床比较常用的药物之一；现代药理研究揭示蟾酥中的蟾酥甾烯类成分是其主要药效成分，具有镇痛、抗炎等作用，并且随着现代技术如高分辨质谱的发展，对蟾酥中蛋白多肽类成分的深入研究和质量控制，进一步推动蟾酥在新药开发中的应用。由此可见，系统地研究动物药的活性成分，不仅有助于研究人员挖掘传统药物的新潜力，也为开发创新中药提供了广阔的前景。

3. 新适应证的发现 中药不仅在传统治疗领域有着深厚的历史根基，而且在现代医疗实践中，它们在抗病毒、抗肿瘤、抗炎等多个领域也显示出了一定的潜力。一些中药成分被认为能够增加机体免疫力，如板蓝根、金银花等传统中药在流感病毒等的治疗上有着一定的应用。抗炎方面，如白芍、甘草等，现代研究进一步探索这些成分的分子机制，明确其在治疗慢性炎症性疾病中具有潜在价值。

4. 跨界融合 将中药与现代医学、生物学、大数据、人工智能等领域进行跨界融合，利用多学科的理论和方法来研究中药，有助于打开中药创新药物的研发思路，可以有效地提高中药临床研究的质量，确保中药的安全性和有效性，实现创新药研发的"降本增效"。例如，天士力与华为云联合开发的数智本草大模型，通过人工智能和大数据技术，对大量的中医药古籍、临床案例和药理作用等数据进行挖掘和分析，从而发现潜在的有效成分和治疗机制；此外，在经典名方、抗疫经验及大数据、人工智能技术的支持下，成功筛选并研制出具有确切疗效的宣肺败毒颗粒，该药还入选"三药三方"。这种跨学科的融合创新为中药的现代化和国际化提供了新思路和新方法。通过多领域手段的辅助，可以更加系统和科学地研究和验证中药的疗效，推动中药在全球医学领域中的应用和发展。

5. 国际化视野 中药新药研发的国际化视野，是指在全球范围内寻求合作与交流，积极吸收和融合国际先进的药物研究理念和技术。这一视野的融入，不仅能够加速中药的现代化和国际化进程，而且能够显著提升中药在全球医药市场中的竞争力。通过积极开展国际合作与交流，吸收国际先进的药物研究理念和技术，参与国际临床试验和标准的制定，培养具有国际视野的中药研发人才，并引进国际高端人才等方式，促进中医药文化在全球范围内传播和影响力。

中药创新药物发现的领域和途径非常广泛和多样化。通过不断地探索和实践，有望发掘出更多具有创新性和实用性的中药新药，同时，需要建立完善的药物研发体系，加强基础研究和人才培养，推动中药创新药物的研发进程，为人类的健康事业做出更大的贡献。

思考题

1. 调研青蒿素的发现历程，思考如何发现与研发中药创新药物？
2. 思考中药经典名方新药研发路径有哪些？

（韩波，李想）

数字资源详见 新形态教材网

学习目标　　知识图谱　　推荐阅读　　教学课件　　自测题

第三章

中药新药的原料、辅料与包装材料

中药制剂的原料包括中药材、中药饮片、中药提取物，为保证中药新药的有效性、安全性和质量可控性，应对原料进行必要的前处理，包括原料的鉴定与检验、炮制与加工。辅料除赋予制剂成型外，还可能改变药物的理化性质、调控药物的体内过程，对药物的临床疗效、安全性、稳定性等都有影响，故在中药新药研发过程中应重视辅料的选择及新辅料的应用研究。在选择直接接触药品的包装材料时，应对同类药品及其包装材料进行文献调研，证明该包装材料应用的安全性及可行性，并结合药品稳定性实验研究进行考察；在某些特殊情况或文献资料不充分的情况下，应加强药品与直接接触药品的包装材料的相容性考察；采用新的包装材料或特定剂型，在包装材料选择时除应进行稳定性实验需要的项目外，还应增加相应的项目的考察。

通过本章学习，学生应掌握中药基原鉴定与中药资源评估的基本内容，掌握中药材、中药饮片、中药提取物质量要求，熟悉中药新药的辅料与包装材料选择原则，为中药新药研发提供安全、质量优良的原料、辅料及包装材料。

第一节　中药基原鉴定与资源评估

中药新药研制的原料来自中药材，中药材是中药新药研发和生产的源头，其质量是影响中药新药安全性、有效性和质量可控性的关键因素。中药品种来源、产地、药用部位、采收季节、加工炮制方法、贮存条件等的不同，可直接影响药材质量。

一、中药基原鉴定

（一）基原

基原指中药的物种来源，即药材原植（动）物的科属，基原准确是保证药材质量的基础。其信息包括药材的原植（动）物中文名、拉丁学名及药用部位。多基原中药，是指来源于不同物种，但具有相似成分或疗效、临床应用相同的中药。多基原中药材自古有之，《本经逢原》中记载海藻"凡海中诸药，性味相近，主疗一致，虽有不同，亦无大异"。中国各地的植物分布不同，从历史发展来看，由于地域差异等原因，不同地区的用药习惯存在一定差异，同时随着中医药行业的发展，不同历史时期的用药也会有所改变，使不同地区、不同时期的中药应用均有差异，这会造成某些中药虽来源于几种不同的近缘物种或非近缘物种，但仍作为同一种中药使用。现代研究表明，这些中药具有相似的成分或疗效，临床上可作为同一种中药使用，这种现象导致了多基原中药的形成。

多基原药材，如川贝母现行版《中国药典》规定来源为川贝母 *Fritillaria cirrhosa* D.Don、暗紫贝母 *Fritillaria unibracteata* Hsiao et K.C.Hsia、甘肃贝母 *Fritillaria przewalskii* Maxim.、梭砂贝母 *Fritillaria delavayi* Franch.、太白贝母 *Fritillaria taipaiensis* P. Y. Li 或瓦布贝母 *Fritillaria unibracteata* Hsiao et K. C. Hsia var. *wabuensis*（S. Y. Tang et S. C. Yue）Z. D. Liu, S. Wang et S. C. Chen 6个基原，按性状不同分别习称为"松贝""青贝""炉贝"及"栽培品"，在药品研发时一般应固定使用其中一个基原；又如黄柏（习称川黄柏，来源为芸香科植物黄皮树 *Phellodendron chinense* Schneid. 的干燥树皮）和关黄柏（来源为芸香科植物黄檗 *Phellodendron amurense* Rupr. 的干燥树皮），二者的总生物碱含量相差2倍，在对古籍记载的经方进行开发时应考证并确定是川黄柏还是关黄柏。研发中若某药材受资源制约需使用多个基原的，应提供充分的依据，并固定使用比例，保证最终新药质量的稳定。种植或养殖药材有明确选育品种的，一般应说明品种信息。矿物药应明确该矿物的类、族、矿石名或岩石名以及主要成分。

研制新药过程中，如使用新药材、易混淆药材、难以确定基原的药材，原则上应采集原植物（动物、矿物）的凭证标本，由专家或有资质的机构进行物种鉴定，并保留标本、照片及相关资料。必要时还需与伪品进行对比研究，并结合产地调研等，确认药材基原。新药材应详细描述药材的相关信息，如原植物（动物）形态特征和药用部位，说明原植物（动物）的生长环境、习性、产地、分布及资源等。野生药材在相同生长区域、相同采收期有易混淆物种的，应进行基原鉴别及与易混淆品区别的研究。

（二）产地

产地是影响药材质量的重要因素之一，固定产地是保证药材质量相对稳定的重要措施。道地药材充分反映了产地与药材质量的关系，如道地产区甘肃岷县的当归药材中洋川芎内酯Ⅰ高于非道地产区；又如云南省文山州属低纬度高海拔地区，非常适宜三七生长，因此所产三七质量优、品质好，被公认为三七道地产区，相关调查研究发现，目前国内药用的三七高达90%为云南所产。在新药研发时，应通过文献研究、产地考察等方法，了解药材的道地产区、主产区、核心分布区及适生区等情况，了解不同产地药材的质量差异，加强不同产地药材质量规律的研究；矿物药产地的地质环境及伴生矿等情况与药材中重金属及其他杂质密切相关，应加强针对性的研究。

（三）采收与产地加工

采收和产地加工是影响药材质量的重要环节。一般应尊重传统经验，坚持质量优先，兼顾产量的原则。重点关注以下内容。

1. 采收 药材的采收应根据药材的特点和生长物候期，确定采收期、生长年限及采收方法。"三月茵陈四月蒿，五月六月当柴烧"等谚语及药典记载的桑叶药材宜在初霜后采收，均说明了采收季节对药材质量的影响。此外，生长年限对药材质量也有影响。例如，研究证明，生长年限是影响铁皮石斛黄酮类成分积累的重要原因，且"红杆""绿杆"黄酮类成分含量随着生长年限的增加而出现差异，生长年限3~5年"红杆"的黄酮类成分含量比"绿杆"的高；又如滇重楼随着年限的增长，其根茎生物量呈逐渐增长的趋势，其生长发育可分为增长缓慢期（第1~4年）、增长快速期（第5~10年）和增长平缓期（第11年后）3个阶段，其中7年生滇重楼根茎生物量增长最快，用重楼皂苷Ⅰ、Ⅱ、Ⅶ含量与8种甾体皂苷含量总和对不同年限滇重楼药材进行综合评价，以7年生滇重楼采收入药为最佳。如果新药研发时使用药材的生长年限和采收期等与传统经验不一致时，应有充分的依据作为佐证。

野生药材的采收应制定科学合理的采收方案，保证资源可持续利用。采收过程中应避免混采混收、非药用部位及杂质的混入。应加强对采收人员的培训及采收地点、时间、数量等信息的管理。矿物药的采挖应符合国家相关规定，注意对产地的研究，特别关注地质环境及伴生矿等情况，避免杂质混入。

2. 产地加工 药材的产地加工应遵循传统经验，根据药材的特点和制剂需要，研究确定适宜的产地加工方法，明确关键工艺参数。例如，茯苓、杜仲、厚朴在产地需要发汗，研究表明发汗过程中温度、水分、时间、微生物群落等因素对药材初生、次生代谢产物的生物转化和化学转化有影响，茯苓发汗后的多糖含量高于鲜品。而含浆汁及淀粉较多的药材如太子参在产地需在开水中略烫，以方便炮制及贮藏。

（四）贮藏

中药材含有淀粉、黏液质、脂肪、挥发油等，易发生虫蛀、霉变、腐烂、走油等问题，药材的贮藏对其质量有着重要的影响。在贮藏药材时应开展中药养护，结合药材的特点及传统经验，对药材质量有影响的温度、湿度、光照和贮藏时间等因素开展研究，根据研究结果建立合理的质量控制指标，确定合理的贮藏条件，加强质量控制。

二、中药资源评估

我国中药工业生产主要包括中药饮片生产和中成药生产两部分，中药与化学药、生物药的工业生产不同之处在于中药工业生产严格依赖于中药资源，且与生态环境关系密切。由于99%的中药资源是生物资源，生物资源的增加受到环境条件的制约，不合理地开发利用可能导致中药资源枯竭濒危。在现代工业发展的过程中，工业生产中的不合理开发导致资源蕴藏量减少甚至灭绝的事情时有发生，如红豆杉、千层塔、重楼、龙血树、白及等野生资源已因工业影响而迅速减少。随着国家经济的发展与转型，这种不可持续的趋势将会得到遏制，中药生产企业的可持续发展值得广泛关注。如何正确地认识中药工业生产对中药资源造成的影响，并对这一影响进行正确的评估，同时采取相应的保护措施，是中药资源保护和发展面临的重要问题。

中药资源评估的主要目的是促进中药资源可持续利用，让药品上市许可持有人或生产企业树立"中药工业生产应先保证中药资源产量和质量"的理念。因此，中药新药立项、研发都要进行中药资源评估，以满足药品注册和监管需要。中药资源评估也是药品上市许可持有人或生产企业自身所需资源的预计消耗量与预计可获得量之间平衡关系的评估，而不是全国范围内的生物学或生态学方面的资源评估。中药资源评估的范围包括以中成药、中药饮片生产等为代表的所有中药工业生产的原料资源评估。

中药资源评估不只是对产量的评估，也包括对质量的评估，产量评估的主要目的是保证企业生产原料的可及性，质量评估的主要目的是保证企业生产原料的稳定可控。中药工业生产使用来源于种植养殖和野生的药材都需要开展中药资源评估，也包括使用来源于进口的中药材。

中药资源评估在中药新药的开发和利用方面扮演着不可或缺的角色。中药资源评估并非要求研发机构或企业停止存在资源隐患的新药研发，而是充分认识到该药品可能存在的风险，从而提前采取相应措施，包括中药资源的繁育、种植等。中药新药研发时开展中药资源评估，可以让企业从中药资源的视角重新审视研发过程的价值和意义。中药资源自然属性的评估和对未来市场的分析，可以对中药新药研发起到重要的启发作用，从而进一步提升我国中药产业水平，也为发展优质优价中药提供依据。

（一）中药资源评估的基本原则

1. 资源保护与产业发展相结合原则　中药资源评估工作应与"坚持节约资源和保护环境的基本国策"相符，在加强中药资源保护的同时，积极推动中药资源可持续利用。

2. 药材资源的供给与消耗平衡原则　中药研发时，作为使用药材资源的药品上市许可持有人或生产企业，应提供评估资料证明预计药材年消耗量与可获得药材资源量之间平衡。如果使用野生药材，应保证药材年消耗量低于相应药品上市许可持有人或生产企业可获得的规定产地药材的年增长量。应强化质量优先意识，在保证质量符合产品要求的前提下评估可持续的产量，从质量和供应两方面进行综合评估。

3. 动态评估原则　中药产品在立项、研制、上市后等阶段均应开展药材资源评估。根据中药资源预计消耗量和预计可获得量的变化及时更新评估报告。

已上市中药产品原则上每5年对中药资源重新评估一次。中成药再注册时，如处方中含有濒危野生药材，其生产有可能导致相应药材资源枯竭的，药品上市许可持有人或生产企业应在再注册前开展中药资源评估。

(二)中药资源评估内容

中药生产企业进行工业生产活动需消耗中药资源,而资源消耗存在不同程度的潜在风险。中药资源评估主要包括预计消耗量、潜在风险和可持续利用措施三个方面的评估。对于复方中成药,其处方中所含的每一药味均应当单独进行资源评估,并提交评估报告。

1. 背景资料 在开始中药资源评估之前,需准备中药复方研制过程相关的立项、调研、标准等资料,背景资料包括以下内容。

(1)市场规模分析:中成药从产品适应证定位、目标人群、所治疗疾病的发病率、达到治疗效果的每个患者平均所需药品量和生物量、产品潜在的市场规模等方面论述。中药饮片从销售目标市场覆盖范围论述。

市场规模分析以总市场潜量 Q(最高市场需求量)为计,计算公式为:

$$Q = 目标人群数量 \times 产品的价格 \times 目标人群的平均购买量$$

(2)处方及实际投料:列出每一药味的名称及其处方量,明确每一药味的实际投料量。例如,某一中成药中黄芩的处方用药是每支 10 g,一批次生产 10 万支,考虑生产损耗后的实际投料为 1.15 吨。

(3)中药资源基本信息:明确药品上市许可持有人或生产企业所用中药资源基原物种及其生物学特性,所使用中药资源的药用部位和产地初加工信息,野生或种植养殖的来源情况。

《中国药典》收载的品种以药典为准,未收载的以《中国植物志》《中国动物志》以及具有同等效力的分类学专著的名称为准,名称有更新的以最新名称为准,拉丁学名应遵循双名法。

(4)产地基本信息:中药材产地、种植养殖基地的地理位置(野生提供来源区域)、道地性、基地面积、生产和组织方式,进口中药材应当提供原产地证明及进口商相关信息。基地地理位置需要精确到县一级,并提供基地经纬度(可通过百度地图、手机定位或专业工具拾取经纬度)。如果是道地产区,则需提供相关依据。基地面积一般指实际生产面积,如果是林下经济则要区分可用于生产的实际种植面积、轮作(或休眠)的土地面积和基地的总覆盖面积。生产和组织方式包括公司化管理、企业与药农合作、企业与合作社等多种形式。

(5)中药材质量信息:选择中药资源物种、基地位置或来源区域的主要依据,对中药材质量进行的相关研究。质量相关研究可以是中药材质量检测报告。

2. 预计消耗量 中药资源预计消耗量是指在评估年限内产品预计消耗掉的中药材总数量。

(1)中成药的预计消耗量:根据处方和预计年销售量计算被评估产品预计消耗量。

计算公式为:

预计消耗量(t)= 每个最小包装单位消耗中药材量(g)× 预计年销售最小包装总数 × 百万分之一

其中,预计年销售最小包装总数可以参考同类上市产品近 5 年的年销售量,或根据产品自身既往销售情况估算。

(2)中药饮片的预计消耗量:每个产品可根据其每年所有销售终端(医院、药房等)的累计销售量或参考同类产品市场销售量估算。

3. 预计可获得量 预计可获得量是指在评估年限内企业能够获得特定中药资源的总量,根据来源不同,分为栽培品和野生品两类。企业需明确所使用中药资源流通和储量变化的现状和趋势,同时对能够获得特定中药资源的途径做重点描述。对预计可获得量评估而言,确保药材的高质、高量和安全可靠是关键。

（1）栽培品预计可获得量的估算：对于栽培品，企业应当说明基地的分布、范围、可采收面积、亩产量、年预计可获得量等。

预计可获得量估算的计算公式为：

$$栽培品年预计可获得量（t）= 预计年亩产量（t/亩）\times 预计年可采收面积（亩）$$

其中，预计年亩产量，需要企业根据基地过去5年的产量数据，结合基地未来5年规划等，建立回归模型进行预测估算；预计年可采收面积，需要企业根据基地面积、药材生长周期等情况确定。

（2）野生品预计可获得量的估算：对于野生品，企业应当说明其来源区域、分布范围，各区域内中药资源的单位面积蕴藏量和适宜区面积、年预计可获得量、自然更新周期等。

预计可获得量估算的计算公式：

$$野生品年预计可获得量（t）= \frac{1}{y}\sum_{i=1}^{n}（Di \times Mi）$$

其中，y表示野生资源的自然更新周期，一般以年为单位；n表示野生资源来源区域个数，一般以县为单位；Di表示第i个区域内单位面积蕴藏量，一般以t/km^2为单位；Mi表示第i个区域内适宜区的面积，一般以km^2为单位。评估时不能以区域内植被面积作为适宜区面积，以区域内植被面积作为适宜区面积将导致估算结果偏大。

（3）药材质量是制约预计可获得量的重要因素：在评估药材的预计可获得量时，应强化质量优先意识，深刻认识和理解中药材的质量变异。中药不同于化学药，采收加工的地点、时节、方式不同，药效质量也不尽相同。例如，有研究证明，不同产地蔓荆子主要成分含量存在显著差异，黄酮总量最高的是广东产（2.97%），蔓荆子黄素含量则以浙江产的最高（0.167%）；何首乌随着生长年限的增加，主要成分二苯乙烯苷的含量以四年生块根中的含量最高，达到5.35%；西安产女贞子中红景天苷的含量为8月份最高，然后逐渐下降，到12月份果实成熟时的含量最低；土壤的理化性质和生物学特性对栽培西洋参的产量和质量都有很大影响，土壤pH约5.5时，西洋参总皂苷含量较高，6种主要的单体皂苷的含量有显著增高。由此可见，在评估预计可获得量之前，首先需要根据药材指标成分与环境因子间的相关性确立正确的产地和生境、恰当的采收时节等。只有在保障中药材质量可靠一致的前提下，相关数据才可以作为同一企业、同一品种评估预计可获得量的依据。

4. 潜在风险 中药资源潜在风险可从中药材再生能力、中药材成药周期、分布区域、濒危等级、特殊价值等方面分析。

（1）再生能力：应当说明所使用中药材是否为可再生资源以及再生的限制条件，包括人工繁殖是否存在障碍、特殊生境需求等。

（2）中药材成药周期：应当说明中药资源从幼苗生长到繁殖器官成熟所需要的时间和生产符合药品标准的中药材所需要的时间，可以引用文献数据或实测数据。

（3）分布区域：应当说明所使用中药资源分布范围，重点从中药资源道地性和品质变异的角度说明，可以引用文献数据或实测数据。

（4）濒危等级：应当关注国家、地方或国际珍稀濒危保护名录的更新情况，并说明所使用中药资源是否被列为保护对象，以及是否收录在相关保护名录中。

（5）特殊价值：应当说明所使用中药资源在生态系统和生物多样性中的特殊作用和价值。例如，甘草、麻黄对防风固沙具有重要生态价值，过度采挖可能导致土壤沙化。

（6）风险特别提示：所使用中药资源含有以下任何一种情形时，需要在中药资源评估报告结论部分对该资源含有的风险进行特别提示。

1）不可进行人工繁育。该类中药材生长条件或繁育机制尚不清楚，不能进行人工种植养殖，中药材可持续供给存在障碍。

2）中药材成药周期在5年以上（含5年）。该类中药材从繁殖体种植养殖开始计算，生长成为达到药用标准中药材的时间超过5年，生产周期长导致产量波动大，供需动态匹配困难。

3）对生境有特殊需求（分布较窄）。该类中药材仅分布在特定区域，产量难以扩大，过度采挖极易导致物种濒危。

4）为野生珍稀濒危资源。该类药材已经出现资源问题，已收入野生珍稀濒危资源名录，国内外法律法规对该种资源的使用具有限制措施。

5）质量不稳定。该类中药材不同区域质量变异较大或品种容易混杂，容易出现质量问题。

6）存在严重连作障碍。该类中药材由于病虫害、营养等因素，无法在同一地块反复种植，需要不断更换种植地，质量管理有难度。

7）其他可能造成资源量或质量问题的风险，如进口药材、产地变迁、气候变化、环境污染等。

5. 可持续利用和稳定质量措施 中药资源可持续利用措施的评估需着重说明以下情形。

（1）可持续获得性：对来源于人工种植养殖的中药材品种，应当提供基地发展5年规划；对来源于野生的中药材品种，应当明确年产量，说明5年自然更新、野生抚育和野生变家种家养等情况。

（2）稳定质量措施：应当明确并固定中药材基原、来源区域、采收时间、产地初加工方法等。来源于人工种植养殖的中药材品种，还应当说明种植养殖符合中药材生产质量管理规范要求的措施。

（三）中药资源评估决策和动态调整

分析可持续利用措施是否能够有效防范潜在风险，根据预计消耗量与预计可获得量的匹配情况，可作出中药资源评估决策。

可持续利用措施能够有效防范潜在风险，预计消耗量与预计可获得量相匹配的，说明中药产品对中药资源可持续利用带来的风险较低。可持续利用措施无法有效防范潜在风险，预计消耗量与预计可获得量不相匹配的，说明中药产品对中药资源可持续利用带来的风险较高，则应慎重考虑产品的研发或上市，并需要调整预计消耗量或可持续利用措施。经过调整，仍无法有效防范潜在风险，预计消耗量与预计可获得量不相匹配的，说明中药产品的生产有可能导致相关中药资源的枯竭。

（四）中药资源评估报告

一个完整的中药产品资源评估报告由概述和产品涉及的每一味中药材的资源评估分报告组成。

1. 概述 包括封面、声明、产品简介、评估过程介绍、主要评估结论、涉及商业秘密的说明。

（1）封面：包括题目（产品名称＋所用药材名称＋资源评估报告）、上市许可持有人或生产企业名称、评估日期等。

（2）声明：包括本产品的中药资源评估报告资料真实完整、来源合法、未侵犯他人的权益。如有不实之处，相关人员须承担由此导致的一切法律后果。

（3）产品简介：介绍产品所涉及中药材品种，以及产品所处注册申报阶段或上市后生产销售情况，包括简述产品研发背景、目的；产品研发过程概述可从中药产品适用人群、所治疗疾病的发病率、分析达到治疗效果的每个患者平均所需药品量及同类产品市场信息等方面进行市场规模综合分析。

（4）主要评估结论：需概述所涉及的每一味中药材资源的评估结论。

（5）涉及商业秘密的说明：所涉及商业秘密的内容、范围。

2. 中药资源评估分报告 中药资源评估分报告由封面、说明、分报告和相关附件4部分内容组成，并按此顺序排列。

（1）封面：含有报告题目、评估单位、评估主要负责人和评估时间等信息。

（2）说明：包括评估所需数据的来源及其可靠性、完整性和真实性；评估人信息，包括主要参与评估人员的姓名、单位、职称、职务、专业背景等。

（3）分报告

1）标题：药材名（中药产品所用）+资源评估分报告，如山茱萸（六味地黄丸所用）资源评估分报告。

2）摘要：简明扼要地概括评估所用数据的来源、评估方法、评估结果、评估结论等。

3）一般背景资料：最小包装所需药材量；中药资源基本信息，包括药品上市许可持有人或生产企业所用中药资源基原物种信息，所使用中药资源的药用部位和产地初加工信息，来源于野生或种植养殖情况；产地信息，包括药品上市许可持有人或生产企业所用中药资源产地、位置（野生药材提供来源区域）、面积、生产和组织方式，进口中药材需要提供原产国及进口商相关信息；质量信息，包括选择中药资源物种、基地位置或来源区域的主要依据，对中药材质量进行的相关研究，所采用质量标准及标准编制依据。

4）预计消耗量评估：包括预计消耗量的计算过程；各项数据来源的说明。

5）预计可获得量评估：包括说明预计可获得量计算过程，以及数据来源。

6）潜在风险评估：包括再生能力、中药材成药周期、分布区域、濒危等级、特殊价值、风险特别提示。

7）中药资源可持续利用和稳定质量措施：包括可持续获得性的措施、稳定质量的措施、措施有效性评估。

8）最终结论：根据评估结果，言简意赅地表述评估结论。

9）不确定性分析：任何材料和数据方面的不确定性如知识的不足、数据限制、有争议问题等，都要在该节进行充分的讨论，并就各种不确定性对结果可靠性的影响程度进行详细说明。

10）参考资料：若评估报告中引用了文献和文件，在评估报告的最后要提供引用文献和文件的出处。

（4）相关附件

1）中药材种植养殖基地相关证明文件，如土地证或土地租赁合同、合作协议等复印件。

2）规范化种植养殖技术规程。

3）符合中药产品特性的中药材质量研究资料。

4）其他与本报告有关的证明文件，如供销合同、相关检查报告等。

第二节 中药新药的原料

制备中药制剂的原料包括中药材、中药饮片、中药提取物。中药材是指来源于动物、矿物、植物，经过简单加工或未经加工而取得药用部位的生药材；《中国药典》规定，中药饮片的定义为药材经过炮制后可直接用于中医临床或制剂生产使用的药品；中药提取物系指从植物、动物中制得的挥发油、油脂、有效部位和有效成分，包括以水或醇为溶剂经提取制成的流浸膏、浸膏或干浸膏、含有一类或数类有效成分的有效部位和含量达到90%以上的单一有效成分。

一、中药材、中药饮片、中药提取物

（一）名称

为了使名称统一化、规范化，有利于国际贸易和交流，中药可使用拉丁文名称。命名的基本格式为：药用部位或剂型名（名词主格）加药名（名词属格）。即药用部位用名词单数主格形式位于前，药名用名词单数属格形式置于后，当然也有例外。其中药名通常使用药用动物、植物的学名或原矿物的拉丁名等，亦有使用汉语拼音和俗名的。中药拉丁名中的名词和形容词第一个字母均大写，连词和前置词一般均小写。植物属名加药用部位名，如杜仲 *Eucommiae Cortex*；植物种加词加药用部位名，如人参 *Ginseng Radix* et *Rhizoma*；植物学名加药用部位名，如当归 *Angelicae Sinensis Radix* 等。

（二）来源与制法

1. 中药材 中药材的来源包括基原、药用部位、采收季节、产地加工，其中基原指原植物（动物）的科名、植物（动物）的中文名、拉丁学名，或矿物的类、族、矿物名或岩石名；基原植物的科名、拉丁学名主要依据 Flora of China 及《中国高等植物》，如不在二者收载，则依据《中国植物志》的相关卷册核定。各地方植物志、《新编中药志》《常用中药品种整理和质量研究》等资料仅供参考。

产地加工主要规定药材采收后进行加工处理的基本要求。有的药材由于地区习惯不同，选择的加工方法也有很大不同，药典中一般会选用能保证药材质量具有代表性的一种方法，有的也可能是两种方法。加工方法一般会特别关注干燥方法，如烘干、晒干、阴干均可的，用"干燥"；不宜用较高温度烘干的，则用"晒干"或"低温干燥"（一般不超过60℃）；烘干、晒干均不适宜的，用"阴干"或"晾干"；少数药材需要短时间干燥，则用"暴晒"或"及时干燥"。不注明炮制要求的均指生品。但对某些剧毒药材习惯冠以"生"，如生半夏、生草乌等，其目的是引起重视。

2. 中药饮片 中药材经过炮制后即为饮片，可直接用于中医临床或制剂生产。临床配方使用的饮片主要针对汤剂制备的特点，多为厚度薄、规格小的饮片，以利于在加水量较少、煎煮时间较短的情况下功效成分的溶出；制剂生产投料用的中药饮片，除直接购买合格的中药饮片外，还可依据企业工业化生产的需要，直接购买中药材，按规定的炮制工艺自行加工成中药饮片再投

料。在实际应用过程中人们习惯将直接用于中医临床的饮片称为"商业饮片",而将用于制剂生产的饮片称为"工业饮片"。工业饮片是立足于药典规定的处方药品,既具有药材炮制的传统属性,又结合制剂品种的生产工艺实际。饮片生产的核心是改善和形成药性的中药炮制过程。

在饮片生产过程中,炮制为重要的操作,其不仅严重影响中药有效成分含量,还可以显著降低部分中药的毒性,提高中药制剂的安全性,基于此应高度重视其炮制程序。同一中药材炮制方法和所用的辅料不相同,在炮制之后的功效也不相同,如大黄的炮制品种有熟大黄、酒大黄、醋大黄、大黄炭等。生大黄具有凉血解毒、活血化瘀的功效,在临床上可以治疗口舌生疮、大便干燥等疾病,生大黄味苦性寒,在用药过程中会出现腹部疼痛等症状;熟大黄在临床上的应用也十分广泛,起到泻下作用,既能活血化瘀,还能够减轻腹部疼痛;酒大黄是大黄常用的炮制方法,通过用酒炮制,可引药上行能够起到一定的清热解毒功效,在临床上治疗口舌生疮、牙龈肿痛、咽喉肿痛等症状,同时还能够治疗吐血等血热妄行所引起的疾病;醋大黄引药入肝,能够调节肝脏疾病,治疗七情内伤,同时还能够泻热逐瘀,治疗产后血运不畅、大便干燥、烦躁发热等症状,以及肝郁化热和月经不调;大黄炭泻下攻积作用减弱,而收敛作用增强,具有收敛止泻的功效,在临床上可以治疗崩漏、大便带血、外伤出血等疾病。大黄的炮制方法多样,根据临床需求还有酒蜜大黄、盐制大黄、炒大黄等。在新药研发过程中,需要根据药物功效及治疗疾病的不同正确选择炮制品种,使用正确的饮片。

中药饮片炮制与中药制剂的质量控制和临床疗效密切相关,需要在新药研制阶段遵循中医药理论,围绕新药特点和研究设计需要开展研究。根据中医药理论、临床用药及中药新药研究设计需要,在继承传统工艺的基础上,对药材进行净制、切制、炮炙等具体炮制工艺研究,确定工艺参数、生产设备等,并进行工艺验证。炮制所用的生产设备应与炮制工艺、生产规模及饮片质量要求相适应。

饮片炮制研究应遵循的原则如下。

(1)遵循中医药理论,继承传统炮制经验和技术,守正创新;鼓励采用传统经验与现代科学技术相结合的方式开展饮片炮制研究。

(2)饮片炮制研究应满足中药新药研究设计的需要,根据药材的关键质量属性、生产设备能力等研究确定炮制工艺参数及质量要求;饮片炮制应符合药品生产质量管理规范的要求。

(3)根据中药新药研究设计的需要,药材、饮片及中药制剂质量标准关联性的研究结果,建立完善相应的饮片标准,其检测项目的设立应关注与安全性、有效性的关联;炮制用药材及辅料均应符合相关标准。

(4)饮片炮制应进行全过程质量控制,对炮制过程中导致中药制剂质量波动的关键环节和风险控制点加强研究和控制,规范饮片炮制的文件管理;鼓励运用现代信息技术建立饮片追溯体系,实现来源可查、去向可追。

中药炮制用辅料需外购的,一般应选用以传统工艺制备的产品,如醋,应为米、麦、高粱等酿制而成,不得添加着色剂、调味剂等。炮制用辅料需自行制备的,一般应按饮片炮制规范、药材/饮片标准收载的制备方法制备,加强过程控制,保证炮制用辅料质量稳定,必要时应进行制备方法的研究,明确制备方法及工艺参数。例如,甘草汁、姜汁等临用前配制的,应按炮制规范规定的方法制备,并研究细化工艺参数(如加水量、提取次数、煎煮时间等)。辅料制备方法未收载于国家药品标准或省、自治区、直辖市的药材/饮片标准或炮制规范的,应尊重传统经验,进行制备方法研究,明确适宜的制备方法及工艺参数。特殊来源的辅料,应加强针对性研究。例如，来源于矿物的辅料，应对重金属及有害元素等进行研究，必要时在辅料标准中建立相应检测项；来源于动物的辅料，应对可能引发人畜共患病的病原微生物等进行研究和验证，必要时建立相应检测方法。

3. 中药提取物 中药提取物指采用特定的工艺从中药材或中药饮片中提取分离而得到的挥发油、油脂、浸膏、流浸膏、干浸膏、有效成分、有效部位等。对于提取物质量标准，如果属于各级质量标准收录的，应说明其主要质量标准，并提供标准全文复印件，同时还应该制定符合制剂研究的质量标准，如丹参、丹参水提取物及丹参酮提取物均收载于现行版《中国药典》一部中。地奥心血康为植物黄山药根茎的提取物，收载于卫生部药品质量标准 WS2-35(Z-26)-95(Z)和现行版《中国药典》一部地奥心血康胶囊中。对于各级质量标准中均无收载的，除应按照《药品注册管理办法》有关规定提供申报资料外，还应该参照药材申报资料要求制定质量标准。多基原品种，应按照实际选定的固定品种；若有混乱品种的药材，应采收法定品种；若使用药材仅收载于地方标准，还应提供地方标准复印件。

4. 采用法定计量单位 长度以米（m）、厘米（cm）、微米（μm）、纳米（nm）等表示，体积以升（L）、毫升（mL）、微升（μL）等表示，质（重）量以千克（kg）、克（g）、毫克（mg）、微克（μg）、纳克（ng）等表示，密度以千克每立方米（kg/m^3）、克每立方厘米（g/cm^3）等表示。

5. 投料量 中药饮片具有药品的法定地位，首次在 2010 年版《中国药典》中得到确认，在"前言"明确指出中医用药"入药者均为饮片"，即明确规定了中药材不可直接入药，中医处方调配和中成药生产投料均应为中药饮片。故中成药处方的投药量指中药饮片、中药提取物的量。

二、原料的质量要求

根据《中国药典》通则 0212（药材和饮片检定通则）要求，药材和饮片的检定包括性状、鉴别、检查、浸出物测定、含量测定等。中药提取物质量要求同药材和饮片，质量检查项目如下。

（一）性状

性状，系指药材和饮片的形状、大小、表面（色泽与外观）、质地、断面（折断面或切断面）及气味等特征。性状的观察方法主要用感官来进行，如眼看（较细小的可借助于放大镜或体视显微镜）、手摸、鼻闻、口尝等方法。

1. 形状 指药材和饮片的外形。观察时一般不需预处理，如观察很皱缩的全草、叶或花类时，可先浸湿使软化后，展平，观察。观察某些果实、种子类时，如有必要可浸软后，取下果皮或种皮，以观察内部特征。

2. 大小 指药材和饮片的长短、粗细（直径）和厚薄。一般应测量较多的供试品，可允许有少量高于或低于规定的数值。对细小的种子或果实类，可将每 10 粒种子紧密排成一行，测量后求其平均值。测量时应用毫米刻度尺。

3. 表面 指在日光下观察药材和饮片的表面色泽（颜色及光泽度）；如果用两种色调复合描述颜色时，以后一种色调为主，如黄棕色，即以棕色为主；观察药材和饮片表面的光滑、粗糙、皮孔、皱纹、附属物等外观特征。观察时，供试品一般不作预处理。

4. 质地 指用手折断药材和饮片时的感官感觉，如柔润、坚硬等。

5. 断面 指在日光下观察药材和饮片的断面色泽（颜色及光泽度），以及断面特征。如果折断面不易观察到纹理，可削平后进行观察。

6. 气味 指药材和饮片的嗅感与味感。嗅感可直接嗅闻，或在折断、破碎或搓揉时进行。必要时可用热水湿润后检查。味感可取少量直接口尝，或加热水浸泡后尝浸出液。有毒药材和饮片如需尝味时，应注意防止中毒。

药材和饮片不得有虫蛀、发霉及其他物质污染等异常现象。

（二）鉴别

鉴别是指检验药材、饮片真实性的方法，包括经验鉴别、显微鉴别、理化鉴别、聚合酶链式反应（PCR）法等。

1. 经验鉴别 系指用简便易行的传统方法观察药材和饮片的颜色变化、浮沉情况及爆鸣、色焰等特征。

2. 显微鉴别 系指用显微镜对药材和饮片的切片、粉末、解离组织或表面及含有饮片粉末的制剂进行观察，并根据组织、细胞或内含物等特征进行相应鉴别的方法。一般照现行《中国药典》四部显微鉴别法（通则2001）项下的方法制片观察。

3. 理化鉴别 系指用化学或物理的方法，对药材和饮片中所含某些化学成分进行的鉴别试验，包括荧光法鉴别、微量升华法鉴别、光谱和色谱鉴别等方法。

（1）荧光法鉴别：将供试品（包括断面、浸出物等）或经酸、碱处理后，置紫外光灯下约10 cm处观察所产生的荧光。除另有规定外，紫外光灯的波长为365 nm。

（2）微量升华法鉴别：取金属片或载玻片，置石棉网上，金属片或载玻片上放一高约8 mm的金属圈，圈内放置适量供试品粉末，圈上覆盖载玻片，在石棉网下用酒精灯缓缓加热，至粉末开始变焦，去火待冷，载玻片上有升华物凝集。将载玻片反转后，置显微镜下观察结晶形状、色泽，或取升华物加试液观察反应。

（3）光谱和色谱鉴别：常用的有紫外-可见分光光度法、红外分光光度法、薄层色谱法、高效液相色谱法、气相色谱法等。在中药及其提取物的色谱鉴别中薄层色谱法是应用最多的。中药及其提取物成分复杂，干扰成分较多，薄层色谱法鉴别需要设阴性对照和阳性对照，实验条件要经过优选，薄层色谱图通过3批以上样品均有重现，样品在与对照品（或对照药材）的薄层色谱和设有阴性对照下，在同一薄层板上得到证实时才能作为判断标准。

4. 生物鉴别 通过PCR结果，比较药材、饮片的DNA差异来鉴别药材、饮片的方法。采用此种鉴别方法的品种包括乌梢蛇、金钱白花蛇、蕲蛇等。

（三）检查

检查是指对药材和饮片的纯净程度、可溶性物质、有害或有毒物质进行的限量检查，包括水分、灰分、杂质、毒性成分、重金属及有害元素、二氧化硫残留、农药残留、黄曲霉毒素等。除另有规定外，饮片水分通常不得过13%；药屑及杂质通常不得过3%；药材及饮片（矿物类除外）的二氧化硫残留量不得过150 mg/kg；药材及饮片（植物类）禁用农药检查时不得检出（不得过定量限）。

（四）浸出物测定

浸出物测定是指用水或其他适宜的溶剂对药材和饮片中可溶性物质进行的测定。当中药原料及制剂没有确定的含量测定方法时,一般选取此法,包括水溶性浸出物测定法、醇溶性浸出物测定法、挥发性醚浸出物测定法三种,每种方法又包括冷浸法、热浸法。实验结果除另有规定外,以干燥品计算供试品中浸出物的含量(%)表示。

(五)含量测定

含量测定是指用化学、物理或生物方法,对供试品含有的有关成分进行检测的方法。常用的含量测定方法包括高效液相色谱法、气相色谱法、分光光度法、毛细管电泳法等。

中药原料的其他质量要求还包括在《中国药典》各品种项下的性味与归经、功能与主治、用法与用量、注意事项、规格、贮藏、附注等。

中药新药质量标准的控制指标是根据药效确定的,如果质量标准的控制指标结果出现偏差,主要可能是源于原料的不稳定性,如中药的种间差异(如党参与川党参)、采收季节(如青翘与老翘)、炮制方法(如生首乌与制首乌)等因素。生产中工艺流程的微小波动引起的是所有成分含量的同比升高或降低,而成分之间比例的变化则是原料不稳定所造成的。基于此,在新药研发过程中只有保持原料质量的稳定,才能达到用少数质量指标控制整个制剂的质量,这就是控制原料质量的重要性。

第三节 中药新药的辅料

药用辅料系指生产药品和调配处方时使用的赋形剂和附加剂,是除活性成分或前体药物外,在安全性方面已进行合理的评估,包含在药物制剂中的物质。在作为非活性物质时,药用辅料除赋形、充当载体、提高稳定性外,还具有增溶、助溶、调节释放等重要功能,是影响制剂质量、安全性和有效性的重要成分。因此,应关注药用辅料本身的安全性、药物-辅料相互作用及其安全性。

药用辅料可从来源、剂型、用途、给药途径进行分类。按来源可分为天然辅料、半合成辅料和全合成辅料。按用于制备的药物制剂类型主要包括片剂、胶囊剂、颗粒剂、散剂、丸剂、栓剂、注射剂、糖浆剂、软膏剂、乳膏剂、凝胶剂、贴剂、贴膏剂、喷雾剂、气雾剂等辅料。按用途可分为溶剂、抛射剂、增溶剂、助溶剂、乳化剂、黏合剂、润湿剂、崩解剂、填充剂、润滑剂、渗透压调节剂、抑菌剂、助悬剂、包衣剂、成膜剂、芳香剂、空心胶囊、基质(如栓剂基质和软膏基质)、载体材料(如干粉吸入载体)等。按给药途径可分为口服、注射、黏膜、经皮或局部给药、经鼻或吸入给药和眼部给药等辅料。同一药用辅料可用于不同给药途径、不同剂型、不同用途。

中药制剂用辅料还具有"药辅合一"及"药引"的作用,如七味广枣丸的朱砂水飞成极细粉后,既可用作包衣材料,又可发挥其安神作用;又如复方青黛丸中的青黛粉碎成细粉作为包衣材料,在方中还可发挥清热凉血消斑的作用。中药制剂中的辅料选择是否得当,直接影响中药的生物利用度、不良反应的发生及临床疗效的发挥,因此在中药新药的研究过程中要根据剂型、给药途径、目标适应证的特点选择适宜的辅料。

一、辅料选择的原则

药用辅料是药物制剂的重要组成部分,是保证药物制剂生产和使用的物质基础,决定药物制剂的性能及其安全性、有效性和稳定性。选择辅料时应遵循以下原则,一是要满足制剂成型、安全、有效、稳定、使用方便等要求的最少使用剂量原则,不仅可以节约原料、降低成本,还可以增加患者的顺应性;二是对主要成分无不良影响原则,即不降低药品疗效、不产生副作用、不干扰质量监控。通常情况下要求辅料为"惰性"(相对而言,绝对惰性的物质难以找到)物质,体现在其物理、化学、生物学性质较稳定。避免不良影响,充分利用辅料的有利影响,是辅料选用研究中的重要内容。因为主药的稳定性直接影响其疗效,在新药研发过程中应做体外药物与辅料相互作用研究,考察辅料对主药稳定性是否有影响。若辅料自身具有一定的有利于主药疗效的生理活性,则应该在药效学研究中设计辅料空白、半成品(如浸出物)、成品的对比试验,以说明辅料选用的合理性。

药用辅料的选择还需符合相关规定。2016年11月,《关于药包材药用辅料与药品关联审评审批有关事项的公告》中规定,药包材、药用辅料已与药物临床试验申请关联申报的,如果在药品上市申请阶段发生变化,相关产品生产企业应及时通知药品注册申请人,并直接向国家食品药品监督管理总局药审中心提交相关补充资料,附药包材、药用辅料"受理通知书",无须重复关联申报;药品注册申请人在药品注册申报资料中一并提交药包材、药用辅料研究资料的,可以进行药品审评,完成审评后不对药包材、药用辅料核发核准编号。2017年,《关于调整原料药、药用辅料和药包材审评审批事项的公告》(2017年第146号)中提出,国家食品药品监督管理总局药审中心建立原料药、药用辅料和药包材登记平台(简称登记平台)与数据库,有关企业或者单位可通过登记平台按本公告要求提交原料药、药用辅料和药包材登记资料,获得原料药、药用辅料和药包材登记号,待关联药品制剂提出注册申请后一并审评。药用辅料登记资料主要内容包括企业基本信息、辅料基本信息、生产信息、特性鉴定、质量控制、批检验报告、稳定性研究、药理毒理研究等。由此可知,中药新药研发使用的辅料应首选国家药审中心登记平台或数据库中相关辅料,以说明辅料选用的合规性。

二、辅料在制剂中的作用

(一)提供制剂成型性

1. 稀释剂 在药物剂型中稀释剂通常占有很大比例,其作用不仅可保证制剂一定的体积大小,而且可减少主药成分的剂量偏差,改善药物的压缩成型性。常见的稀释剂包括无机盐类、纤维素类、淀粉类、糖类。稀释剂可影响制剂的成型性(如粉末流动性、片剂硬度、湿法制粒或干法颗粒成型性、均一性)和制剂性能(如含量均匀度、崩解性、溶出度、制剂外观、硬度、脆碎度、物理化学稳定性)。一些稀释剂(如微晶纤维素)使片剂赋予物料较好的可压性,常被用作固体黏合剂。

2. 黏合剂 指一类使无黏性或黏性不足的物料粉末聚集成颗粒,促进压缩成型,具有黏性的固体粉末或溶液。黏合剂可改善颗粒性质,如流动性、强度、抗分离、降低含尘量、压缩性或药物释放等,可分为湿黏合剂和干黏合剂。黏合剂多为聚合物,天然聚合物由于来源和合成的不同,性质可能显示出较大的差异。常用黏合剂包括淀粉浆、纤维素衍生物、聚维酮、明胶等。

3. 润滑剂 指固体制剂制备中的润滑性辅料，其作用为减小颗粒间、颗粒和固体制剂生产设备金属接触面之间（如压片机冲头和冲模）的摩擦力。润滑剂可以分为界面润滑剂、流体薄膜润滑剂和液体润滑剂。液体润滑剂可用于减小金属与金属间的摩擦力；界面润滑剂是具有极性头部和脂肪酸尾部的长链脂肪酸盐（如硬脂酸镁）或脂肪酸酯（如硬脂富马酸钠）；流体薄膜润滑剂为固体脂肪（如氢化植物油）、甘油酯（如山嵛酸甘油酯和二硬脂酸甘油酯）或脂肪酸（如硬脂酸），在压力作用下会熔化，液体润滑剂是在压力下可从颗粒中释放的液体物质。常用的润滑剂有硬脂酸镁、微粉硅胶、滑石粉、氢化植物油、聚乙二醇类、十二烷基硫酸钠等。

4. 助流剂和（或）抗结块剂 助流剂的主要作用是增加颗粒的流动性，提高粉末流速，提高制剂的均匀度；直接压片时，还可防止粉末的分层现象。抗结块剂是可减少粉末聚集结块的物质，也可减少粉末加工中和漏斗排空过程中粉体结块和颗粒桥的形成。大多数情况下，助流剂具有抗结块剂的功能，常用的有微粉硅胶和滑石粉。助流剂和抗结块剂通常是无机物质细粉，通常不溶于水但是不疏水；其中有些物质是复杂的水合物，可吸附在较大颗粒的表面，减小颗粒间黏着力和内聚力，使颗粒流动性好，防止结块。

5. 包衣剂或增塑剂 对制剂进行包衣的物质的总称，包括成膜材料、增塑剂、遮光剂、色素、打光剂等，用于糖衣、薄膜衣、肠溶衣及缓控释包衣。包衣剂的作用：掩盖药物异味、改善口感和外观、保护药物不受外界环境影响、调节药物释放（如膜控释和肠溶包衣）等。包衣剂可以是预混辅料，通常为水分散体。

加入增塑剂可以降低包衣剂的玻璃化转变温度（T_g）。增塑剂是一种低分子量的物质，当加入到另一种材料（通常为高分子聚合物）中时，会使高分子材料具有柔韧性和弹性，且易于加工。增塑剂主要用于包衣剂中。传统增塑剂包括油类、糖类及其衍生物。目前广泛应用的增塑剂可分为水溶性和脂溶性两大类。水溶性增塑剂主要是多元醇类化合物，脂溶性增塑剂主要是有机羧酸酯类化合物（如柠檬酸酯和邻苯二甲酸酯）。良好的增塑剂可在较低浓度（<5%，W/W）时呈现较好的增塑性能。增塑剂通常添加到薄膜涂层（水性和非水性体系）和空心胶囊（硬胶囊和软胶囊）中，以改善其可加工性和机械强度，若不添加增塑剂，则易于分离或破裂。增塑剂也常被添加到半固体药物制剂中，例如乳膏和软膏，以改善其流变性能。

6. 栓剂基质 制造直肠栓剂和阴道栓剂的基质。常用栓剂基质包括油脂性基质（如可可豆脂、半合成椰油酯、半合成或全合成脂肪酸甘油酯等）和水溶性基质（如甘油明胶、聚乙二醇、泊洛沙姆等）。亲水性栓剂基质通常是亲水性半固体材料的混合物。栓剂基质在室温条件下为固体，而使用时，药物会通过基质的熔融、溶蚀和溶出机制而释放出来。相对于高熔点栓剂基质，亲水性栓剂基质有更多羟基和其他亲水性基团（如聚乙二醇）。

7. 软膏基质 黏稠的半固体外用制剂的基质。软膏基质分为：油性基质，不溶于水，无水、不吸收水，难以用水去除（如凡士林）；吸收性软膏基质，无水，但能够吸收一定量的水，不溶于水而且不易用水去除（如羊毛脂）；乳剂型基质，通常是水包油或油包水型，其中含水，能够吸收水分，在水中也无法溶解（如乳膏）；水溶性软膏基质，本身无水，可以吸水，能溶于水，可用水去除（如聚乙二醇）。

8. 成膜剂 膜剂中作为药物载体，具有使膜剂成型的作用。从给药途径上看，膜剂可用于口服、眼用、腔道用、植入、透皮贴剂等多种给药途径。成膜剂都是高分子聚合物，一般分为天然高分子聚合物成膜材料、半合成或合成高分子成膜材料。典型的成膜剂是热塑性或热固性高分子聚合物，通常以水分散体或胶乳组合物的形式存在。天然高分子聚合物成膜材料（如明胶、阿拉伯胶、琼脂、淀粉等）多可降解或溶解，但成膜性较差；合成高分子成膜材料包括乙烯基类均聚物和共聚物（如聚乙烯醇、聚乙烯醇缩醛、聚乙烯吡咯烷酮和乙烯-乙酸乙烯共聚物）、丙烯酸类均聚物和共聚物（如聚丙烯酸及其钠盐、交联聚丙烯酸钠和丙烯酸树脂）、纤维素衍生物（如羟丙甲纤维素、羧甲基纤维素钠、甲基纤维素、乙基纤维素和羟丙基纤维素）。

9. 冻干保护剂 在冷冻干燥中，通常需在冻干药液中加入某些辅料以提高冻干制品的质量，所加入的辅料统称为冻干保护剂。冻干保护剂可提高冻干产物结构完整性，保证给药前快速复原；防止在冷冻干燥过程中吹出导致的产品损失，以促进有效的干燥；提供物理和化学稳定的配方基质等。在冻干过程中，易于结晶的冻干保护剂有助于保持初级干燥过程中形成的滤饼结构完整性，从而防止制剂出现宏观塌陷并保持良好的外观。冻干保护剂与冰应该具有较高的共熔点，以允许相对较高的初级干燥温度，可有效提高干燥效率、缩短冻干过程，并保证产品在使用时能够快速复溶。冻干保护剂发挥冻干保护作用，通常是通过形成高黏性玻璃态来实现的，冻干保护剂可以是多糖、糖醇、氨基酸或聚合物，也可以通过组合使用来改善性能，如甘露醇和聚合物的组合。

10. 干粉吸入剂载体 干粉吸入剂载体用于帮助药物活性成分在肺部沉积，同时可作为稀释剂以定量药物。干粉吸入剂载体必须具有合适的纯度，包括无微生物污染和无外源性蛋白质或杂质。药物载体一般有两种情形：一是药物疏松的吸附于载体上，载体和药物在呼吸道上部分离，载体一般不进入呼吸道深处，如乳糖；二是药物和载体一并进入肺部深处，释放药物，如富马酸二酮哌嗪。此外，干粉吸入剂载体材料还被用于稀释药物活性成分，有利于药物足量、均匀递送。

（二）保证制剂稳定性

1. 络合剂（螯合剂、包合剂） 络合剂是可与药物形成络合物的物质，形成的络合物可改善药物的物理化学性质，如溶解度和稳定性。螯合剂是含有两个或两个以上配位体，呈爪型与金属离子发生反应而形成稳定的螯合物的物质，螯合物旨在掩蔽金属离子的催化性能，增加药物的稳定性。乙二胺四乙酸及其钠盐（如乙二胺四乙酸二钠和乙二胺四乙酸钙钠）是最为常用的螯合剂，二羧酸化合物（如酒石酸、枸橼酸）亦具有螯合金属离子的作用。包合剂是一类特殊的络合物，包合剂（包合物的主分子）是指具有空穴结构，可以和药物（包合剂的客分子）形成包合物的物质。包合剂可分成三类：多分子包合剂，如尿素、硫脲、去氧胆酸；单分子包合物，如环糊精、石墨、蛋白质、纤维素；大分子包合物，如沸石、葡聚糖凝胶、硅胶。常用的包合剂主要有β-环糊精、羟丙基-β-环糊精、磺丁基醚-β-环糊精等。螯合剂用于掩蔽溶液中的杂质金属离子，常被用作抗氧增效剂、抗菌增效剂和软水剂。络合剂通常与溶质（如药物分子）形成可溶性络合物，常作为助溶剂或稳定剂。包合剂通过将药物包合于空腔结构中发挥作用。

2. 助悬剂（增稠剂） 在药物制剂中，助悬剂（增稠剂）有助于稳定分散系统（如混悬剂或乳剂），减少溶质或颗粒运动的速率，或降低液体制剂的流动性。助悬剂（增稠剂）可以是低分子也可以是大分子化合物（大分子或矿物质）。低分子增稠剂，如甘油、糖浆、鲸蜡素和硬脂酸。大分子助悬剂（增稠剂）包括亲水性的高分子碳水化合物，如阿拉伯胶、琼脂、海藻酸、羧甲纤维素、角叉（菜）胶、糊精、结冷胶、瓜尔胶、羟乙纤维素、羟丙纤维素、羟丙甲纤维素、麦芽糖糊精、甲基纤维素、果胶、丙二醇海藻酸、海藻酸钠、淀粉、西黄蓍胶和黄原胶；亲水性高分子非碳水化合物，如明胶、聚维酮、卡波姆、聚氧乙烯和聚乙烯醇。矿物质助悬剂（增稠剂）包括硅镁土、皂土（斑脱土）、硅酸镁铝、二氧化硅等。单硬脂酸铝，按功能分类既非大分子也非矿物质类，主要包含不同组分比例的单硬脂酸铝和单棕榈酸铝。

3. 表面活性剂 由于界面现象普遍存在于制剂的研制和生产过程中，表面活性剂在多类剂型中均有广泛应用，可作为增溶剂、润湿剂、助悬剂、絮凝和反絮凝剂、起泡剂、消泡剂、抑菌剂、稳定剂（如蛋白稳定剂）等。根据来源，表面活性剂可分为天然表面活性剂和合成表面活性剂；根据分子组成特点和极性基团的解离性质，可分为离子型表面活性剂（包括阳离子表面活性剂、阴离子表面活性剂和两性离子表面活性剂）和非离子型表面活性剂；根据溶解性，可分为水溶性表面活性剂和油溶性表面活性剂；根据相对分子质量，可分为高分子表面活性剂和低分子表面活性剂。

4. 乳化剂 指乳剂处方中除分散相和分散介质外加入的具有乳化作用并使制剂保持稳定的物质。按化学性质分为：合成乳化剂，常用的有蔗糖脂肪酸酯、油酸山梨坦、聚山梨酯80、十二烷基硫酸钠、聚氧乙烯蓖麻油、聚氧乙烯氢化蓖麻油、泊洛沙姆和脂肪酸甘油酯；天然乳化剂，常用的有阿拉伯胶、西黄蓍胶、明胶和杏树胶；固体乳化剂，如氢氧化镁、氢氧化铝、二氧化硅、皂土、氢氧化钙、氢氧化锌等；辅助乳化剂，增加水相黏度的辅助乳化剂有甲基纤维素、羧甲纤维素钠、羟丙纤维素、海藻酸钠、琼脂等，增加油相黏度的辅助乳化剂有鲸蜡醇、蜂蜡、单硬脂酸甘油酯、硬脂酸、硬脂醇等。

（三）满足临床需要

1. 崩解剂 指加入到处方中促使制剂迅速崩解成小单元并使药物更快溶解的功能性成分。崩解剂包括天然、合成或化学改造的天然聚合物。当崩解剂接触水分、胃液或肠液时，它们通过吸收液体膨胀溶解或形成凝胶，引起制剂结构的破坏和崩解，增大比表面积，从而促进药物的溶出。常用崩解剂包括干淀粉、羧甲淀粉钠、低取代羟丙基纤维素、交联羧甲纤维素钠、交联聚维酮、泡腾崩解剂等。泡腾崩解剂主要为有机酸（如柠檬酸、枸橼酸、酒石酸等）和碱式碳酸（氢）盐（如碳酸钠、碳酸氢钠等）组成的混合物。

崩解剂应能够与水发生强烈的相互作用。崩解剂发挥作用的机制主要有四种：膨胀、变形、毛细管作用和排斥作用。在片剂中使用的崩解剂最好具有两种或两种以上上述机制。崩解剂的功能性取决于多个因素，如化学特性、粒度分布以及粒子形态，此外还受一些重要的片剂因素的影响，如硬度和孔隙率。

2. 释放调节剂 指用于调控药物释放达到长释制剂或控释目的的辅料。释放调节剂具有多种分类和来源，并且可以根据化学结构和性质的差异将其分成不同的等级。释放调节剂包括亲水性聚合物、疏水性聚合物、疏水性脂质材料和溶蚀性材料。释放调节剂与体液接触后可发生多种物理变化，如膨胀、凝胶化、溶解或侵蚀，继而调节药物的释放速度。这些变化可遇水触发，同时也受pH、渗透压等因素调节，胆汁或肠道中其他内容物亦会对这些变化产生影响。除了物理变化之外，释放调节剂聚合物可能在酸、碱、酶、水、热等作用下发生降解。其控制药物从递送系统中释放速率的机制可能为任一种或全部。疏水骨架材料不可溶，此类制剂中通常加入可溶性物质，药物可通过可溶性物质溶解后留下的孔隙释放。膜控型释药物递送系统的药物释放以扩散为主，包衣膜可调节水化速率。注射用调释制剂包括固体脂质纳米粒和脂质体，其释放机制通常涉及体内过程的复杂相互作用，例如通过网状内皮系统的潜在清除、靶向递送和细胞摄取。

3. 压敏胶黏剂 指一类对压力敏感的胶黏剂。经皮给药系统（如透皮贴剂）需要使用压敏胶黏剂来维持药物递送系统与皮肤之间的接触。胶黏作用是一种或多种作用力共同作用的结果，促使不同表面之间产生相互胶黏的趋势。对于局部药物递送系统，胶黏作用涉及的作用力通常包括静电吸附和色散力（如范德华力、氢键）。此外，胶黏作用也可能通过微观上粗糙结构之间的互锁产生机械相互作用。压敏胶黏剂的常见用法有作为隔离层插入制剂基质和皮肤表面之间、作为制剂基质本身的一部分、应用于药物递送系统的外围。在经皮给药系统中，应用最广泛的压敏胶黏剂是丙烯酸、橡胶和硅树脂。丙烯酸聚合物胶黏剂包括各种丙烯酸或甲基丙烯酸的酯类、丙烯酰胺、甲基丙烯酰胺、N-烷氧基烷基或N-烷基丙烯酰胺。聚异丁烯和聚硅氧烷分别是最常见的橡胶基胶黏剂和硅基胶黏剂。

4. **硬化剂** 指一种能够增加制剂（如软膏、乳膏）黏度或硬度的一种物质或多种物质的混合物。一些可作为硬化剂的辅料能够增加软膏（如凡士林）的保湿能力或者作为乳膏中的共乳化剂（如硬脂醇、十六醇）。硬化剂还可用于栓剂，通过改善制剂硬度使之在贮藏和使用过程中不至软化变形。硬化剂类别多样，包括饱和脂肪酸的甘油酯、固体脂肪醇、饱和脂肪醇和饱和脂肪酸的酯、饱和烃、脂肪醇和脱水山梨糖醇脂肪酸酯的聚氧乙烯衍生物的混合物、高分子量乙二醇聚合物等。硬化剂具有高熔点，可提高软膏的熔点或增加乳膏的稠度或强度。硬化剂可分为疏水性硬化剂（如固体脂肪或石蜡）和亲水性硬化剂（如高分子量的聚乙二醇）。

5. **保湿剂** 指能在半固体制剂的基质中防止水分蒸发散失而保持其适宜的柔软性的物质。乳膏剂、凝胶剂等半固体制剂中常需使用适量的保湿剂以防止其失水变性。按作用机制，保湿剂可分为吸湿型保湿剂和封闭型保湿剂。吸湿型保湿剂的化学结构中通常含有易与水形成氢键的吸水基团，具有良好的吸水能力，通过吸收环境的水分进行补水保湿。常用的吸湿型保湿剂有甘油、丙二醇、山梨醇、麦芽糖醇、透明质酸及其钠盐、淀粉水解物、乳酸钠溶液、氢化羊毛脂等，吸湿型保湿剂常用于水包油基质或水溶性基质的半固体制剂。封闭型保湿剂是一类不溶于水的物质，通过封闭作用阻挡水分散失而达到保湿效果。常用的封闭型保湿剂有矿物来源的油类和蜡类（如石蜡和液状石蜡）、硅油类（如环甲基硅酮）、动植物来源的脂类和蜡类（如羊毛脂和蜂蜡）、脂肪醇和脂肪酸（如羊毛脂醇和羊毛脂酸）、磷脂类（如卵磷脂）等。

三、辅料的合理应用

中药制剂辅料的合理应用是中药制剂研究与生产的主要内容之一，在选用辅料时应着重考虑以下方面。

（一）了解辅料的结构、性质、用途

制剂使用的辅料有上百种，具体使用时必须选择恰当，只有在认识各种辅料的结构、特性及作用的基础上，才能做到合理选用辅料。例如，中药丸剂常用的黏合剂、水、酒、醋、糖、糊、药汁、姜汁、乳汁等，糖又分为蔗糖、乳糖、饴糖等，这就需要根据处方功能主治、药物性质、临床应用来考虑。一般慢性病润肺止咳的处方，丸剂可选用蜂蜜做黏合剂，蜂蜜本身能润肺止咳、滋补强身、缓和诸药，有利于发挥药效及身体功能的恢复。

（二）正确使用辅料

从科学理论方面来看，药用辅料在使用过程中是属于没有活性的物质，但是药用辅料并不能无限制地进行使用，如果过量使用，会对人体健康带来一定的影响。所以在使用药用辅料的时候，一定要了解药用辅料是否具有毒副作用。例如，人体食用阿斯巴甜后，会在身体内发生代谢

而产生苯丙氨酸,阿斯巴甜不适宜苯丙酮尿症患者使用;阿斯巴甜还有诱发头痛以及过敏等副作用,若过量使用对人体有一定的影响。又如,亚硫酸盐作为注射剂中的抗氧化剂,过敏反应是亚硫酸盐最主要的毒副作用;有研究发现,亚硫酸盐会对人体的DNA造成一定的伤害,低浓度下会使染色体单体发生畸变,而高浓度下还会引起染色体整体发生畸变。药用辅料作为药品必不可少的一部分,对药品的安全性起着重要的影响作用。药用辅料的使用应保证计量和使用规范,既要保证药品的功效达标,同时又要减少对人体的伤害。

药品辅料对药物的安全性能的影响不仅仅是药用辅料本身的安全影响,药用辅料与主药配比也很重要,如果辅料和活性成分配伍不当,不但会降低药效,还会对患者身体健康带来很严重的影响。例如,硬脂酸镁在与阿司匹林配伍时,会加快阿司匹林的溶解速度,增加阿司匹林的溶解度;硬脂酸镁还与一些其他物质存在配比禁忌,所以在一些主药的制备过程中,应慎重选用硬脂酸镁作为润滑剂。磷酸氢钙作为片剂中的吸收剂,无水磷酸氢钙表面呈碱性,所以不应与盐酸硫胺配伍,否则将严重影响药品的性能,同时使用过程中会发生变味的现象。乳糖是固体制剂中常用的填充剂之一,也是一种还原性糖,处方中如有强氧化药物或辅料,需要规避乳糖;另外,在高湿条件下,乳糖可以与含有伯胺或仲胺的化合物(异烟肼、醋氯芬酸、赖诺普利等)发生复杂的美拉德(Maillard)反应,导致产品表面变色,同为填充剂的淀粉与这类化合物的相容性更好。二氧化硅是一种路易斯酸,可以在无水条件下接受电子对,继而引发脱水、水解、环化、酯交换反应等,有报道称,二氧化硅可以催化己烯雌酚氧化为过氧化物和共轭苯醌的降解产物。所以在中药开发选用药用辅料时需谨慎,避免药品的性能和安全性受到辅料的影响。

(三)辅料使用剂量的选择

正确的选用辅料不仅是指类型、品种,还应包括辅料的用量。用量不当同样不能得到满意的产品。辅料的用量影响到片剂的硬度、崩解时限、溶出度及胶囊的填充。混合溶媒必须达到适当的比例才能产生潜溶效果,使药物溶解度达到最大限度的提高。增溶剂的加入量,必须经过三元相图试验,否则得不到澄清溶液。防腐剂或抑菌剂加入的剂量除考虑效果外还要考虑安全性。因此,每一类或每一种辅料根据剂型及给药途径,都有一定的用量范围。

(四)辅料使用方法

药物制剂处方研究的关键是选择合适的药用辅料。在辅料选择时,不应只注重成本,更应注意辅料与药物的相容性、辅料的组成、功能性指标等关键性能,只有这样才能保证药效。例如,淀粉分为直链淀粉和支链淀粉,直链淀粉具有良好的崩解性能,支链淀粉具有良好的黏合性能。预胶化淀粉由淀粉胶化而来,根据组分中直链、支链淀粉的量,预胶化淀粉可分为部分预胶化淀粉和全部预胶化淀粉,部分预胶化淀粉根据预胶化程度的不同,分为不同预胶化度的部分预胶化淀粉。预胶化度不同,预胶化淀粉的性质和功能也不相同,其制备的制剂产品质量也具有较大差异。全部预胶化淀粉是良好的黏合剂,而部分预胶化淀粉则在具有良好黏合作用的同时具有一定的崩解效果。因此,选择适宜辅料,对于提高基于这类辅料的药物制剂质量具有重要意义。

第四节 中药新药的包装材料

药品是特殊的商品，与人的健康息息相关，包装材料是药品质量稳定的重要保障。由于包装材料众多、包装容器各异及包装制剂的不同，只有充分了解包装材料的各项性能和质量要求，才能选择适宜的包装材料，更好地保证药品质量，方便患者使用。中药新药研发时，应根据研发制剂的性质，按照国家颁布相关法规的要求，通过稳定性试验，选择制剂的包装。

一、药品包装材料概述

（一）药品包装材料的概念

药品包装材料（简称为药包材）系指药品生产企业生产的药品和医疗机构配制的制剂所使用的直接与药品接触的包装材料和容器。药包材是由一种或多种材料制成的包装组件组合而成，应具有良好的安全性、适应性、稳定性、功能性、保护性和便利性，在药品的包装、贮藏、运输和使用过程中起到保护药品质量安全、有效、实现给药目的的作用。药包材属于药品的一部分，其本身的质量、安全性、使用性能以及药包材与药物之间的相容性对药品的质量、稳定性有着十分重要的影响。适宜的药包材既可减少外界因素如光、空气、水分、热等对制剂稳定性的影响，又可避免本身与药物制剂相互作用引起的稳定性变化。

（二）药品包装材料的分类

1. 按化学成分分类 可分为玻璃、塑料、橡胶、金属和其他类（如纸和陶瓷）等。也可以由两种以上的材料复合而成，如复合膜、铝塑盖等。

2. 按形制分类 可分为输液袋（瓶）、安瓿、药用滴眼（鼻、耳）剂瓶、药用硬片、药用膜、药用铝箔、药用胶塞、药用软膏管（盒）、气雾剂泵（阀门、罐、筒）、药用干燥剂等。

3. 按包装用途分类 分为内包装和外包装，内包装是指与药品直接接触的包装，外包装又分为中包装和大包装。

4. 按实施注册管理分类 Ⅰ类药品包装材料，即直接接触药品且直接使用的药品包装材料、容器，多为高分子聚合物，如药用丁基橡胶塞，泡罩包装（press through packaging, PTP）铝箔，复合膜（袋），固体、液体药用塑料瓶，塑料输液瓶，软膏管，气雾剂喷雾阀门等。Ⅱ类药品包装材料，是指直接接触药品，经清洗并需要消毒灭菌的药品包装材料、容器，多为玻璃材料，如玻璃输液管，玻璃管（模）制抗生素瓶，玻璃管（模）制口服液瓶，玻璃（黄料、白料）药瓶，安瓿，玻璃滴眼液瓶，输液瓶，天然胶塞等。Ⅲ类药品包装材料，间接使用或者非直接接触药品包装材料、容器，如铝（合金铝）盖，铝塑组合盖。

二、药品包装材料的标准

(一) 药品包装的法律法规

我国对药包材和药用辅料的监管与整个医药产业的发展密不可分,相关行业的基础薄弱、发展不均衡,注定了我国对药包材和药用辅料的管理需要逐步完善。20 世纪 80 年代前,药包材和药用辅料行业缺乏明确的监督管理制度。直至 1984 年新中国第一部《药品管理法》的颁布实施,我国对药包材和药用辅料的监管才有了明确的法律基础,其中第七条明确规定:"生产药品所需的原料、辅料以及直接接触药品的容器和包装材料,必须符合药用要求。" 2001 年 2 月,全国人大常委会审议通过的《中华人民共和国药品管理法(修订草案)》的第六章为"药品包装的管理"。国家药品监督管理局 2010 年修订的《药品生产质量管理规范》第九章生产管理对药品的批包装作了明确的规定。2019 年 8 月,全国人大常委会表决通过新修订的《药品管理法》中第四章(第四十六条、四十八条、四十九条)对药包材提出要求。

针对药包材,1988 年,国家颁发了《药品包装管理办法》。20 世纪 90 年代后,对药包材实行生产许可证制度,还制定了药品包装材料生产企业许可证管理产品目录,明确规定生产药品包装用 PTP 铝箔、药用 PVC 硬片、药用塑料复合硬片、复合膜(袋)等 8 类药包材的生产企业需获得"药品包装材料生产企业许可证"。2000 年《药用包装用材料、容器管理办法》的颁布实施,2004 年《直接接触药品的包装材料和容器管理办法》的发布,进一步明确对输液瓶(袋、膜及配件)等十一类药包材实施注册管理,并对药包材的注册、生产、监督、管理等进行了明确要求。

(二) 药品包装材料产品标准的主要内容

1. **力学性能** 包括弹性、强度、塑性、韧性和脆性等。弹性是指材料发生弹性形变后可以恢复原来的状态的一种性质,药品包装材料的弹性越好,其缓冲性能越好。塑性是指药品包装材料在外力的作用下发生形变,移去外力后不能恢复原来的形状的性质,这种形变称为塑性变形或永久变形。药品包装受外力作用,拉长或变形的量越大,且没有破裂现象,说明该种药品包装材料的塑性良好。

2. **物理性能** 包括密度、吸湿性、阻隔性、导热性、耐热性、耐寒性。密度不但有助于判断这些药品包装材料的紧密度和多孔性,而且对于药品包装材料生产时的投料量的确定很重要。现代医药生产需要的药品包装材料应具有价格性能比优,密度小、质轻、易流通的特点。

3. **化学稳定性** 指药品包装材料在外界环境的影响下,不易发生化学作用(老化、锈蚀等)的性能。老化是指高分子材料在可见光、空气及高温的作用下材料结构受到破坏,物理机械性能剧烈变化的现象。老化会造成材料变软发黏,机械性能变差。

4. **生物安全性(卫生性)** 指药品包装材料必须无毒(不含或不溶出有害物质、与药物接触不产生有害物质)、无菌(或微生物限度控制在合理的范围内)、无放射性。

5. **加工成型性** 药品包装材料应能够适应工业生产的加工处理,应能根据使用对象的需要,加工成不同形状的容器,对于某些药品来说还要求包装材料具有可印刷性、着色的性质。

(三) 药品包装材料的质量要求

为了保证药品质量,药品包装材料应具有以下特性。

1. **安全性** 药包材自身在贮藏、使用过程中要有较高的稳定性，药包材不得带有对药物有影响的物质。药包材的生物实验如异常毒性、眼刺激实验应符合规定。

2. **适应性** 药包材与药品之间没有发生严重的相互作用，并导致药品有效性和稳定性发生改变，或者产生安全风险的过程。

3. **稳定性** 药品在生产、运输、储存和使用过程中，易受外界自然环境，如温度、湿度、光线、空气等影响，需要由包装材料和容器提供控温、防潮、避光、密封等措施，以防止药品质量发生变化。所选用的药包材应能满足药品在有效期内确保药品质量的稳定、有效。

4. **功能性** 药品包装通过标识起到传递信息的作用，药品包装所附的标签和说明书上按要求需标注药品名称、功能主治、用法用量、毒副作用、禁忌证、注意事项、规格含量、贮藏、有效期、批准文号、生产单位等内容，这是药品生产、流通部门向医药卫生专业人员和消费者宣传介绍药品特性、指导合理用药和普及医药知识的媒介。

5. **保护性** 药包材有一定的抗挤压特性，在药品运输过程中，药品外包装发挥防破损、防冻、防潮、防虫鼠的作用。完整的药品包装能够有效防止掺杂、掺假及被儿童误食情况的发生，保护人们用药的安全。

6. **便利性** 药包材使得不同剂型的药品使用方便，易于存储、携带。包装材料的选择应来源广泛、成本低廉，使用后的包装材料和包装容器应易于处理，不污染环境，以免造成危害。

（四）药品包装材料的质量标准

1. **外观** 取药包材适量，在自然光线明亮处，正视目测，观察其形状、颜色、表面特征，应符合相应标准要求，如钠钙玻璃输液瓶应无色透明、表面应光洁平整、不应有明显的玻璃缺陷、任何部位不得有裂纹。

2. **鉴别** 即药包材的确认，根据材料的不同设置特殊的检查项目，如低硼硅玻璃瓶需检测三氧化二硼的含量；聚氯乙烯固体药用硬片、聚丙烯输液瓶均可通过红外光谱及测定密度法来确证。

3. **材料容器的检查项目**

（1）材料的化学性能检查：药包材在各种溶媒中浸出物的量，常用的溶媒为水、乙醇、正己烷。其检测项目通常有澄清度、颜色、pH、吸光度、易氧化物、不挥发物、重金属、铵离子、钡离子、铜离子等。材料中特定的物质需要检测，如聚氯乙烯硬片中的氯乙烯单体、复合材料中的溶剂残留等；此外，材料加工过程中添加物也需要检测，如橡胶硫化物、聚丙烯中抗氧剂的含量、聚氯乙烯中增塑剂的含量等。

（2）材料、容器的使用性能：容器的密封性、水蒸气透过量、氧气透过量、抗跌落性、穿刺力、穿刺部位的不渗透性、悬挂力、抗拉强度、延伸率、内应力、耐热冲击等。

4. **材料容器的生物安全检查项目**

（1）微生物限度：按照《中国药典》第四部通则 3300 微生物检测法测定，根据该材料、容器被用于何种剂型测定各种类微生物的量，测定结果应符合要求。

（2）安全性：常检测的项目有异常毒性检查（现行版《中国药典》第四部通则 1141 异常毒性检查法）、眼刺激性实验（现行版《中国药典》第四部通则 4413 药包材刺激试验方法）、溶血实验（现行版《中国药典》第四部通则 4414 药包材溶血试验方法）、急性全身毒性实验（现行版《中国药典》第四部通则 4415 药包材急性全身毒性试验方法）、细胞毒性检查（现行版《中国药典》第四部通则 4411 药包材细胞毒性试验方法）、皮肤致敏（YBB60262012）、皮内刺激

（YBB60272012）、细菌内毒素（现行版《中国药典》第四部通则1143细菌内毒素检查法）等检测项目。测定结果应符合规定。

三、药品包装材料举例

（一）玻璃

药用玻璃容器是常用的直接接触药品且能稳定贮存药品的包装容器。药用玻璃容器应具有良好化学稳定性和透明性。

1. 药用玻璃容器分类

（1）按照玻璃材质，药用玻璃可以分为石英玻璃、硼硅玻璃、铝硅玻璃、钠钙玻璃四类。每类玻璃的化学组成并不恒定，可在一定范围内波动，同类型玻璃化学组成允许有差异，化学成分主要指 SiO_2、B_2O_3、Al_2O_3、碱金属氧化物（Na_2O、K_2O）、碱土金属氧化物（MgO、CaO、BaO）含量不同。

（2）按玻璃内表面耐水性，可分为Ⅰ类玻璃（具有高度的耐水性）、Ⅱ类玻璃（经过中性化处理达到高耐水性）、Ⅲ类玻璃（未经过中性化处理，具有中等耐水性）。

（3）按遮光性，分为无色和有色两种，有色玻璃具有遮光性能，如棕色玻璃等。

（4）按成型工艺的不同，药用玻璃容器分为管制瓶和模制瓶。管制药用玻璃容器有管制注射剂瓶（西林瓶）、安瓿、笔式注射器套筒（卡式瓶）、预灌封注射器针管、管制口服液瓶、管制药瓶等；模制的药用玻璃容器有输液瓶、注射剂瓶（西林瓶）及药瓶等。

（5）按成型后表面处理，可分为中性化处理、硅化处理、二氧化硅镀膜处理、化学强化处理、冷端涂层和热端涂层等容器。

（6）按形制，药用玻璃容器分为安瓿、注射剂瓶（西林瓶）、输液瓶、预灌封注射器、笔式注射器用玻璃套筒（卡式瓶）、管制口服液瓶、玻璃药瓶等。

2. 选择玻璃包装容器的原则　选择玻璃包装容器时，应考虑药品整个生命周期，依据风险评估的理念，遵循质量源于设计的原则，对玻璃容器的选择和应用进行综合评估，评估内容包括药品特性（表3-1）、药品生产工艺、药品剂型等，同时应关注药用玻璃容器系统与药品之间的相互影响。

表3-1　药品特性与选择药用玻璃容器的关注点

药品特性	选择药用玻璃容器的关注要点
离子强度高/含络合剂	处方中含乙酸盐、枸橼酸盐、磷酸盐缓冲液和有机酸盐，如葡萄糖酸盐、苹果酸盐、琥珀酸盐、酒石酸盐药物；高离子强度，如枸橼酸、依地酸钠等；含络合剂，如乙二胺四乙酸，应关注玻璃容器侵蚀和脱片的风险。一般宜选用Ⅰ类玻璃材质容器，并进行充分研究
对光敏感	可选用有遮光性能的有色玻璃，并在其外包装上增加遮光措施；中药口服液或注射液，其提取物一般为多组分，有些组分为异构体，药物活性与空间构型有关，可能会受到光的催化而改变构型
对pH敏感	宜选用Ⅰ类玻璃材质容器；如果选用Ⅱ类玻璃材质容器应评估内表面化学耐受性对药物稳定性的影响；关注容器侵蚀内表面化学耐受性和脱片的风险
对金属离子敏感	应关注玻璃成分和杂质元素的浸出物风险，建立风险控制措施；大容量注射剂、肠外营养等长期给药，铝的每日允许暴露量为25 mg/L。如果人血白蛋白和冻干人血白蛋白品种项下规定铝残留量应不高于0.2 mg/L

(二) 塑料

塑料可分为热固性塑料（如酚醛树脂、三聚氰胺甲树脂、醇酸树脂、环氧树脂和聚氨酯等）和热塑性塑料（如聚乙烯、聚丙烯、聚氯乙烯、聚苯乙烯、聚酯、聚偏二氯乙烯等）。

热固性塑料的成型过程包括固化、硫化两阶段，即在热和压力的作用下"固化"形成恒定形状，进一步加热将导致塑料分解。热固性塑料一般需添加适当的填充剂和增强剂以获得最佳性能。热塑性塑料是一种可加热软化的材料，可以重复加热流动和冷却固化的过程，一般通过热压模塑工艺成型。

塑料药品包装材料的特点：密度小，重量轻；可透明，也可不透明；阻隔性良好，耐水耐油；化学性质优良，耐腐蚀；有适当的机械强度，韧性好，结实耐用；易热封和复合，便于成型、加工；价格较便宜。但塑料药包材在高温、光照等情况下易变形、降解、老化、变脆等；具有穿透性，如透光、透气、透湿性，阻隔作用差，光线、氧、水分均能进入包装内部而接触药品；塑料中的添加剂会迁移到药品中造成污染；还可能吸附药物，导致药物含量降低、防腐效果减弱等问题；废弃物不易分解或处理，易造成对环境的污染，应加强塑料的回收利用和可降解塑料的研究。

常用的药用塑料包装材料如下。

1. 聚乙烯（polyethylene，PE） 聚乙烯是典型的热塑性塑料，产量大应用广，为无臭、无味、无毒的可燃性白色粉末。聚乙烯具有良好的阻湿、抗溶剂性，不受强酸和强碱影响，由乙烯单体聚合而成，以 $-CH_2-$ 为重复单元连接而成，聚乙烯按照密度的不同，可分为高密度聚乙烯（HDPE）、中密度聚乙烯（MDPE）和低密度聚乙烯（LDPE）三种。

2. 聚丙烯（polypropylene，PP） 聚丙烯是一种半结晶的热塑性塑料。具有较高的耐冲击性，机械性质强韧，抗多种有机溶剂和酸碱腐蚀。聚丙烯具有优良的耐热性，是能在水中煮沸的通用塑料。聚丙烯的耐低温性能不如聚乙烯，低温下易脆裂是聚丙烯的主要缺点。聚丙烯是一种非极性塑料，具有优良的化学稳定性，并且结晶度越高，化学稳定性越好。应用于药品包装材料的聚丙烯主要包括聚丙烯输液瓶、聚丙烯药用滴眼剂瓶、口服固体药品聚丙烯瓶、口服液体药用聚丙烯瓶、多层共挤输液用膜（袋）、药品包装用复合膜组成等品种。

3. 聚氯乙烯（polyvinyl chloride，PVC） 聚氯乙烯是无毒、无臭、无定形结构的白色粉末，170℃左右开始分解，对光和热的稳定性差，在100℃以上或经长时间阳光曝晒，就会分解而产生氯化氢，并进一步自动催化分解，引起变色，物理机械性能也迅速下降，在实际应用中必须加入稳定剂以提高对热和光的稳定性。聚氯乙烯的力学性能取决于聚合物的分子量、增塑剂和填料的含量。聚氯乙烯分为软质、硬质聚氯乙烯（表3-2）。

表3-2 软质、硬质聚氯乙烯的性质

类别材质	应用	灭菌要求
硬质聚氯乙烯	片剂、胶囊的水泡眼吸塑薄膜、药瓶、药盒	射线照射灭菌
软质聚氯乙烯	输液袋的主要材料	热压灭菌（115℃）

4. 聚苯乙烯（polystyrene，PS） 聚苯乙烯是质硬、脆、透明、无定型的热塑性塑料。由于苯基的空间位阻，聚苯乙烯具有较大的刚性，是最脆的塑料之一。常采用共混或接枝共聚技术

改善。聚苯乙烯收缩率较低，加工性能好，是优良的模塑材料。作为药品包装材料，具有成本低、吸水性低、易着色等优点，常用来盛装固体制剂，但会被化学药品侵蚀和溶解，造成开裂、破碎。一般不用于液体制剂包装，特别不适合用于包装含油脂、醇、酸等有机溶剂的药品。

5. 聚对苯二甲酸乙二醇酯（polyethylene terephthalate，PET） 结晶型聚合物，在热塑性塑料中具有最大的强韧性，其薄膜拉伸强度可与铝箔相匹敌，为聚乙烯的9倍、聚碳酸酯和尼龙的3倍。用PET原料可以制作透明或不透明棕色的瓶体。PET的缺点是在热水中煮沸易降解，不能经受高温蒸汽消毒。

6. 聚碳酸酯（polycarbonate，PC） 聚碳酸酯是分子链中含有碳酸酯基的高分子聚合物，无色或微黄色透明颗粒，无味、无臭、无毒，聚碳酸酯模塑收缩率低，机械性能良好，具有优异的冲击强度和耐蠕变性，拉伸强度和弹性模量也较高，水汽透过率相当低。常用来制作完全透明的容器。

（三）橡胶

橡胶是一种有弹性的聚合物，按照来源和用途分类为天然橡胶、合成橡胶；合成橡胶又分为通用合成橡胶和特种合成橡胶。橡胶的主要特性：富于弹性及柔软性，密封性良好，针头易刺入，刺穿后密封性良好；具有耐溶性，不增加药液中的杂质；可耐受高温灭菌；有高度化学稳定性；对药液中药物或者附加剂的吸附作用小；无毒性，无溶血作用。通常的检查项目有材料鉴别、尺寸外观、物理性能（硬度、穿刺力、穿刺落屑、瓶塞容器密合性、自密封性等）、化学性能和生物性能（无急性毒性、无热原，无溶血性）。

药用橡胶属于特种合成橡胶，现在常用的有丁基橡胶、卤化丁基橡胶等。丁基橡胶是气密性较好的橡胶，耐热性、耐臭氧老化性能都很突出，最高使用温度可达200℃，能长期暴露于阳光和空气中而不易损坏；耐化学腐蚀性好，耐酸、碱和极性溶剂，目前我国大力推广使用丁基橡胶。卤化丁基橡胶常用的有氯化丁基橡胶和溴化丁基橡胶两类。丙烯酸酯橡胶是由不同链长酯基的丙烯酸酯为主单体经共聚而得的新型弹性体，使用性能因单体的组成不同而有所差异，一般具有耐热、耐有机溶剂、耐臭氧老化和耐光老化等优异性能。

（四）金属

金属包装材料以金属薄板或箔材为主要原材料，经加工制成各种形式的容器来包装药品，应用有近200年的历史。

1. 金属包装材料的性能

（1）高阻隔性能：可阻隔气、汽、水、油、光等的透过，用于包装表现出极好的保护功能，使包装药品有较长的货架寿命。

（2）优良的机械性能：具有良好的抗拉、抗压、抗弯强度、韧性及硬度，用作包装表现出耐压、耐温湿度变化和耐虫害，包装的药品便于运输和贮存；适宜包装的机械化、自动化操作，密封可靠，效率高。

（3）容器成型加工性能：金属具有优良的塑性变形性能，易于制成包装所需要的各种形状容器。现代金属容器加工技术与设备成熟，生产效率高，可以满足大规模自动化生产的需要。

（4）良好的耐高低温性、导热性及耐热冲击性：金属材料这一特性使其用作药品包装可以适应冷热加工、高温杀菌、杀菌后的快速冷却等加工需要。

（5）表面装饰性：金属具有光泽，可通过表面彩印装饰提供更理想美观的商品形象。

（6）包装废弃物较易回收处理：金属包装废弃物的易回收处理减少了对环境的污染。同时，回炉再生可节约资源、节省能源，这在提倡"绿色包装"的今天显得尤为重要。

金属作为包装材料的缺点在于，其化学稳定性差、不耐酸碱腐蚀，特别是用其包装高酸性内容物时易被腐蚀，同时金属离子易析出而影响药品质量，这在一定程度上限制了使用。为弥补这个缺点，一般需在金属包装容器内壁施涂涂料。另一个缺点是价格较贵，但会随着生产技术的进步和大规模化生产而得以改善。

2. 铝质包装材料 分为硬铝和软铝两种，硬铝为薄片状，常用于片剂、胶囊的PTP、铝-铝包装。软铝使用厚度为7~9 μm，一般不能单独作为包装材料使用，而是与塑料、纸、玻璃纸等制成复合软包装材料。

药用铝制容器可分为铝管和铝瓶。药用铝管用于包装软膏剂等半固体制剂；铝瓶重量轻，具有良好的耐腐蚀性、无毒性、无吸附性，主要用作气雾剂容器。

（五）其他

1. 复合膜 复合膜的组成从外到内可表示为表层、印刷层、黏合层、铝箔、黏合内层（热封层），常用复合膜包括以下几种。

（1）复合膜制袋：复合膜制袋代替纸袋、塑料袋在药品包装中广泛应用于中药颗粒剂、散剂或片剂、胶囊剂等固体以及膏体的包装，一般是三边或四边热压密封的平面小袋。

（2）条形复合膜包装：条形复合膜包装又称条形包装（strip packaging，SP），是一种用条状SP膜二层中间置片剂、胶囊或栓剂，在药剂周边的二层SP膜内侧热合封闭，压上齿痕，形成单位包装。

（3）双铝包装（铝-铝包装）：双铝包装与条形包装相似，是采用两层涂覆铝箔将药品夹在中间，然后热合密封、冲裁成一定板块的包装形式。对要求密封或避光的片剂、胶囊、丸剂等的包装具有优越性。

（4）复合软管：复合软管包括全塑复合软管和铝塑复合软管。铝塑复合软管是将具有高阻隔性的铝箔与具有柔韧性和耐药性的塑料挤出复合成片材，然后经制管机加工而成。软膏类药物的包装将彻底淘汰铅锡管和低质塑料制品。

复合包材在药品包装中还用于制备瓶盖用封口膜、铝纸复合密封垫片、铝塑复合密封垫片等。

2. 包装纸 纸作为包装材料主要用于制作纸箱、纸盒、纸袋、纸质容器等包装制品，其中瓦楞纸板及其纸箱占据纸类包装材料和制品的主导地位；由多种材料复合而成的复合纸和纸板、特种加工纸已被广泛应用，并将部分取代塑料包装材料在药品包装上的应用，以解决塑料包装所造成的环境保护问题。纸类包装材料具有环保、再循环使用、节约成本等特点，随着整个国际市场对包装物环保性要求的日益提高，纸类包装材料是首选包装材料。

（1）纸包装材料的特点：原料来源广泛、成本低廉、品种多样、容易形成大批量生产；加工性能好、便于复合加工且印刷性能优良；具有一定机械性能、重量较轻、缓冲性好；卫生安全性好；废弃物可回收利用，无白色污染。

（2）纸包装材料的性能：①印刷性能。纸吸收和黏结油墨的能力较强，印刷性能好，在包装上常用作印刷表面。②卫生安全性能。在纸的加工过程中，尤其是化学法制浆，通常会残留一定的化学物质（如硫酸盐法制浆过程残留的碱液及盐类），因此必须根据包装内容物来正确合理选择各种纸和纸板。③阻隔性能。纸属于多孔性纤维材料，对水分、气体、光线、油脂等具有一定程度的渗透性，且其阻隔性受温湿度的影响较大；单一纸类包装材料一般不能用于包装水分、油脂含量较高及阻隔性要求高的药品，但可以通过适当的表面加工来满足其阻隔性能的要求。④机械性能。纸具有一定的强度、挺度和机械适应性，其强度大小主要决定于纸的材料、质量、厚度、加工工艺、表面状况及一定的温湿度条件等；纸还具有一定的折叠性、弹性及撕裂性等，适合制作成型包装容器或用于裹包。⑤加工性能。纸具有良好的加工性能，可折叠处理，并可采用多种封合方式，容易加工成具有各种性能的包装容器，容易实现机械化加工操作，目前已经有成熟的生产工艺。良好的加工性能为设计各种功能性结构（如开窗、提手、设计展示台等）制造了条件。另外，通过适当的表面加工处理，可以为纸提供必要的防潮性、防虫性、阻隔性、热封性、强度及物理性能等，扩大其使用范围。

（3）纸的种类：分为单张纸、厚纸板、瓦楞纸板、纸浆模塑品。一般称谓的纸，从广义上讲，是包含着纸张和纸板两个术语，通常把薄纸称为纸张，把厚纸称为纸板。纸张和纸板的区别仅仅是从其定量（每平方米面积纸页相对重量）来区别的。过去，我国纸张和纸板的定量规定是：在 150 g/m² 以下的叫作纸张，在 200 g/m² 以上的则叫作纸板，将介于 150～200 g/m² 之间的称为卡纸（原纸）。为了与国外沟通信息、交流技术，现在按照国际标准组织的建议，把区别纸张与纸板标准的定量确定为 225 g/m²。单层纸广泛用于制作小纸袋或印刷标签、说明书及各种标志。厚纸板也称平板纸板，由各种纸浆加工成的、纤维相互交织组成的厚纸，厚纸板易于造型，可制成各种样式的纸盒。单个药品包装除特殊情况外，最终都装入厚纸盒。瓦楞纸板是一种由两层或以上纸板之间形成的瓦楞芯层和覆盖层组成的板材，瓦楞波纹好像一个个连接的拱形门，相互并列成一排，相互支撑，形成三角结构体，具有较好的机械强度，从平面上能承受一定的压力，并富于弹性，缓冲作用好。瓦楞纸板的许多特性都是高度定向的，例如，边缘的压碎度、弯曲刚度、拉伸强度和表面特性会有所不同，具体取决于对凹槽的方向和制造的机器方向。瓦楞纸箱用于药品的大包装。纸浆模塑品是一种立体造纸技术，以废纸为原料、添加部分防潮剂（硫酸铝）或者防水剂，根据不同的用途，在模塑机上由特殊的模具塑造出一定形状的模型纸制品，用来作为易破易碎制品等的包装衬垫，有良好的缓冲保护性能，纸浆模塑制品主要应用于商品的运输包装。

思考题

1. 中药材如何开展基原鉴定？
2. 中药资源评估内容有哪些？
3. 中药资源在哪些情形下，需要在评估报告结论部分进行风险特别提示？
4. 根据《中国药典》通则要求，药材和饮片质量检查项目有哪些？
5. 中药原料（中药材、中药饮片、中药提取物）的鉴别常用的方法是什么？分别有哪些注意事项？
6. 药用辅料选择的原则是什么？如何合理应用？
7. 举例说明药用辅料的作用包括哪些？
8. 药品包装材料的质量要求包括哪些？

（朱艳华，阎雪莹）

第四节 中药新药的包装材料

🌐 数字资源详见　新形态教材网

　📖 学习目标　　🌍 知识图谱　　📘 推荐阅读　　💻 教学课件　　✖ 自测题

第四章

中药新药的制备工艺研究

　　制备工艺研究是保证中药制剂安全、有效、稳定、可控的重要环节，也是中药新药研究的关键步骤。中药新药制备工艺研究是对处方药味与临床疗效关系认识的过程，是对处方功效物质选择和富集的过程，也是通过有益形式进行给药方式控制及药效发挥的过程。中药新药制备工艺研究应以中医药理论为指导，对方剂中药物进行方药分析，应用现代科学技术和方法进行剂型选择、工艺路线设计、工艺技术条件筛选和中试等系列研究，优选确定科学、合理、先进、可行的制备工艺，研制出安全、有效、可控和稳定的中药新药。

　　当前，中医药现代化进入了高质量发展阶段，在中药新药研发过程中应当以临床价值为导向，充分发挥中医药优势，树立"研制优质现代中药，满足人民健康需求"的理念，践行工匠精神，并将绿色制药、智能制造等先进技术融入中药新药研发及生产过程中。具体到中药新药制备工艺，国家药品监督管理局药品审评中心也提出了高标准的要求，即在制剂安全、有效的前提下，进一步强化制剂质量的均一稳定，从投料药材（饮片）的质量控制和生产环节过程控制（量值传递）两个关键环节进行全面的技术提升。本章主要讨论中药新药的制备工艺研究。

　　通过本章学习，学生应掌握中药工艺线路设计与制备工艺研究的基本思路与方法，熟悉中药新药制备工艺研究的主要内容，了解中药新药制备过程中的量值传递研究内容。

第一节　中药新药制备工艺研究的主要内容与基本要求

一、制备工艺研究的主要内容

制备工艺研究是中药新药研制与开发过程中的关键环节，应在中医药理论指导下，根据临床用药需求、处方组成、药物性质及剂型特点，尊重传统用药经验，结合现代技术与生产实际开展研究，以明确工艺路线和具体工艺参数，确保工艺合理可行，保障药品安全、有效及质量稳定。为了保障疗效、减小服用量、便于制剂成型，药材（饮片）一般需要经过提取、纯化、浓缩等处理，这是中药制剂特有的工艺步骤。但中药成分复杂，尤其对于中药复方制剂来说，制备工艺的合理性、现代技术运用的适宜性将直接关系到药材（饮片）的利用和制剂疗效的发挥。因此，应根据临床应用所需，依据处方中各药味功效物质的理化性质，结合制剂工艺和生产实际，合理采用新技术、新工艺、新辅料、新设备，选择合理的实验设计和评价指标，确定工艺路线，优选工艺条件，以提高中药制剂的质量。

中药新药制备工艺研究是一个高标准的系统工程，工艺研究应对工艺路线、工艺条件参数、剂型、辅料种类和用量等多方面进行全面、系统且具科学性的试验筛选，得到最佳制剂工艺。中药新药制备工艺研究的内容及流程见图4-1。在处方明确的基础上，中药新药制备工艺研究主要包括以下三部分研究内容。

（一）工艺筛选研究

工艺筛选研究是制备工艺研究中最基本、最重要的研究环节。其主要分为两个步骤：首先应依据处方药味开展工艺路线的设计，从临床应用所需及患者依从性等角度，进行剂型的合理选择；并依据功效成分的性质，从成分提取效果及杂质去除等方面，结合临床应用传统，必要时可采用药效学进行评价与筛选，设计提取、纯化、浓缩、干燥工艺路线。在此基础上，选择合理的工艺筛选指标，进一步对工艺条件进行考察与优化，明确制备工艺中前处理工艺、中间体（提取物）制备工艺及制剂成型工艺。

值得注意的是，中药经典名方新药的工艺筛选研究较为特殊，在"工艺路线筛选"中应首先按照国家发布的关键信息和古籍记载研制基准样品，明确其关键质量属性，进一步以制剂质量与基准样品质量基本一致为目标，开展工艺筛选研究。

（二）中试研究

依据实验室小试制备工艺，考虑商业规模生产设备的可行性和适应性，开展中试放大研究，选择合适的配套生产设备，考察及完善各关键工序的工艺参数，监测及验证中试生产环节中关键质量属性的量值传递过程，优化并明确主要工艺参数。在此基础上，制备供质量标准研究、稳定性试验、药效及毒理试验用样品，并初步评价工艺可行性、环保、生产成本等。

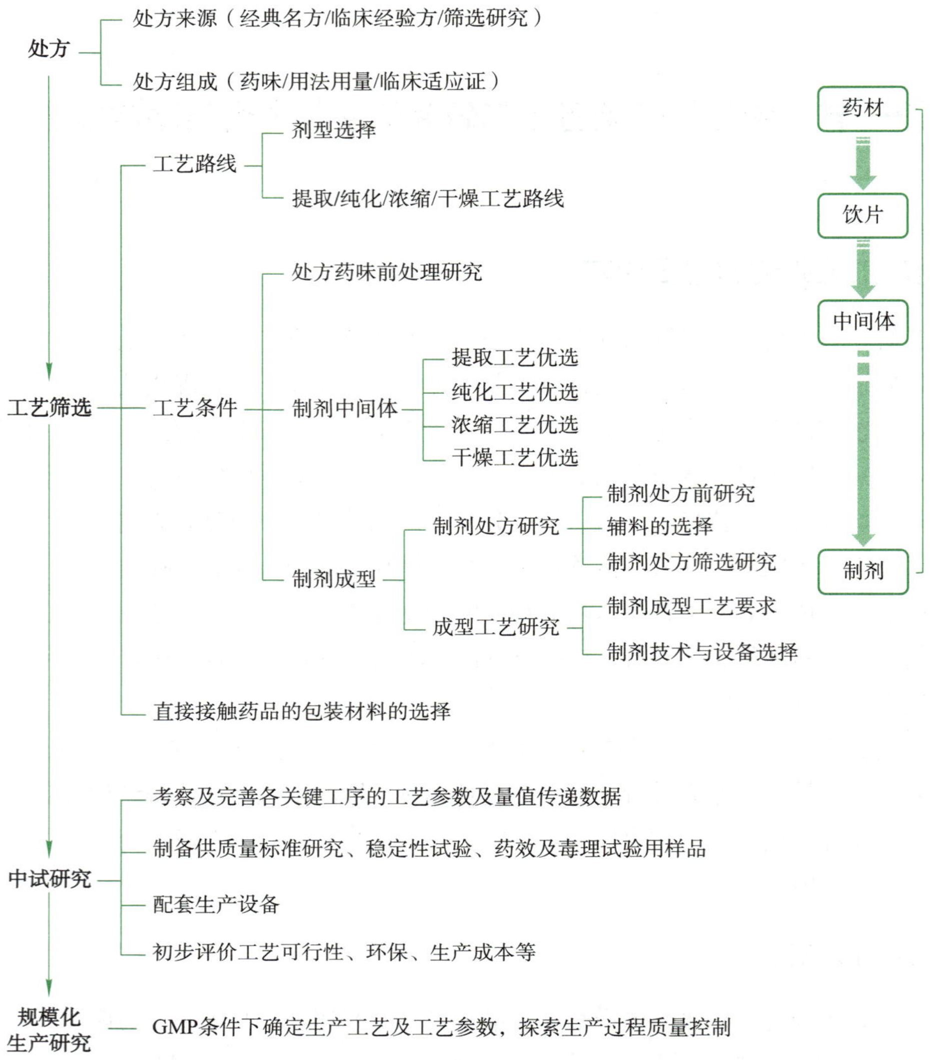

图 4-1 中药新药制备工艺研究的内容及程序

（三）规模化生产研究

规模化生产研究是中药新药临床研究及申报生产前需要完成的重要内容。根据临床试验情况和研究结果，优化及固定生产工艺并明确详细的工艺参数，确保确证性临床试验用样品质量稳定。进一步根据确证性临床试验用样品的制备工艺，建立生产过程控制指标，完成商业规模的生产工艺验证，确定申请上市的生产工艺及工艺参数，确定中间体（如浸膏等）的得率（或得量）范围等，规模化生产工艺应稳定可行，生产条件应符合药品生产质量管理规范（good manufacturing practice，GMP）的要求，在此基础上可开展生产过程质量控制研究，以更好地保障产品质量的一致性。

二、制备工艺研究的基本要求

（一）应遵循中医药理论及传统用药经验

复方配伍是中药临床应用的主要特点，因而中药复方新药制备工艺研究应在中医药理论指导下进行。首先处方组成应符合中医药理论的辨证论治、理法方药的原则，方中君、臣、佐、使关系应明确；其次应重视传统用药经验，加强对传统用药经验的认识和理解，应特别重视原临床使用有效制剂中相关饮片的炮制、工艺、剂量等内容，以保证制剂的安全有效。制备工艺研究是"源于临床 - 证于实验 - 回归临床"的过程，其研究目的是体现并最大限度发挥或优于原有方剂的疗效，在一定程度上是一种验证性的研究，应尽量围绕该方功能主治，提取效应成分，除去无关物质，从而得到与原方尽可能保持一致的"活性混合物"，体现原方的功能主治，强调"方 - 证 - 剂"的理念，并根据治疗需求与方药性质选择相应的剂型，通过先进的制药设备与技术等成型工艺制成中药制剂，达到安全、有效、稳定、方便、可控的目的。

以中药中提取的单一成分或提取物进行开发的创新中药，仍不能脱离中医药理论或实践的指导，应通过实验研究结果，包括药物成分与药物作用之间明确的对应关系来开展制备工艺研究，否则就应按照化学药的要求进行申报研究。屠呦呦研究青蒿素的成功就足以说明尊重传统用药经验的重要性。如果没有借鉴参考《肘后备急方》所记载"青蒿一握，以水二升渍，绞取汁，尽服之"，若没有通过"绞取汁"这一传统用药经验，就难以取得成功。

（二）应基于"质量源于设计"理念

质量源于设计（quality by design，QbD）是基于充分的科学知识和质量风险管理，即以预定目标产品质量作为研发的起始，在辨识产品关键质量属性和关键工艺参数基础上，设计科学合理的实验，深入理解产品属性和控制过程，研究产品及原料质量属性与工艺参数之间的关系，借助数学模型建立工艺稳健的设计空间，并进行验证和质量风险管理。

中药具有多成分、多靶点的作用特点，其成分复杂，尤其是复方中药的物质基础及作用机制不明确；其疗效受原药材（饮片）质量以及提取、纯化、制剂成型等制备工艺过程的影响。在中药复方制备工艺研究中，要注意理清研究设计的思路，通过研究数据说明工艺确定的科学合理性，研究数据与结果之间应有明确的逻辑关系。研究设计内容包括药味炮制工艺和方法、提取、纯化、浓缩、干燥、制剂成型等生产工艺。应从起始原料的成分性质和工艺属性参数着手，将源头药味、处方设计、工艺属性参数与质量监管相结合，以确定生产规范、提高药品质量。

在实践中，应用 QbD 理念的一般步骤见图 4-2。

图 4-2 制备工艺 QbD 的一般步骤

1. 确定关键质量属性（critical quality attribute，CQA） CQA 是指影响药物安全、作用强度、鉴别、纯度的物理、化学、微生物方面的特性，如质量标志物等。确定 CQA 时，要深入理解产品的质量属性，确定其取值范围，运用风险评估工具判别 CQA。

2. 辨识关键原料属性（critical material attribute，CMA）和关键工艺参数（critical process parameter，CPP） 中药生产过程中的关键原料既包括饮片与辅料等，也包括提取液、浓缩液等生产单元的物料。辨识 CMA 时，需固定生产工艺，结合风险分析、统计分析和机制推断等方法分析物料性质变化时工艺评价指标的变化情况。

3. 建立关键工艺单元数学模型 工艺过程建模是构建设计空间的基础，其本质是用数学关系式描述 CMA、CPP 和 CQA 之间的定量关系。中药制剂工艺建模方法包括机制建模、半机制建模、统计建模等。

4. 构建工艺稳健的设计空间 设计空间是能保证工艺品质的 CMA 和 CPP 的范围组合，而非固定的参数。数学模型是解释制药质量传递规律的重要工具，工艺建模是否准确可靠直接影响设计空间建立的成功与否，从而影响质量预测和控制。

5. 不断改进控制策略 工艺控制策略的先进程度取决于对制药过程的理解，CQA 和 CPP 是随着设计空间的不断演变而不断修正的。生产的工艺控制是各种先进技术的结合体，包括专家系统、人工神经网络、模糊系统等智能控制技术。

（三）应遵循整体质量评价要求

中药复方制剂生产工艺研究中的评价应体现复方整体质量特性，结合复方中药的特点，从临床应用情况、组方配伍、所含的化学成分、药理药效等方面选择适宜的评价指标。应关注与药品安全性及有效性的相关性，如应重点关注君药、臣药中与处方功效相关的指标成分，以及有毒药味中的毒性成分等。单一成分及提取物制剂，应基本阐明其中所含成分的类型及结构，明确效应成分及其毒副作用的物质，并以此作为工艺研究中的关键评价指标。

工艺研究选择的指标应该是全面、科学、客观，并尽可能可量化，使其能够客观反映相关工艺过程的变化，药物质量的整体性、一致性和药效物质的转移规律，保证工艺过程的可控性。应建立中间体或提取物和工艺动态过程控制的评价指标及判断标准，并将生产工艺的环保性及合理性也列入质量评价指标范围。

（四）应合理利用现代新技术、新方法

中药新药制备工艺研究应充分合理地利用现代科学技术与方法，吸收应用化学、药剂学等多学科理论知识，实现中药制剂传承与创新。中药新药制备工艺从提取、纯化、浓缩、干燥到制剂成型，合理融入现代新技术，以安全、有效、质量均一稳定为目标，形成现代中药制剂特色。在"系统学习，全面掌握，整理提高"理念的指导下，通过较为全面地解析中药复方功效物质，发现影响中药复方"质量标志物"，在此基础上应采用制药新技术、新工艺、新设备和新辅料，以提高中药药剂的研究水平，改进某些传统的中药剂型，逐步创制出具有中国传统医药特色，适应现代科学技术发展的具有物质基础清楚、作用机制明确等特点的现代中药新制剂。

中药新药工艺研究应合理利用现代新技术、新方法。例如，针对基于经典名方及其化裁而来的中药新药研究，应依据传统应用基本保持与原方制备方法、服用方式等临床应用的一致性，避免使用会引起处方临床应用物质基础变化的新技术及新方法，并且基于传统用药方式，一般优先考虑口服给药剂型。而对于中药单一成分或提取物制剂，在明确效应物质的基础上，可合理应用超临界 CO_2 萃取、树脂吸附精制、逆流萃取、膜分离等现代分离新技术，去除无关药效的物质，达到"去粗存精"的目的；在浓缩干燥工艺中，通过清膏或浸膏物料性质及成分热稳定性综合分析，可以选择喷雾干燥、流化床干燥、微波干燥、带式干燥等新型干燥技术，提升浓缩干燥的效率，减少功效物质的损失；在制剂成型工艺中，结合临床治疗所需及患者依从性等，通过制剂工艺设计，研发颗粒剂、胶囊剂、凝胶剂、滴眼剂、栓剂甚至缓释、控释制剂等现代制剂，并可通过多功能与专一性兼备、高质量与高性能并重的新型辅料的开发，进一步提升口服制剂口感、含不稳定功效成分制剂的稳定性、注射制剂的安全性等制剂质量，这些新技术、新方法都将极大推动中药新药的发展。

三、制备工艺研究的特点

中药新药工艺研究的目的是将安全有效的经典名方、名医验方、临床经验方及筛选处方转化甚至优化为中药新药，使其符合工业化生产和便捷服用等要求，并达到质量的稳定和均一，其决定中药制剂的安全性及有效性，也是影响中药复方制剂质量的关键因素。了解中药制剂生产工艺特点，对科学合理设计中药新药的工艺路线和工艺条件具有指导意义。

（一）具有"饮片—中间体（提取物）—制剂"两阶段一体化特点

中药新药制备工艺研究主要包含了两个环节，第一个环节是起始原料药材（饮片）通过提取、纯化、浓缩、干燥工艺制备成中间体的过程，这一过程的核心就是将已存在于原料药中的功效物质进行分离，即如何将药材（饮片）形式的原料，制成可以进行制剂成型的中间体或提取物，其体现的是"去粗存精"的过程；第二个环节就是以中间体或提取物为起始，通过适宜的辅料及成型技术制备成制剂的过程。中药成分复杂，各药味中所含化学物质存在差异，如种子类中药一般含有丰富的油脂，块茎类中药含有较多的淀粉、糖类，动物类中药中蛋白质含量较高等，因此，不同的提取精制工艺路线会制备出不同的中间体（提取物）物料，其溶解性、吸湿性、固含物得率甚至功效成分都可能存在差异，这会直接影响后续的制剂成型。反之，若在新药制剂设计时已经确定了剂型，则需要以功效成分为核心设计出更为合理的提取纯化工艺路线，以满足目标剂型的需求。

中药新药的以上两个环节与化学制药存在着明显区别。在化学药物研发过程中，首先通过合成工艺研制出原料药，由于合成获得的原料药纯度较高（>98%），有关杂质的控制严格，即使不同工艺来源的原料药在理化性质、体内过程等方面仍可呈现出基本的一致性，进一步以此均一原料药为起始开发研制成各类制剂。因而，化学药物的原料药研制与制剂开发往往呈现出相对的独立性，实际生产大多是在两个不同企业中完成的。而在中药新药研发及生产过程中，中药制剂原料（中间体或提取物）的制备与制剂成型之间一般都是连续进行的，相互之间存在着十分紧密的联系，呈现出两阶段一体化的特点。

（二）应重点关注量值传递规律

尽管进行中药新药开发的制剂处方大多有着悠久的应用历史或丰富的临床积累，其安全性与有效性已经具有了初步的临床验证，但由于中药及其复方成分复杂多样，药材（饮片）原料质量的可控性较差，且制备工艺步骤较多，其制剂质量均一性问题一直是中成药高质量发展面临的挑战。

与化学制药不同，中药制药的过程不在于"创造"出新的功效物质，而是如何能够最大程度地保留有效组分群，同时尽量去除杂质。在中药新药制备工艺研究中，以药材（饮片）起始，需要经过提取、纯化、浓缩、干燥、制剂成型等多个工艺环节。为了实现研发新药制剂的质量均一，需要对其工艺步骤中关键质量属性（固含物量、功效成分等）的量值传递规律进行细致的研究与总结，并通过中试研究放大生产过程中设备及工艺参数的控制，实现功效物质在各个工艺环节中的"稳定传递"，并结合药材（饮片）原料的质量控制，最终实现研发制剂的质量均一。

（三）具有"工艺的持续改进"的特点

中药复方制剂工艺的持续改进优化体现了中药复方制剂不断进行设计赋予、质量完善的过程，是中药复方制剂质量提高和保证均一、稳定的重要途径，这在一定程度上也是中药复方制剂成分复杂、基础研究薄弱、有效成分不明确、多靶点作用等特点的体现。中药复方制剂生产工艺的确定不是一蹴而就，而是经过小试、中试到商业规模生产的桥接工艺研究，是一个不断优化和改进的过程，最终以适应工业化大生产的需求、保证生产工艺的稳定可靠和产品质量的稳定均一为目的。而在药品上市后，随着对产品内在质量的深入研究和认识，通过持续改进其生产工艺，使商业规模生产各环节更流畅与便捷，落实药品全生命周期管理，使生产出的产品质量更加稳定可控，保证药品安全、有效。

《中药复方制剂生产工艺研究技术指导原则（试行）》（2020年第43号）指出，为保证产品质量的均一、稳定，中药复方制剂工艺持续改进具有重要意义。各研究阶段确定的工艺路线和工艺参数，由于工艺条件、批量规模等因素的影响，会有一定的局限性，故需要通过扩大生产规模进行验证和改进，上市前应进行商业规模的生产条件验证，确定生产工艺和工艺参数。上市前不同阶段及上市后的工艺改进研究，可参照《中药新药不同阶段药学研究技术指导原则》《已上市中药药学变更研究技术指导原则》实施。

第二节　工艺路线设计

工艺路线的设计是中药新药制备工艺研究中的重要环节，是决定整个制备工艺合理与否的关键工序，主要包含剂型的选择与中间体制备工艺路线的选择。剂型是药物的传递体，即将药物输送到体内发挥疗效的载体。一般来说，一种制剂原料可以制备成多种剂型，但给药途径和剂型不同可能产生不同的疗效，应根据患者的依从性、药物的性质、药物的安全性及有效性等选择合理的剂型。而中药制剂所用的制剂原料——中间体（提取物），一般是由饮片经过提取、纯化、浓缩、干燥等制备工艺得到的多组分混合物，包含了发挥处方疗效的有效组分群，而不同的制备工艺制备的中间体会存在差异。因此，中间体（提取物）制备工艺路线的选择是决定能否达到"去粗取精"、获得体现原方剂主治功能的制剂原料的关键环节。总体而言，应根据药物性质、剂型需要、新药技术要求及生产可行性等因素来决定中间体制备工艺路线。例如，挥发性成分的提取工艺，若需制备成口服固体制剂，则可考虑采用水蒸气蒸馏提取挥发油，再采用包合方式进行固化；如果制成的剂型为口服液，挥发油的水溶性不佳会影响口服液的制剂成型，则可设计提取芳香蒸馏水，以实现口服液制剂成型。

一、剂型的选择

中药剂型的选择应以临床需要、药物性质、用药对象与剂量等为依据，通过文献研究和预试验予以确定。应充分发挥各类剂型的特点，选择适当的剂型，以达到疗效高、剂量小、毒副作用小，储运、携带、使用方便的目的。按古代经典名方中药复方制剂研制的新药，其给药途径和剂型应当与国家发布的古代经典名方关键信息及古代医籍记载相一致，其中以汤剂形式服用的古代经典名方一般可制成颗粒剂。

（一）临床患者防治的需要

1. 根据疾病特点选择剂型 由于病有缓急，证有表里，人有老幼，须因病施治，对症下药，因此对剂型的要求也各不相同。传统中药就有依据疾病治疗的需求制备成各种剂型的理念。梁·陶弘景曾指出："疾有宜服丸者，宜服散者，宜服汤者，宜服酒者，宜服膏者，亦兼参用所病之源以为其制耳。"随着现代药剂学的快速发展，中药新药的剂型也呈现出多样化的发展趋势。例如，对急症患者，为使药效迅速，宜用注射剂、吸入制剂、舌下片、滴丸等；对于药物作用需要持久、延缓者，则可用丸剂、膏药、缓释片剂或其他长效制剂。中医药经过长期的临床实践，创造出了多种剂型，为了适应给药部位的特点需要，也须有不同的剂型。例如，皮肤疾患一般可用软膏、膏药、凝胶膏剂等；而某些腔道疾病如痔疮、溃疡等，则可用栓剂、膜剂、酊剂等。

2. 考虑患者的依从性选择剂型 剂型使用的便捷性会影响患者的依从性，药物剂型的选择也要考虑患者的年龄、性别、身体状况等因素。有些剂型携带和使用都非常方便，如片剂、胶囊等，服用时只需依据医嘱将药物吞服；而一些剂型需要注射或外用，使用方法相对复杂，会增加患者的操作难度，降低依从性。对于儿童或老年患者，吞咽困难，宜选用口服液、颗粒剂、泡腾片、滴剂等剂型。胃肠道有吸收障碍者宜选用气雾剂、贴剂、栓剂等剂型。针对高血压、糖尿病等慢性疾病患者，用药时间较长，宜选择涉及缓控释制剂，以减少患者的服用次数，增加用药依从性。此外，部分中药气味难闻，或者味道较苦，制成包衣片后，能够遮盖药物的不良气味，亦可提高用药依从性。

（二）制剂成型所用原料的性质和用量

首先，在选择药物剂型时，应掌握处方中功效成分的溶解性、稳定性、刺激性及不同成分之间的相互作用等。一般而言，含难溶性或在水中不稳定成分的药物及富含挥发油的药物不宜制成液体制剂。而药物成分易被胃肠道破坏或不被其吸收，对胃肠道有刺激性，或因肝脏首过作用易失效的药物等均不宜设计为口服剂型。成分间易产生沉淀等配伍变化的组方，则不宜制成注射剂和口服液等剂型。

其次，剂型不同，其载药量及释放药物成分的条件、数量、方式皆不一致，在体内运转过程亦不同。在制剂工艺研究中，不仅应根据临床需要和用药对象来制成适宜制剂形式，而且也需要考虑到不同剂型的载药量。以常见的中药口服制剂为例，若处方药味较多、处方量较大，即使通过一些精制技术也很难设计制成载药量较小的胶囊或片剂。一般水煎煮或乙醇回流提取的得膏率可达 20%~25%，经高速离心或醇沉后也在 15% 以上，而经特殊精制处理可达 10% 以下。因此，对于胶囊或片剂，生药日处方量一般不能超过 30 g，而多数处方日服量在 60 g 以上的，宜制成颗粒剂、丸剂、口服液等剂型。少数处方日服量很大，甚至超过 100 g，即使制备成口服液，当 1 mL 相当于原生药 4 g 时，其成品的稳定性和有效成分转移率往往难以达到要求，剂型的选择会遇到更大的挑战。此时，除选择载药量较大的剂型外，还应结合中间体制备工艺的进一步优化来综合考虑。

（三）药物的安全性及有效性

适宜的药物剂型可以发挥出良好的药效。不同的药物剂型，其稳定性也存在显著差异。中药的汤剂、合剂、浸膏剂等，由于含有很多组分，制备过程复杂，制剂的稳定性较差。而胶囊剂外层有胶囊壳的保护，丸剂、片剂等固体剂型可以包有一层薄包衣，稳定性较好。如果中药药效成分的理化性质不稳定，遇到空气、光线和水分时易分解，可以将其制备成包衣片剂或胶囊剂等，以提高制剂的稳定性。有些药物在经过胃时受到胃内消化液的影响，药效会受到破坏，因而无法获得最佳的治疗效果时，可将其制备成肠溶制剂，使其安全通过胃到达肠内崩解而发挥药效。例如，将穿心莲提取物用丙烯酸树脂类辅料包衣后制成肠溶片，减少了穿心莲内酯在胃中的破坏，从而有效地提高了生物利用度，减少了服用量。通常，固体剂型稳定性优于液体剂型，包衣制剂稳定性高于普通制剂，冻干粉针稳定性优于常规注射液等。

改变药物的剂型能够降低毒副作用，减轻用药后的不良反应。例如，用洋金花口服治疗慢性支气管炎疗效明显，但容易出现口干、眩晕、视物模糊等不良反应；而将其制成洋金花栓剂，能有效减轻其毒副作用。缓、控释制剂能保持血药浓度平稳，避免血药浓度的峰谷现象，从而减少药物的不良反应。含微粒结构的静脉注射剂，如脂质体、微球、微囊等进入血液循环系统后，被网状内皮系统的巨噬细胞所吞噬，从而使药物浓集于肝、脾等器官，发挥肝、脾的被动靶向作用。此外，为了更好地发挥或增强药物的疗效，加速或延缓药物的作用，增加药物对某些系统的指向性、靶组织的滞留性、对组织细胞的渗透性等，可加入各种赋形剂，采用新技术制备新剂型。例如，治疗冠心病心绞痛的心痛气雾剂、治疗气管炎的牡荆油微囊、治疗肿瘤的鸦胆子油乳剂静脉注射液等中成药，都是根据其特殊的药物安全有效性需求设计而成的。

二、中间体制备工艺路线的选择

制剂中间体（提取物）工艺路线是以实现处方功能主治为目的，紧紧围绕功能主治的要求，对药物的处理原则、方法和程序所做的最基本的规程。它直接决定着制剂中间体中有效成分的种类、存在形式、中间体与功能主治之间的适配程度，决定着该制剂质量的优劣，也决定着该制剂大生产的可行性和经济效益。中药制剂中间体经过提取、纯化、浓缩、干燥等过程制备所得，是中药制剂区别于化学药物制剂的特色之一。采用何种思路和方法将中药方剂中药效物质最大限度提取出来，并保持原处方特有的功效，是中药制剂制备工艺研究的核心和关键。因此，中药新药工艺路线（尤其是原料处理）是工艺科学性、合理性和可行性的基础与核心。

（一）工艺路线选择的依据

中药制剂临床药效的发挥与工艺路线设计的合理性密切相关，合理的工艺路线是中药制剂安全有效的基础。工艺路线的选择主要根据处方临床应用经验、药物成分的性质、剂型的特点及实际生产的可行性等进行选择。

1. 临床应用经验 中药复方制剂大多源于具有较好疗效的中药方剂，传统用药经验中蕴含着丰富的制剂经验和用药要求、有效性和安全性等信息，对于中药复方新药的研发及生产工艺研究具有重要的参考价值，尤其是对于功效成分不明确的中药方剂，借鉴其临床应用经验来选择工艺路线是重要途径之一。中药经典名方新药制剂的开发，由于其处方经过长期临床实践被证实具有较好的疗效及安全性，可以减免相关临床试验，因此需要确保制剂功效物质与临床处方用药相一致，工艺路线一般均依照处方临床应用情况进行选择；针对具有较好用药反馈的临床经验方开发，在工艺路线选择时也一般遵循此原则。

2. 药物成分的性质 当处方药味中功效成分较为明确时，可根据药物功效成分的性质设计合理的提取、纯化、浓缩、干燥、成型的工艺路线，保证制剂的质量和疗效。例如，紫草，其抗菌、抗病毒的主要有效成分为紫草宁及其衍生物，该类活性成分不耐高温，60℃以上即被破坏。所以，制备紫草油制剂时可先用油将黄柏、甘草进行热提，所得药油再冷浸紫草，如果设计工艺路线时将紫草与其他药物共置麻油锅中，则会破坏紫草的有效成分。又如，含挥发性成分的荆芥、桂枝等药味，若采用溶剂提取工艺，则在药液浓缩干燥过程中会使挥发性成分损失殆尽，因此在设计工艺路线时通常需要采用水蒸气蒸馏先提取挥发性成分，再针对其他非挥发性有效成分进行提取。

值得注意的是，某些中药成分既是功效成分同时也是毒性成分，不同工艺路线制备的中间体（提取物）可能会带来明显的毒性变化。例如，临床汤剂中蛇床子多采用水提工艺，蛇床子素转移率较低，临床应用过程中蛇床子相关不良报道也较少；而采用醇提工艺，有研究报道其毒性明显增加。

3. 剂型需要　不同剂型对提取、分离纯化、浓缩等工艺的要求不同，要根据不同剂型的需要合理设计工艺路线。例如，片剂、胶囊剂等固体制剂的成型常使用填充剂，为节省原料和保存药效，可将方中部分饮片打成细粉作填充剂，而且片剂和胶囊剂由于载药量相对较小，因此需要对处方药味提取物进行精制，以达到剂型的相关要求。而口服液因制剂有澄明度的要求，所以供配液用的中间体都必须是提取物，不能有植物、动物类的原药材的粉末。但为减小制剂服用量或提高口服液体制剂的澄明度，盲目增加醇沉等精制除杂工序，可能对某些药物疗效产生不利影响。例如，连翘水煎液经醇沉后连翘苷等有效成分损失率较大，抗菌活性较低；黄芪水提物在醇沉后多糖类成分被大量损失，免疫功效受到影响等。因此需要针对剂型合理优选工艺路线，既能满足剂型需求特点，又保证方剂的临床疗效。

各种剂型对成型前的中间体的要求不同，需选择不同的工艺路线。具体举例如下。

（1）颗粒剂、片剂、胶囊剂等固体制剂：以四君子颗粒剂为例，为了满足成型需要，应使用一定量的填充剂，可将方中贵重药味（人参）粉碎成极细粉或微粉代替淀粉作填充剂，见图4-3。

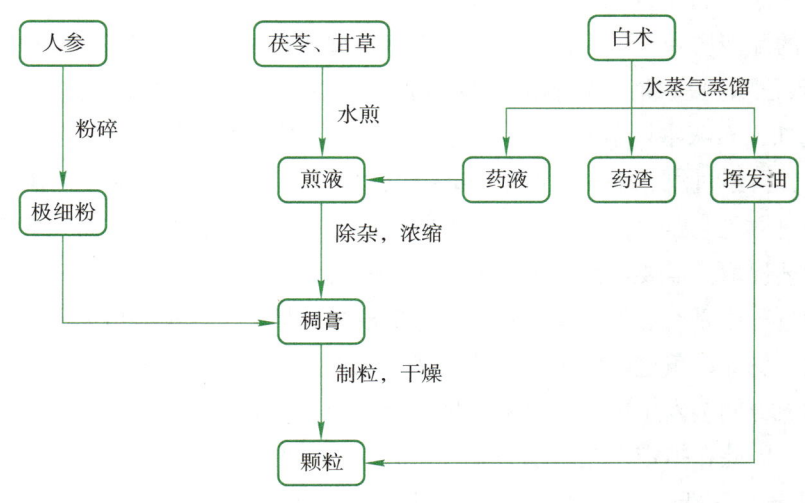

图4-3　四君子颗粒剂工艺路线

（2）口服液：因制剂有澄明度的要求，所以供配液用的中间体都必须是提取物，不能有植物、动物类的原药材的粉末（加工制品例外）；同时还可采用微滤、超滤等一些新技术来提高口服液的澄清度。此外，对于含有挥发性成分的复方制剂口服液，可采用一些特定的工艺。四君子

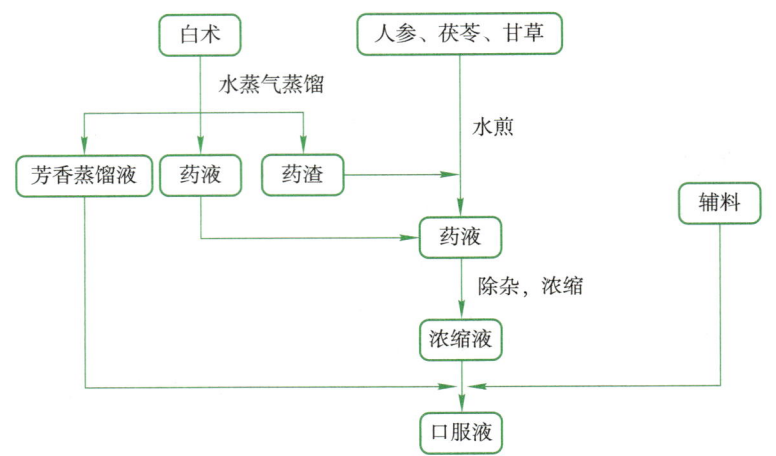

图 4-4　四君子口服液工艺路线

口服液的工艺路线见图 4-4。

4. 成本预算　制剂生产的成本除原辅料以外，还有燃料、动力、设备、包装材料、税费等诸多项目，在设计工艺路线时，要综合成本考虑。在制剂生产中减少工艺步骤或优化减小辅料用量，制剂的生产成本就会降低许多；反之则成本上升，市场竞争力降低。

（二）工艺路线选择的基本方法

中药制剂工艺最终要运用于工业大生产，因此在工艺路线选择时，必须考虑到所选工艺的生产安全性、设备的复杂程度、操作的难易和生产成本的大小等。这是工艺路线选择时首先需要考虑的因素。没有可行的工艺路线，不可能制备出安全、稳定、有效的中药制剂。在此基础上，工艺路线选择主要采用以下几种常用方法。

1. 理论推导法　理论推导法是在明确药物各有效成分和所选剂型对原料质量要求的前提下，按其性质和加工要求进行工艺路线设计。例如，三棵针中的有效成分小檗碱为小檗碱型生物碱，同时还含有大量的黏液质和少量其他生物碱。小檗碱型生物碱可溶于酸水，且稳定性良好，因而可采用酸水进行提取；提取液中含有的大量黏液质可用 Ca^{2+} 将其形成沉淀除去。由此在设计工艺路线时可通过加入石灰水调节 pH，将生物碱游离，同时又可把黏液质除去，进一步采用盐析法将小檗碱析出，再经过滤、干燥即得小檗碱提取物粗品，然后再根据制剂的需要进行精制。

在进行中药复方工艺路线设计时，应依据有效成分的性质进行归类，将所含相似性质的药味合并分别进行工艺提取。需要注意的是，处方中若同时含有生物碱类中药及酸性成分中药，应分析在提取、浓缩过程中是否会发生酸碱中和反应形成沉淀损失，或影响成分的稳定性使有效成分发生转化而损失。例如，黄连、大黄和黄芩虽然临床常配伍入汤剂，但实际上它们共煎是不合理的，因为它们的成分间会发生中和反应而产生沉淀，使确切的有效成分——小檗碱、大黄素、黄芩苷等明显减少，因此在拟定工艺路线时应予以避免，防止有效成分而损失。

2. 实践类比法　实践类比法是借鉴处方药味临床运用经验或在某一种成熟的成方制剂中起相似作用时所用的加工方法。在类比的同时要分析其他药味对此药用该方法有无影响，或此药用此方法对其他药有无影响，做到借鉴与具体情况分析相结合。例如，六味地黄丸蜜丸提取工艺路线中，牡丹皮用水蒸气蒸馏法提取丹皮酚，那么，在改变剂型制备六味地黄丸浓缩丸时，牡丹皮的提取就可借鉴蜜丸提取工艺路线中的方法。又如，经典名方的工艺路线优选时，一般均参考原方临床运用经验来设计，采用临床汤剂的处方一般在工艺提取时亦会选用水煎煮提取。

3. 实验对比法 实验对比法是指根据理论分析列出可能的几种工艺路线方案，综合选择一个或多个量化的指标，如提取方式，可选渗漉、回流、压榨，溶剂选择可选水、乙醇等，然后通过对比实验，按结果择优选择工艺路线。此方法工作量较大，但实验结果真实可靠，在初选工艺路线中是最常用的。此外，当量化指标不明确或者难以有效评价时，可结合药效学评价来进一步明确，即通过与处方功效相关的药效学试验来评价不同工艺路线，从某种程度上来说更具合理性。

（三）提取、纯化工艺路线选择

中药提取过程即是选择适当的溶剂及提取方法，将有效成分或有效部位尽可能溶出的过程，通过最佳提取工艺的考察，保留药效物质，除去无效成分，达到提高疗效、降低毒副作用、减小服用剂量的目的。中药的提取应首先尊重传统临床经验，若为汤剂，尽可能采用水提合煎的方式；若为酒剂，应尽可能采用不同浓度的乙醇提取方式，尽可能地保留有效物质成分。提取溶剂选择应尽量避免使用一、二类有机溶剂，必要时应对所用溶剂的安全性进行考察，控制残留物。

中药的纯化工艺应依据中药传统用药经验，或根据提取物中已确认的一些有效成分的存在状态、极性、溶解性等特性，设计科学、合理、稳定、可行的纯化工艺，提高中药制剂水平与质量，改变传统的中药剂型。尤其对于单味药制剂或者药味组成较少的中药创新药，在功效成分基本明晰的前提下，采用分离纯化技术可以尽可能多地除去无效成分，富集有效成分，保留有效辅助成分，提高中药新药技术水平。分离纯化的程度可随注册药品类别、剂型、给药途径、剂量等的要求不同而异。

在提取与纯化工艺路线初步确定的基础上，根据药材的性质和提取与纯化方法的特点，充分考虑各种影响因素，进行科学、合理的试验设计，采用准确、简便、可量化的综合性评价指标与方法，筛选合理的提取与纯化工艺参数。

1. 提取工艺的选择 提取工艺路线的选择一般需对溶剂、工艺条件进行选择，主要内容包括提取溶剂（种类、用量等）和提取方式（方式、时间等）的选择。

中药制剂的提取，水和乙醇是最常用的两种提取溶剂，对某些成分目标明确、性质特殊的药物可通过调节pH或加入附加剂或采用超临界流体提取等，以改善提取效果。在溶剂选择时主要从以下几个方面进行考虑。①被提取的主要有效成分及其性质：单用水提时总提取物虽多，但选择性差，其中容易含大量无效成分。通过调节乙醇的浓度，可选择性地浸提药材中某些有效成分或有效部位，如乙醇含量在50%～70%时，适于浸提生物碱、苷类等；乙醇含量低于50%时，适于浸提蒽醌类化合物。②用药经验：一般生物碱、苷、黄酮类化合物在水中溶解度不大，宜采用乙醇提取。但若在临床运用中（如医院制剂）等一直采用水煎煮，临床疗效好，且质检合格，作为新药开发时应优先考虑选择水或乙醇。③生产可行性：一些有机溶剂不仅溶剂本身价格昂贵，同时毒性大、易燃，需要特殊的厂房、设备和劳保等因素支持后方可投产，以上因素需综合考虑。

目前中药常用的提取方法为煎煮法、渗漉法、回流法、蒸馏法等，这些方法具有操作简便，对工艺、设备的要求不高，与临床运用经验相似等优点，但同时存在提取时间长、耗能大、含杂质多等缺点，随着科学技术的发展，超临界流体提取、超声波提取、微波强化提取、半仿生提取等技术的显示出一定优势，尤其对于目标物质明确的中药提取物制剂，新的提取方式可以大大提高效率。中药的提取方法应根据处方组成及所含主要成分性质选择，最大限度地提取得到起药效作用、能发挥临床疗效的物质基础。若有效成分为芳香挥发性成分应首先选择蒸馏法提取挥发油或蒸馏液，如荆芥、藿香、薄荷等；若为热敏性成分，最好选择渗漉或温浸法，如蕲蛇、川芎等；一般药物可以用煎煮或回流。同时提取方式也要考虑是否适合大工业生产以及生产成本。

2. 纯化工艺的选择 中药分离纯化方法均应根据与治疗作用相关的有效成分（或有效部位）的理化性质，或药效研究结果，通过试验对比，选择适宜的工艺路线与方法。中药纯化工艺，应根据纯化的目的、可采用方法的原理和影响因素，选择适宜的纯化方法。目前中药常见的纯化工艺有醇沉法、树脂精制法（大孔树脂法、聚酰胺树脂法、离子交换树脂法等）、膜分离法、絮凝澄清法及工业色谱等。对于中药复方而言，若处方药味的功效物质不明，关键质量标志物不清的情况下，应谨慎选择纯化工艺，一般而言可结合药效学试验进行优选；对于单味药制剂或药味较少的处方，其药效成分基本明确，杂质成分类型比较清晰，则可依据其理化性质差异进行精制纯化，必要时可以联合运用多种精制纯化技术。综合而言，纯化方法的选择一般应考虑以下几个方面。

（1）拟制成的剂型与服用量：相对而言，颗粒剂、糖浆剂、口服液、丸剂等剂型的载药量较大，片剂、胶囊剂、滴丸等剂型的载药量较小。需要注意的是，用药剂量不仅与中药复方的处方量相关，还与原药材的性质、提取与精制工艺有关。例如，中药新药选择胶囊剂，由于固体量较大，最终临床用量为"一日3次，每次8粒"，则属剂型选择不当。可选择两种方案进行改进，一种为改选剂型，如颗粒剂、口服液等载药量大的剂型，或改进分离、纯化工艺，减少固体量以达到常规的胶囊服用量。

（2）有效成分与杂质成分的性质：苷类成分是一类最常见的中药有效成分类型，这类物质极性中等，具备一定的水溶性。大孔树脂是一类以苯乙烯为骨架的吸附剂，非常适宜于苷类等中等极性成分的精制，可以将其与大极性蛋白、糖类等物质分离，如银杏叶提取物制剂、三七总皂苷制剂等，其提取物均采用了弱极性大孔吸附树脂进行精制。

（3）制剂成型工艺的需要：不同的制剂对于中间体的精制纯化要求亦不相同，如固体制剂需要考虑载药量的问题，需要通过精制纯化降低固含物量以适应制剂成型，而口服液等液体制剂则更关注制剂稳定性和澄明度问题，如口服液常选择醇沉、絮凝沉淀或膜过滤，去除易沉淀的大分子物质或聚合物，以保障口服液制剂的澄明度。

除此以外，纯化工艺也要考虑到生产的可行性、环保等问题，尽量选择成本低、绿色可行的工艺路线。

（四）浓缩、干燥工艺路线选择

中药制剂所用的制剂原料多数是饮片经过提取、纯化、浓缩、干燥等制备工艺得到的多组分混合物。通常提取、纯化是以保留药效物质基础为前提，最大限度除杂为目的的工艺过程，其方法主要根据临床治疗需求，以及方中各饮片所含的主要药效成分（或组分）的理化性质决定；而浓缩和干燥是以制备适合后续制剂成型工艺要求的制剂原料为目的的工艺过程。

浓缩、干燥工艺应依据制剂的要求，根据物料的性质和影响浓缩、干燥效果的因素，选择适合的方法，使所得物料达到要求的相对密度或含水量，以便于制剂成型。中药提取液中药物成分和性质极其复杂，如对温度敏感和耐受程度不同、黏度不同、起泡性不同等，在药物浓缩与干燥工艺过程中应注意保持药物成分的相对稳定，结合各种蒸发、浓缩和干燥设备与方法的特点，合理选择设备与方法，并确定最佳的浓缩干燥工艺参数。例如，含有受热不稳定的成分，可作热稳定性考察，并对采用的工艺方法或工艺条件进行优化。由于浓缩与干燥的方法、设备、程度及具体工艺参数等因素都直接影响着药液中有效成分的稳定性，在工艺研究中宜结合制剂的要求对其进行研究和筛选。在研究过程中，应根据具体品种的情况，结合工艺、设备条件等特点，选择相应的评价指标。

此外，制剂成型的难易往往与制剂原料的物理属性有直接关系。因此，仅以有效成分（组分）的转移率或稳定性作为浓缩和干燥工艺的选择依据是不够的。经研究发现，浓缩、干燥工艺与制剂原料的物理属性之间有一定的关联性，不同干燥设备、不同工艺参数的选用对干燥后制剂原料物理属性有显著影响。因此，在选择浓缩、干燥工艺时，除考虑有效成分（组分）的转移率或稳定性外，还应考虑浓缩、干燥工艺对制剂原料物理属性的影响，以利于后续的制剂成型。

1. 浓缩工艺的选择 浓缩（concentration）是中药制剂生产的关键单元之一，它是从溶液中除去部分溶剂的操作过程，按浓缩的原理可以分为平衡浓缩和非平衡浓缩两种方法。平衡浓缩是利用两相在分配上的某种差异而获得溶质浓缩液与溶剂的浓缩分离方法。例如，蒸发浓缩是利用溶剂的汽化作用而达到分离目的，加热介质一般为水；冷冻浓缩是利用稀溶液与固体冰在凝固点以下的平衡关系，部分水分因放热而结冰，再将浓缩液与冰晶分离。而非平衡浓缩则是利用半透膜等来分离溶质与溶剂的过程。两相由膜隔开，分离不靠两相的接触；半透膜不仅可用于分离溶剂和溶质，也可以用于分离各种不同分子大小的溶质。

（1）蒸发浓缩（evaporating concentration）：是在沸腾状态下，经传热过程，使不挥发或难挥发的物质与在该温度下具有挥发性的溶剂（如乙醇或水）分离至某种程度得到浓缩液的一种工艺操作。常用的蒸发浓缩方法主要有常压蒸发、减压蒸发、薄膜蒸发、多效蒸发等。

（2）冷冻浓缩（freeze concentration）：是将稀溶液降温直至溶液中的部分水冻结成冰晶，并将冰晶分离出来，从而使得溶液浓缩。因此，冷冻浓缩涉及固-液两相之间传热介质与相平衡规律。

冷冻浓缩可以分为两个步骤，首先部分水分从溶液中结晶析出，然后半冰晶与浓溶液分离。通常冰晶的形成有两种方式，一种是在稀溶液的冷面形成厚厚的冰层，这种方式称为渐进层状冻结；另一种是冰晶的形成发生于悬浮液中，通过大量悬浮分散于母液中的冰晶的成长、分离而达到浓缩，称为悬浮冻结。

（3）膜浓缩（membrane concentration）：与蒸发浓缩不同，膜浓缩和冷冻浓缩一样属于非热浓缩技术，可以有效避免高温对热敏性成分的破坏和挥发性成分的逸散等问题。膜浓缩分离分为反渗透、纳滤、超滤、微滤、膜蒸馏、渗透膜蒸馏、联合膜技术等。其特点是常温操作、无相变，保护热敏性成分和芳香性成分，设备规模小、能耗低。

例如，采用反渗透浓缩和蒸发浓缩对肾石通颗粒提取液的浓缩效果进行考察，发现反渗透膜浓缩后，浓缩液中的丹酚酸 B 转移率提高，且该方法能耗低。在蒸发浓缩工艺中，热不稳定成分穿心莲内酯的损失大，而应用 PP 棉超滤膜和纳滤膜所组合的浓缩工艺中，穿心莲内酯的转移率可达 95.6%。还有研究表明，多级膜分离浓缩法可以去除鼻炎康提取液中 45% 左右的水分，其中主要有效成分蒙花苷和盐酸麻黄碱的保留率在 80% 以上。

虽然膜浓缩工艺具有明显的优势，但在实际生产中广泛应用的仍为减压蒸发、薄膜蒸发、刮板式蒸发等浓缩工艺。但无论何种浓缩方式，对热敏成分最本质的影响因素还是浓缩温度和浓缩时间，某些成分的降解时间主要集中在浓缩过程的最后阶段。浓缩液较稀时，加热时间的长短对成分降解率影响不大，而浓缩液较稠时成分降解迅速。因此，在浓缩过程中应加快换热速度，缩短物料受热时间，从而减少热敏性成分的降解。

2. 干燥工艺的选择 干燥是通过各种方法产生以热能为主，去除制剂原料中所含溶剂的过程。该过程包括两个过程，一为热能从周围环境传递到制剂原料表面，使溶剂受热汽化而蒸发；二为制剂原料内部水分传递到制剂原料表面，进而又被汽化蒸发。在药剂生产中，固体或半固体制剂的原料一般都需要干燥。干燥工艺过程是否适宜，直接影响制剂原料中有效成分（或组分）的含量、稳定性，以及干燥后制剂原料的物理属性、成型工艺的难易程度直至制剂成品的最终质量。

按照热能传递方式，干燥可分为热传导、热对流、热辐射、介电加热四种；按照设备分类，有鼓风干燥、喷雾干燥、冷冻干燥、远红外干燥、微波干燥、真空干燥等。其中鼓风干燥、真空干燥、喷雾干燥、微波干燥等方法在中药制剂生产过程中应用较多。

（1）鼓风干燥（forced air drying）：指在热风作用下进行常温干燥的方式，是最传统的干燥方式。生产型的设备称为厢式干燥器，分为水平式进风和垂直式进风两种类型，可通过提高热风温度或加大热风速度来提高干燥效率。

（2）真空干燥（vacuum drying）：又称为减压干燥，是将待干燥制剂原料置于密闭的干燥室内，对干燥室抽真空并不断加热的过程。蒸汽压下降使被干燥物的表面水分（溶剂）达到饱和状态而蒸发，并由真空泵及时排出回收。

真空干燥过程中，干燥室内的压力始终低于大气压力，含氧量低，干燥温度也相对较低，提高真空度或加热温度均可提高真空干燥效率。干燥后产品疏松多孔，易于粉碎，其色泽和溶解性都优于鼓风干燥法。真空干燥因其生产工艺简便、耗费低等优点已成为目前应用最广泛的干燥工艺之一。缺点是生产能力小，干燥中药浸膏时装盘量不能太大，以免起泡溢出盘外。常规真空干燥为间歇操作，劳动强度大，现已有新型的连续式真空干燥机问世，可以连续进料收料，大大降低了工作强度。

（3）喷雾干燥（spray drying）：因其独特的优势，在中药行业中应用已经非常普遍，主要用于中药提取液的干燥，也可以用于制备微囊微球等。与传统的干燥工艺相比，中药提取物采用喷雾干燥的方式进行干燥具有明显的优势，主要体现在：物料能实现瞬间干燥；干燥时物料本身的温度低；制得的粉末粒径在 5~70 mm，减少了粉碎过程；均匀性、溶解性及含量稳定性方面好；整个干燥过程在密闭的系统中完成，不易受污染，符合 GMP 要求。因此，喷雾干燥近年来在中药行业的发展应用十分迅速，越来越多的中药提取液采用喷雾干燥的方式进行干燥。

（4）微波干燥（microwave drying）：又称介电干燥，制剂原料中的水分子在高频交变电场力的作用下转动，剧烈的碰撞和摩擦迅速产生热能，从而使水分子汽化。微波干燥机制与普通干燥方法不同，鼓风干燥、真空干燥等方法是靠温度差由外向内传递能量，靠浓度差从内向外扩散水分。而微波干燥则是制剂原料内部产生能量，传质的推动力主要是制剂原料内部迅速产生的蒸汽所形成的压力梯度。微波干燥法加热均匀、热效率高、干燥时间短。另外，微波可对生物体新陈代谢功能产生破坏，具有杀虫和灭菌的作用。近年来，一些研究者根据微波干燥和真空干燥各自的优点，发展了一项新技术即微波真空干燥技术。

不同的干燥方式对干燥后制剂原料的收率及质地、吸湿性、流动性、黏性、复溶性等物理属性均有不同程度的影响，而这些物理属性又直接与成型工艺的难易程度相关，因此了解干燥方式对制剂原料的物理属性将产生何种影响，有助于我们选择更为合适的干燥方式和干燥工艺条件。因此，在选择干燥方法时，在考虑对成分保留率及稳定性影响外，应同时考虑不同干燥方法对制剂原料物理属性的影响。

（五）实例应用

例 4-1　活血止痛片的制备工艺路线。

【处方】当归、土鳖虫、自然铜、三七、乳香等。

【剂型】片剂成型需填充剂，三七、乳香质地坚硬，易粉碎成细粉，可代替淀粉作填充剂。

【成分性质】由于土鳖虫活性成分及部位不明确，因此对土鳖虫经醇提、水提的部位进行活性试验，最终发现其醇提物具有明显的抗炎作用，而其水煎液无抗炎作用，说明土鳖虫的有效成分不是仅溶于水而不溶于 70% 乙醇的蛋白质、多肽类成分，而是可被乙醇提取的小分子类成分。

当归中含阿魏酸等有机酸类成分及含量较高的活血化瘀成分藁本内酯等挥发油类成分，可采用醇提取工艺，这样既有效地降低得膏率，提高了浸膏中有效成分的含量，又可减少阿魏酸、藁本内酯等稳定性较差的活性成分在制剂过程中的破坏。且当归以醇提取的工艺符合现行版《中国药典》中当归流浸膏项下提取当归有效成分的提取工艺，特别是当归中的藁本内酯等挥发油成分水蒸气馏法难以提取，但能被乙醇提取，且它们的沸点较高，乙醇回收时损失较小，成分转移率高。因此当归、土鳖虫二味药材可采用醇提取工艺。

自然铜的重金属含量较高，采用水煎煮、酸水提取等工艺，发现水煎法提取物具有一定的药效作用。因此自然铜采用水煎煮提取。为防止自然铜的金属离子对阿魏酸等稳定性较差的有机酸在浓缩、干燥过程中的影响，自然铜提取液单独回收、干燥。

具体工艺路线见图 4-5。

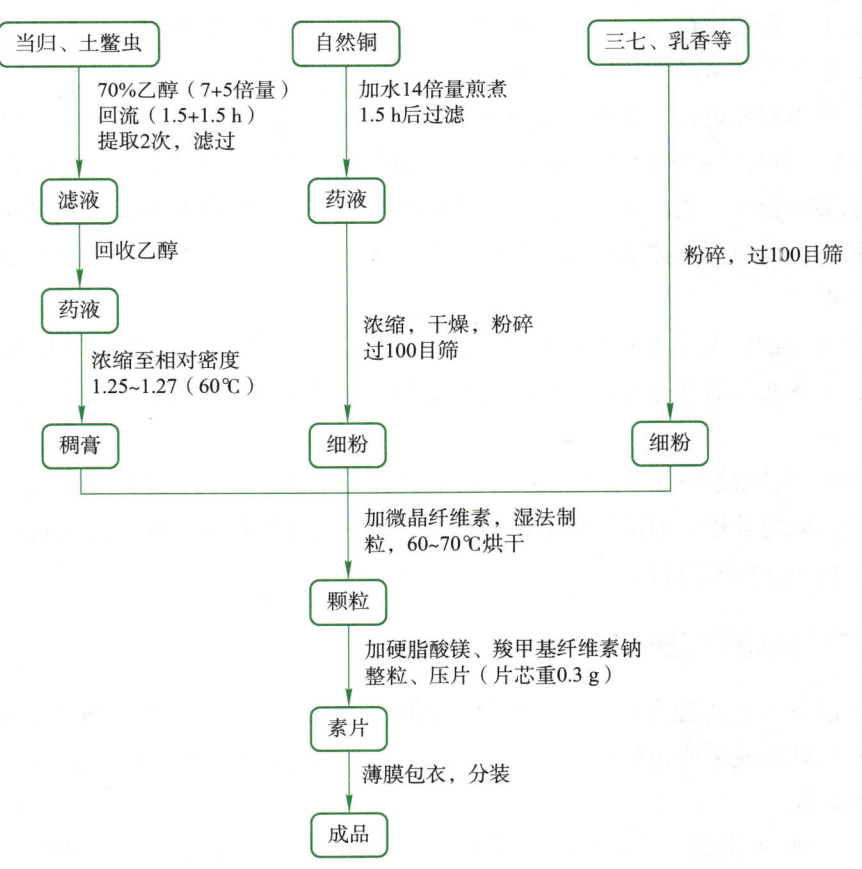

图 4-5　活血止痛片的制备工艺路线

第三节 制备工艺条件研究

中药新药制备工艺条件研究是中药新药研究的关键环节，主要包括前处理研究、中间体（提取物）制备工艺研究（提取、精制、浓缩、干燥等）及制剂成型工艺研究。只有在制备工艺相对固定的基础上，才能开展质量标准、主要药效、一般药理、毒理以及临床试验等各项新药研究工作，否则制备工艺不明确导致制剂样品功效物质存在变化，在此基础上开展的其他研究工作就成了"无本之木"。

中药新药制备工艺条件研究应以中医药理论为指导，根据各中药现代研究状况及所含有效成分，结合现代科学技术和方法进行工艺条件筛选研究，最大限度提取和保留处方中各药味的功效成分，制成使用方便、依从性好的中药制剂，确保临床的治疗效果。制备工艺条件的优选应采用准确、简便、具有代表性、可量化的综合性指标与合理的方法，在保证原料均一性的基础上，系统研究工艺路线中各环节影响因素和水平，明确具体工艺参数，以保证制备工艺的科学、合理、可行，使新药达到安全、有效、可控和稳定。

一、中药制备工艺条件研究的基本原则

1. 系统性
（1）按照工艺路线，依次逐一进行研究，不可遗漏，也不可颠倒。
（2）对每个工艺环节的主要影响因素进行筛选和全面研究。
（3）对每个因素要进行3个水平或更多水平的比较研究，确定最佳因素和水平。

2. 一致性 中药材品种繁多、来源复杂，即使同一品种，因产地、采收季节、加工方法等不同，质量也会有差异，为使制备工艺研究工作保持连贯性和可重复性，必须保证工艺研究用原料的质量一致，因此应固定或明确基原品种、药用部位、产地、采收季节、加工炮制及主要有效成分含量等要素。

一般情况可一次购买足够量的同批次饮片（原料），分次使用。若研究工作进展较慢，前后相距时间较长，各实验数据是在较长时间内形成的，在最后确定制备工艺条件时，需系统完成一次重复实验。

3. 规范化 实验设计的严密性、操作的规范性极为重要，每一个环节都会影响实验结果。试验的目的是要取得数据，而准确可靠的数据来自严密的试验设计、规范的试验方法和操作，否则结果往往不具科学性和可行性。

二、处方药味前处理研究

为了保证制备工艺过程合理可控，在处方药味投料前，需依据实际情况进行相应的前处理，处方药味的前处理研究主要包括粉碎、切制、均一化处理等，其最终目的是保证原料的质量、满足制剂生产的需要。

1. 粉碎 一些果实类饮片如砂仁、栀子等及贵细药材如三七等，为了保证提取效果，促进提取溶剂的渗透与饮片中有效成分的溶出，在投料生产前需进行粉碎。根据中药不同来源与性

质,粉碎可采用单独粉碎、混合粉碎、干法粉碎和湿法粉碎等方法,同时应考察粉碎粒度对提取效果、药液处理及制剂成型等相关影响,优选适宜的粉碎粒度。

2. 切制 对于一些处方中要求以鲜药入药的药味,如生姜、经典名方"百合地黄汤"中百合、地黄等,一般无法将药材提前加工成饮片,需在投料前清洗除杂,再依据要求进行切制等相应处理。

3. 均一化处理 中药制剂不同批次的质量稳定是保证其临床用药安全有效的基础。从中药制剂生产过程特点出发,只有实现了处方药味质量的均一性及生产工艺的可控性,才能最终实现中药制剂的质量均一。其中,饮片是中药复方制剂的主要处方药味形式,但不同批次中药饮片受药材产地、生长时限、采收时节、种植及加工炮制技术等因素的影响,饮片质量差异明显,严重影响了中药制剂的质量一致性。为此,国家药品监督管理局药审中心颁布了《中药均一化研究技术指导原则(试行)》,提出了针对处方药味的"均一化"处理,即为减少中药制剂批间质量波动并达到预期质量目标,在不改变投料量的前提下,对不同批次的具有一定质量波动的合格处方药味,采用适当方法进行投料的措施。

饮片的均一化处理可理解为以多批质量合格的饮片为对象,为达到投料饮片预期质量要求的目标,根据不同批次饮片的质量差异计算出多个批次饮片需取用的比例,并按比例组成新批次饮片供投料用的过程。均一化处理后,新批次饮片的投料量不变,质量差异减少,可为减少中药制剂批间质量波动并达到预期质量目标提供稳定的原料。饮片的均一化处理需要进行系统的研究及工艺验证。

(1)饮片质量研究:作为中药制剂生产用原料的饮片必须符合相应质量标准的要求。应对药材的源头质量进行控制,固定药材的产地、采收期、产地加工等,并在饮片生产过程中设法对饮片进行混合,尽量提高同批饮片的同质性,在此基础上开展饮片质量检验,建立饮片质量数据库,为均一化处理做好前期准备。需要注意的是,对批内质量离散程度较大的饮片,应特别注意取样的代表性,一般可加大取样包件数及包件内取样量,根据待检样品的特点研究确定合适的处理方法,如饮片的不同药用部位(或位置)的质量差异较大,可采用分层取样的方法,减少取样误差,以较好反映待检批饮片的质量状况。

此外,饮片均一化处理需要有足够批次的原料,且周期相对较长,应结合生产实际及饮片均一化对象特点进行规范的稳定性研究,依据研究结果合理确定贮存条件、复验期及包装材料(容器)等。一般来说,饮片的贮藏应满足防潮、防霉、防虫蛀、防走油等要求,在贮藏过程中还应针对饮片质量稳定性进行复验。

(2)均一化质量要求:均一化的质量要求应以中药制剂的预期质量目标及质量传递规律为依据,结合中药特点及品种的实际情况合理确定。可在保证安全有效的前提下,为应对原料及工艺波动留出合理的空间。例如,《按古代经典名方目录管理的中药复方制剂药学研究技术指导原则(试行)》要求:基准样品的干膏率波动范围一般不超过均值的 ±10%,指标成分的含量波动范围一般不超过均值的 ±30%。

具体品种均一化后需达到的各指标范围可根据给药途径、含量高低、安全风险及品种特点等进行合理调整。①给药途径:高风险给药途径药品的均一化要求应高于低风险给药途径药品,如注射剂的要求一般应高于口服制剂;②含量高低:较高含量成分均一化的波动范围应较小,含量较低成分均一化波动的范围可相对较大;③安全风险:安全风险较高的药品均一化要求应相应提高,如既是毒性成分又是有效成分的,应尽可能控制在较小的波动范围内,并应符合安全性的要求；④成分特点：挥发性、热敏性及稳定性较差的成分均一化要求可适当降低。

（3）均一化算法：理论上，能够满足均一化要求的计算方法均可使用。饮片的均一化技术需重点关注饮片质量、评价指标与算法原理。其中，评价指标可以是浸出物得率、一个或几个成分的含量、指纹图谱相似度、生物活性及效应成分指数等，同时设定终点指标及允许的波动范围；算法原理是参与均一化的不同批次对象数据与拟达到终点数据之间的数学运算逻辑，也是直接决定最终均一化效果的底层逻辑。

目前已报道了多种均一化算法及软件，如非线性最小二乘法、逐步二次规划法、双定性定量相似度法、遗传算法、混合均一化软件、改进的高斯消去法和并行回溯法、高斯消去法及回溯法、混沌遗传算法、非线性规划算法等。如果质量指标约束条件过多、均一化用原料批次过少、批次间质量差异过大，均可能出现"无解"的情况。上述均一化计算方法不一定适用于所有品种，可根据具体品种的特点及预期质量目标，结合实际情况选择合适的计算方法。

（4）工艺验证：应对均一化预期目标与实际均一化结果进行比对，确认偏离程度在可接受的范围内。应至少进行连续3批成功的均一化工艺验证，并在后续的商业生产中跟踪相关数据，以确认处于持续受控状态。当投料规模、取样方式、计算方法等发生变更时，应重新验证。

三、提取、纯化工艺研究

提取、纯化工艺是中间体制备的主要环节，也是决定药物功效物质组成的关键步骤。工艺路线初步确定后，对采用的工艺技术与方法，以准确、简便、具有代表性、可量化的综合性评价指标与合理的方法，在预试验的基础上进行科学、合理的试验设计和优化，对多因素、多水平进行考察。应关注物料性质、工艺参数与产品质量的关系，确定关键工艺参数及范围，为中试及大生产工艺研究奠定基础。鼓励新技术新方法的应用，但对于新建立的方法，应进行方法的合理性、可行性研究。

（一）提取工艺条件的筛选

采用的提取方法不同，影响提取效果的因素也有差别，因此应根据所采用的提取方法与设备，综合考虑影响因素的选择和提取参数的确定。一般需对溶媒、提取次数、提取时间等影响因素及生产设备、工艺条件进行选择，优化提取工艺。

1. 影响因素的确定 影响中药有效成分提取的因素有很多，而且彼此之间常有交互影响（表4-1）。提取工艺条件的筛选要针对较大的影响因素，选择适当的因素水平，构建提取工艺，然后设计实验进行合理的筛选。同时，不同的提取方法需要考虑的因素也有差别，应该具体方法具体分析。例如，蒸馏法提取挥发油，影响的主要因素有饮片粒度、加水量、浸泡时间和提取时间等，同时还需要考虑挥发油的性质，如重油或是轻油、与水的互溶性等。溶剂提取法，影响提取效果的主要因素有溶剂、饮片粒度、溶剂量、提取温度、提取时间、提取次数等。此外，溶剂提取时还需要注意饮片的吸水率问题。

2. 水平的确定 因素确定后要对各因素的水平进行选择，最终形成工艺条件。

首先，合理的考察水平范围应涵盖最优工艺条件。例如，加水量应设置多少倍较合理，这个数字可参考积累的经验，或根据预试验确定，务求准确，如果处方药物吸水率为3倍，第1次加水设计为5倍就不妥。

其次，水平梯度要合适。若水平过于密集，导致不同水平实验结果间差异不明显，则失去

表 4-1 影响中药有效成分提取的因素

影响因素	影响途径
饮片粒度	粒度小，溶剂易于渗入，扩散面大，距离短，便于有效成分的扩散。但粉末过细产生吸附性，杂质增加，影响提取效果
提取溶剂	所用溶剂的种类、浓度及溶剂的pH，都会对有效成分的提取产生影响
提取温度	温度升高可加速中药成分的溶出，但能使某些热不稳定的成分分解，挥发性成分散失
提取时间	时间过短中药成分浸出不完全，达到扩散平衡后即可，长时间提取会溶出大量杂质
浓度梯度	较大的浓度梯度能加速中药成分的溶出，可通过不断搅拌、更换溶剂、强制循环等方法提高浓度梯度
提取压力	提高压力可以加速溶剂的渗透，亦有利于浸出成分的扩散；降低压力可使药材组织疏松，细胞壁破裂，促进中药成分的溶出

了优选的实际意义。例如，考察乙醇浓度对川芎中有效成分藁本内酯提取率的影响，若水平选择65%、70%、75% 3个水平，实验结果会非常接近，难以优选；若水平间隔过大，选择40%、60%、80% 3个水平，则各水平间实验结果差距过大，亦失去了优选效果。可以选择60%、70%、80% 3个水平。

最后，水平数量应适宜。由于优选最佳工艺条件，若选2个水平，两点连成一条直线，无法确定哪一个是顶点（最优水平）（图4-6）；至少设计3个水平，才可能是一条曲线，可在峰顶上选点（图4-7）。

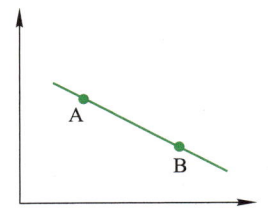
图4-6 2个水平坐标

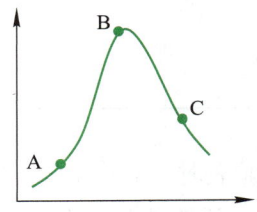
图4-7 3个水平坐标

3. 实验方法 工艺条件的因素和水平确定后，要选择适当的实验方法，考察各因素的最优水平，获取最佳工艺条件。常用的实验方法有全面实验法、正交实验法、均匀实验法、响应面实验法等。针对优选出的最佳提取工艺条件，一般需要对工艺条件进行放大验证，以确证筛选出工艺条件的合理性。

（1）全面实验法：又称单因素筛选。这种方法只有一个变量，其余条件皆需固定不变，如将煎煮时间、次数、操作方法都固定后考察加水量对提取效果（收膏率或指标成分含量或大类成分含量）的影响。这种方法验证的次数比较多，实验次数 $N = rq^s$ 次（s 为因素个数，q 为水平数，r 为实验重复次数）。如果有3个因素，每个因素有5个水平，次数最少为 $5^3 = 125$，这样多的实验次数，需要消耗大量的人力、物力、财力及时间，一般新药研究项目都无力承受。由于这种实验方法设计全面，数据可靠，结果可比性强，能分析出事物的内在规律，也常被采用。但需注意，①只有当因素水平较少时才采用此法，所以前面在设计蒸馏、渗漉、煎煮方法的工艺条件筛选中，可另选方法；②单因素试验只能有一个变量，不可两个变量同时考查。

（2）正交试验法：根据组合理论，按一定规律构造正交表用来安排多因素试验的方法，正交试验较全面试验所需试验次数少得多。例如，3个因素3个水平只需做 $3 \times 3 = 9$ 次试验。

首先根据实验本身需筛选的因素、水平，选择好正交表头和相对应的正交试验表，将其排列组合好。以常用的 $L_9(3^4)$ 为例，见表4-2、表4-3。

表4-2　$L_9(3^4)$ 正交因素水平

水平	A 浸泡时间（min）	B 加水量（倍）	C 提取时间（h）
1	30	10	0.5
2	60	15	1
3	90	20	1.5

表4-3　$L_9(3^4)$ 正交试验

试验号	A	B	C	D（空白）	评价指标
1	1	1	1	1	
2	1	2	2	2	
3	1	3	3	3	
4	2	1	2	3	
5	2	2	3	1	
6	2	3	1	2	
7	3	1	3	2	
8	3	2	1	3	
9	3	3	2	1	

在建立正交试验表时，应将试验点在试验范围内安排得"均匀分散，整齐可比"。其中，"均匀分散"指将试验点均衡地分布在试验范围内，使每个试验点有充分的代表性，以减少试验次数；"整齐可比"使试验结果的分析十分方便，只需进行方差分析便可定量给出因素的主次关系，判断哪些是主要因素，哪些是次要因素，从而可分析各种因素对指标影响大小及变化规律。该方法试验次数不多，可操作性强，可比性好，所以目前被广泛采用。但若因素水平数不多，最好不使用正交试验，否则会增加工作量。例如，仅仅考查乙醇浓度和药液相对密度2个因素对醇沉的影响，选择 $L_9(3^4)$ 的正交表做试验就不合理。

（3）均匀设计：这种方法是根据数论理论设计，只考虑试验点在试验范围内充分"均匀分散"而忽略"整齐可比"性。它为多因素多水平的试验提供了一种试验次数比较少的设计方法，均匀设计要求安排的试验次数为因素所取水平数，如3个因素5个水平的试验仅作5次试验即可。

4. 筛选评价指标　工艺研究过程中，选择对试验结果做出合理的判断的评价指标十分重要，评价指标选择的不同，会直接影响最终工艺条件参数的优选结果。评价指标应客观、可量化、科学、合理。在具体评价指标的选择上，需结合中药复方特点，选择能够对具体品种的安全、有效、可控做出科学合理、切合实际判断的评价指标。一般采用理化指标、生物学指标及综合评价方法。需要注意的是，环保、工业经济及效率也应该作为综合考虑因素。

（1）理化指标：中药新药研究中，常采用理化指标法用于评价制备工艺的合理性，主要有（水、有机溶剂）浸出物、大类成分、指标性成分等理化指标。主要是根据已有研究文献，结合复方的功能主治，选择适宜指标进行评价，获得最优工艺参数。此法量化程度高，表述清楚，研究时也易于操作，且耗资较少。

1）浸出物量（水浸出物和有机溶剂浸出物）：由于浸出物的成分并不明确，总固体量的高低往往并不代表提取效果的优劣，因此在研究提取工艺对提取效果的评价时，不宜单用浸出物作为评价指标。例如，熟地、山药等含多糖、淀粉、黏液质较多的药材，随着加水量和煎煮时间增加，其干膏收率增加，而其有效成分含量并未增加太多。但在纯化工艺研究中，该指标对于复方制剂还是有参考价值的如对剂型的选择、服用量、包装规格的确定，也可结合其他指标对工艺做综合评价。

2）大类成分含量（如总生物碱、总黄酮、总蒽醌等）：按照处方药味的君臣佐使及用量大小，选择主要药物中具有疗效的一类成分为评价指标。例如，某处方具有抗菌消炎作用，方中含有黄连、黄柏等为主要药物时，可用滴定法或生物碱比色法测定其提取物中总生物碱含量为评价指标；又如，某处方具有镇静、改善睡眠之功效，因方中主药酸枣仁、女贞子等含有的黄酮类成分均有改善睡眠的功效，且含量较高，故以芦丁为对照，用分光光度法测其提取物中总黄酮含量为评价指标。这种指标的测定操作简便，所得数据与疗效有量效关系，在一定程度上可以反映提取物的质量。

3）指标性成分含量：工艺研究的指标性成分选择应具有代表性，一般首选"君药（主药）、贵重药、有毒药"药味中主要有效成分或指标成分作为评价指标，这种指标表述清楚，评价确切，方法成熟，含量转移率简单易得，可对制剂进行有效质量监控，是目前中药新药工艺研究的主要评价指标。

中药新药的化学评价指标应是制剂中有效成分（部位）的质和量的代表，也是临床作用性质和效率的代表。在选择化学评价指标时，应充分考虑中药制剂的多成分作用的特点，一般来说，基础研究充分及功效物质清晰的处方应以有效成分为指标，选择的优先顺序是指标性成分（有效成分）＞大类成分＞浸出物量。

（2）生物学指标：当方剂中成分过于复杂，或现阶段指标成分不能代表其疗效者，可采用生物学指标作为制备工艺评价依据。生物学评价方法目前应用最多的有微生物学方法和药理学方法，如一些清热解毒的药物，或外用消毒杀菌的药物可基于微生物学方法，用最小抑菌浓度作为提取效果的评价指标；也可以根据处方的功能主治，选择主要药效学指标来评价提取工艺的优劣。但该方法操作不如化学指标法方便、灵敏，且费时费力。

（3）综合评价指标：理化指标法和生物学方法各具特点，但单独使用时都不够全面。将药效学指标与化学成分指标相结合，找出复方功能主治最相关的有效浸出物或有效成分，综合评价提取工艺，为中药复方提取工艺筛选提供了新思路。例如，采用正交设计法和药效学实验相结合，以 6-姜酚提取率和止呕效果作为评价指标，对复方止呕颗粒最佳提取工艺条件进行优选；以芍药苷提取率及镇痛、镇静药效学试验为综合指标，考察逍遥丸水提和醇提工艺。

（二）应用实例

例 4-2　白芍提取工艺条件的筛选

以芍药苷为指标，采用平行试验对醇提、水提两种方法进行考察，并结合正交试验筛选最佳提取方法。

【方法一】乙醇回流提取。以70%乙醇为回流提取溶剂，称取白芍100 g，加8倍量70%乙醇浸泡30 min，回流提取2次，每次2 h，合并乙醇提取液，冷藏备用。

【方法二】水回流提取。以水为回流提取溶剂，称取白芍100 g，加8倍量水浸泡30 min，回流提取2次，每次2 h，合并水提液，冷藏备用。

每个实验条件平行提取2次（表4-4）。

表4-4 不同提取方法结果比较

提取方法	芍药苷相对提取率（%）
70%乙醇回流	83.2
水回流	71.5

由表4-4结果可知，两种提取方法中乙醇回流提取法效果较佳。

确定提取方法后，对提取工艺进行优选。可采用单因素考察，先优选出提取次数，进一步选取对提取影响比较大的因素即提取时间、乙醇用量、乙醇体积分数进行考察（表4-5）。

表4-5 提取工艺条件优选

水平	因素		
	提取时间（h）	乙醇用量（液固比）	乙醇体积分数（%）
1	1.0	8∶1	50
2	2.0	10∶1	60
3	3.0	12∶1	70

（三）纯化工艺条件的筛选

应根据纯化的目的、拟采用方法的原理和影响因素选择纯化工艺，一般应考虑拟保留的药效物质与去除物质的理化性质、拟制成的剂型与成型工艺的需要及与生产条件的桥接。主要包括两方面，一是应根据粗提取物的性质，选择相应的分离方法与条件，以得到药用功效物质；二是将无效和有害组分除去，尽量保留有效成分或有效部位，可采用各种纯化、精制的方法，为制剂成型提供合格的中间体原料。需要注意的是，由于中药复方成分复杂，要重视传统用药经验及组方理论，充分考虑基础研究比较薄弱、对药物作用的物质基础和机制不清楚的现状，不宜盲目纯化。

1. 目的与要求

（1）满足制剂成型的要求：中药制剂形式多样，对于中间体（制剂原料）的分离纯化要求不尽相同。例如，颗粒剂载药量大、成型性好，关注中间体的溶化性即可，一般采用过滤、离心或水提醇沉等简单的纯化方法即可达到要求；口服液为中药常见液体制剂，需要重点考虑溶液体系下的制剂澄明度及长期稳定性，除添加适宜的辅料外，常会采用微滤或超滤技术来满足口服液制剂成型要求；而片剂、胶囊剂等制剂由于载药量相对较小，因此需要通过纯化工艺尽量除去各类杂质及伴随物质，尽可能地保留功效物质，使得中间体（提取物）固含物量达到成型要求，且同时保证药物的疗效。

（2）提升制剂的质量水平：中药及复方是由植物、动物和矿物等复杂天然药物构成的，为了提高中药制剂的质量均一及稳定可控，则中药新药工艺过程需要最大限度地保留功效成分群，同时去除大部分杂质，包括产生毒副反应的成分，混悬物、微粒、胶团等杂质，以及其他影响药物稳定性的非药效伴随物质。通过适当的纯化手段提升制剂质量，包含以下两层含义。第一，除去非药用物质使功效成分的种类、数量控制在一定范围内，由此生产的制剂含量基本一致，保证疗效稳定；第二，除去影响安全性、易引起氧化变质、易吸湿等杂质，提高制剂的安全性，保证制剂在贮藏、运输和使用过程中质量稳定。

2. 纯化效果评价指标的筛选　纯化是决定制剂服用量、安全及疗效的重要环节，除选择恰当的方法和工艺条件外，还必须选择适当的评价指标。纯化工艺的效果指标，应特别强调两方面的问题。

（1）有效性的传递：不论采用何种纯化方法，都需要保障纯化工艺前后药物的有效性，前述提取环节的各种评价方法与指标也同样适用于对纯化工艺有效性的评价。最常用指标即为指标性成分的保留率，即采用大类成分或指标性成分的定量、半定量（成分）方法，考察纯化前后各药的指标成分量的变化来评价有效性的传递；当无适宜的指标性成分时，可考虑采用主要药效学指标（疗效）作为替代评价依据。只要确证所选工艺不会导致疗效降低，即可认定工艺的有效性。

（2）除杂率：纯化的目的是在保留功效成分的前提下最大限度地去除无效或伴随杂质，因而对比纯化前后样品中固含物量，并以此计算除杂率［除杂率 =（纯化前固含物 – 纯化后固含物量）/ 纯化前固含物 ×100%］。在有效性传递有保障的前提下，除杂率越高，纯化的效果就越好。

除了以上两个主要的方面，纯化工艺中还涉及毒副作用成分的降低及成本、效率等工程学的评价，也是纯化工艺需要考虑的问题。

3. 不同纯化工艺条件的考察　中药提取物是一个极复杂的体系，功效成分及杂质类型的多样性，给纯化工艺的选择带来很大的困难，不同杂质的去除往往需要采用不同的纯化方法来实现。现依据不同的杂质类型及性质，介绍一些分离纯化方法及工艺条件的考察。

（1）沉降法：药液中的泥砂、药渣碎片和粗微粒，在较稀液体状态下，可利用重力、惯性力（含离心力）、静电力、超声的作用，使这些固体粒子沉降、集聚而与液体分开。沉降方法很多，不同情况可选择相宜的方法来处理。

1）重力沉降法：借助固体粒子在重力作用下沉降而达到澄清目的的方法，即中成药生产上常称为"静置"的除杂方法。

2）离心沉降法：借助于离心力作用使固、液分离，效果比重力沉降快且更为彻底。在工艺优化时需要考虑离心的转速、药液的浓度等。

（2）滤过法：借助多孔性物质的分筛作用从液体和固体混合物中分离液体或固体的单元操作方法。利用此法亦可除去中药浸提液中的杂质，而且操作简便，有效成分损失也少，不影响药物疗效，是值得推广的方法。

1）普通过滤法：种类繁多，最适宜中草药制剂加工的过滤，应首选板框压滤机。此种机械结构简单，易于操作；适用于多种滤材，更换滤材可达到不同目的；可以连续操作；分离效果好。

2）膜过滤法：膜分离过程实质是物质被透过或被截留于膜的过程，近似于筛分与一般滤过的过程，依据滤膜孔径的大小而达到物质分离的目的，其中以微孔滤膜过滤及超滤应用较为广泛。例如，中药注射液、口服液、滴眼液、滴鼻液等剂型，由于制剂澄明度及除杂的程度要求较高，可依据制剂技术要求，选用合适的膜滤过，去除液体中细小微粒和蛋白质、淀粉、多糖等无效成分的大分子。膜过滤法不仅可以有效去除大分子杂质，提升制剂安全性及稳定性，又能最大限度地保留方药的有效成分。

在膜分离工艺条件的筛选时，由于膜材质、膜孔径，以及药液浓度、pH 等因素对膜分离效果影响很大，针对不同处方、不同类型成分都需要进行相应的筛选和优化试验。

（3）沉淀法：利用杂质成分与目标功效成分的性质差异，通过改变溶液的性质（如极性、酸碱性等）使不同类型成分溶解性发生改变，从而将杂质成分与功效成分分离的方法。

1）水提醇沉法：为水提取液中加入一定量的乙醇，使一些极性大的水溶性成分沉淀出来的一种方法。由于方法操作简单，技术与设备要求不高，因此目前应用也较为广泛，但醇沉法的选择性相对较差，它可以去除药液中鞣质、蛋白质、黏液质、多糖、果胶等大分子物质，但同时易引起有效成分的损失。

2）醇提水沉法：为醇提取液中加入一定量的水，使一些极性小的脂溶性成分沉淀析出的一种方法。

3）酸碱沉淀法：利用成分的酸碱性，采用碱溶酸沉或酸溶碱沉的方法来进行分离。例如，蒽醌、黄酮类化合物多具有酚羟基，具弱酸性，可用碱性水浸出后可酸化提取液，使这类成分析出而达到纯化目的。又如，大黄中含有蒽醌类成分，可采用醇提，回收溶剂后加碱性水溶液溶解，加酸沉淀，可得蒽醌活性部位。

在沉淀工艺条件的筛选时，由于乙醇浓度、药液的相对密度、pH 值、温度等因素对沉淀效果影响很大，对不同处方、不同成分均须进行专属性筛选试验。

（4）吸附澄清法：吸附澄清法指在中药提取液中加入吸附澄清剂，以吸附的形式除去粗粒子，经滤过达到精制的目的，使药液的澄明度符合要求。目前吸附澄清法广泛地应用于中药提取液中除去淀粉、胶质、蛋白质及鞣质等方面。吸附澄清剂一般为天然有机高分子化合物，无毒性，使用方便，如果吸附澄清剂选择恰当，可专属性的去除蛋白质、鞣质、多糖等无效成分。常用的吸附澄清剂有甲壳素及其衍生物、101 果汁澄清剂、ZTC1+1 天然澄清剂等。

（5）树脂吸附法：树脂吸附法是利用树脂对不同类型成分特异性吸附来达到富集或除杂的目的的方法。目前常用的树脂主要为大孔吸附树脂、聚酰胺吸附树脂和离子交换树脂。

1）大孔树脂吸附法：大孔吸附树脂是一类由有机单体加交联剂、致孔剂、分散剂等添加剂聚合而成的，由许多微观小球组成的多孔球状聚合物，通常可分为非极性、弱极性和中极性。从显微结构上看，大孔吸附树脂包含有许多具有微观小球的网状孔穴结构，颗粒的总表面积很大，使大孔吸附树脂具有较大的吸附能力；另一方面，这些网状孔穴的孔径有一定的范围，从而对不同化合物实现选择性吸附。通过吸附性和分子筛原理，有机化合物根据吸附力的不同及分子量的大小，在大孔吸附树脂上经一定的溶剂洗脱而达到分离的目的。大孔吸附树脂特点是吸附容量大、再生简单、效果可靠，尤其适用于苷类、黄酮类、皂苷类、生物碱类等成分的提取分离及大规模生产。

2）聚酰胺吸附法：聚酰胺吸附属于氢键吸附，系通过其分子中酰胺羰基与酚类、黄酮类化合物的酚羟基，或酰胺键上的游离胺基与醌类、脂肪羧酸上的羰基形成氢键缔合而产生吸附。因此，聚酰胺吸附特别适合分离酚类、醌类和黄酮类化合物。聚酰胺对被分离物质吸附力的大小取决于被分离物质分子结构中可与聚酰胺形成氢键缔合的基团数目及氢键作用强度。同时，溶剂也会影响聚酰胺对被分离物质的吸附。

3）离子交换树脂吸附法：离子交换树脂主要基于混合物中各成分解离度差异进行分离。其对交换化合物的能力强弱，主要取决于化合物解离度的大小、带电荷的多少等因素。化合物解离度大，易交换在树脂上，相对来说难洗脱。因此，当两种不同解离度的化合物被交换在树脂上，解离度小的化合物先于解离度大的化合物洗脱，由此实现分离。在中药各类型成分中，生物碱类成分常采用阳离子交换树脂进行精制纯化。

在树脂吸附工艺的研究中，首先要根据目标成分的性质选择适宜的树脂类型，其次还要注意树脂的正确使用，即优选其工艺条件。①吸附工艺：应先选定树脂，进一步对药液中被吸附物的比上柱量或比吸附容量进行测定，提供预算树脂用量与可上柱药液量的依据。药液上柱前应经滤过，除去微粒，以免污染堵塞树脂。应充分考虑影响吸附纯化的诸多因素，提供适宜的上柱工艺条件，如包括树脂用量与上柱药液量比、药液浓度、温度、pH及流速等。②解吸附工艺：应提供洗脱分离工艺的方法与目的，通过洗脱曲线或洗脱量的测定筛选最佳洗脱溶剂并确定其用量。洗脱工艺条件应考察洗脱溶剂类型、体积、pH及流速等。

以上是常用的中药纯化精制方法，随着新技术的涌现，纯化技术也在不断更新，使用时应根据除杂的目的及药液中功效成分等具体情况加以选择，多数情况是几种方法联合应用。

四、浓缩、干燥工艺研究

浓缩与干燥是中药制剂生产过程中重要的技术单元操作，应依据不同制剂的需求，根据物料的性质和影响浓缩、干燥效果的因素，选择合适的方法，使所得物料达到要求的相对密度或含水量，以便于制剂成型。中药浓缩、干燥工艺的选择应遵循以下原则：尽可能不破坏有效成分，保证产品质量；工艺简单，操作简便，适应性强；生产设备紧凑高效，投资少，适宜清洗和维修。实际选择时，应充分考虑料液的性质（如黏度、热敏性、腐蚀性等）以及浓缩、干燥过程中料液可能产生的变化（如生成结晶、结垢、起泡、表面结膜等），并综合浓缩与干燥效率、设备条件和生产需求等因素，选择合理的浓缩干燥、工艺条件。

（一）浓缩原理与影响因素

浓缩通常是在沸腾状态下，经传热过程，利用汽化作用，将挥发性大小不同的物质进行分离，从液体中除去溶剂得到浓缩液的工艺操作。

1. 浓缩的原理 溶液加热至沸腾后，其中的水分或其他具有挥发性的溶剂部分达到汽化状态并被不断移除，而不具挥发性的溶质在此过程中保持不变，从而达到提高溶液浓度的目的。

蒸发是浓缩药液的重要手段。溶液在蒸发器或管道内通过加热操作，液体的温度与所处压力下液体的沸点达到一致时，液体将急剧地产生大量蒸汽上逸。在溶液蒸发的过程中，需要不断地向系统提供热量，以保持液体连续沸腾汽化，同时在蒸发过程中所产生的蒸汽必须及时从系统移出，才可保证蒸发过程的正常进行。此外，还可以采用反渗透法、超滤法等使药液浓缩。

2. 影响浓缩效率的因素 蒸发浓缩的效率常以蒸发器的生产强度来表示，即单位时间、单位传热面积上所蒸发的溶剂或水量。

$$U = \frac{W}{A} = \frac{K \times \Delta t_\mathrm{m}}{r'}$$

（式4-1）

式中，U 为蒸发器的生产强度 [kg/($m^2 \cdot h$)]，W 为蒸发量（kg/h），A 为蒸发器的传热面积（m^2），K 为蒸发器传热总系数 [kJ/($m^2 \cdot h \cdot °C$)]，Δt_m 为加热蒸气的饱和温度与溶液沸点之差（℃），r' 为二次蒸气的汽化潜能（kJ/kg）。

影响浓缩效率的因素及解决方法见表 4-6。

表 4-6 影响浓缩效率的因素与解决方法

因素	解决方法
Δt_m：加热蒸气的饱和温度与溶液沸点之差	1. 提高加热蒸气压 2. 减压蒸发降低浓缩液的沸点 3. 控制适宜的液层深度
K：蒸发器传热系数	1. 清除加热管垢层 2. 提高管内传热膜系数 3. 改进蒸发器结构，加快流体流动
r'：二次蒸气的汽化潜能	低温低压下进行蒸发浓缩
A：蒸发器的传热面积	1. 增大表面积 2. 加强搅拌

（二）浓缩工艺与设备

对于中药制药工艺而言，中药提取液的浓缩过程是关系药物成型的一个较为重要的工艺单元，是继提取、纯化工艺之后的一个重要的操作过程，它关系到药物制剂的质量和后续工艺是否可以正常进行。因此，必须根据中药提取液的性质，优化浓缩工艺，选择适宜的浓缩设备，达到增产、节能和降耗的目标。

目前常见的浓缩技术包括传统热法蒸发（常压、减压、薄膜蒸发）、膜技术（纳滤、反渗透、超滤等）、冷冻浓缩等。

1. 常压浓缩 常压浓缩是在一个大气压下进行蒸发浓缩的方法，可在无限空间或有限空间中进行。当被蒸发的液体是水等无燃烧性、无害且无经济价值的溶剂时，可在无限空间蒸发；若是乙醇等有机溶剂，则应使用蒸馏装置回收溶剂。常压浓缩主要用于有效成分耐热的料液的浓缩。常压浓缩多采用敞口倾斜式夹层锅，此蒸发锅对料液黏度适应范围广，清洗简便，但传热面积有限。

2. 减压浓缩 减压浓缩是在密闭的容器内，抽真空降低内部压力，使料液的沸点降低而进行蒸发的方法。由于溶液沸点降低，减压浓缩能防止或减少热敏性物质的分解，增大传热温度差，强化蒸发操作。此外，对加热热源的要求也降低，如可利用低压蒸气。但是，减压浓缩过程中，料液沸点降低，其汽化潜能随之增大，即减压蒸发比常压蒸发消耗的加热蒸气的量要多。减压浓缩在生产中应用较为广泛，如大量生产流浸膏和浸膏。在生产上，减压浓缩多采用单效浓缩器或多效浓缩器进行，其浓缩时间短，蒸发速度快，尤其是多效浓缩，还可以大大降低能耗。

3. 薄膜浓缩 薄膜浓缩是利用液体在蒸发时形成具有极大汽化表面的薄膜进行浓缩的方法。薄膜浓缩时热量的传递快且均匀，浓缩效率高，而且受热时间缩短，能较好地避免药物的过热现象，有效成分不易被破坏。所以膜式蒸发器适用于处理热敏性物料，现已成为国内外广泛应用的、较先进的蒸发器械。常用的薄膜蒸发器主要有升膜式蒸发器、降膜式蒸发器、刮板式薄膜蒸发器及离心薄膜蒸发器。

4. 滤膜浓缩 滤膜浓缩的基本技术原理是膜材料对溶剂的选择透过性，即在一定的压力、温度等操作条件下，膜表面只允许某种溶剂（如水）及小分子物质通过，而成为膜"渗透液"；而待分离料液中与膜材料不具亲和性的溶剂（物质）、体积大于膜孔径的物质则被截留在膜的进液侧，成为"截留液"（即浓缩液），从而实现对原料液的分离、浓缩目的。

与传统的蒸发浓缩相比，在中药浓缩工艺中得到应用的超滤、反渗透、纳滤、膜蒸馏等膜浓缩过程中无相变，可以在常温及低压下进行，因而能耗低；物质在浓缩分离过程中不发生质的变化，适合热敏物质的处理；能将不同相对分子质量的物质分级分离；操作过程简便、成本相对低廉。

在滤膜浓缩工艺优化时，影响浓缩效果的因素和条件与膜分离工艺相似，主要需要考虑膜材质、膜孔径，以及药液浓度、pH、黏性等物料本身的性质等因素，综合优选滤膜浓缩工艺。

中药复方的组成复杂，提取液的浓度、密度、黏性、发泡性、热敏性会直接影响浓缩过程。由于药物性质不同，浓缩方法亦不同。浓缩时的药液温度和受热时间的长短对药效均有影响，因此浓缩方法和浓缩设备的选择十分重要，选用时应结合生产过程的浓缩目的、技术要求和物料的理化性质综合考虑。

（三）干燥的原理与影响因素

干燥是利用热能除去中药清膏或稠膏中所含水分或其他溶剂获得干燥物的工艺过程。干燥在中药生产中的应用十分广泛，生产固体制剂的过程一般都需要干燥，如通过干燥将制得的颗粒直接进行调剂或进一步制成片剂、胶囊剂。干燥能够减轻药物的重量、缩小体积，便于运输和储存；经干燥后的药物脆性增加，易于粉碎，产品稳定性比湿物料好，不至于使产品分解或变质。由于干燥与中药生产的关系密切，因此干燥效果将直接影响产品的外观、质量和使用等。

1. 干燥的原理 干燥是将预热后的气体与湿物料接触，气体中的热量以对流的方式传给湿物料，使其中的水分汽化，而汽化了的水分又被气体带走。所以对流干燥是传热传质同时进行的过程，一方面气体将热传给物料，另一方面物料把水分传给气体。在这个过程中，气体称为干燥介质。

为了使干燥过程能够进行，其必要的条件是物料表面水汽的压力必须大于干燥介质中水汽的分压，两者压力差越大，干燥过程进行得越快，所以，干燥介质应及时将汽化的水分带走，以保持一定的传质推动力。若压力差为零，表明干燥介质与物料中水汽达到平衡，干燥操作便无法进行。

物料的干燥速率与物料内部水分的性质及干燥介质的性质有关。

（1）结合水：指物料中与物料之间借化学力或物理和化学力相互结合的水分。汽化时，物料不但要克服水分子间的作用力，还需克服水分子与固体间结合的作用力，使得这部分水分的蒸汽压力低于同温度下纯水的蒸汽压力，包括物料中的吸附结合水分、毛细管结构中的水分、溶液水、结晶水等。

（2）非结合水：非结合水系指机械地附着于物料固体表面、存积于大孔隙内和颗粒堆积层中的水分。此种水分与物料之间的结合力弱，其蒸汽压力和同温度下纯水的蒸汽压力相同，因此，在干燥过程中除去的水分主要是非结合水。

结合水与非结合水只与物料特性有关，与空气状态无关。在干燥过程中可以除去的水分包括全部非结合水和部分结合水。除去水分的界限为平衡水分。

2. 干燥速率曲线 干燥速率是指在单位时间内，在单位干燥面积上被干燥物料所能汽化的水分量，即水分量的减少值，可用下式表示：

$$U = \frac{dW}{sdt}$$

（式 4-2）

式中，U 为干燥速率 [kg/(m²·s)]，W 为汽化水分量（kg），s 为干燥面积（m²），t 为干燥时间（s）。

根据式 4-2 计算出物料含水量 C 时的干燥速率 U，再由 U 与 C 绘制成曲线，即干燥速率曲线，如图 4-8 所示。

从图 4-8 可见，在干燥试验开始时，物料被加热，物料温度随之升高，干燥速率也升高（AB 段），当物料被加热到干燥温度后，此时物料中的含水量大于临界含水量 C_0，属于表面汽化控制阶段，为干燥恒速阶段（BC 段）；当物料湿含量降低至 C_0 时，属于内部扩散控制阶段，物料的干燥速率开始下降，物料表面温度开始升高，这就开始了干燥降速阶段。恒速段与降速段的交界处称为临界点，其所对立的湿含量 C_0 称为临界湿含量。在降速段中当物料湿含量降低至等于平衡湿含量 $C_平$ 时，干燥过程即停止。

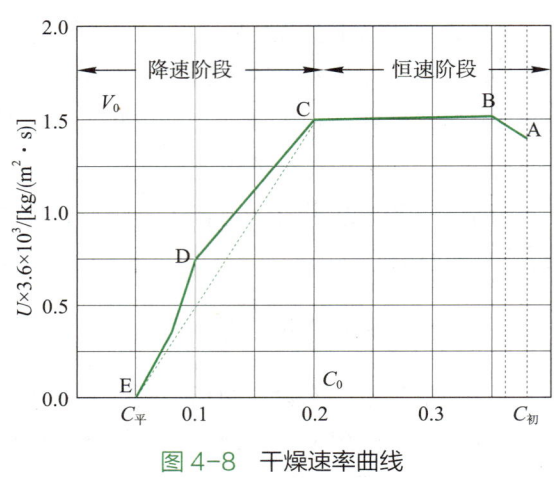

图 4-8 干燥速率曲线

过了 C 点以后，物料中所含的水分将逐渐减少，并出现较为明显的两个阶段。当物料表面局部的非结合水被除去，形成了局部干燥区域，干燥速率开始下降，如 CD 段所示，即为第一降速干燥阶段。过了 D 点后，当物料的全部表面均变为干燥区域，水分由内部向表面传递的速率越来越慢，内部水分的扩散速率小于表面汽化速率，干燥速率也越来越低。到达 E 点后，物料中的非结合水已被除尽，物料的含水量降至平衡含水量 $C_平$，此时干燥速率为零，图 4-8 中的 DE 段称为第二降速阶段。

临界含水量是一种物料的特性参数，它随物料的性质、厚度及干燥速率不同而异。即使同一物料，C_0 亦会随其干燥条件不同而异。临界湿含量 C_0 是干燥设备设计时的重要参数，为了缩短干燥时间、防止物料变质，C_0 应尽可能低。确定物料的 C_0 值，不仅对计算干燥速率和干燥时间十分有用，而且对强化干燥过程也很重要。

3. 影响干燥的因素

（1）被干燥物质的性质：这是影响干燥速率的最主要因素。除了湿物料的性状、相对密度、料层厚度等物理形态会影响干燥的速率外，物料中水分存在状态也是重要因素之一，其与物料中的化学组成密切相关。如果物料中多糖含量高，结合水量多，干燥速率相对较慢；而脂溶性成分含量高的物料，往往结合水含量较低，干燥速率则相对较快。

（2）干燥介质的温度、湿度与流速：在适当范围内，提高空气的温度，可使物料表面的温度也相应提高，会加快蒸发速度，有利于干燥。但应根据物料的性质选择适宜的干燥温度，以防止某些热敏性成分被破坏。空气的相对湿度越低，干燥速率越大，降低有限空间相对湿度可提高干燥效率。在等速干燥阶段，空气的流速越大，干燥速率越快。但空气流速对内部扩散无影响，故与降速阶段的干燥速率无关。

（3）干燥速率与干燥方法：干燥过程，首先是物料表面流体的蒸发，其次是内部流体逐渐扩散到表面继续蒸发，直至干燥完全。干燥速率过快时，物料表面水分蒸发速率大大超过内部流体扩散到物料表面的速率，致使表面粉粒黏着，甚至熔化结壳，从而阻碍了内部水分的扩散和蒸发，形成假干燥现象。假干燥的物料不能很好地保存，也不利于继续制备操作。

干燥方式与干燥速率有较大关系。静态干燥法要逐渐升高温度，以使物料内部流体慢慢向表面扩散，防止物料出现结壳，形成假干燥现象；动态干燥法颗粒处于跳动、悬浮状态，可大大增加其暴露面积，有利于提高干燥效率；沸腾干燥、喷雾干燥法采用了流态化技术，同时先将气流本身进行干燥或预热，使空间相对湿度降低，进而显著提高干燥效率。

（4）干燥压力：减压干燥是加快水分蒸发、提高干燥速率的有效措施；且干燥后的产品疏松易碎，质量稳定。

（四）干燥工艺与设备

干燥中处理的物料种类繁多，物料干燥特性又差别很大，因此如何正确选择最佳的干燥方法和干燥器的种类，应放在工艺考察的首位。在设计干燥工艺时，应充分考虑被干燥物料的特性及对产品的质量要求等问题，合理选用。①物料的形态：物料形态各异，有片状、粉粒状、颗粒状、膏糊状、液态等。②物料的各种物理性质：物料性质应包括密度、粒径及物料的黏附性、吸湿性、料液的黏度等。③物料在干燥过程中的特性：确定湿物料的干燥条件时，必须掌握此物料的干燥特性。要了解物料的干燥特性曲线或临界含水量，另外还需考虑干燥过程中物料受热情况和变形情况，如有些物料受热后会分解变质，有些物料干燥过快则会收缩使成品开裂或变形。④制剂对干燥产品的要求：干燥方法和设备的最终选择，通常是提出一个优化的方案。干燥方法按不同形式分类，按操作压力可分为常压干燥和真空干燥；按照热能传给湿物料的方式，可分为对流干燥、传导干燥、辐射干燥；按操作方式可分为连续式干燥和间歇式干燥。干燥工艺的优选，除了物料性质等因素外，需要根据不同干燥方法进行相应条件参数的优选，包括干燥的温度、进料速度、真空度等等。

下面简要介绍一下不同的干燥方法。

1. 烘干法　烘干法是将湿物料摊放在烘盘内，利用热的干燥气流使湿物料水分汽化进行干燥的一种方法。由于物料处于静止状态，所以干燥速度较慢。常用的有烘箱和烘房。

2. 减压干燥法　减压干燥又称真空干燥，它是在密闭的容器中抽去空气减压而进行干燥的一种方法。减压干燥适用于热敏性物料，或高温下易氧化，或排出的气体有使用价值、有毒害、有燃烧性的物料。减压干燥的温度低，干燥速度快；减少了物料与空气的接触机会，避免污染或氧化变质；产品呈松脆的海绵状，易于粉碎，挥发性液体可以回收利用。但减压干燥法生产能力小，间歇操作，劳动强度大。

3. 流化干燥　流化干燥又称为沸腾干燥，是流态化原理在干燥中的应用。

（1）固体流态化原理：将固体湿颗粒堆放在多孔的分布板上形成床层，使流体自下而上通过床层。由于流体的流动及其与颗粒表面的摩擦，造成流体通过床层的压力降低。当气流速率较低时，固体颗粒不发生运动，这时的床层高度为静止高度（固定床）。气流速率增大，颗粒开始松动，床层略有膨胀，且颗粒也会在一定区间变换位置。当气流速率继续增加，床层压降保持不变，颗粒悬浮在上升的气流中，此时形成的床层称为流化床，也称沸腾床，此时的气流速率称为临界流化速率。当颗粒床层膨胀到一定高度时，因床层空隙率增大而气流速率下降，颗粒又重新落下而不致被气流带走。当气流速率增加到一定值，固体颗粒开始吹出容器，这时颗粒散满整个容器，不再存在一个颗粒层的界面，而成为气流输送，此时的气流速率称为带出气流速率或极限气流速率。所以流化床的适宜气流速率在临界流化速率和带出气流速率之间。

（2）流化干燥的特点：流化干燥适用于湿粒性物料，颗粒与热介质在湍流喷射下进行充分混合和分散，故气固相间传热、传质系数均较大，干燥速度快，产品质量好；干燥设备结构简单，可动部件少，操作维修方便；与气流干燥相比，它的气流阻力较低，物料磨损较轻；干燥时不需要翻料，能够自动出料。

4. 喷雾干燥　喷雾干燥是指将液态物料浓缩至适宜的密度后，雾化成细小雾滴，与一定流速的热气流进行热交换，使水分迅速蒸发，物料干燥成粉末状或颗粒状的方法。

当喷雾干燥的雾滴直径为 10 μm 左右时，每毫升料液所形成的液滴数可达 1.9×10^9 个，其总表面积可达 $400 \sim 600 \, m^2$。因表面积很大，传热传质迅速，水分蒸发极快，干燥时间一般只需零点几秒至十几秒钟，故具瞬间干燥的特点。同时在干燥过程中，雾滴表面有水饱和，雾滴温度一般为 50℃ 左右，故特别适用于热敏性物料，产品质量好，易溶解，含菌量低；此外，干燥后的制品多为松脆的颗粒或粉粒，溶解性能好，对改善某些制剂的溶出速度具有良好的作用。喷雾干燥可制得 180 目以上极细粉，且含水量 ≤5%。

喷雾干燥不足之处是能耗较高，进风温度较低时，热效率只有 30% ~ 40%；控制不当，常出现干燥物附壁现象，且成品收率较低；设备清洗较麻烦。

5. 冷冻干燥　冷冻干燥是指被干燥液体物料冷冻成固体，利用冰在低温下的升华性能，使物料低温脱水达到干燥目的的一种方法，适用于极不耐热的药物的干燥，可将无菌药液分装后经冷冻干燥，制备无菌冻干制剂。

6. 辐射干燥　辐射干燥是指利用湿物料对一定波长电磁波的吸收并产生热量将水分汽化的干燥方法，按频率由高到低分为红外线干燥、远红外线干燥、微波干燥等方法。

五、制剂处方研究

制剂处方设计是根据中间体的物料性质、剂型特点、临床要求、给药途径等筛选适宜的辅料及确定制剂处方的过程，是制剂成型工艺研究的核心内容。原则上，应首先研究与制剂成型性、稳定性有关的原辅料物理化学性质及其影响因素，然后根据在不同剂型中各辅料作用的特点，建立相应的评价指标与方法，有针对性地筛选辅料的种类与用量。制剂处方量应以 1 000 个制剂单位（片、粒、克、毫升等）计，并写出辅料名称及用量，明确制剂分剂量与使用量确定的依据。最终应提供包括选择辅料的目的、试验方法、结果（数据）与结论等在内的研究资料。

（一）制剂处方前研究

制剂处方前研究是制剂成型研究的基础，其目的是保证药物的稳定、有效，并使制剂处方和制剂工艺适应工业化生产的要求。一般在制剂处方确定之前，应针对不同药物剂型的特点及其制剂要求，进行制剂处方前研究。在中药制剂处方研究中，除应了解有效成分的基本理化性质以外，还应重点了解制剂中间体的理化性质。制剂中间体的理化性质对制剂工艺、辅料、设备的选择有较大的影响，在很大程度上决定了制剂成型的难易。例如，用于制备固体制剂的半成品，应主要了解其溶解性、吸湿性、流动性、可压缩性、堆密度等内容；用于制备口服液液体制剂的中间体，应主要了解其溶解性、酸碱性、稳定性以及嗅、味等内容。

此外，对于不同组成类型的中药制剂，其处方前研究内容不同。对于单一成分的创新药物，应对其理化性质、稳定性、制剂特性、药物与辅料的相互作用等进行研究；对于由提取物制成的药物，应充分认识中间体物料的理化性质和制剂特性，对于一些重要的参数如溶解性、有效成分的纯度、稳定性，以及与辅料的相互作用等应提供文献或试验研究资料；而复方制剂成分复杂，对其认识不很清楚，但一些基本特性应予了解、明确。

（二）辅料的选择

辅料除赋予制剂成型外，还可能改变药物的理化性质，调控药物在体内的释放过程，影响甚至改变药物的临床疗效、安全性和稳定性等。新辅料的应用，为改进和提高制剂质量，研究和开发新剂型、新制剂提供了基础。在制剂成型工艺的研究中，应重视辅料的选择研究，注意对新辅料的应用研究。

辅料选择一般应考虑以下原则：①所用辅料不得影响主药的稳定性；②辅料之间不应相互干扰；③整个处方无明显的毒副作用；④辅料对处方的释放度无任何不良影响；⑤辅料的加入应方便制剂操作；⑥有利于制成品的贮存与使用，尤其是在同一制剂使用多种辅料时，更应注意配伍；⑦所用辅料应符合药用要求。

（三）制剂处方筛选

制剂处方一般是指原料加辅料做成一定的制剂规格的处方比例，制成总量为 1 000 个制剂单位，应明确原料的剂量、辅料的品种与剂量。例如某胶囊剂，原方 2 000 g 药材，提得浸膏粉约 190 g，加入淀粉 132 g、微粉硅胶 56 g，制得 1 000 粒胶囊。该浸膏粉的量是药物的临床有效使用量，当通过成型工艺制成制剂时，需要重新确定制剂的使用量。

目前确定中药制剂单位量的中间体的用量方法主要有：①根据该中药处方文献记载或临床的用量，结合提取纯化的得率等综合折算得出。②根据药理预试验给出的动物有效剂量，依据生物等效性原则，由动物折算到标准体质量人的每日用量，再结合药动学预试验结果确定人每日的分服次数，最终确定分剂量规格。例如某胶囊处方中原辅料共重 378 g，共制得 1 000 粒胶囊，每粒装量为 378/1 000 = 0.378 g，可调整为每粒装 0.38 g（相当于原药材 1.95 g）。临床上原制剂以合剂形式给药，现采用口服的胶囊剂，其剂量根据原合剂的剂量，一般为提高顺应性折算为"一次 3 粒，一日 2 次"。

制剂处方筛选研究可根据药物、辅料的性质，结合剂型特点，采用科学、合理的试验方法和合理的评价指标进行。制剂处方筛选研究应考虑以下因素：临床用药的要求、有效成分的理化性质、辅料性质、中间体理化性质、剂型特点、患者的顺应性等，并应考虑有效成分、半成品与辅料的相互作用，辅料对有效成分的物理稳定性、化学稳定性、生物稳定性的影响等因素。必要时，可以通过影响因素实验考察主药（如有效成分、有效部位药物）与辅料的相互作用，考察光、氧、热、湿等对有效成分稳定性的影响。通过处方筛选研究，应明确所用辅料的种类、型号、规格、用量等。在制剂处方筛选研究过程中，为减少研究中的盲目性，提高工作效率，获得理想的效果，可在预实验的基础上，应用各种正交设计等数理方法或计算机辅助设计开展制剂处方优选。

六、制剂成型工艺研究

制剂成型工艺研究是在制剂处方研究的基础上,将经提取、纯化后所得中间体与辅料进行加工处理,采用适宜的评价指标进行优选,确定适当的工艺、制剂技术和设备,并制成相应剂型获得最终产品的过程。通过制剂成型研究进一步改进和完善处方设计,最终确定制剂处方、工艺和设备,并关注制剂的稳定性。

在制剂研究过程中,在成型工艺路线前提下应重点考察设备类型、工艺参数对制剂关键质量属性的影响,可采用多样化的数学建模方法开展制剂成型所用原料性质、工艺参数、关键质量属性评价指标之间的相关性研究,建立关键物料属性、关键工艺参数、制剂成型所用原料关键评价指标的设计空间,并探索相应的过程控制技术,以减少批次间质量差异,保证药品质量的稳定,进而保障药品的安全、有效。先进的制剂技术以及相应的制剂设备,是提高制剂水平和产品质量的重要方面,也应予以关注。

(一)成型工艺路线选择

不同的剂型,其成型工艺迥然不同,即使是同一剂型亦可有不同的成型工艺路线。选择何种工艺路线,要受制剂处方中物料性质的影响,通常以制剂处方中间体的物理性状、化学性质与生物学特性作为工艺路线的选择依据。工艺路线的改进又可能使处方中辅料的组成与用量发生变化。可见处方决定工艺路线,工艺路线可改变处方,二者相辅相成。

中药丸剂的制备可采用塑制法、泛制法与滴制法三种成型工艺路线,但选择何种工艺路线为佳,一般要由制剂处方决定。例如,以干膏为半成品制备颗粒剂,可采用一定浓度乙醇,以湿法制粒的工艺路线制备;以清膏为半成品,则以流化喷雾制粒,即一步制粒为佳,若仍采用湿法制粒,需用大量辅料作为吸收剂,使服用剂量增大。又如,富含挥发油且为其有效成分的方剂,欲制备成合剂,一般应采取增溶操作的工艺路线,使不溶于水的挥发油均匀分散在溶剂中。由此可见,成型工艺与制剂处方设计二者相辅相成,并非一成不变。

成型工艺设计的工艺流程越简单,不可控的因素就越少,生产就越容易实施。因此,成型工艺设计时,应力求工艺流程简练,工序越少越好。

(二)成型技术及设备的选择

制剂处方筛选、制剂成型均需在一定的制剂技术和设备条件下才能实现。在制剂研究过程中,特定的制剂技术和设备可能对成型工艺及所使用辅料的种类、用量产生很大影响,应正确选用。固定所用设备及其工艺参数,以减少批间质量差异,保证药品的安全、有效及其质量的稳定。

在制剂研究过程中,应重点考察设备类型、工艺参数对制剂关键质量属性的影响,可采用多样化的数学建模方法开展制剂成型所用原料性质、工艺参数、关键质量属性评价指标之间的相关性研究,建立关键物料属性、关键工艺参数、制剂成型所用原料关键评价指标的设计空间,并探索相应的过程控制技术,以减少批次间质量差异,保证药品质量的稳定,进而保障药品的安全、有效。

先进的制剂技术以及相应的制剂设备,是提高制剂水平的重要保障。中药制药过程要形成规模化生产,必定要使生产设备程控化、工艺流程自动化。由于实验室研究结果受条件限制,样本量小,代表性相对较差,与有一定规模的中试生产会有一定差距。因此,为使实验研究的成型工艺适应规模生产设备的要求,一般要通过中试,调整成型工艺路线和技术参数,并为成型设备选型提供依据。例如,硬胶囊剂的成型工艺,系将物料充入选定的硬胶囊壳。看似简单,但物料的流动性与均匀性却直接影响充填的质量,物料的粒度要求、是否制粒等物料加工处理工艺便成为胶囊剂成型工艺研究的主要内容,而这些又应结合胶囊填充剂的类型统筹考虑。一般若选用自由流动型填充机,而物料流动性又差者,则应考虑采用制粒成型工艺;若选用螺旋钻压进式填充机,因机械往复运动,挤压式充填,能避免分层和充填不均现象,只要物料混合均匀,采用直接填充成型工艺即可。至于所选设备的型号、性能、生产能力等要求,一般应由预计产量和中试研究结果确定。

(三)成型工艺参数的确定

基本的制备工艺确定后,应结合药物的理化性质、制剂设备等因素,通过实验研究确定具体的工艺参数。实验研究过程中应注意考察工艺各环节对产品质量的影响,选择适宜的成型工艺评价指标,考察制备工艺的关键环节。针对关键环节,应考虑制备条件和工艺参数在一定范围内的改变对产品质量的影响,并对工艺参数进行验证,以保证制剂生产过程的质量稳定,并依据研究结果,确定相应的质量控制参数和指标。

一般通过制剂基本性能、稳定性和临床评价,基本可确定制剂的处方。在完成有关临床研究和主要稳定性实验后,必要时可根据研究结果对制剂处方进行调整,但要通过实验证明这种变化的合理性,其基本研究思路和方法可参考上述处方研究内容进行,如体外比较性研究(如溶出曲线比较)和稳定性考察等。

七、直接接触药品的包装材料的选择

在选择直接接触药品的包装材料时应对同类药品及其包装材料进行相应的文献调研,证明选择的可行性,并结合药品稳定性研究进行相应的考察。应符合《药品包装用材料、容器管理办法(暂行)》《药品包装、标签规范细则(暂行)》及相关要求,提供相应的注册证明和质量标准。

在某些特殊情况或文献资料不充分的情况下,应加强药品与直接接触药品的包装材料的相容性考察。采用新的包装材料或特定剂型,在包装材料的选择研究中除应进行稳定性实验需要进行的项目外,还应增加相应的特殊考察项目。尤其是液体制剂,需关注包装材料与内容物的兼容性。

第四节 制备过程中的量值传递

中药新药的制备过程涉及药材、饮片、中间体、制剂等多个环节,与疗效相关的质量属性从药材起始,直至制剂,是一个量值传递的过程,各环节之间传递的质量属性评价指标是什么,传递规律如何,影响量值传递的因素有哪些,这些都是在中药新药研发时需要关注的内容,以确保新药制备工艺合理与质量均一稳定。

一、中药制剂量值传递的含义

中医方药中与"效"相关的"量"的概念具有丰富内涵,然而,该"量"与实际作用于人体靶器官的化学物质的量存在一定偏差。"量"的传递过程可以理解为从处方量到饮片量、煎出量、摄入量再到吸收量的过程,研究各种"量"之间的折算关系,可以使临床处方量更接近于实际作用于靶器官的化学物质的量,从而可减少因"量"(饮片量、煎出量、摄入量、吸收量等)的不规范性或不确定性及其他不可预见性因素所产生的偏差。

"量"在传递过程中的各环节都会受到相关因素的影响,临床用药应综合考虑各影响因素带来的偏差,包括饮片调剂精准,煎煮时间、煎煮次数、加水量及煎煮火候适宜,服用方法得当等,并在相对安全和不浪费药材资源的前提下,因时、因地、因人制宜,加减权衡,随证施量。

中药制剂量值传递一般是指中药生产规程中物料平衡的递次量值传递,以及关键物料质控参数的量测值在制药全流程各环节的逐级传递。这里可以采用单位质量药材为基准的指标性成分含量、大类成分含量以及总固体的产量等指标定量表征相关物质在中药生产规程中的传递。

二、中药量值传递研究的主要内容

药材、饮片和制剂标准质控项目之间应具有较好的相关性。应以出膏率、含量测定、指纹图谱等关键质量属性指标,全面考察药材-饮片-中间体-制剂(基准样品)各工艺环节之间的相关性,重点关注制备工艺过程中受热等因素对质量的影响、关键质量属性的量值传递等。例如,对于含挥发油类中药,由于挥发性成分的不稳定性,不仅应在煎煮、浓缩、干燥、制剂工艺中将其作为指标成分参与工艺筛选,在全方量值传递过程中也应有所体现。通过半定量的指纹图谱技术研究有效成分在药材-饮片-中间体-制剂中的转移率,如果挥发性成分转移率过低,则考虑增加前期各阶段工艺过程中挥发性成分所占权重等手段,以期解决挥发性成分转移率低这一难点问题。

(一)量值传递的指标

在药品研发阶段,一般通过综合考虑影响产品质量的各种因素来研究确定制备过程量值传递的指标。药材品种与基原、药用部位、药材品质(产地、种植培育、生长年限、采收期、产地初加工、贮藏)、中药炮制及制剂生产等都是影响中药制剂质量的重要因素。因此,制备过程量值传递的指标研究应充分考虑以上重要因素,在研发的全过程辨识符合中医药特点的"物理、化学、生物或微生物"多层次的指标。目前研究较多的经典名方量值传递,主要是针对药材-饮片-中间体-基准样品传递过程中的"特征图谱、指标成分含量、出膏率"等指标进行测定,确定经典名方的关键质量属性及其量值波动范围,为经典名方的制剂开发及质量控制奠定基础。但研究主要集中在经典名方的化学质量特性,而"物理、生物或微生物"特征以及体现中医药整体辨证特性的指标相对较少。因此,在药材、饮片、基准样品、制剂研发各环节中存在的一些具有中医药特色的"物理、化学、生物或微生物"关键质量属性也需要进一步研究关注。

1. 出膏率 出膏率是指按照规定的提取工艺生产,100个单位质量的原料药材或饮片所产出的流浸膏或干浸膏的质量。它是中成药制药行业提取工序过程中一个特有的名词和重要的生产管理指标。在经典名方新药基准样品的相关性研究过程中,出膏率是一个很重要的指标,有研究者利用出膏率进一步分析,提出了传递率(转移率)的概念,以各单味饮片的出膏率及单味饮片在全方中的质量占比计算全方的理论出膏率，再以实际出膏率与理论出膏率的比值作为饮片总出膏到基准样品出膏的传递率，亦可作为饮片至基准样品相关性的评价指标。

物料平衡是药品GMP生产的基础，由于中药饮片质量差异及生产过程控制等原因，批次间出膏率的偏差往往会给中药制剂GMP生产带来制剂质量不稳定性问题。因此，出膏率可作为保障制剂质量均一性的重要因素，不仅是因为出膏率是处方物质基础总和的表征，而且是制剂成型及处方设计的关键因素，所以在量值传递及中药制备工艺研究中需作为一项重要指标加以关注。

2. 成分含量及其转移率 中药新药制备工艺的核心就是如何将原料药材或饮片中的功效成分有效传递至最终药物制剂。因此，各个工艺环节的成分含量及其转移率是量值传递研究的关键指标。这里可以采用单位质量药材为基准的指标性成分含量、大类成分含量以及总固体的产量等指标定量表征相关物质在中药生产工艺中传递。在经典名方新药开发过程中，基准样品的制备需"遵古方"原则，开发过程中必须考察药材－饮片－基准样品这一过程的量值传递，以保证质量可被追溯。建立合适的药效成分或指标性成分的分析方法，分别检验其在药材、饮片和基准样品中的含量，计算出成分的转移率，以此评价并控制生产过程中各个环节产品的质量。实际上，为保障制剂质量均一性，其他类型中药制剂工艺中指标性成分的量值传递规律研究也应给予足够的关注。

3. 指纹图谱及特征图谱 中药成分复杂，其复方功效物质往往难以明确，单一或多个成分含量指标无法有效评价产品质量。指纹图谱/特征图谱作为一种可进行复杂成分均一性控制及质量评价的方法，可以将各工艺环节样品中复杂成分较为完整地反映出来，综合性和特征性较强，信息量大而丰富，结合定量分析可以较为全面地评估中药复方质量，因此可作为中药制剂生产中量值传递规律研究的重要指标。通过考察中药指纹图谱/特征图谱复杂成分在药材－饮片－中间体之间的传递规律，可以最大限度地实现对药材、饮片至制剂生产全过程的动态分析及控制，为中药复方研究的可行性及质量提供保障。

4. 其他 不同的工艺环节对于产品质量的影响各有不同，除出膏率、含量测定、指纹图谱等共性关键质量属性外，不同的制备工艺涉及的关键质量属性亦有所不同。药材及饮片是关键的起始物料，在药材炮制加工成饮片过程中，饮片的性状及气味等与药材品质密切相关的物理性质，可作为潜在的量值传递指标。成型工艺是药品生产至关重要的环节，"粒度、溶出度"等体现制剂成型工艺的物理特性是重要的潜在关键质量属性。此外，不同的成型工艺对制剂的稳定性、药效成分的吸收利用及生物利用度的影响不同。例如，颗粒剂应注意"溶化性、微生物限度"等体现制剂特征的属性；散剂应注意"粒度、均匀度"等；丸剂的"溶散时限"则是控制药效物质释放溶出的重要指标。对于散剂、颗粒剂、片剂等以粉末和细颗粒为原料的固体制剂，微粉的"孔隙率、堆密度"等基本物理特性不仅对制剂的成型工艺有重要影响，而且与制剂的质量及疗效密切相关。已有研究表明，这些物理特性可以作为制剂过程中的关键质量属性及量值传递指标。

（二）不同工艺环节的量值传递研究

针对中药新药制剂的开发研究，决定其稳定疗效的关键在于质量属性的稳定传递，因此制剂制备过程的量值传递规律研究，对于提高中药制剂的质量控制水平具有重要意义。目前，量值传递研究大多仅以确定工艺条件下，对各个环节的关键指标进行检测与分析。实际上，除得膏率、成分含量、指纹图谱等共性关键指标外，不同环节工艺关注的指标亦有不同。此外，也要关注工艺条件及参数对于量值传递指标的影响，以全面解析量值传递规律。

1. 药材前处理及饮片炮制　药材与饮片是中药制剂的主要原材料，优质中药材与质量合格的饮片是制剂发挥临床疗效的重要保障。药材前处理及饮片炮制的量值传递研究中，常以指标性成分含量、出膏率等作为评价指标，优化药材前处理及炮制工艺。由于中药饮片类型多样，炮制方式各有不同，即使同一种炮制方法也可能无法用专属性指标成分进行评价，因而某些中药所具有的相对密度、折光率和膨胀度等特殊物理性质，以及酶、气味等化学特性可作为潜在指标，开展药材–饮片量值传递研究。

中药大多具有一些与药材品质密切相关的物理特征，现行版《中国药典》规定：相对密度、折光率、膨胀度等物理特性可作为药材的潜在评价指标。此外，药材及饮片的形状、大小、颜色、断面等性状特征与其有效成分间亦存在着一定的相关性，性状特征可作为药材前处理及饮片生产过程中的指标，还可进一步结合特征提取与图像处理技术、现代显微镜与图像处理技术等新技术、新方法对药材的性状特征进行数字化、规范化，明确其量值范围。

某些中药本身含有或经发汗后产生特定功能的酶，在进行相关药材的研究时，可以考虑将酶作为潜在指标，测定酶活力或含量。药材"发汗"过程中，多酚氧化酶、过氧化物酶、水解酶等酶对药材的外观性状和内在品质产生重要影响。多酚氧化酶是使地黄"发汗"后色泽和药效变化的重要酶之一；酪氨酸酶能够分解厚朴苷 A 等苷类成分，影响厚朴中的苷类成分含量。不同中药材所含化学物质不同，具有的气味也不同，气味作为中药材的重要性状，是衡量药材品质的标准之一。对于某些气味特征突出的中药，可以考虑采用电子鼻或电子舌等人工智能感官对其气味特征进行定性或定量表征，开展药材–饮片量值传递研究。

2. 经典名方基准样品　经典名方物质基准也称基准样品，是经方制剂生产工艺优化和质量评价的重要参照，明确基准样品的关键质量属性，是保证经典名方现代制剂和传统汤剂一致性的重要前提。目前已有的报道主要采用指纹图谱/特征图谱、指标性成分含量及出膏率相结合的评价模式，研究饮片到基准样品传递过程中的指纹图谱/特征图谱的相似度范围及峰归属、指标性成分含量范围、转移率范围及出膏率等内容，确定基准样品的研究指标。

指标成分作为经典名方基准样品关键质量属性研究的主要内容之一，应充分体现经典名方的中医药特点，相关研究应基于药物的临床疗效，综合考虑君臣佐使配伍原则、复方治疗病证的药效成分以及成分的毒效特点等，优先选择君药、臣药中的关键成分，充分考虑佐药、使药中的有效成分，综合确定能够表征经典名方有效性与安全性的指标成分。例如，桑白皮苷 A 是泻白散中君药桑白皮的主要药效成分，考虑处方的君臣佐使配伍，有报道在对泻白散基准样品的研究中，将桑白皮苷 A 确定为泻白散的指标成分；大黄与桃仁是桃核承气汤的君药，但二者的处方剂量相差 4 倍，导致各成分峰面积差异巨大，为了更全面地反映君药等重要药味的化学信息，可建立 2 张特征图谱明确桃核承气汤的关键质量属性，分析共有峰从饮片到基准样品以及成品的传递数量，全面反映量值传递规律。

3. 制剂　中药制剂是直接用于临床的药品，关键质量属性是保证制剂质量的重要指标。目前中药制剂的关键质量属性研究大多关注"入血成分、功效相关成分"等化学属性，或者以"指标成分提取率或转移率、出膏率"等作为关键质量属性评价提取工艺。剂型作为给药的方式，与药物疗效密切相关，无法体现制剂特征的关键质量属性，难以在最终环节保证产品制剂的疗效。由于剂型形式众多，不同剂型的关键质量属性差异明显，仅凭经验很难明确影响制剂生产工艺过程和产品质量的关键质量属性。

对于不同中药制剂制备工艺过程，可采用电子传感技术等外观性状评价方法、色谱技术及近红外光谱技术等化学评价方法、生物效应评价方法结合人工智能的支持向量机、随机森林、人工神经网络、卷积神经网络等算法，建立药材、饮片、中间体、制剂的"性状、化学、生物"的分类模型和含量预测模型，采用多源信息融合策略结合人工智能算法，从多维角度智能化识别中药制剂生产过程中各环节产品的关键质量属性。这些属性不仅包括指标化学成分等定量信息，还可包含道地与非道地、性状优劣、化学成分差异、生物效应等反映中药整体质量的品质相关属性。通过对大量样本的关键质量属性大数据进行智能训练和识别，并建立数学模型，从终端制剂产品的品质信息逐级反馈中间体、饮片、药材的关键质量属性，从而实现中药制剂生产全过程的量值传递识别，为保证中药制剂质量一致性的生产过程控制奠定基础。

三、量值传递规律对制药过程质量控制的影响

中药制剂原料来源广泛、成分复杂、工艺单元操作变异系数大，质量控制研究面临很多复杂、不确定的因素。长期以来，中药制剂质量依靠终端检验而非过程控制，忽略了对关键质量属性和生产工艺过程的理解，无法预测生产过程中可能发生的问题，多数情况下仅依靠经验判断，难以保证产品质量稳定可控。与传统的质量源于检验（quality by testing，QbT）理念相比，质量源于设计（quality by design，QbD）将质量控制重心移至原料控制和制药过程控制，制订有针对性的策略，使产品质量始终介于可接受范围内，适用于中药生产，有利于药品质量的风险管理和持续改进。

中药制药过程中，质量控制对于确保中药安全性、有效性及质量一致性具有重要的现实意义。中药制剂的生产过程包括提取、浓缩、干燥等前处理工艺，以及混合、制粒、压片、包衣等成型工艺，每一个环节都会对中药制剂的品质产生影响。因此，只有在全面掌握药材—饮片—中间体—制剂量值传递的基础上，进一步通过工艺参数的设置及原料质量的均一性控制，才能确保中药制剂品质的一致性。在中药制剂生产的各环节开展量值传递规律研究，探索工艺参数对不同工艺过程量值传递指标的影响，结合生产用原料药材或饮片的质量控制，为生产过程质量控制及制剂产品质量均一奠定基础。

一方面，工艺及参数的变化，会对中药制剂物质基础、质量指标产生重要的影响，从而影响量值传递过程。为了实现制备工艺过程中关键指标量值传递的相对稳定，开展制药工艺参数与物料量值传递的相关性研究、对关键工艺参数设计空间的优选就至关重要。另一方面，原料药材或饮片的质量也是影响制剂产品质量的关键因素。在工艺参数合理可控，量值传递相对稳定的前提下，依据制剂质量标准要求，可以反馈药材或饮片原料的质量标准空间，为制剂产品的均一稳定提供保障。

以三七总皂苷原料药生产为例，其生产工艺以是三七饮片为起始物料，经过粉碎、醇提、水沉、柱色谱、脱色、精制、浓缩和干燥等一系列单元工艺制得。根据量值传递研究结果，其主要指标性成分人参皂苷 Re、人参皂苷 Rd、三七皂苷 R1、人参皂苷 Rg1 和人参皂苷 Rb1，从饮片传递到三七总皂苷的转移率约为 82.3%、69.9%、79.0%、80.7% 和 77.8%。按三七总皂苷原料药质量标准中成分含量要求，采用上述转移率进行估算，饮片中人参皂苷 Re、人参皂苷 Rd、三七皂苷 R1、人参皂苷 Rg1 和人参皂苷 Rb1 的含量下限分别为 0.243%、0.572%、0.506%、2.48% 和 3.08%。因此，如果是作为工业生产三七总皂苷的原料，工业生产中所用三七的内控标准会比药典标准更高。现行版《中国药典》仅规定了三七药材 3 种皂苷的总含量下限，但以生产用三七

总皂苷原料饮片质量要求，三七饮片内控标准中应考虑将人参皂苷 Re 和人参皂苷 Rd 含量作为质量参数进行控制，且对 5 个皂苷成分含量规定下限要求。若单一批次饮片无法同时满足以上要求，则可在多批次检测后进一步采用均一化投料的方法降低原料质量波动，以保障最终产品的质量均一。

第五节　中试放大及生产工艺研究

中药的新药研究要经历从实验室小试、中试研究、商业规模验证及正式批准生产的全过程，整个过程漫长而艰巨，各环节缺一不可。中试放大及生产工艺研究是连接实验室与工厂的纽带，是对实验室工艺合理性的验证与完善，是达到生产稳定性、可操作性、可重复性的必经环节。

一、中试研究及工艺验证

（一）中试研究的意义

中试研究，即中间放大实验，是在实验室规模确定中药新药的处方及制备工艺后，采用与常规工业生产近似的设备和制备方法进行的小量生产实验。中试研究是药品研发到生产的必由之路，是降低产业化实施风险的有效措施，是评价实验室处方与制备方法是否适合工业化大规模生产的重要环节，同时也是对实验室工艺合理性研究的验证与完善，保证制剂达到生产稳定性、可操作性的必经环节，直接关系到药品的安全、有效和质量可控。完成中药复方制剂生产工艺系列研究后，应采用与生产基本相符的条件进行工艺放大研究，为实现商业规模的生产工艺验证提供基础。文献报道的中药制剂工艺多为实验室工艺，在药物研发初期申报单位所采用的中药制剂工艺多在文献基础上进行研究确定，在产业化大规模生产时仍需进行适宜性改进。

中试研究的目的是验证、复审和完善实验室小试所确定的制备工艺条件，选定工业化生产设备结构、材质、安装和车间布置等，为正式生产提供数据，保证生产药品质量稳定、可控。把实验室获得的最佳工艺条件原封不动地搬到工业化生产，常常会出现下列结果：功效成分在各工艺环节的相对转移率低于小规模实验的相对转移率；产品的得率明显降低；发生溢料或爆炸等安全事故以及其他不良后果。因此，中药新药正式投入工业生产之前，必须制定完善、稳定、适于工业化大生产的制备工艺路线。

（二）中试研究的内容

1. 中试工艺设计　中试开始阶段，首先要做好试验设计工作，应根据前期实验室研究所得的最佳工艺路线，对整个中试过程进行详细的工艺设计。工艺设计的基础工作除按照小试工艺流程安排生产外，对生产劳动防护、现场设备情况及车间布局等也需要做细致的调研，同时对一些细节问题也要有前期的安排。例如，药材的投料顺序，有些花、叶类药材质地较轻，投料后易悬浮于水面，而根茎类药材质地比较重，在没有特殊要求时，应按先轻后重的顺序进行投料，质轻的药材位于提取罐下部，利于水分的快速浸润。另外，批次间不同操作单元的时间安排、车间现有设备是否能满足中试要求、是否需要修改中试规模等都需要在工艺设计时予以考虑。由于药品剂型不同，所用工艺、设备、辅料、生产车间条件、包装等都有很大差异，因此在中试研究中要结合剂型和工艺的特点，特别要注意如何适应商业化生产的特点开展工艺设计工作。

2. 中试关键参数的确定和优选　中试研究过程中，需考察各关键工序的工艺参数及相关的检测数据，记录每一环节的工艺参数，列出所有关键步骤及其工艺参数控制范围，明确中间体（如浸膏等）的得率范围，建立中间体的质量控制标准，包括项目、方法和限度，必要时提供方法学验证资料。中药新药的制备，一般以中药材为起始原料，除少数情况直接使用药材粉末外，一般都需要经过提取、纯化、浓缩、干燥及制剂成型的工艺过程，剂型不同，关键控制点也不同，尤其是质量标准中含量测定项下相关的药材，应根据所用药材、各单元操作的中间体及中试样品含量测定数据，计算转移率，支持确定关键步骤及工艺参数控制范围的合理性。

中药颗粒剂是临床上的常用剂型，既保持了汤剂吸收快、作用迅速的优点，又克服了汤剂临用时煎煮不方便、服用量大、易霉变等缺点。现以中药复方颗粒剂为例，重点说明需要注意的关键工艺参数。

（1）提取：相较于实验室研究，中试提取的药材量大，加入的提取溶媒量多，加热至沸腾或规定温度的时间相对延长，使药材在提取罐的浸泡时间也相对增加；同时，药液体积大，放料的时间也加长，药材在提取终点后，仍有较长时间处于热浸状态。因此，需要重点考察饮片的投料方式及粉碎度，确定原定方案是否适合大生产，会不会堵塞出料口，浸膏得率及有效成分的转移率是否与实验室研究结果区别较大，同时注意对溶剂量、温度、压力的数据进行监控及采集。

（2）纯化：一般中药制剂的纯化方式包括过滤、离心、醇沉等。中试时药液量较大，所采用的纯化方式是否具有可操作性，工时、环保等是否符合要求，都需要重点关注，滤过或离心的速度、醇沉浓度及醇沉上清液的分离情况等指标也需要重点考察。

（3）浓缩：实验室小试浓缩时，更关注浓缩方式的考察；而中试时规模放大后，需浓缩的药液量增大，加热时间可能会有所延长，对于提取液中的有效成分，尤其是热不稳定性成分的含量要重点关注。另外，由于设备的增大，浸膏的相对密度、浸膏得率也是中试研究中需重点考察的指标。

（4）干燥：中试过程中，干燥物料量的差异会引起干燥时间的变化，对颗粒剂常用真空干燥、喷雾干燥等干燥方法，尤其要重点关注干燥时间的延长对有效成分含量的影响，收集干燥温度及放大后的干燥时间，便于成本核算。

（5）制粒成型：中试研究中，浸膏或干膏粉得率的差异直接影响辅料的用量，生产环境、不同半成品的引湿性，都会影响制粒工艺的顺利进行，需重点考察原工艺放大过程中，制粒方法、辅料用量、设备参数是否满足制粒要求，并进行验证调整，得到合格产品，确认具备商业化规模生产的可行性。

3. 申报材料的整理和撰写　中试完成后，需要进行中试相关申报资料的总结、整理及撰写，收集中试的数据，包括样品生产企业的信息、批处方、单元操作过程的工艺描述，辅料、生产过程中所用材料的级别、生产商/供应商、执行的标准以及相关证明文件，主要生产设备，关键步骤及工艺参数的控制范围，详细的生产数据和工艺验证资料如批号、生产时间及地点、批规模、用途、生产数据、质量检测结果等。将以上相关内容，按照新药申报资料的要求，撰写中试研究的相关报告，是中药新药研发与申报的一项重要内容。

现以某颗粒剂中试生产数据表格举例说明（表4-7）。

表 4-7　中试生产数据记录

项目		批号		
		批次 1#	批次 2#	批次 3#
中试原料	饮片一 /kg			
	饮片二 /kg			
	饮片三 /kg			
	饮片总量 /kg			
中间体制备	醇沉前浸膏相对密度			
	干燥前浸膏相对密度			
	挥发油得量 /g			
	挥发油得率 /%			
	包合物得量 /g			
	干膏粉得量 /kg			
	干膏得率 /%			
制剂成型	辅料一加入量 /g			
	辅料二加入量 /kg			
	辅料三加入量 /kg			
	理论得量 /kg			
	实际得量 /kg			
	成品率 /%			
	包装 / 袋			
	成分一含量测定 /%			
	成分二含量测定 /%			

（三）中试研究的条件、规模和批次

1. 中试研究的条件　进行中试之前，小试工艺必须达到可放大的程度。基本要求是工艺过程明确，操作条件确定，产品收率稳定，质量可靠；建立产品、中间体及原料的标准与分析方法；明确所需的一般设备和某些特殊设备及管道材质的性能；建立初步的三废处理方案和安全生产的要求。

中试阶段的研究内容是对已确定的工艺路线的实践审查，不仅要考察收率、产品质量和经济效益，而且要考察工人的劳动强度。对车间布置、车间面积、安全生产、设备投资、生产成本等也必须进行谨慎的分析比较，最后审定工艺操作方法、工序的划分和安排等。

（1）工艺路线与技术条件的评价：中药新药研发初期，在固定处方药味和给药途径的基础上，通过大量的实验室研究工作，确定药材基原、药用部位、饮片炮制工艺，对处方饮片提取、纯化、浓缩、干燥及制剂成型等方面进行的考察与优化，初步确定中药新药制备的基本工艺参数。但由于实验室与生产车间在生产规模、设备等外部条件存在差异，各个操作单元及其最优工艺条件可能有所变化，这就要求在中药新药正式投产前必须经过中试研究这一放大环节，它是对实验室工艺合理性的验证与完善，通过收集中试过程的关键步骤、关键工艺参数的数据，核对、校正和补充实验室的数据，优化工艺条件，从而保证该工艺能够达到商业化规模生产的可操作性和稳定性，为确定最终的制备工艺路线提供重要参考依据。

例如，大多数芳香性中药，除《中国药典》一部有明确规定需要后下的药材如薄荷、沉香、砂仁、豆蔻、降香等，还有香薷、广藿香、荆芥、紫苏等药材的有效成分也为挥发性物质。水蒸气蒸馏法是被国内药厂普遍使用的常规提取方法。在实验室研究与小试过程中，会采用玻璃质地的圆底烧瓶及挥发油提取器，容器内表面光滑，不会引起挥发油挂壁而损失，但在中试及生产车间，所用的挥发油提取装置为不锈钢提取罐，收集挥发油的管道也较长，有部分挥发油会黏附在管壁上，造成收率较低的问题。因此，实验室筛选得到的挥发油提取方法不能完全照搬到大生产中，需要在中试过程中，进一步调整优化工艺参数，根据提取罐的形状及加热方式，冷凝设备与药液液面的距离，决定是否需要调整药材量、提取时间、加水量等参数。

又如，药液的纯化工艺也很关键，除杂的效率及可行性，需中试过程验证。很多中成药的制备过程都采用水提醇沉的工艺路线，醇沉后上清液和沉淀如何实现最优分离，是一个长期困扰其工业化生产的问题。醇沉时的乙醇浓度较高，可以达到50%~80%，一般工厂都不会对其进行抽滤或离心等额外的操作，只是沉淀一段时间后，抽取上清液，沉淀则作为废料处理。如果沉淀的粒径和密度比较小，就会有部分沉淀悬浮在药液中，一部分待分离的上清液呈现混浊状态，随着沉淀被直接丢弃，与小试有抽滤或离心操作相比，出膏率可能出现大幅度下降。如果中试时出现这种情况，则需要考虑是否调整中试工艺，即增加醇沉的时间，或者增加防爆离心或过滤等操作，减少药液的损失。

（2）生产设备的选择与评估：生产设备的合理选择对于保证药品质量尤为重要。中试研究设备应尽量与未来生产设备的工作原理相一致，主要技术参数也应基本相符，如提取、浓缩、纯化、干燥及制剂成型等设备，应尽量采用与生产实际相一致的设备，差异仅仅是比例缩小，才可为设备选型提供参考。例如，一般中药厂的常压水提或醇提的提取设备容积多为4 000 L或6 000 L，但中试规模的提取设备一般在500~2 000 L，有些多功能小型提取罐，还有100 L及200 L的，可以适应小批量样品的生产，虽然体积缩小了，但生产设备的原理完全一致。又如，干燥设备中，实验室与生产所用的喷雾干燥设备有较大的区别。实验室中，喷雾干燥多用空气雾化喷嘴，也叫二流体喷嘴，即喷嘴上有压缩空气与药液2个入口，通过内部气体的驱动腔，控制喷雾的开关，喷嘴直径一般为1 mm以下，每小时最大蒸发量为1~2 kg，体积为0.5~1 m^3；而生产级别的喷雾干燥机，工作原理多为离心式喷雾干燥，药液经喷雾塔顶部的高速离心雾化器，旋转喷雾成极细微的雾状液珠，与热空气并流接触，在极短的时间内可将药液干燥为粉末，每小时蒸发量可达150 kg，且体积也较为庞大，为100~200 m^3，工厂也可以根据生产量的实际需要，定制每小时蒸发量200~2 000 kg的大型喷雾干燥设备。因此，在进行中试设备的选择时，要倾向于选用离心式喷雾干燥机，可选择每小时蒸发量5~20 kg的设备，既满足了中试药量的要求，同时也与生产设备原理相一致，可以更好地摸索工艺参数，为大生产设备的选型提供依据。

中试设备选择的关键是要与中试的投料量相匹配，不能出现"大材小用"的情况。例如，有些中药生产企业没有中试车间，用生产设备进行中试级别的生产，会发生很多问题。常见问题有中药提取罐多为管壁加热模式，底部无加热，如果罐体过大，而药材量过小，加水量相应也会很小，使物料大部分集中在罐底，受热困难，难以进行充分提取；又如，现代企业，多数会用双效浓缩装置进行药液的浓缩或者醇沉药液的回收，如果药液量过小，与浓缩设备不匹配，浓缩到一定浓度后，浓缩液稠度增加，在浓缩罐及连接管道的管壁上，会有很多挂壁残留，损失部分浓缩液，使产率降低。因此，中试研究的投料量应达到中试研究的目的，作为与商业规模生产研究的桥接，中试研究为商业规模生产提供依据，设备还需要与投料量相匹配，如果找不到合适的中试生产设备，只能根据现有设备的实际情况，扩大中试研究的投料量。

（3）原辅材料的评价及初步成本核算：有个形象的比喻，中医是把"枪"，中药就是"子弹"，如果药材的质量不能保证，"子弹"不合格，再好的"枪"也没有"杀伤力"。从某种程度上讲，中医治病主要看中药，医生的医术再高，药材如果是伪品或掺假品，疗效就要大打折扣。中药材是中药新药研发的源头，是影响中药新药安全、有效和质量可控的关键因素。基于全过程质量控制的理念，中药新药研发过程中，安全有效、质量稳定的药材，是中试研究的关键环节和关键质控点。因此，基于中药新药研究设计的需要，在进行新药研究之前，应遵循中医药理论，尊重中医药传统经验和特色，根据不同药材的特点，固定药材的基原、药用部位、产地、生长年限、采收时间、饮片的炮制或产地加工方法及质量评价标准，以保证中药新药研究用药材质量基本稳定。

中药制剂的原料对工艺、辅料、设备的选择有较大的影响，在很大程度上决定了制备工艺的难易，而且中药制剂的辅料也同样重要。药用辅料系指生产药品和调配处方时使用的赋形剂和附加剂，是除活性成分或前体外，在安全性方面已进行合理的评估，一般包含在药物制剂中的物质。中药制剂的辅料不仅是中药制剂成型的物质基础，也与药品的质量、制剂工艺过程的难易、释药速度、给药途径、作用方式、临床疗效等密切相关。现行版《中国药典》四部，新增52个药用辅料标准，总数扩增到387个，修订了"药用辅料功能性相关指标指导原则"，首次收载了"动物来源药用辅料指导原则"和"预混与共处理药用辅料质量控制指导原则"，强化了药用辅料在标准体系中的地位。一般情况下，中药新药在实验室研发阶段，会对可能用到同一类型或同一功能的多种辅料进行筛选与优化，最终选择一种或几种备用辅料；而工业化生产时，基于工艺可行性、经济成本、货源、数量及辅料标准等多方面因素的考虑，可能会更换辅料的品种、品牌及规格等。这种变更可能是中试前发生的，也可能是由于工艺操作遇到困难在中试过程中临时改变的。例如，某中药颗粒剂在研发过程中，采用糊精为填充剂，进行干法制粒，辅料筛选和小试时，颗粒成型没有问题，但放大中试后，由于中试车间对干膏粉的含水量要求更严格，水分的减少使制粒不能顺利进行，不得不选择成本较高但可压性更好的乳糖作为该中药颗粒剂的填充剂，以利于后续商业规模生产的顺利进行。

另外，与化学药的辅料不同的是，中药复方制剂中，辅料也可以是制剂处方中所含的某种物质，具有药辅合一、引药归经的两大特点。但此类情况需要有扎实的中医药理论知识和丰富实践经验的研发人员参与前期的工艺路线的设计与开发，并在中试过程中，对其可行性进行评估与验证。例如，处方中含有人参、西洋参、三七等较为贵重的中药材时，如果用量不大，可以将其粉碎成细粉，再与其他药材的提取物混合，制成适宜的固体制剂，这些药材不仅是原料，发挥药效作用，也起到辅助制剂成型、减少辅料用量、防潮等作用，可谓一举两得。

通过中试，可以根据所用原料、辅料、动力消耗、工时等数据，进行初步的经济成本核算，预估该新药的生产成本及开发成本，发现生产安全、环境保护及劳动保护等方面存在的问题，解决实验室阶段未能解决或尚未发现的问题，保证药品的安全、有效和质量可控。

（4）制备样品：中试研究的另一个目的是为后续的研究工作提供样品，其中药理、毒理（安全性评价）、稳定性实验研究及临床研究用药，均应采用中试及中试以上规模的成熟工艺制备的样品。建立质量标准草案时，可采用中试样品，也可以采用小试样品进行研究；但中试完成后，应根据中试情况，对该草案进行修订和完善。通过中试研究，基本完成由小试工艺向生产操作规程（草案）的过渡，确保能始终如一地生产出预定质量标准的产品/中间体，以此产品/中间体为研究对象，进行后续研究才有实际意义，才能保证上市生产的产品与进行药理、毒理及稳定性研究时所用产品的一致性。

一批中试的规模应为制剂处方的10倍以上，应提供至少3批中试产品。由于多数中药制剂的服用量较大，为了最大限度考察毒性剂量，用于毒理实验的中试样品，可以是不加辅料的中间体（提取物）。如果是用于临床研究用的样品，应当在符合GMP的车间制备，制备过程应当严格执行GMP的要求，注册申请人对临床试验用药物的质量负责。

（5）修订完善质量标准：目前，通常根据中试研究结果制定或修订中间体和成品的质量标准。药材含量的稳定是中药新药含量稳定可控的前提。中试放大时，如果有条件，应进行多批次试验和测定的积累，从而总结"药材–中间体–成品"的得率及指标性成分的转移规律，为质量标准的制定提供数据支撑与参考。中试生产数据的积累和总结，是中药新药制备工艺可行性、稳定性的重要指标，也是制定中药新药质量标准的重要依据。

2. 中试研究的规模　首先，需要了解什么是制剂单位，制剂单位即平时所说的"粒、片、帖、克、毫升等"，制剂的处方量是按照1 000个制剂单位计算的，一般按照制成一个制剂处方量的规模表述新药的制法，中试规模应为制剂处方量的10倍以上，即最小为1万个单位的制剂处方，如片剂为1万片，胶囊为1万粒，颗粒为10 kg。但是不同剂型和工艺应有所区别，有的需要适当扩大中试规模。例如，装量100 mL以上的液体制剂，如果仅生产1 000 mL，则最多生产100瓶，无法中试验证的目的；有的则可以适当降低中药研究的投料量，如以有效部位、有效成分或全生粉入药的制剂，可适当降低中试研究的投料量；还有些新型制剂，没有相应的生产设备，中试研究及商业规模生产时，均采取与实验室相似的方法进行放样，设备的制备批量为10～5 000 mL，中试如果采用最大生产量5 000 mL进行投料，虽没有达到10倍处方量的要求，但与商业规模一致，也达到了中试生产的目的。

3. 中试研究的批次　申报临床研究时，应提供至少1批稳定的中试研究数据，包括批号、投料量、半成品量、辅料量、成品量、成品率等。

中试研究一般需经过多批次试验，以达到工艺稳定的目的。

（四）工艺验证的目的与方法

1. 工艺验证的目的　工艺验证是指证明一个生产工艺按照规定的工艺参数能够持续生产出符合预定用途和注册要求产品的一系列活动。采用新的生产处方或生产工艺前，应当验证其常规生产的适用性。生产工艺在使用规定的原辅料和设备条件下，应当能够始终生产出符合预定用途和注册要求的产品。

工艺验证应当包括首次验证、影响产品质量的重大变更后的验证、必要的再验证及在产品生命周期中的持续工艺确认，以确保工艺始终处于验证状态。

工艺验证是对从工艺设计阶段开始直至商业生产全程中的数据进行收集和评估的活动，收集并评估从工艺设计阶段贯穿整个生产的数据，用这些数据来确立科学证据，证明工艺能够持续生产出高质量的产品。

工艺验证活动的目的是工艺重现和始终如一地生产出优质产品，确保产品每一个批次内均一性和批次间一致性。

2. 工艺验证的方法

（1）前验证：也称为前瞻性验证或预验证，是针对新的生产工艺或当工艺发生重大变化时所进行的一类验证方式。预验证主要反映关键步骤，通过运用最坏情况分析或析因设计等方法在工艺确认阶段分析生产过程中的单元操作，可以确定这些关键步骤的工艺参数是否会影响整个生产过程。在正式的三批预验证中，应该将关键步骤的工艺参数设定在操作范围内，而且在工艺操作中不能超出或低于它们的控制限。验证中所生产的产品批量应与最终上市的产品批量相同，通常要求进行不少于三个连续成功批次的生产，在验证成功结束之后才可以放行产品。

对于新品种或生产工艺改变而生产出的产品，因为这种改变可能会影响药品的质量规范及质量特性，所以应采用前验证的方式。

（2）同步验证：在正常生产过程中按照方案进行的验证。结果的评估应该作为建立后续中间体控制和成品检测的可接受标准和规范。同步验证中生产的产品如果符合所有验证方案中规定的要求，可以在最终验证报告完成之前放行。同步验证必须合理、有文件记录并且经过质量部门批准。

适用于以下情况：需求很小而不常生产的产品；生产量很小的产品；从前未经验证的工艺过程没有重大改变的情况；已有的、已经验证的工艺过程发生较小的改变；已验证的工艺进行周期性再验证。

（3）回顾性验证：通过对历史数据回顾的方式进行的验证。这种验证方式涉及通过积累的中间体和最终成品的检验和控制数据，用以证实产品及其生产过程是受控的。适用于已经积累批生产、检验、控制数据的已上市产品的工艺验证，针对某些工艺已确立很久，并且原料、设备、系统、设施或生产工艺的变化对产品质量没有明显影响的情况。

（4）再验证：用于确认工艺和生产环境同时变化或其中一项发生变化，即当处方、设备、工艺和包装发生明显变化可能会影响产品和生产工艺性能时。此外，当原料供应商发生变化时，药品生产企业应该敏感地意识到，原料质量特性的潜在不利变化可能会反过来影响产品和生产工艺性能，质量保证方案（变更控制）应该要求再验证。

二、规模化生产研究

根据确证性临床试验用样品的制备工艺，建立生产过程的控制指标，完成规模化（商业规模）生产工艺验证，明确申请上市的生产工艺及工艺参数，确定中间体（提取物）的得率范围等，更好地控制产品质量的一致性。在此过程中应关注生产过程控制，针对生产过程中关键质量属性及关键工艺参数，依据在线/快速的质量监控技术及自动化、智能化控制技术，提升药品质量均一性控制水平。

（一）规模化生产流程

生产车间在接到生产指令后，应根据生产指令内容开始生产前研究的准备工作，包括原料、辅料、包装材料的领取与检验和操作人员、场地及设施设备的检查两部分。

1. **物料准备** 根据生产指令内容及车间生产作业计划分别领取原料、辅料。按生产指令内容仔细核对原辅料名称、代码、规格、批号、数量（重量），必须做到准确无误。

2. **人员准备** 需根据生产指令内容确定各工序人员。例如片剂，有的品种需包衣有的品种不需要包衣，则后者包衣工序就不需安排人员。

3. 设备设施准备　检查空气净化系统是否正常运行，生产区域内空气中的微生物及尘埃粒子是否符合相应洁净级别的要求；检查生产设备是否完好，生产输液及注射剂的生产车间需检查纯化水及注射用水系统运行状态是否良好。

4. 场地准备　检查生产场地是否已清场，设备是否已清洁。做到生产区域清洁，设备器具清洁灭菌且摆放整齐有序，空气洁净度和压力符合工艺要求，标记牌确认"完好"，无与本批生产无关的物料和文件。

5. 文件准备　应检查现行文件（质量标准、岗位操作法等）与生产指令内容是否相适应，若有差异，应向文件批准部门提出处理意见。

（二）生产过程控制研究

生产过程控制是药品质量控制的重要技术手段，应当针对产品质量目标，根据对产品质量、生产过程以及两者间相互关系，研究一系列保障过程性能和产品质量的调控措施，包括在生产过程中通过监测及调节过程参数等，确保产品质量符合目标要求。中药制剂应当遵循QbD理念，根据产品质量目标要求，研究物料质量属性、过程参数与产品关键质量属性之间的相关性，明确关键物料质量属性、关键过程参数，采用现代科学技术，加强生产过程质量控制研究。应当重视产品全生命周期管理，完善过程控制，保证产品质量的可控性。

1. 生产过程质量控制的研究策略和关注点　中药制剂生产过程质量控制应当深入理解其生产全过程，从大量工艺研究及生产中积累物料质量属性、过程参数等数据，采用合理的数据处理分析方法，辨识上述参数与产品关键质量属性的相关性，明确对产品质量有显著影响的物料质量属性、过程参数，研究明确各类参数间关系，确定药品质量控制要求，实现对物料、生产设备、工艺过程等精准调控，以保证生产过程质量切实可控。

2. 关键物料质量属性和关键过程参数的确立　关键物料质量属性和关键过程参数是生产过程质量控制的核心，应当研究明确并采用合理的技术方法实现有效监控。关键物料包括饮片或提取物、辅料、中间体、包装材料和容器等，物料质量属性包括物理、化学、生物等方面的特性，其中对药品安全性和有效性、质量可控性产生显著影响的质量属性应当作为关键物料质量属性。关键物料质量属性的辨识和确认应当根据产品的质量设计要求和研究基础，充分运用现代科学技术，研究建立能体现整体质量的控制指标并确定合理的限度范围，为生产过程质量控制提供依据。

关键过程参数是指生产过程中对物料及产品质量属性产生显著影响，需重点监测、控制的变量。一般应当根据生产过程中各工艺步骤的特点，考虑工艺对物料可能产生的影响，对相关关键过程参数进行监控。可采用多种方法充分开展物料质量属性、过程参数与关键质量属性之间的相关性研究，建立设计空间，并探索相应的过程控制技术。

3. 生产过程质量控制方式的建立　生产过程质量控制既可以使用生产过程检验、成品检验等方法，也可以使用过程分析技术等新方法、新技术。在识别关键物料质量属性、关键过程参数等基础上，采用适宜的检测技术获取数据，并应用于生产过程质量控制，确保产品质量。

生产过程质量控制应当尽可能全面获取生产过程中的物料、设备、工艺等信息，采用适宜的分析工具进行数据分析和信息提取。相关性分析研究应当充分考虑中药特点，选择合理的分析方法，采集的数据应当具有代表性，样本量应当满足要求。若涉及建模研究，模型应当具备准确性、适用性、稳健性，必要时应当更新模型。

生产过程质量控制的实施过程中，应当考虑到生产相关人员、设备设施、生产物料、操作方法、生产环境等因素的影响。例如，将新的设备桥接到已有生产工艺过程中，应当关注设备升级的可行性及对产品质量的影响。又如，提取设备升级改造时，应当基于产品质量设计目标要求、工艺过程和提取物质量属性，采用浸膏/干膏得率、浸出物、特征/指纹图谱、多指标成多含量等多种评价指标，对提取物质量进行评价，以指导调控生产过程参数（设备参数、工艺参数等），保障产品质量稳定，使既往安全性、有效性资料能支持设备变更后产品的安全性、有效性。

4. 生产过程质量风险的评估和方法验证　生产过程质量控制应当重视风险评估，根据对处方、工艺等的充分认知，识别生产过程质量控制可能存在的风险因素，制定纠正和预防措施。例如，应当考虑过程参数数据采集的中断等对生产过程和物料质量的影响，选择适宜的过程监测方法，应当包括备用的质量控制措施，以降低这些情形给产品带来的质量风险。在发生偏差时，应当及时进行调查，分析根本原因，并实施纠正和预防措施。

生产过程质量控制体系应当经过验证，并建立书面的验证文件。可有针对性地开展生产工艺验证、清洁程序验证、分析方法验证、检测规程验证、计算机化系统验证等。对已经过验证的生产过程质量控制体系应当进行定期评估。

思考题

1. 如何设计一个中药复方的提取工艺？如何确定指标成分？
2. 如何选择中药复方新药的剂型？剂型对药效的影响表现在哪些方面？
3. 量值传递研究对制剂质量生产过程控制主要有哪些方面的影响？

（郑云枫，严国俊）

数字资源详见　新形态教材网

学习目标　知识图谱　推荐阅读　教学课件　自测题

第五章

中药新药的质量标准和稳定性研究

中药新药的质量标准和稳定性研究是中药新药创制的重要组成部分,是中药新药安全有效、质量稳定可控的重要保障,应当符合国家药典规定、药品注册申请要求、药品生产质量管理规范要求。

中药新药的质量标准是依据中药新药的质量特性和质量控制要求所制定的技术规定,是中药新药生产、供应、使用、检验和管理等部门必须共同遵守的法定依据,直接关系到中药新药的有效性和安全性。中药制剂稳定性研究是通过考察中药制剂的物理、化学及生物学特性在不同环境条件下(如温度、湿度、光照等)随时间变化的情况,认识和预测中药制剂的质量变化趋势,为中药制剂生产、包装、贮藏、运输条件的确定和有效期的制订提供科学依据,应贯穿于中药新药创制的全生命周期,不应当止于其研究与开发过程,上市后还应当持续关注可能影响其质量的因素。药品上市许可持有人和研究者是中药新药的质量标准和制剂稳定性研究的责任主体,应当基于品种特点,设计中药新药质量标准和稳定性研究的试验方案,综合评估试验结果。

中药制剂组成药味多、化学成分复杂,有效成分或毒性成分尚不完全明确,且影响中药质量的因素繁多,为中药新药的质量标准和稳定性研究带来巨大挑战。研究者应根据中药新药的处方组成、制备工艺、药用物质的理化性质、制剂的特性和稳定性研究结果,有针对性地选择并确定质量控制指标,并结合相关科学技术的发展,不断完善质量标准的内容,提高中药新药的质量控制水平,保证药品的安全性和有效性。

通过本章学习,学生应熟悉中药新药的质量标准与稳定性研究的基本原则,掌握中药新药的质量标准与稳定性研究的主要内容,并了解中药注册申报中化学成分研究及质量研究的基本要求。

第一节 中药质量研究的基本原则和主要内容

中药制剂属于特殊商品，其质量属性的本质要求是安全、有效及质量可控。因此，中药新药的开发，必须坚持质量第一，充分体现中药制剂质量标准"安全有效，技术先进，经济合理"的原则。中药新药的质量控制必须"遵循中医药理论指导，传统质量控制方法与现代质量研究方法并重，以药效物质基础为重要研究内容，以保证安全有效、质量可控为目标，贯穿药品全生命周期"的基本原则，确保中药制剂在生产、流通等环节中的质量稳定、有效。

一、质量研究的基本原则

（一）遵循中医药理论指导

中药物质基础复杂，在进行质量研究时应尊重传统中医药理论与实践，根据不同中药的特点，采用不同的研究技术和方法，有针对性地开展质量研究，反映中药制剂整体质量。

（二）传统质量控制方法与现代质量研究方法并重

传统经验方法对中药新药的质量研究和质量控制具有重要意义，同时鼓励现代科学技术在中药新药质量研究中的应用。应根据自身特点，运用物理、化学或生物学等现代研究方法分析中药新药的质量特征，研究其质量特征的表征方法、关键质量属性、质量评价方法和量值传递规律，有效地反映中药新药的质量。

（三）以药效物质基础为重要研究内容

在中药新药质量研究过程中，药效物质基础研究应以中医药理论和临床实践为指导，同时关注与安全性、有效性的关联研究。通过对药效物质基础相关属性的研究，为生产过程控制和质量标准制定提供科学依据。

（四）以保证安全有效、质量可控为目标

中药新药的质量控制方法和指标应能反映药品的安全、有效、稳定、可控。药材和饮片、中间体、制剂的药效物质及关键质量属性、量值传递规律，以及药效物质与辅料、药包材相互影响是中药新药质量研究的主要内容，应围绕安全性和有效性选择适宜的研究方法和质量控制指标，以客观地表征中药新药的质量特征，为中药新药质量控制提供科学依据。

（五）贯穿药品全生命周期

中药新药质量研究不仅要体现在原辅料质量、生产工艺及设备选择、过程控制与管理、质量标准制定、风险控制与评估等制剂生产全过程，还应贯穿于制剂全生命周期。应加强药品上市后质量研究，不断提升产品质量，构建符合中药特点的全过程和全生命周期的质量控制体系，保证中药新药质量的可控性和稳定均一。

二、质量研究不同阶段的主要研究内容

中药新药的质量标准研究和稳定性研究应在中医药理论指导下，根据中药特点、新药研发的一般规律及不同研究阶段的主要目的，开展针对性研究，落实中药全生命周期科学监管，促进中药传承与创新，保证中药新药安全、有效、质量可控。

（一）临床前研究阶段

申请中药新药临床试验，应建立质量标准，基本完成安全性相关的质量控制研究，达到质量基本可控，保证临床试验用样品质量稳定。

1. 质量研究及质量标准　对中药新药用药材和饮片、中间体、制剂及辅料开展质量控制研究，建立质量标准。应围绕中药的安全性、有效性开展质量研究，重点对影响安全性的质控项目进行研究，如毒性成分及其控制，建立质量控制方法。随着研究的不断深入，质量研究及质量标准应逐步完善。

2. 稳定性研究　应进行初步稳定性研究，选择适宜的直接接触药品的包装材料和容器，研究确定贮藏条件，保证临床试验用样品的质量稳定。

（二）临床研究阶段

临床试验所用样品一般应采用生产规模制备的样品，生产应符合药品生产质量管理规范的要求。

1. 质量研究及质量标准　开展质量研究和质量标准完善工作，如增加专属性鉴别药味、多指标的含量测定等。根据产品具体情况开展安全性相关指标（如重金属及有害元素、农药残留、真菌毒素）的研究，视结果列入标准，以更好地控制产品质量。

2. 稳定性研究　继续进行稳定性研究，保证确证性临床试验用样品的质量稳定。

（三）申请上市许可阶段

应完成全部药学研究工作，明确生产工艺及关键工艺参数的合理范围，建立基本完善的质量控制方法，保证上市后中药与确证性临床试验用样品质量一致。

1. 质量研究及质量标准　加强药材和饮片、中间体、制剂及辅料、直接接触药品的包装材料和容器的质量研究，关注生产过程的质量变化，构建完善的质量标准体系，实现中药全过程质量控制。

制剂质量标准的制定应根据确证性临床试验用样品的检测结果，反映临床试验用样品的质量状况，含量测定等检测指标应制定合理的范围，确保制剂质量稳定。应根据产品特点，探索建立指纹或特征图谱、生物活性检测等项目。

2. 稳定性研究　根据生产规模样品的稳定性考察结果，确定有效期及贮藏条件。

明确直接接触样品的包装材料和容器及其质量控制要求。所用直接接触样品的包装材料和容器应符合相关要求。

（四）上市后研究阶段

继续加强质量控制研究，对野生药材开展规模化种植养殖研究，建立药材种植养殖基地，保

障药材质量稳定和资源可持续利用。结合生产实际和临床使用情况，不断积累相关数据，关注中药有效性、安全性及质量可控性，建立完善全过程质量控制体系，推动中药质量不断提升。

第二节 中药新药的化学成分及质量研究

中药化学成分发生的理化性质的改变，将影响中药新药的质量及稳定性。中药新药的质量研究是药品生产、流通等环节中必不可少的步骤之一，关系到新药的安全性、有效性、质量均一性、稳定性等方面。中药新药的质量研究应在中医药理论指导下，结合功能主治、既往使用情况等开展系统的化学成分研究，应重点关注复方中君药、臣药、贵细药、毒剧药或用量较大药味的化学成分，对确定的药效物质进行有针对性的研究，识别关键质量属性。

中药新药的质量研究应以临床价值和产业发展需求为导向，遵循中医药理论，坚持传承和创新相结合，运用物理、化学或生物学等多学科新技术、新方法，研究影响中药新药安全性和有效性的相关因素，确定其质量控制指标及可控制范围，从多角度研究分析中药新药的质量特征，为中药新药生产过程质量控制和质量标准的建立提供依据，保证中药新药的安全性、有效性和质量可控性。同时应体现质量源于设计、全过程质量控制和风险管理的理念，通过对药材和饮片、中间体、制剂的药效物质及关键质量属性在不同环节之间的量值传递研究，以及药效物质与辅料、包材相互影响的研究，不断提高中药新药的质量控制水平。

中药新药在申报临床试验前，需提供化学成分研究的文献资料或试验资料，以及质量研究工作的试验资料及文献资料。按古代经典名方目录管理的中药复方制剂应提供药材、饮片、按照国家发布的古代经典名方关键信息和古籍记载制备的样品、中间体及制剂的质量相关性研究资料。

一、化学成分研究

中药具有化学成分复杂、作用机制不清楚等特点，与现代药品质量控制体系的有机结合还存在一定困难。刘昌孝院士提出"中药质量标志物（quality marker，Q-Marker）"概念，即将存在于中药材和中药产品（如中药饮片、中药煎剂、中药提取物、中成药制剂）中固有的或加工制备过程中形成的、与中药的功能属性密切相关的化学物质，作为反映中药安全性和有效性的标志性物质指标，进行质量控制。Q-Marker着眼于中药生产全过程中物质基础的特有、差异、动态变化和质量的传递性、溯源性，建立Q-Marker中药产业链全过程控制体系，有利于建立中药全程质量控制及质量溯源体系。因此，中药新药创制应根据中药新药特点进行有重点、系统的化学成分研究。

（一）复方制剂

复方制剂的质量研究应在中医药理论指导下，结合功能主治、既往使用情况开展系统的化学成分研究。应重视处方药味化学成分文献研究，了解各种成分的化学类别、结构、含量及分析测定方法等。重点关注与中药安全性、有效性相关的化学成分，关注处方中君药、贵细药、毒剧药或用量较大药味的化学成分。对确定工艺所得的药效物质进行有针对性的研究，识别关键质量属性。

（二）从单一植物、动物、矿物等物质中提取得到的提取物及其制剂

此类提取物及其制剂在制备过程中富集了与药效有关的化学成分，应重点系统研究提取物的组成、化学成分含量等，通过单体成分含量、大类成分含量及指纹或特征图谱等多种方式予以充分表征，还应对提取物中其他成分的种类等进行研究，以保证提取物药效物质的稳定均一。

二、制剂质量研究

根据中药新药特点，在药材和饮片、中间体、制剂生产过程以及稳定性等研究基础上，结合药效物质研究、安全性和有效性研究结果，开展制剂质量研究，重点关注以下几个方面。

（一）剂型

剂型是影响中药新药质量的重要因素之一。中药新药一般基于临床使用需求，综合考虑药物处方组成、药用物质的理化性质、不同剂型的载药量、临床用药剂量、患者的顺应性等因素，选择给药途径并确定剂型。

中药新药应根据不同剂型特点和要求，研究建立相应的质量控制项目，以表征所选剂型的特点。不同类型制剂一般要求可参照现行版《中国药典》制剂通则的规定，设定关键质量控制指标，如口服固体制剂的崩解时限、栓剂的融变时限等。

（二）处方、成型工艺

制剂处方的确定应参考中间体的理化性质、化学成分和生物活性的研究结果，结合剂型特点，综合考虑中间体的性质、所选辅料的作用及原辅料间的相互作用，研究成型工艺过程对药效物质的影响和质量控制方法。

应关注药效物质在制剂过程中受到溶剂、辅料以及各种加工条件的影响，特别是有效成分、易挥发性成分、热敏性成分、其他不稳定成分在干燥、灭菌过程中由于温度过高或受热时间过长造成的成分损失等。

应参考药效物质稳定性情况，确定制剂工艺关键控制点和控制目标，以保证药品质量稳定。

（三）微生物控制

药材和饮片及其制剂过程中可能会产生微生物污染（包括初级污染、次级污染），应结合处方药味、加工或工艺特点、给药途径、药品特性等情况综合考虑，研究采取适当的微生物控制措施或采用适当的去除微生物的方法（如热压处理、瞬时高温等）。去除微生物的方法应经过验证，并保证其对药效物质无明显影响。

对于制剂必须进行微生物检验，其微生物限度取决于剂型和给药途径。微生物限度检查应符合现行版《中国药典》的相关规定。

（四）其他

对从单一植物、动物、矿物等物质中提取得到的提取物新药，还可根据剂型的要求开展溶出度研究，建立相应的溶出度检查方法。对于在制剂中含量较少或在制剂处方中占比较少的药效物质，应关注其含量均匀度，并进行相关研究及验证。

新增的标准物质应按照《药品标准物质研究技术指导原则》的要求，进行结构确证、纯度分析等标定相关研究，并按《药品标准物质原料申报备案办法》的要求送中国食品药品检定研究院对标准物质进行备案。

三、质量研究的关联性

中药新药质量研究是为保证中药新药的安全性、有效性和质量可控性而设立，既贯穿于整个新药研发过程，又在不同的研究阶段各有侧重，其与安全性、有效性、制备工艺研究、制剂稳定性等具有关联性。

（一）与安全性、有效性的关联性

中药新药的质量研究应以保证药品的安全性和有效性为目的，选择具有针对性的研究方法和质量控制指标，表征中药新药的质量特征。通过文献研究，系统梳理中药新药处方中各味中药的化学成分、结构类型，以及与新药药效作用相关联的物质基础研究进展等。

处方中若含有毒性药味时，应结合毒理学研究结果分析内源性毒性成分，同时还应关注含有与已发现的毒性成分化学结构类似成分的药味，以及与已知毒性药味相同科属的药味。对于含毒性成分明确的药味，应建立毒性成分的限量检查方法，明确安全限量或规定检出上限；若毒性成分又是有效成分时，则应根据文献报道和安全性、有效性研究结果制定毒性成分的含量范围（上下限）。对于含毒性明确但毒性成分尚不明确的药味，应根据中医药理论和临床传统使用方法，研究确定其安全剂量范围，或开展毒性成分的确定性研究和毒理的深入研究，加强质量控制。

应关注生药粉入药、有发酵过程等污染风险较高的药材和饮片及其制剂，在贮藏期间真菌毒素等外源性污染的变化并进行控制。对于可能由药材和饮片中引入的农药残留、重金属及有害元素、真菌毒素，应分析其在中间体中的保留情况，研究建立必要的检查方法。

（二）与制备工艺研究的关联性

不同制备工艺获得的药效物质及其性质不同，直接影响药品的安全性和有效性。中药新药化学成分研究应贯穿于工艺研究及生产质量控制的全过程，确保生产出质量均一的产品。可通过色谱、色谱-质谱联用技术，对中药新药的主要化学成分进行定性、定量分析，系统解析中药新药中主要化学成分，为中药新药的质量标准研究提供参考。

（三）与制剂稳定性的关联性

中药制剂稳定性研究是中药新药质量研究的重要内容。稳定性研究的考察指标应能反映药品内在质量变化、反映质量研究的结果。中药新药质量研究应关注制剂中挥发性、热敏性、易氧化等不稳定成分、有效成分的变化，特别应关注毒性成分的变化。

第三节　中药新药的质量标准研究

中药新药的质量标准研究是中药新药创制的重要内容。中药新药的质量标准是根据中药质量

标准的要求所制定的、符合中药特点的控制中药质量的技术标准，其目的是控制中药制剂的质量，必须在原辅料（药材、饮片、提取物、辅料）、处方（药味、用量）固定和制备工艺稳定的前提下，结合剂型特点和制剂工艺特点进行研究与制定。中药质量标准研究应遵循中医药发展规律，坚持继承和创新相结合，体现中药质量全生命周期管理的理念。在深入研究的基础上，运用现代科学技术，建立科学、合理、可行的质量标准，保障药品质量可控。

应根据中药新药的处方组成、制备工艺、药效物质的理化性质、制剂的特性和稳定性的特点，有针对性地选择并确定质量控制指标，还应结合相关科学技术的发展，不断完善质量标准的内容，提高中药新药的质量控制水平，保证中药制剂的安全、有效、质量可控。

一、中药质量标准制定的基本原则

（一）质量标准应反映中药质量

质量标准应根据中药的特点反映中药制剂的质量，并与其安全性、有效性相关联。鼓励采用多种形式开展中药活性成分的探索性研究，对处方中所有药味均应建立相应的鉴别方法；通常应选择所含有效（活性）成分、毒性成分和其他指标特征明显的化学成分等作为检测指标。建立质量标准应对检验项目及其标准设置的科学性和合理性、检验方法的适用性和可行性进行评估。在质量标准研究过程中，鼓励探索临床试验及非临床研究结果与试验样品中各指标成分的相关性，开展与中药安全性、有效性相关的质量研究，为质量标准中各项指标确定的合理性提供充分的依据。

（二）质量标准应反映量值传递

中药材、饮片或提取物、中间产物、制剂等质量标准构成了中药制剂的质量标准体系，完善的质量标准体系是中药制剂质量可追溯的基础，反映其生产过程中定量或质量可控的药效物质从中药材、饮片或提取物、中间体到制剂的传递过程，这种量值传递过程符合中药制剂的质量控制特点，也体现了中药制剂质量标准与工艺设计、质量研究、稳定性研究等的关系。

（三）质量标准应反映制剂特点

质量标准应结合制剂的处方组成、有效成分或指标成分、辅料及剂型的特点开展针对性研究。不同药物制剂的药效物质基础各不相同，其质量标准的各项检测指标、方法及相关要求等也应分别体现各自不同的特点。中药质量控制方法选择应因药制宜，鼓励多种方法融合。中药复方制剂所含成分与其处方、工艺密切相关，应在其质量标准中建立多种指标的检验检测项目。质量标准各项指标限度及其范围应根据临床试验用样品等的研究数据来确定。

（四）质量标准应科学、规范、可行

中药新药质量标准应符合《中国药典》凡例、制剂通则和各检验检测方法等的要求，并应进行系统研究和验证，以证明分析方法的合理性、可行性。质量标准研究用样品应具有代表性，各检验检测方法应简便、可行。应根据检验检测的需要，合理选择标准物质，鼓励选择对照提取物用于多指标成分含量测定方法的研究。

（五）质量标准应具有阶段性

中药新药质量标准研究是随着新药研究阶段的不断推进而逐步完善的过程。在临床前研究阶段，应着重研究建立包括毒性成分在内的主要指标的检验检测方法，质量标准涉及安全性的指标应尽可能全面。在临床试验期间，应研究建立全面反映制剂质量的指标、方法，提高药品质量的可控性。新药上市前的研究阶段，应重点考虑制剂质量标准的各项指标与确证性临床试验样品质量标准相应指标的一致性。基于风险评估的考虑，应合理选择纳入质量标准的检验检测项目，并根据临床试验用样品的检验检测数据制定合理的限度、含量范围等。在药品上市后，还应积累生产数据，继续修订完善质量标准。

（六）质量标准应具有先进性

质量标准采用的方法应具有科学性、先进性和实用性，并符合简便、灵敏、准确和可靠的要求。现代科学技术的发展为中药新药的质量标准研究提供了更多的新技术、新方法。若现代科学技术发展的成果符合中药质量标准研究及检验检测实际需要，鼓励在质量标准中合理利用有关的新技术、新方法，以利于更好地反映中药的内在质量。对于提高和完善质量标准的研究，若有采用新方法替换标准中的原方法的情况，则应开展二者的对比研究，合理确定相关指标的质量控制要求。

二、中药新药质量标准的主要内容

中药新药质量标准的研究内容通常包括药品名称、处方、制法、性状、鉴别、检查、浸出物、指纹或特征图谱、含量测定、生物活性测定、功能与主治、用法与用量、注意事项、规格、贮藏和有效期。相关格式和术语，应确保语言精练、逻辑严密、用词准确，避免歧义。

（一）药品名称

在申报中药新药时，首先需要确定药品名称，包括正式名称和汉语拼音名称，并确保符合国家药品监督管理部门的相关规定。

（二）处方

处方包括组方饮片和提取物等药味的名称与用量。复方制剂的处方药味通常按君、臣、佐、使的顺序排列。固体药味的用量单位为克（g），液体药味的用量单位为克（g）或毫升（mL）。处方中各药味的用量一般以 1 000 个制剂单位（如片、粒、g、mL 等）的制成量进行折算。除特殊情况外，各药味的用量数值通常采用整数。

（三）制法

制法是对生产工艺的简要描述，通常包括前处理、提取、纯化、浓缩、干燥和成型等工艺过程及主要工艺参数。制法描述的格式和用语应规范化，要求用词准确、语言简洁、逻辑严密，避免使用可能引起误解或歧义的语句。

（四）性状

性状在一定程度上反映了中药制剂的质量特性，应根据制剂本身或内容物的实际状态描述其外观、形态、气味、味道、溶解度和物理常数等。描述外观颜色时，色差范围不宜过宽。复合颜色的描述应将辅色置于前，主色置于后，例如"黄棕色"表示以棕色为主。性状项的其他内容要求应参照现行版《中国药典》凡例规定。

（五）鉴别

常用的鉴别方法包括显微鉴别法、化学反应法、色谱法、光谱法和生物学方法等。鉴别检验应采用专属性强、灵敏度高、重现性好、快速且操作便捷的方法，并鼓励一次试验能同时鉴别多个药味的研究方法。

如果制剂中含有直接入药的生药粉，通常应建立显微鉴别方法；若制剂中含有多种直接入药的生药粉，应在显微鉴别方法中分别描述各药味的专属性特征。化学反应法一般适用于含有矿物类药味及具有相似结构特征的大类化学成分的鉴别。色谱法主要包括薄层或高效薄层色谱法（TLC、HPTLC）、气相色谱法（GC）和高效或超高效液相色谱法（HPLC、UPLC）等。TLC和HPTLC可通过比移值和显色特征进行鉴别，对特征斑点的数量、比移值、斑点颜色、紫外吸收或荧光特征等与标准物质的一致性进行详细描述；HPLC、UPLC和GC通过保留时间等色谱特征进行鉴别。如果处方中含有动物来源的药味，且在制剂中仅其蛋白质、多肽等生物大分子成分具有识别特征，应研究建立相应的特异性检验检测方法。

（六）检查

1. 与剂型相关的检查项目　应根据剂型特点和临床用药需要，参照现行版《中国药典》制剂通则的相关规定，建立反映制剂特性的检查方法。若通则中针对某一剂型的检查项目有多种方法可供选择，应根据制剂的具体特点进行合理选择，并说明选择该方法的原因。

2. 与安全性相关的检查项目　处方中若含有易被重金属及有害元素污染的药味，或在生产过程中使用的设备、辅料、分离材料等可能引入有害元素，应建立相应的重金属及有害元素限量检查方法，并在充分研究和风险评估的基础上制定合理的限度，确保符合现行版《中国药典》等标准的相关规定。

如果在制剂工艺中使用有机溶剂（乙醇除外）进行提取和加工，应在质量标准中建立有机溶剂残留的检查方法。若使用大孔吸附树脂进行分离纯化，应根据树脂的类型、可能的降解产物及使用的溶剂等情况，研究并建立提取物中可能的树脂有机物残留的限量检查方法。例如，苯乙烯型大孔吸附树脂的可能降解产物包括苯、正己烷、甲苯、二甲苯、苯乙烯、二乙基苯等。上述溶剂残留限度或树脂有机物残留限度应符合现行版《中国药典》的规定，或参照国际人用药品注册技术协调会（ICH）的相关要求制订。

若处方中的药味含有某种或某类毒性成分而非药效成分，应针对该药味建立有关毒性成分的限量检查方法，其限度可根据相应的毒理学或文献研究资料合理制订。

3. 与药品特性相关的检查项目　应根据药品的特点建立有针对性的检查项目。对于提取的天然单一成分的口服固体制剂，应建立有关物质和溶出度等检查方法；对于含有难溶性提取物的口服固体制剂，应进行溶出度的检查研究。主要指标成分为多糖类物质的制剂，应研究建立多糖分子量分布等反映大分子物质结构特征的专属性检查方法。

4. 检查限度的确定 质量标准中应详细说明各项检查的检验方法及其限度。一般列入质量标准的检查项目，应从安全性和生产实际方面充分论证该检验方法及其限度的合理性。设定的检查限度，尤其是有害物质的检查限度，应在安全性数据所能支持的水平范围内。

（七）浸出物

浸出物检查可用作控制提取物总量一致性的指标。浸出物的检测方法应根据制剂所含主要成分的理化性质选择适宜的溶剂（不限于一种）。基于不同溶剂，浸出物可分为水溶性浸出物、醇溶性浸出物、乙酸乙酯浸出物及醚溶性浸出物等。应系统研究并考察各种影响因素对浸出物检测的影响。选用溶剂时，还需考虑中药制剂中溶剂对辅料的影响。对于含糖类等辅料较多的中药制剂，若选择水、乙醇、甲醇作为溶剂建立浸出物的测定方法则意义不大，因为难以反映其内在质量。若处方中含有挥发性成分，可用乙醚作为溶剂，测定挥发性醚浸出物。含挥发性成分较多的制剂，也可将其含量测定作为一项检查指标。若处方中药味含皂苷成分较多，可先用乙醚脱脂，再用正丁醇作为溶剂测定正丁醇浸出物。浸出物的检测方法中应注明溶剂的种类及用量、测定方法及温度参数等，并规定合理的浸出物限度范围。例如，苓桂术甘颗粒的浸出物测定使用 95% 乙醇作为溶剂，按照醇浸出物测定法中的热浸法进行检测，规定其浸出物含量以干燥品计应为 13.0%～24.1%。

（八）指纹或特征图谱

中药新药制剂（提取的天然单一成分制剂除外）一般应进行指纹或特征图谱研究并建立相应的标准。研究内容通常包括建立分析方法、色谱峰的指认、对照图谱的建立、数据分析与评价等过程。

指纹或特征图谱通常采用高效或超高效液相色谱法（HPLC、UPLC）、高效薄层色谱法（HPTLC）、气相色谱法（GC）等，应根据所含主要成分的性质研究并建立合适的供试品制备方法。若样品中含有多种理化性质差异较大的成分，可针对不同类型成分分别制备供试品，并建立多个指纹或特征图谱以分别反映这些成分的信息。若一种方法不能完整体现供试品所含成分的特征，可采用多种方法获取不同的指纹或特征图谱进行综合分析。

指纹或特征图谱的检测方法和参数选择，应以最大限度地反映制剂所含成分信息为原则。一般选取一个或多个主要活性成分或指标成分作为参照物；若无合适的参照物，也可选择图谱中稳定的色谱峰作为参照峰，并尽可能对其进行指认。通过对代表性样品指纹或特征图谱的分析，选择各批样品中均出现的色谱峰作为共有峰，并优先选择含量高、专属性强的色谱峰（如已知有效或活性成分、含量测定指标成分及其他已知成分）作为特征峰。在指纹或特征图谱研究过程中，应尽可能对图谱中的主要色谱峰进行指认。

指纹或特征图谱一般以相似度或特征峰的相对保留时间、峰面积比值等为检测指标。可根据多批样品的检测结果，采用指纹图谱相似度评价系统软件获取共有峰的模式，建立对照指纹图谱，并用上述软件对供试品指纹图谱与对照指纹图谱进行相似度分析比较，关注非共有峰的特征。特征图谱需确定各特征峰的相对保留时间及其范围。在样品检测数据的基础上进行评价，制定指纹或特征图谱的相似度或相对保留时间、峰面积比值及其范围。

（九）含量测定

含量测定方法包括容量（滴定）法、色谱法、光谱法等。色谱方法包括气相色谱法（GC）和高效或超高效液相色谱法（HPLC、UPLC）等。对于挥发性成分，可优先考虑采用 GC 法或气相色谱－质谱联用法（GC-MS）；对于非挥发性成分，可优先考虑采用 HPLC 或 UPLC 法。矿物类药物的无机成分可采用容量法、原子吸收光谱法（AAS）、电感耦合等离子体原子发射光谱法（ICP-AES）、电感耦合等离子体质谱法（ICP-MS）等方法进行含量测定。含量测定所采用的方法应经过方法学验证，以确保其准确性和可靠性。

（十）生物活性测定

生物活性测定方法一般包括生物效价测定法和生物活性限值测定法。由于现有的常规物理化学方法在控制药品质量方面具有一定的局限性，鼓励探索并开展生物活性测定研究。建立生物活性测定方法，可以作为常规物理化学方法的替代或补充，以更全面地评估药品的质量和疗效。例如，水蛭每 1 g 含抗凝血酶活性应不低于 16.0 U，蚂蟥、柳叶蚂蟥应不低于 3.0 U。

（十一）功能与主治

功能应使用中医术语进行描述，简明扼要，突出主要功效，并与主治相衔接。先写功效，后写主治，中间以句号隔开，并以"用于"二字连接。根据临床结果，若有明确的西医病名，一般可写在中医病证之后。

（十二）用法与用量

（1）先写用法，后写一次用量及一日使用次数。如果药品可供外用，应在服用量后列出，并用分号隔开。

（2）用法，如果用温开水送服的内服药，则写"口服"；如果需用其他方法送服的，应具体写明。除非有特殊需要明确说明的情况，一般不写明饭前或饭后服用。

（3）用量，为成人有效服用量。如果是儿童使用或以儿童使用为主的中药制剂，应注明儿童服用量或不同年龄儿童的对应服用量。对于剧毒药品，必须注明极量。

（十三）注意

"注意"项应根据临床试验结果和药物性能进行描述，包括各种禁忌事项，如孕妇及其他疾病和体质方面的禁忌，饮食禁忌，或注明该药为毒剧药等。

（十四）规格

制剂规格表述应参照现行相关指导原则要求。

（1）规格的写法有以重量计、以装量计、以标示量计等，以重量计的，如丸、片剂，注明每丸（或片）的重量；以装量计的，如散剂、胶囊剂、液体制剂注明每包（或瓶、粒）的装量；以标示量计的，注明每片的含量。

（2）按处方规定制成多少丸（或片数）及散装或大包装的以重量（或体积）计算用量的中药制剂均不规定规格。

（3）同一品种有多种规格时，重量小的在前，重量大的在后，依次排列。

（4）规格单位在0.1 g以下用mg，在0.1 g以上用g，液体制剂用mL。

（5）规格最后不列标点符号。

（十五）贮藏

贮藏项目的表述应涵盖药品贮藏与保管的基本要求。药品的稳定性不仅与其自身性质有关，还受到多种外界因素的影响。应通过对直接接触制剂的包装材料和贮藏条件进行系统考察，根据稳定性影响因素和药品稳定性考察的试验结果，确定适宜的贮藏条件。根据制剂的特性，具体写明保存的条件和要求。除特殊要求外，一般品种可注明"密封"；需在干燥处保存的，注明"置阴凉干燥处"；遇光易变质的品种要注明"避光"等。

（十六）有效期

有效期应根据药品的稳定性研究结果制订。

三、起草说明

中药新药质量标准研究资料包括质量标准正文和质量标准起草说明。质量标准是正式成文的规范，每一项具体要求和书写格式可参照现行版《中国药典》，起草说明是在质量标准起草过程中，对所制定各个项目的理由及规定各项指标和检测方法的科学性的说明。

（一）药品名称

1. 药品名称命名 中药新药的命名应按现行办法结合药物的功能主治，以及制剂剂型种类综合考虑。

中药新药通用名称应科学、明确、简短、不易产生歧义和误导，避免使用生涩用语，一般字数不超过8个字（民族药除外，可采用约定俗成的汉译名）。应明确剂型，且剂型应放在名称最后。

中药新药通用名称不应与已有中成药通用名重复，避免同名异方、同方异名的产生。一般不另起商品名，应一方一名，避免一方多名，即使是不同剂型的同一处方，应用同名称并加不同剂型名，如玉屏风颗粒、玉屏风口服液。一般不应采用人名、地名、企业名称或濒危受保护动物、植物名称命名。不应采用代号、固有特定含义名词的谐音命名，如XOX、名人名字的谐音等。不应采用现代医学药理学、解剖学、生理学、病理学或治疗学的相关用语命名，如癌、消炎、降糖、降压、降脂等。不应采用低俗、迷信用语。不应采用夸大、自诩、不切实际的用语，如强力、速效、御制、秘制，以及灵、宝、精等（名称中含药材名全称及中医术语的除外）。

中药新药命名鼓励在符合命名原则的前提下，可借鉴古方命名，充分结合美学观念的优点，使名称既科学规范，又体现一定的中华传统文化底蕴。但是，名称中所采用的具有文化特色的用语应当具有明确的文献依据或公认的文化渊源，并避免夸大疗效。

（1）单味制剂（含提取物）：一般可采用中药材、中药饮片、中药有效成分、中药有效部位加剂型命名，如丹参片、益母草膏、巴戟天寡糖胶囊等。

（2）复方制剂：①采用方中主要药味缩写加功效加剂型命名，如龙胆泻肝丸、银翘解毒颗粒剂、参附强心丸；②采用方内主要药味缩写加剂型命名，如参苓片、香连丸、银黄口服液；③采用药味数与主要药名或功效加剂型命名，如六味地黄丸、十一味参芪片；④采用君药前加复方加剂型，如复方丹参滴丸、复方阿胶浆；⑤采用功能加剂型命名，如补中益气合剂、妇炎康复片、养阴清肺糖浆；⑥采用方内药物剂量比例或剂量限度加剂型命名，如六一散、七厘散；⑦采用形象比喻结合剂型命名，如玉屏风散、泰山磐石散；⑧采用主要药味和药引结合并加剂型命名，如川芎茶调散。

2. 汉语拼音名 汉语拼音名应按以下要求书写：①按照中国文字改革委员会的规定，第一个字母需大写，并注意药品的读音习惯，如阿胶 Ejiao。②药名较长（一般在 5 个字以上），按音节尽量分为二组拼音。中成药的药品应与剂型分组拼音，每组的第一个字母需大写，如杞菊地黄丸 Qiju Dihuang Wan。③如果在拼音中有的与前一个字母合拼能读出其他音的，要用隔音符号，如更年安片 Gengnian'an Pian，在 n 和 a 之间用隔音符号。

3. 命名依据 阐明确定该名称的理由与依据。例如，香砂枳术丸，该药是由木香、麸炒枳实、砂仁、麸炒白术四味药材制成的丸剂，故此药的命名依处方内主要药材名称的缩写并结合剂型而定。

（二）处方

处方药味的名称应使用国家药品标准或药品注册标准中的名称，避免使用别名或异名，详细要求参照现行版《中国药典》的有关规范。国家药品标准未收载的药材，应采用地方标准收载的名称，并加注明。如果含有无国家药品标准且不具有药品注册标准的中药饮片、提取物，应单独建立该药味的质量标准，并附于制剂标准中，提取物的质量标准应包括其制备工艺。

对列入标准的炮制品，应使用炮制品名称，如酒当归、煅牡蛎、地榆炭、法半夏。对于药材炮制品标准中收载的炮制品规格，应使用炮制品名称，在其后的括号内注明炮制品规格名称，如附子的炮制品规格写成"附子（黑顺片）""附子（白附片）"，而不能只写成"附子（制）"。对于某些毒性较大且必须生用的中药饮片，应在其名称前冠以"生"字，如生川乌、生天南星等，应予以重视。处方中如果有《中国药典》未收载的炮制品，应详细说明炮制方法及炮制品的质量要求。

处方中的药引（如生姜、大枣等），如果为粉碎成混合物的，列入处方中；煎汁或压榨取汁泛丸的，不列入选方，但应在制法项注明药引的名称、用量。

一般辅料及添加剂如炼蜜、酒、糖、防腐剂等，亦不列入处方，但在制法项中需注明名称与用量。原则上制剂使用的辅料应被列入现行药用标准（《中国药典》、国外药典、部颁标准、地方标准），或被主管部门认可的执行标准。制剂中使用的辅料应有合法的来源，包括国内被有关部门批准作为药用辅料正式生产或具合法的"进口药品注册证书"及口岸药检报告。口服制剂中已广泛使用的少量色素、食品添加剂等，应提供国家食用标准。

（三）制法

制法说明制备工艺全过程中每一步骤的意义，解释关键工艺的各项技术要求的含义及相关半成品的质量标准。列出在工艺研究中各种技术条件及方法的对比数据，确定最终制备工艺及技术条件的理由。生产中应用的质量标准制法应与已批准的临床用质量标准制法保持一致，如有更改，应详细说明或提供试验依据。

（1）制法主要包括处方中药味数目，药材提取方法或处理方式，所用溶剂，浓缩、干燥、纯化、制剂成型等操作步骤，辅料的名称及用量，成品制成量等。对质量有影响的关键工艺，应列出控制的技术条件（如时间、温度、压力、pH等）。

（2）属于常规或现行版《中国药典》已规定的炮制加工品，在制法中不需叙述，特殊炮制加工在附注中叙述。

（3）制备工艺中对质量有影响的关键工艺应列出控制的技术条件及关键半成品的质量标准，如粉碎的细度、浸膏的相对密度、乙醇的浓度、渗滤液的名称和收集量等。用树脂进行纯化处理的工艺，应说明树脂类型。

（4）制法中药材粉末的粉碎度用"粗粉""中粉""细粉""极细粉"等表示。

（5）一般一个品名收载一个剂型的制法。蜜丸可并列收载水蜜丸、小蜜丸与大蜜丸；制备蜜丸的炼蜜量要考虑各地气候、习惯等不同，规定一定幅度，但规定幅度不应过大，以免影响用药剂量，如"100 g粉末加炼蜜100～120 g制成大蜜丸"。

（四）性状

制剂的性状往往与投料原料的质量及工艺有关，原料质量保证，工艺恒定，则成品的性状应该基本一致。因此，性状在一定程度上反映药品的质量特性，应按制剂本身或内容物的实际状态描述其外观、形态、嗅、味、溶解度及物理常数等。如果液体制剂出现颜色变化、浑浊沉淀、气味酸败，颗粒剂结块，片剂色泽加深、松散，芳香水剂气味减弱，乳剂的乳析、破裂等现象，应考虑药品质量下降，甚至不合格。

（1）除去包装后的直观情况，按颜色、外形、气味依次描述；片剂、丸剂若有包衣的还应描述除去包衣后片心、丸心的颜色及气味，硬胶囊剂应写明除去胶囊后内容物的色泽。丸剂若用朱砂、滑石粉或煎出液包衣，先描述包衣色，再描述除去包衣后丸心的颜色及气味。注射剂不要求描述"气"和"味"，外用制剂及剧毒药不要求描述"味"。

（2）制剂的颜色多为复合色，描述时辅色在前，主色在后。例如，"黄棕色"是以黄色为辅，棕色为主。对颜色范围的描述应由浅及深，例如，黄棕色至棕色。尽量避免使用不确切的颜色词汇，如豆青色、米黄色、青黄色、土黄色、肉黄色、咖啡色等。

（3）性状项是在稳定性试验过程中根据实际观察情况所拟定的，是多批样品综合描述的结果。小量研制品与中试或大量生产制成品，其色泽、外观等可能不完全一致，甚至相差较大。因此，性状项应以中试或大量生产的产品为依据，并至少观察3～5批样品。有些中药制剂的色泽在储藏期间会变深，因此，可根据实际观察情况规定幅度。

（4）性状项的其他内容要求应参照现行版《中国药典》凡例。

（五）鉴别

鉴别主要是说明中药制剂定性鉴别项目选定的原则及方法，以确保中药制剂鉴别项目的规范合理。

（1）鉴别项目的选定，可根据处方组成及研究资料确定建立相应的鉴别项目，原则上处方各药味均应进行试验研究，根据试验情况，选择列入标准中。

（2）应提供鉴别方法的依据，在理化鉴别和色谱鉴别时需列出阴性对照试验结果，以证明其专属性，并提供3批以上样品的试验结果，以证明其重复性。

（3）要求随资料附有关图谱，如显微鉴别的粉末特征墨线图或照片（注明扩大倍数）、薄层色谱照片、色谱法的色谱图（包括阴性对照图谱原图复印件）。

（4）色谱鉴别所用化学对照品及对照药材，现行国家药品标准已收载可直接采用。对照品的来源为由动物、植物提取的，需要说明原料的科名、拉丁学名和药用部位。化学合成品注明供应来源。验证已知结构的化合物需提供必要的参数及图谱，并应与文献值或图谱一致，若文献无记载，则按未知物要求提供足以确证其结构的参数，如元素分析、熔点、红外光谱、紫外光谱、磁共振谱、质谱等。

在正文中编写顺序为显微鉴别、一般理化鉴别、色谱鉴别。

（六）检查

检查主要指控制制剂中可能引入的杂质及与质量标准有关的项目。

（1）中药制剂检查项目参照现行版《中国药典》附录各有关制剂通则项下规定的检查项目和必要的其他检查项目进行检查，若与通则中某项检查要求不同的，要说明理由并列出具体数据，若还有通则以外的检查项目时，要说明理由、方法及数据。现行版《中国药典》未收载的剂型可另行制定。

（2）中药制剂所用药材均应是经检验符合规定的药材，故一般制成制剂后不再做总灰分等检查。但对新药，需做重金属、砷盐等有害物质的考察，要提供所检测的数据。必要时，将重金属、砷盐列入正文检查项目中。此外，检测内服的酒剂、酊剂是否含甲醇时可用气相色谱法，需提供所检测的数据，必要时列入正文检查项下。

（3）中药制剂凡规定限度指标的品种（指重金属、砷盐或甲醇等）要有足够的数据，至申报试生产用质量标准时，必须至少积累10个批次样品的20个数据指标，将限度指标列入正文之中。对于未列入正文中的检查项目研究，也应提供方法及检测数据。

（4）对有毒性的药材，应对其有毒成分制定限度指标。

（5）杂质检查所需对照品含量限度要求基本和含量测定用对照品相同。

（七）浸出物测定

（1）在确定无法建立含量测定时，可暂定浸出物测定作为质量控制项目，但必须具有针对性和控制质量的意义。凡收载含量测定项者，可不规定此项。但含量测定限度低于万分之一的，可增加浸出物测定项目。

（2）浸出物测定项目建立时应说明规定该项目的理由，所采用溶剂和方法的依据，列出实测数据，各种浸出条件对浸出物量的影响，制定浸出物量限（幅）度的依据和实验数据。

（3）浸出物测定的建立是以测试10个批次样品的20个数据为准。

（八）指纹或特征图谱

指纹或特征图谱需有足够的实验数据和依据，确认可重现性。

中药指纹图谱和特征图谱均以表征中药内在质量的整体变化为评价目的，符合中药质量控制整体性表征的分析特点。不同的是，中药指纹图谱强调的是"指纹性"，即中药各类成分群的整体表征，与单一成分或指标成分质控方法相比，指纹图谱更科学和全面，适用于中药质量的整体评价，反映产品的一致性和稳定性。而中药特征图谱强调的是"特征性"，即中药中某一类成分的专属表征，从特征辨识的角度，选取图谱中具有特征意义的某类成分信息作为特征峰，用于中药的鉴别。《中国药典》从 2010 年版开始，逐步将中药指纹图谱作为重要的质量控制方法之一，目前通过建立指纹图谱或特征图谱进行质量控制的中药日益增多。

中药制剂特征图谱系指中药制剂样品经适当处理后，采用适宜的分析方法，研究建立的能够反映多组分信息并体现其质量特征的图谱。中药制剂特征图谱对于识别中药关键质量属性，研究量值传递，评价中药制剂质量的均一性、稳定性，提高中药制剂整体质量控制水平具有重要意义。

1. **基本原则**

（1）反映中药质量特征：中药制剂特征图谱应当反映其质量特征，应当在其所含成分研究的基础上，开展特征图谱研究。鼓励基于中医临床实践，结合其功效特点或有效性、安全性数据，在特征图谱中体现关键质量属性。

（2）方法科学可行：中药制剂特征图谱应当具有特征性、重现性和实用性，测定方法具有可操作性，制定过程中应当进行系统的研究，选择适宜的方法，并兼顾简便、易行、经济、环保等要求，鼓励新技术与新方法在特征图谱中的应用。

（3）体现品种特点：中药制剂质量研究具有复杂性、渐进性，应当结合具体品种特点进行研究，若一个特征图谱难以反映药品中不同类型成分的信息，可建立多个特征图谱。

2. **主要内容**　中药制剂特征图谱应当根据中医药特点以及质量设计要求开展针对性的研究。研究内容一般包括检测方法的选择、供试品的制备、特征图谱的制定、方法学验证、评价方法等。

（1）检测方法选择：应当根据所含化学成分的理化性质等，充分考虑分析方法的可操作性，选择适宜的检测方法，尽可能检出反映中药质量的特征成分。一般多采用色谱方法，如液相色谱法、气相色谱法等。必要时可采用多种检测方法或多种测定条件制定多个特征图谱。鼓励采用成熟适用的新技术新方法，科学、全面、准确地反映中药制剂的特征信息。

（2）供试品制备：应根据样品中所含化学成分的理化性质和检测方法的要求，选择适宜的方法（如提取、萃取等）进行制备。对于成分复杂的样品，可进行预处理，减少不同成分间的干扰。供试品的制备应尽可能使活性或指标成分在特征图谱中得以体现。

（3）指纹或特征图谱制定

1）指纹或特征图谱的建立：特征图谱应具有足够的代表性，能反映多组分信息，表征中药的质量特征。一般应根据 15 个批次及以上代表性样品的测定结果制定。特征峰应有一定的峰高或峰面积（一般应不小于最大峰的 5%）。优先选择活性成分作为特征峰；活性成分不明确的，可选择图谱中稳定出现的色谱峰作为特征峰，并尽可能对其进行指认。一般情况下，中药复方制剂具有多条工艺路线的，建议针对每条工艺路线选取专属性强的化学成分作为特征峰进行研究。

2）特征峰的指认和归属：根据中药所含成分，结合对照品比对及色谱-质谱联用等方法对色谱峰进行指认。对中药复方制剂，应根据处方各药味所含化学成分、制备工艺等情况，对特征峰进行药味归属。

3）参照物的选择：参照物用于特征峰的定位或定量，有助于特征峰的指认、归属和判定，应根据品种特点选取适宜的对照药材、对照提取物、一个或多个主要活性成分或指标成分等作为参照物。参照物的选择应基于"药材—饮片—中间体—制剂"的关联性，结合药效及制备工艺情况进行研究。

（4）方法学验证：参照现行版《中国药典》及其他相关法规等相关要求，开展特征图谱的方法学验证研究，包括精密度、稳定性、重复性、耐用性等。

（5）评价方法：中药制剂特征图谱应根据品种自身特点选择评价方法，一般可对特征峰的保留时间、相对保留时间或相对峰面积等进行评价。采用特征峰保留时间评价的，供试品特征图谱的相关色谱峰应与相应的参照物色谱峰保留时间相同。采用特征峰相对保留时间或相对峰面积评价的，根据研究结果确定参照峰（S峰）、各特征峰的相对保留时间及其范围、相对峰面积及其范围等。特征峰相对保留时间规定值范围一般应不超过 ±10%。若超过 ±10%，可考虑增加参照物，即特征图谱测定中采用多个参照物分别对不同特征峰的相对保留时间作出规定。

中药指纹图谱获取的数据应是符合实际情况的色谱、光谱或其他源数据或积分结果，应建立比较图谱一致性或相似程度的评价方法，应用相对保留时间、共有峰峰面积比值等技术参数，找到指纹图谱的指纹特征。相似性的比较可以用"相似度"表达，借助国家药典委员会推荐的"中药指纹图谱计算机辅助相似度评价软件"进行相似度数据分析。除个别品种视具体情况而定外，一般情况下相似度在 0.9～1.0 为符合要求。相似度小于 0.9，但直观比较难以否定的供试品可进一步采用模式识别方法（如主成分分析）检查原因。采用相似度评价软件计算相似度时，若峰数多于 10 个，且最大峰面积超过总峰面积的 70%，或峰数多于 20 个，且最大峰面积超过总峰面积的 60%，计算相似度时应考虑去除该色谱峰。在收集大量合格样本的基础上建立对照指纹图谱，形成共有模式后，待测供试品可通过一定的计算方法计算出与共有模式间的相似度，通过其相似度来评价中药质量的真伪优劣。

（九）含量测定

含量测定是指采用适当的化学方法或仪器分析方法，以临床功效为导向，对制剂中有效成分或有效部位进行的定量分析，以评价和控制制剂工艺稳定性和成品质量的方法。

1. 含量测定方法的考察　中药制剂含量测定可参考现行版《中国药典》或文献收载的与其相同成分的测定方法，但因品种不同，与自行建立的新方法一样，均须进行方法学考察，具体方法学验证可参考现行版《中国药典》四部"分析方法验证指导原则"。

（1）供试品溶液制备条件的选定：将被测成分有效地从样品中提取出来，除去杂质，纯化样品，减少干扰，以提高分析方法的重现性和准确度。提取的具体条件参数，如溶剂种类、提取方式、提取时间、提取温度、pH 等，需要查阅文献，通过正交试验或均匀设计等进行优选，并配合回收率试验结果，综合评估确定。在提取方式上，液体样品多用萃取法，固体样品多用浸渍、回流、索氏提取、超声提取等方法。

（2）分离、纯化方法的确定：由于多数样品的含量测定采用色谱法，特别是高效液相色谱法，可以在保留待测成分的同时，尽量纯化样品，以达到保护色谱柱的目的。用于薄层扫描方法测定的样品也应尽量纯化样品，以提高斑点的分离度，减少斑点的重叠。采用分光光度法含量测定的样品需降低在测定波长下的背景吸收，提高制剂含量测定的准确性。

（3）测定条件的选择：各种测定方法条件的确定须按照现行版《中国药典》通则中对各测定方法的要求进行，相应测定条件须达到通则中要求。具体待测成分的测定方法可参考现行版《中国药典》中进行，若有干扰或不适合，可再进行优化，重新建立方法。例如，分光光度法（包括比色法）和色谱法最大吸收波长的选择，液相色谱法中固定相、流动相、内标物质、检测波长和流速的选择，薄层扫描法层析与扫描条件的选择等。

（4）专属性考察：为防止出现假阳性的干扰，在含量测定时应做阴阳对照试验，即分别以被测成分或药材（阳性）与除去该成分或该药材的成药（阴性）作对照，考察被测成分的斑点（或峰）位置是否与干扰组分重叠，以确证测定指标（如吸收峰、峰面积）是否仅为被测成分的响应，从而保证该定量分析的专属性。

（5）线性关系的考察：分光光度法（包括比色法）需制备标准曲线，用于确定取样量并计算含量，色谱法一般均采用对照品比较法、外标或内标法测定，但也必须进行线性考察。目的：①确定样品浓度与峰面积（或峰高）是否呈线性关系；②明确线性范围，适用的样品的进样量（或点样量）；③考察直线是否经过原点，以确定是以一种浓度或两种浓度对照品（即一点法或二点法）测定并计算。要求标准曲线相关系数 r 值应在0.999以上，薄层扫描法 r 值可在0.995以上，应提供标准曲线图、回归方程，并说明线性范围。

（6）精密度试验：精密度是指用相同方法对同一供试品溶液进行多次测定，考察各测定结果之间的接近程度，表征过程中随机误差的大小。精密度表示测定的重现性，是保证准确度的先决条件，在中药制剂质量标准含量测定项下，需完成精密度考察。精密度试验一般包括日内精密度和日间精密度，实验次数要求不得少于6次，并对6次试验所得数据进行统计学处理，计算其平均值和相对标准偏差。

（7）重复性试验：重复性是指在规定范围内，在同一条件下对同一批样品，取同一浓度（分析方法拟定的样品测定浓度，相当于100%浓度水平）的供试品，用至少6份的测定结果进行评价；或设计至少3种不同浓度，每种浓度分别制备至少3份供试品溶液进行测定，用至少9份样品的测定结果进行评价，浓度的设定应考虑样品的浓度范围。所得数据进行统计学处理，计算其含量的平均值和相对标准偏差，应符合现行版《中国药典》。

（8）稳定性试验：稳定性试验是指对同一被测样品的供试品溶液在不同时间点的测定结果，计算其平均值和相对标准偏差。通常延续测定至少24 h。

（9）加样回收率试验：含量测定方法的建立，多以回收率估算分析的误差和操作过程的损失，以评价方法的可靠性。中药含量测定的回收率试验采用加样回收试验，即于已知被测成分含量的成药中再精密加入一定量的被测成分纯品，依法测定。在规定范围内，取同一浓度（相当于100%浓度水平）的供试品，用至少6份样品的测定结果进行评价；或设计至少3种不同浓度，每种浓度分别制备至少3份供试品溶液进行测定，用至少9份样品的测定结果进行评价，且浓度的设定应考虑样品的浓度范围。两种方法的选定应考虑分析的目的和样品的浓度范围。加样回收率限度详见现行版《中国药典》。

加样回收率（%）=（实测值 − 样品所含被测成分量）/ 对照品加入量 × 100%

在进行加样回收率实验设计时，应注意加入对照品的步骤是在供试品溶液制备前，而非在制备供试品溶液之后才加入对照品，因为后者做法并不能说明被测成分在提取、纯化等步骤中是否损失。同理，当进行薄层扫描测定时，加入对照品的步骤也应是在制备供试品溶液之前，而非将供试品与对照品溶液叠点于薄层板的同一原点上测定。

（10）耐用性考察：耐用性系指在测定条件有小的变动时，测定结果不受影响的承受程度。液相色谱法中的变动因素有流动相的组成和pH，不同品牌不同生产批号的同类型色谱柱、柱温、流速等；气相色谱法的变动因素有不同厂家或批号的色谱柱、固定相，不同类型的担体、柱温，进样口和检测器温度等。

2. 含量限度的制定　中药制剂含量限度规定的方式，根据现行各级标准有以下几种。

（1）规定幅度：例如，标准进口西洋参药材含人参总皂苷为5%~10%，含西洋参制剂则应根据处方量及工艺制备相关数值规定制剂含量幅度。又如，保赤散含朱砂，规定含朱砂按HgS计算，应为21.0%~25.0%。按古代经典名方目录管理的中药制剂，其含量限度应确定上下限，且限度波动范围应与基准样品的要求保持一致，如苓桂术甘颗粒含甘草，规定每袋含甘草以甘草苷（$C_{21}H_{22}O_9$）计，应为35.21~65.39 mg。

（2）规定标示量：例如，因马钱子粉中士的宁的规定含量约为0.8%（0.78%~0.82%），按九分散（2.5 g/袋）处方量（含马钱子粉25%）计算，故每袋九分散含马钱子（以士的宁计）含量规定为5 mg的±10%（即4.5~5.5 mg），即标示量为5 mg。

（3）规定下限：例如，香连丸，每1 g含萸黄连以盐酸小檗碱计，不得少于27.0 mg。

必须强调，含量限度的制定，须注意是在保证药物成分临床安全和疗效稳定的情况下制定，并须有足够的具有代表性的样品实验数据为基础，结合原料（药材）含量及工艺收率综合分析制定。报临床用样品至少有3批样品6个数据；大生产样品应用质量标准时，累积数据必须至少为10批样品20个数据。

含量限度低于万分之一者，应增加另一个含量测定指标或浸出物测定。

在建立化学成分的含量测定有困难时，也可考虑建立生物测定或可量化的指纹色谱等其他方法。

（十）生物活性测定

采用生物活性测定方法应符合药理学研究的随机、对照、重复的基本原则，建立的方法应具备简单、精确、可行、可控的特点，并有明确的判断标准。试验系统的选择与实验原理和制定指标密切相关，应选择背景资料清楚、影响因素少、检测指标灵敏和性价比高的试验系统。表征药物的生物活性强度的含量（效价）测定方法，应按生物活性测定方法的要求进行验证。不同药物的生物活性测定方法的详细要求，可参照相关指导原则。

（十一）功能与主治

说明药理试验及临床试验研究的结果，制定功能与主治项的理由。

（十二）用法与用量

说明制定用法与用量项的理由。

（十三）注意

说明制定注意项的理由。

（十四）规格

规格要考虑与常用剂量相衔接，方便临床使用。

（十五）贮藏

说明贮存理由，需特殊贮存条件的也应说明理由。特殊贮藏的名词术语如下。①遮光：系指用不透光的容器包装，例如棕色容器或黑色包装材料包裹的无色透明、半透明容器。②密闭：系指将容器密闭，以防止尘土及异物进入。③密封：系指将容器密封，以防止风化、吸潮、挥发或异物进入。④熔封或严封：系指将容器熔封或用适宜的材料严封，以防止空气与水分的浸入并防止污染。⑤阴凉处：系指不超过20℃。⑥凉暗处：系指避光并不超过20℃。⑦冷处：系指2~10℃。⑧常温：系指10~30℃。

（十六）有效期

应根据稳定性研究资料确定其有效期。

四、质量标准检测药味和成分的选择

（一）检测药味的选定原则

（1）中药制剂药味多，在尽可能逐一鉴别的基础上，应首先择其君药及所含贵重药建立含量测定项，如果含毒性药，更应研究建立含量测定项，量微者也要规定限度试验，列入检查项中。但如果君药、贵重药、剧毒药同时存在，则要求两项均测定。对于注射剂，要求大部分成分或组分均要说清楚，更要研究建立多项含量测定，以保证药物安全有效。

（2）对前述有关药味基础研究薄弱或在测定中干扰成分多，也可依次选定臣药等其他药味进行含量测定。

（3）单方制剂所含成分必须基本清楚，如明确为生物碱类等，并搞清其中主要成分的分子式与结构式，既要能测定其总成分，又要便于以主要成分计算。

（二）测定成分的选定原则

（1）有效成分或指标性成分清楚的可进行针对性定量。

（2）成分类别清楚的，可对总成分如总黄酮、总皂苷、总生物碱等进行测定。

（3）所测成分应归属于某一单一药味，如成药中含有两种以上药味具相同成分或同系物（母核相同）时，最好不选此指标，因无法确证某一药材原料的存在及保证所投入的数量和质量。但如果处于君药地位，或其他指标难以选择测定，也可测定其总含量，但同时须分别测定上述药材原料所含该成分的含量，并规定限度。例如，黄连与黄柏、枳实与枳壳、川芎与当归等常同时处于同一处方中，并处君药地位，则可测定成药中的小檗碱、橙皮苷、阿魏酸等，并同时分别控制各药材原料有关成分的含量。

（4）对于因药材原料产地和等级不同而含量差异较大的成分，需注意检测指标的选定和产地的限定。

（5）检测成分应尽可能与中医用药的功能主治相近。例如，山楂在成药中若以消食健胃功能为主，则应测定其有机酸含量；若以活血止痛治疗心血管病为主，则应测定所含黄酮类成分。

复方制剂中由于某些药味基础研究工作薄弱，测定干扰难以克服或含量极低，无法进行某些成分含量测定的，也可选择适宜的溶剂进行浸出物测定。例如，含挥发性成分或脂溶性成分可作醚浸出物的测定，前者还可测定挥发性醚浸出物；若含皂苷类成分较多，也可测正丁醇浸出物。溶剂的选择应有针对性，能达到控制质量的目的，一般不采用水或乙醇，因其溶出物量太大，易受某些原料或工艺的影响，难以反映质量的差异。

五、中药标准物质

药品标准物质系指供国家法定药品标准中药品的物理、化学及生物学等测试用，具有确定的特性或量值，用于校准设备、评价测量方法、给供试药品赋值或鉴别用的物质。中药质量标准常用的标准物质有对照品、对照药材和对照提取物。

（一）对照品

1. 中药化学对照品类别 中药化学对照品系指含有单一成分或混合组分，用于中药材、饮片、提取物、中成药等检验的标准物质。按使用目的，中药化学对照品分为鉴别、检查和含量测定用，还有作为内标物和对照试剂用的中药化学对照品。中药化学对照品的纯度取决于其使用目的，不同使用类别具有不同的纯度要求，在使用上也应区别对待。

（1）鉴别用中药化学对照品：主要用于中药药品标准中薄层色谱、高效液相色谱和气相色谱鉴别等。薄层色谱通过比较供试品色谱中与对照品的斑点位置、颜色等方面的一致性进行判断；高效液相色谱和气相色谱则通过比较供试品色谱与对照品色谱中色谱峰保留时间的一致性进行判断，还可以采用二极管阵列检测器，比较高效液相色谱峰的吸收光谱的一致性进行辅助判断。

在现行版《中国药典》和我国其他国家药品标准中，鉴别使用的对照品均为与被鉴别成分相同的化合物，可以称为"等同对照"；而在《欧洲药典》（EP）和《美国药典》（USP）收载的植物药标准中，还有采用非鉴别成分对照的模式，称为"参比物对照"。以人参为例，《中国药典》收载的薄层色谱鉴别除采用人参对照药材对照外，还采用人参皂苷 Rb1、人参皂苷 Re、人参皂苷 Rf 和人参皂苷 Rg1 对照品对照，供试品色谱中应检出与对照品相应的 4 个成分斑点。EP 中人参项下，皂苷成分的薄层色谱鉴别使用七叶皂苷（aescin）和熊果苷（arbutin）两个成分为参比物，作为定位对照，以图示斑点位置和描述颜色的方式表征鉴别的皂苷成分。USP 中人参项下，同样采用七叶皂苷和熊果苷为参比物，而采用文字描述斑点位置和颜色特征来表征鉴别的成分。

《中国药典》的方法采用鉴别成分对照品对照，对薄层色谱试验条件要求不高，利于不同试验条件下的准确判断。EP 和 USP 方法是一种替代方法，可节省对照品，但对试验条件要求较高，否则，重现性达不到要求，影响正确判断。我国药品标准为强制标准，采用鉴别成分对照的方式有利于不同条件下实验结果的判断，仍然是比较可行的方法。

鉴别用对照品的纯度要求与含量测定用对照品不同，一般纯度在 95% 以上。这类对照品在标签和使用说明书中未标示纯度，使用前也不需要特殊处理。但有些成分在溶液状态稳定性差，放置时间过长，可造成成分的挥发、分解、转化等，一般应临用配制。限度检查和含量测定用对照品也可用于鉴别项目。

（2）限度检查用中药化学对照品：中药药品标准中收载的限度检查包括一般限度检查和定量限度检查。前者只设定一个浓度或点样量（进样量）限度，检测样品在规定的供试品溶液制备情况下，检测成分不大于上述限度即可；而后者则需进行含量测定，根据含量结果判断是否超过限度规定。限度检查用对照品的纯度要求与含量测定用对照品相同，一般不低于 98.0%。

（3）含量测定用中药化学对照品：目前中药材、中药提取物及中药成方制剂标准中的含量测定方法主要为色谱法，包括薄层色谱扫描法、高效液相色谱法、气相色谱法等，也还有总成分（或单体成分）测定的紫外分光光度法或紫外—可见分光光度法等。这些方法需要采用对照品对照测定量值。截止到目前，我国药品标准中含量测定用对照品均采用单体成分对照，只有现行版《中国药典》一部收载的三七总皂苷采用标示含量的三七总皂苷（对照提取物，标示三七皂苷 R1、人参皂苷 Rg1、人参皂苷 Re、人参皂苷 Rb1 和人参皂苷 Rd 的含量）作为含量测定用对照品。供制备含量测定用的原料一般要求纯度不低于 98.0%。

2. 中药化学对照品的特性 中药化学对照品大部分来源于植物或动物，经一定的提取、分离制备过程而得。天然产物的复杂性和多样性导致了中药化学对照品的结构和理化特性千差万别。目前，中药化学对照品几乎囊括了天然产物的所有类型，包括黄酮、生物碱、苯丙素、皂苷、醌类、萜类、氨基酸、多肽等。

3. 中药化学对照品的研制与标定技术要求 中药化学对照品的研制与标定主要技术环节包括品种的确定、候选原料制备工艺研究、候选原料的标定、定值研究等方面。

（1）品种的确定：根据国家药品标准制定或修订的需要，确定化学对照品的品种。

（2）药品标准收载情况调研：从现行药品标准（《中国药典》、国家药品标准或药品注册标准）中检索对照品的用途、使用方法及相应的色谱条件等。根据标定品种的类别进行相关的实验。标定方法中采用的纯度分析和含量测定方法应尽量涵盖标准中使用的方法并参照现行版《中国药典》四部通则和《中国药品检验标准操作规范》进行，如果标定方法中采用的方法不同于上述标准收载的内容，应提供标定方法的来源或文献资料。

（3）中药化学对照品候选原料的要求：对于首次提供的原料，原料供应商需提供详细的结构研究资料、纯度研究资料和稳定性影响因素研究资料。

1）候选对照品的制备应对原料的选择、制备工艺及其参数进行详细的研究。以植物或动物为原料提取制备候选对照品时，应对原料的基原（包括植物、动物的科名、拉丁学名和药用部位）、投料量、粉碎、提取的条件（包括溶剂、用量、温度、次数等）、纯化条件（包括萃取的溶剂及其用量、色谱的方法、填料、洗脱剂及其用量）、结晶和重结晶的溶剂和条件、干燥条件等工艺参数及候选对照品的得率进行详细的研究。

2）结构研究资料包括新化合物，需提供紫外光谱（UV）、红外光谱（IR）、^{1}H- 核磁共振（^{1}H-NMR）、^{13}C- 核磁共振（^{13}C-NMR）、异核多量子相关谱（HMQC）、异核多键相关谱（HMBC）、无畸变极化转移增强（DEPT）、质谱（MS）等有关图谱及详细的结构解析过程；已知化合物，需提供 UV、IR、^{1}H-NMR、^{13}C-NMR、MS 等有关图谱、详细的结构解析过程及相关文献。

3）纯度研究资料包括提供与候选原料相应的 HPLC（GC）和 TLC 纯度分析资料（包括图谱及相应的分析条件）。

4）稳定性研究资料包括提供稳定性影响因素研究资料，包括高温、高湿、光照、氧化等。对于不同批次品种的原料，原料供应商在首次供应后，后续原料供应时需提供 HPLC（GC）和 TLC 纯度研究资料。

（4）标定内容和方法

1）性状观察：候选对照品的颜色、形态、形状等特征。

2）理化常数研究：候选对照品的理化常数，如溶解性、熔点或沸点、比旋度、水分、干燥失重、炽灼残渣、引湿性等数据。

3）结构确证：应对候选对照品进行结构鉴定，并提供相应的研究数据。已知化合物应测定 UV、IR、MS 和 NMR 的数据，光学活性物质应提供比旋光度 $[\alpha]$，必要时测定圆二色光谱（CD）、X- 衍射（XRD）等数据，并与文献数据进行比较。未知化合物应对结构进行详细的解析与推断。

4）纯度测定：应对候选对照品的纯度进行检查，通常采用色谱法进行试验。

5）薄层色谱（TLC）：应对薄层板、展开剂、点样量、检测方法和试验条件等进行考察，选择载量大、分离度好及检测灵敏的分析方法。采用至少2个薄层系统，一般按标准规定的点样量及放大点样至100 μg检查杂质情况，可见杂质斑点的，以1%或2%自身对照检查杂质的限度。

6）高效液相色谱（HPLC）：应对色谱条件（包括色谱柱、流动相、进样量、流速、柱温等）进行考察，并选择二极管阵列检测器进行检测，通过归一化法或主成分自身对照法测定纯度。

7）气相色谱法（GC）：应对色谱条件（包括色谱柱、进样口温度、柱温、载气流速、检测方法、检测温度等）进行考察，选择分离度好的色谱条件，通过色谱峰面积的比较来测定纯度。

（5）中药化学对照品的定值：中药化学对照品的定值主要采用质量平衡法，即一个化学对照品的主成分、水分、有机溶剂、无机杂质、有机杂质含量的总和应为100.0%，其定值公式为含量（%）=（100.0-水分-有机溶剂-无机杂质）× 色谱纯度 ×100%。为保证量值的准确性，同时采用"外标法、容量分析法、差示扫描量热法等"其他方法对质量平衡法的量值进行辅佐证明，并应广泛开展协作标定工作。

1）鉴别用化学对照品仅供鉴别或系统适用性试验用的化学对照品，不涉及量值的使用，该类对照品不给出确定量值。

2）含量测定用化学对照品按照质量平衡法给定量值，并根据品种特性，经试验确定品种使用方法。

（二）对照药材

对照药材是国家药品标准检验用实物对照，为国家药品法定标准物质，即依据现行版《中国药典》，原卫生部颁发的药品标准、新药转正标准，原国家食品药品监督管理局颁布的药品标准规定，多用于中药材及成方制剂薄层鉴别检验的对照物质，一般为未经炮炙或化学提取的净药材制成的粉末。对照药材作为国家法定的药品检验对照物质，对国家药品标准的实施，药材、中成药等检验的规范化、重现性，都具有其他物质不可替代的重要作用。对照药材是我国首创和特色的标准物质形式。

对照药材的研制与标定主要技术环节包括品种确定、原料收集与初检、原料生药学鉴定工作、原料粉碎、成品的理化标定等。

1. 药品标准收载情况调研　对照药材研制品种的确定主要依据现行的国家药品标准，主要有《中国药典》一部（现行版）、原国家食品药品监督管理局国家药品标准《新药转正标准》、原国家食品药品监督管理局《国家中成药标准汇编（中成药地方标准上升国家标准部分）》、原卫生部药品标准《中药成方制剂》和《新药转正标准》等。

2. 对照药材原料收集和保管

（1）对照药材是指基原准确、单一的，质量符合国家或地方药品标准规定的净药材。

（2）对照药材的质量：为了保证对照药材的质量及各批次间的稳定性和一致性，对照药材原料的来源应相对稳定，收集地点、时间、加工方式等应相对固定。

（3）关键技术指标：具体品种的原料采购或采集、制备与标定中应参照的几个关键技术指标包括中文名、拉丁学名、产地、产地习用名、采收期、产地加工方式、药用部位等，还应注意换批次品种的基原、产地、药用部位以及外观品质规格等级与前批次的一致性。

3. 对照药材的生药学鉴定

（1）对照药材原料：应尽量有完整的基原鉴定报告，特别是首批原料。每批对照药材原料应尽量详细记录其来源和相关信息，如植物学名、药用部位、产地环境、采收地点、采收时间、采收后的处理过程、存放条件、采收人或单位等信息。

（2）整批原料：整批原料的堆积照片尽量从不同的角度完整反映该批原料的整体情况。

（3）初步检查：应对原料进行初步检查，确定原料的品名、药用部位是否与标准要求相符，确定相应标准准确无误后，必须对原料样品进行检查和挑选（如去除杂质、生虫发霉、非药用部位等），并在实验记录中简明扼要记述样品检查和挑选前后的情况。

（4）鉴定结果和结论：依据药品标准和对照药材研制技术要求进行检验，做好原始记录，性状鉴定和显微鉴定均应附关键特征的图片，并出具性状和显微鉴定结果和结论。

4. 对照药材的理化标定 理化标定的样品必须是经生药学鉴定合格，且整批原料粉碎后的成品粉末。取样时要注意均匀性和代表性。理化标定项要求如下。

（1）原料情况简要说明薄层鉴别应至少2个条件，首先选择标准中规定的试验，其次再根据药材的成分以不同于标准的提取方法或展开条件进行试验。被检药材必须检出与对照药材或标本具有一致的色谱行为，主要化学成分若有已知的化学对照品，则应与化学对照品具有一致的色谱斑点。

（2）首批对照药材应根据情况选用1~3种相关中成药的薄层鉴别条件进行验证。首批研制的对照药材，一般以基原准确、可靠的药材标本，或采集的植物标本作对照，同时还应考察使用该对照药材的制剂。

1）检查项：应按标准规定，除去杂质。

2）含量测定项：应按药材标准规定进行含量测定，确保符合药材标准规定。

3）换批次的理化检验：须以首批对照药材作对照，尽可能同时以单体中药化学对照品作对照，薄层色谱结果必须与首批色谱一致，以保证对照药材的延续性。

（三）对照提取物

对照提取物是一类非单体成分对照物，包括药材对照提取物和挥发油对照物，用于薄层色谱法或其他色谱鉴别或含量测定（标示含量对照提取物）。

对照提取物的研制与标定主要技术环节包括原料来源与提取、分离与纯化、理化检查等。

1. 原料的来源与提取

（1）原料的来源：对照提取物的来源，应根据国家标准中规定使用的药材品种或中成药品种而确定的；药材原料一般应采用主流商品的道地药材，或者符合GAP规范要求的栽培优质中药材，同时应固定采集时间、部位与加工方法。

（2）提取工艺：应根据药品标准与所含有效成分或有效部位及其理化性质，同时根据提取原理与实验分析结果，选择适宜的提取方法，设计合理的工艺路线，并应确定提取工艺的设计依据。在提取工艺路线初步确定后，应充分考虑可能影响提取效果的因素，进行科学、合理的试验设计，采用准确、简便、具代表性、可量化的评价指标与方法，优选合理的提取工艺条件。

2. 分离与纯化研究 分离与纯化工艺包括两个方面，一是应根据粗提取物的性质，选择相应的分离方法与条件，以得到有效的提取物质；二是将无效和有害组分除去，尽量保留有效成分或有效部位，可采用各种纯化、精制的方法，有针对性地富集目标组分。

3. 理化检查 主要包括一般理化鉴别、色谱或光谱鉴别及指纹图谱或特征图谱。

（1）色谱鉴别应与相关的化学对照品、对照药材或成药制剂进行比对，以确定其一致性。同时为保证标准物质批次间的一致，应建立其指纹图谱或特征图谱。

（2）检查项包括杂质、水分、灰分、酸不溶性灰分、重金属、砷盐、农药残留量、有关的毒性成分及其他必要的检查项目。应根据3批以上样品测定的结果，规定相应的限度。

（3）供指纹图谱或特征图谱检测用对照提取物，应采用HPLC或GC方法建立指纹图谱或特征图谱，并尽可能地对结构明确的色谱峰进行确认，附指纹图谱或特征图谱。

（4）多组分成分的定值。对于主要有效成分或特征性成分等作为标示量值的成分，应采用协作标定的方式，协作单位要求3个以上。协作标定结果经数理统计后进行定值，同时应对定值后的对照提取物耐用性进行考察，包括分析测定条件、不同的实验室以及相关制剂的测定等方面。

六、质量标准案例

例 5-1

苓桂术甘颗粒

Linggui Zhugan Keli

【处方】茯苓 1 150 g，桂枝 862.5 g，白术 862.5 g，甘草 575 g。

【制法】以上四味，加8倍量水，浸泡30 min，回流提取1 h，滤过，滤液备用，收集芳香水。药渣加6倍量水，回流提取0.5 h，滤过，合并两次滤液，收集芳香水，合并两次芳香水，备用；滤液浓缩至相对密度1.07~1.09（65℃±5℃），喷雾干燥，粉碎成细粉，备用。取芳香水，加入适量β-环糊精包合、干燥，包合物粉碎成细粉，与上述浸膏粉、适量糊精、硬脂酸镁混合均匀，制粒，制成1 000 g，即得。

【性状】本品为棕黄色至棕色颗粒；气微，味微甜。

【鉴别】

（1）取本品2 g，研细，加乙醚25 mL，超声处理30 min，滤过，滤液蒸干，残渣加三氯甲烷0.5 mL使溶解，作为供试品溶液。另取茯苓对照药材1 g，同法制成对照药材溶液。照薄层色谱法（现行版《中国药典》）试验，吸取上述两种溶液各20 μL，分别点于同一硅胶G薄层板上，以石油醚（30~60℃）-丙酮（95∶5）为展开剂，展开，取出，晾干，置紫外光灯（365 nm）下检视。供试品色谱中，在与对照药材色谱相应的位置上，显相同颜色的荧光斑点。

（2）取本品2 g，研细，加75%乙醇5 mL，密塞，超声处理30 min，滤过，取滤液作为供试品溶液。另取桂皮醛对照品，加乙醇制成每1 mL含1 μL的溶液，作为对照品溶液。照薄层色谱法（现行版《中国药典》）试验，吸取上述两种溶液各10 μL，分别点于同一硅胶G薄层板上，以石油醚（60~90℃）-乙酸乙酯（17∶3）为展开剂，展开，取出，晾干，喷以二硝基苯肼乙醇试液。供试品色谱中，在与对照品色谱相应的位置上，显相同颜色的斑点。

（3）取本品2 g，研细，加甲醇5 mL，超声提取50 min，冷却至室温，过滤，取滤液作为供试品溶液。另取白术对照药材0.5 g，同法制成对照药材溶液。照薄层色谱法（现行版《中国药典》）试验，吸取上述两种溶液各10 μL，分别点于同一硅胶G薄层板上，以环己烷-二氯甲烷-乙酸乙酯-甲酸（2∶1∶1∶0.1）为展开剂，展开，取出，晾干，置紫外光灯（365 nm）下检视。供试品色谱中，在与对照药材色谱相应的位置上，显相同颜色的荧光斑点。

（4）取本品 2 g，研细，加乙醚 40 mL，加热回流 1 h，滤过，弃去醚液，药渣加甲醇 30 mL，加热回流 1 h，滤过，滤液蒸干，残渣加水 40 mL 使溶解，用正丁醇振摇提取 3 次，每次 20 mL，合并正丁醇液，用水洗涤 3 次，弃去水液，正丁醇液蒸干，残渣加甲醇 5 mL 使溶解，作为供试品溶液。另取甘草对照药材 1 g，同法制成对照药材溶液。再取甘草酸铵对照品，加甲醇制成每 1 mL 含 2 mg 的溶液，作为对照品溶液。照薄层色谱法（现行版《中国药典》）试验，吸取上述三种溶液各 10 μL，分别点于同一硅胶 G 薄层板上，以乙酸乙酯–甲酸–冰醋酸–水（15∶1∶1∶2）为展开剂，展开，取出，晾干，喷以 10% 硫酸乙醇溶液，在 105℃ 加热至斑点显色清晰，置紫外光灯（365 nm）下检视。供试品色谱中，在与对照品色谱及对照药材色谱相应的位置上，显相同颜色的荧光斑点。

【检查】重金属及有害元素按照铅、镉、砷、汞、铜测定法依法（现行版《中国药典》）检查，含铅不得过 5 mg/kg，镉不得过 1 mg/kg，砷不得过 2 mg/kg，汞不得过 0.2 mg/kg，铜不得过 20 mg/kg。

其他应符合颗粒剂项下有关的各项规定（现行版《中国药典》）。

【浸出物】照醇溶性浸出物测定法（现行版《中国药典》）项下的热浸法测定，供试品取样量为 2 g，用乙醇作溶剂，溶剂体积为 100 mL，按干燥品计算应为 13.0% ~ 24.1%。

【指纹图谱】照高效液相色谱法（现行版《中国药典》）测定。

色谱条件与系统适用性试验：以十八烷基硅烷键合硅胶为填充剂；以 0.05% 磷酸溶液为流动相 A，以乙腈为流动相 B，按表 5-1 中的规定进行梯度洗脱；流速为每分钟 1 mL；柱温为 25℃；检测波长为 220 nm。理论塔板数按甘草苷计算不低于 3 000。

表 5-1　指纹图谱液相条件

时间（min）	流动相 A（%）	流动相 B（%）
0 ~ 50	95 → 40	5 → 60
50 ~ 60	40 → 0	60 → 100
60 ~ 61	0 → 95	100 → 5
61 ~ 65	95	5

参照物溶液的制备：取甘草苷对照品适量，精密称定，加甲醇制成每 1 mL 含 1 mg 的溶液，即得。

供试品溶液的制备：取装量差异项下的本品，研细，取约 4 g，精密称定，置具塞锥形瓶中，精密加入 50% 甲醇 10 mL，称定重量，超声处理 30 min，放冷，再称定重量，用 50% 甲醇补足减失的重量，摇匀，离心，取上清液，滤过，取续滤液，即得。

测定法：分别精密吸取参照物溶液与供试品溶液各 10 μL，注入高效液相色谱仪，测定，记录色谱图，即得。

本品指纹图谱中应呈现与甘草苷对照品色谱峰保留时间一致的色谱峰，并应出现 21 个共有峰，以 1 ~ 21 号峰为标记，经中药色谱指纹图谱相似度评价系统软件计算，与对照指纹图谱相比较（5 ~ 60 min），相似度不得低于 0.90（图 5-1）。

【含量测定】照高效液相色谱法（现行版《中国药典》）测定。

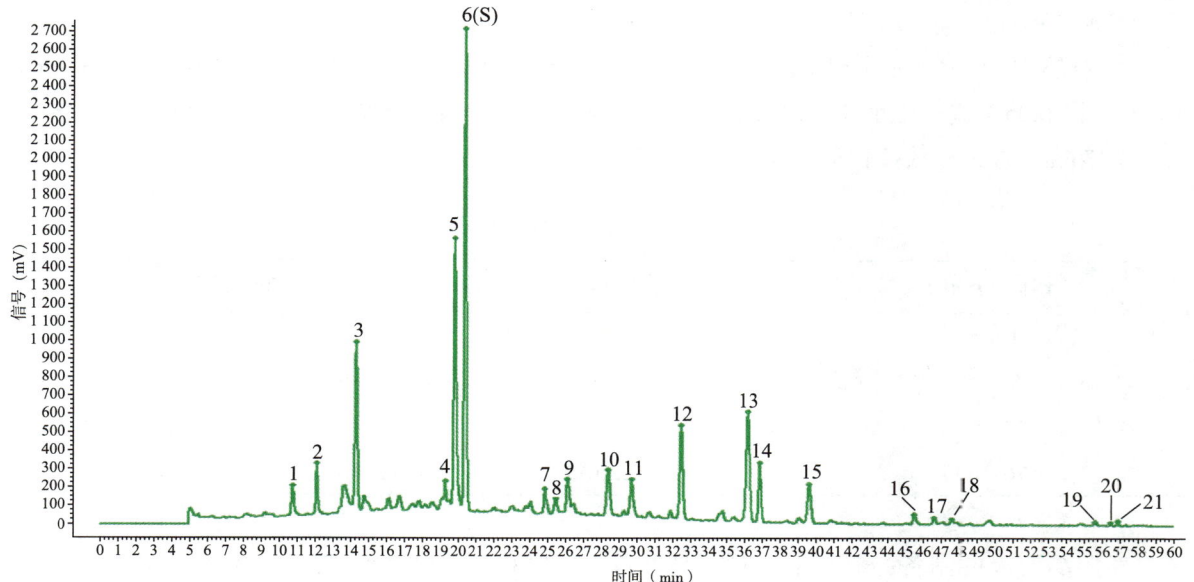

图 5-1　对照指纹图谱

21 个共有峰中，峰 6（S）：甘草苷，峰 12：肉桂酸，峰 13：桂皮醛，峰 14：甘草酸，峰 18：白术内酯Ⅲ，峰 19：白术内酯Ⅱ

（1）桂皮醛

色谱条件与系统适用性试验：以十八烷基硅烷键合硅胶为填充剂（250 mm×4.6 mm，5 μm），以 0.05% 磷酸溶液 – 乙腈（62∶38）为流动相；检测波长为 290 nm。理论板数按桂皮醛峰计算应不低于 3 000。

对照品溶液的制备：取桂皮醛对照品适量，精密称定，加甲醇制成每 1 mL 含 20 μg 的溶液，即得。

供试品溶液的制备：取装量差异项下的本品，研细，取约 1 g，精密称定，置具塞锥形瓶中，精密加入 70% 乙醇 50 mL，称定重量，超声处理 30 min，放冷，再称定重量，用 70% 乙醇补足减失的重量，摇匀，滤过，取续滤液，即得。

测定法：分别精密吸取对照品溶液和供试品溶液各 10 μL，注入高效液相色谱仪，测定，即得。

本品每袋含桂枝以桂皮醛（C_9H_8O）计，应为 10.59 ~ 19.66 mg。

（2）肉桂酸

色谱条件与系统适用性试验：以十八烷基硅烷键合硅胶为填充剂（250 mm×4.6 mm，5 μm），以 0.05% 磷酸溶液 – 乙腈（65∶35）为流动相；检测波长为 285 nm。理论板数按肉桂酸峰计算应不低于 7 000。

对照品溶液的制备：取肉桂酸对照品适量，精密称定，加甲醇制成每 1 mL 含 10 μg 的溶液，即得。

供试品溶液的制备：取装量差异项下的本品，研细，取约 1 g，精密称定，置具塞锥形瓶中，精密加入 70% 乙醇 50 mL，称定重量，超声处理 30 min，放冷，再称定重量，用 70% 乙醇补足减失的重量，摇匀，滤过，取续滤液，即得。

测定法：分别精密吸取对照品溶液和供试品溶液各 10 μL，注入高效液相色谱仪，测定，即得。

本品每袋含桂枝以肉桂酸（$C_9H_8O_2$）计，应为 5.37 ~ 9.97 mg。

（3）甘草苷

色谱条件与系统适用性试验：以十八烷基硅烷键合硅胶为填充剂（250 mm×4.6 mm，5 μm），以 0.05% 磷酸溶液（A）– 乙腈（B）为流动相，按表 5-2 中的规定进行梯度洗脱；检测波长 237 nm。理论板数按甘草苷峰计算应不低于 5 000。

表 5-2　含量测定液相条件

时间（min）	流动相 A（%）	流动相 B（%）
0~8	81	19
8~35	81→50	19→50
35~36	50→0	50→100
36~40	0→81	100→19

对照品溶液的制备：取甘草苷对照品适量，精密称定，加 70% 乙醇制成每 1 mL 含甘草苷 60 μg 的溶液，即得。

供试品溶液的制备：取装量差异项下的本品，研细，取约 1 g，精密称定，置具塞锥形瓶中，精密加入 70% 乙醇 50 mL，称定重量，超声处理 30 min，放冷，再称定重量，用 70% 乙醇补足减失的重量，摇匀，滤过，取续滤液，即得。

测定法：分别精密吸取对照品溶液和供试品溶液各 10 μL，注入高效液相色谱仪，测定，即得。

本品每袋含甘草以甘草苷（$C_{21}H_{22}O_9$）计，应为 35.21~65.39 mg。

【功能与主治】温阳化饮，健脾利湿。用于中阳不足之痰饮，症见胸胁支满，目眩，心悸，短气而咳，舌苔白滑，脉弦滑。

【用法与用量】开水冲服。一次 1 袋，一日 3 次。

【规格】每袋装 16 g（相当于饮片 55.2 g）。

【贮藏】密封。

例 5-2

散寒化湿颗粒

Sanhan Huashi Keli

【处方】略。

【制法】略。

【性状】本品为浅棕色至棕褐色的颗粒；气微，味苦、涩。

【鉴别】

（1）取本品 5 g，研细，加浓氨水 0.5 mL，再加三氯甲烷 50 mL，加热回流 1 h，滤过，滤液蒸干，残渣加甲醇 2 mL 使溶解，作为供试品溶液。另取盐酸麻黄碱对照品，加甲醇制成每 1 mL 含 1 mg 的溶液，作为对照品溶液。照薄层色谱法（现行版《中国药典》）试验，吸取上述两种溶液各 5 μL，分别点于同一硅胶 G 薄层板上，以三氯甲烷 – 甲醇 – 浓氨试液（20∶5∶0.5）为展开剂，展开，取出，晾干，喷以茚三酮试液，在 105℃加热至斑点显色清晰。供试品色谱中，在与对照品色谱相应的位置上，显相同的红色斑点。

（2）取本品1 g，研细，加甲醇30 mL，超声处理20 min，滤过，取滤液作为供试品溶液。另取紫花前胡苷对照品，加甲醇制成每1 mL含0.3 mg的溶液，作为对照品溶液。照薄层色谱法（《中国药典》）试验，吸取上述两种溶液各5 μL，分别点于同一硅胶G薄层板上，以三氯甲烷－甲醇（8∶2）为展开剂，展开，取出，晾干，在紫外光灯（365 nm）下检视。供试品色谱中，在与对照品色谱相应的位置上，显相同颜色的荧光斑点。

（3）取本品5 g，研细，加热水50 mL使溶解，用二氯甲烷振摇提取3次，每次30 mL，合并二氯甲烷液，蒸干，残渣加甲醇0.5 mL使溶解，作为供试品溶液。另取干姜对照药材1 g，加水20 mL，加热回流1 h，放冷，滤过，滤液用乙酸乙酯提取3次，每次20 mL，合并乙酸乙酯液，蒸干，残渣加甲醇1 mL使溶解，作为对照药材溶液。再取6-姜辣素对照品，加甲醇制成每1 mL含0.5 mg的溶液，作为对照品溶液。照薄层色谱法（现行版《中国药典》）试验，吸取上述三种溶液各5 μL，分别点于同一硅胶G薄层板上，以石油醚（60~90℃）－三氯甲烷－乙酸乙酯（2∶1∶2）为展开剂，展开，取出，晾干，喷以1%香草醛硫酸溶液，在105℃加热至斑点显色清晰。供试品色谱中，在与对照药材色谱和对照品色谱相应的位置上，显相同颜色的斑点。

（4）取本品，照【含量测定】厚朴项下的方法试验，供试品色谱中应呈现与对照品色谱峰保留时间相同的色谱峰。

（5）取本品5 g，研细，加甲醇50 mL，超声处理30 min，滤过，滤液蒸干，残渣加水5 mL微热使溶解，放冷，通过D101大孔树脂柱（内径为1.5 cm，柱高为8 cm），先用氨溶液（4→100）30 mL洗脱，弃去氨液，再用水30 mL洗脱，弃去水液，继用20%乙醇30 mL洗脱，收集洗脱液，蒸干，残渣加50%甲醇5 mL使溶解，离心，取上清液作为供试品溶液。另取苦杏仁苷对照品，加50%甲醇制成每1 mL含苦杏仁苷0.3 mg的溶液，作为对照品溶液。照高效液相色谱法（《中国药典》通则0512）试验，以十八烷基硅烷键合硅胶为填充剂；以甲醇-0.1%磷酸溶液（18∶82）为流动相；柱温为35℃；检测波长为215 nm；理论板数按苦杏仁苷峰计算应不低于3 000。分别吸取对照品溶液与供试品溶液各10 μL，注入液相色谱仪。供试品色谱中应呈现与对照品色谱峰保留时间相同的色谱峰。

【检查】应符合颗粒剂项下有关的各项规定（现行版《中国药典》）。

【浸出物】照醇溶性浸出物测定法（现行版《中国药典》）项下的冷浸法测定，用乙醇作溶剂，应为15.0%~30.0%。

【特征图谱】照高效液相色谱法（现行版《中国药典》）测定。

色谱条件与系统适用性试验：以十八烷基硅烷键合硅胶为填充剂；以甲醇为流动相A，以0.1%磷酸溶液为流动相B，按表5-3中的规定进行梯度洗脱；流速为每分钟1.0 mL；柱温为30℃；检测波长为250 nm。理论板数按紫花前胡苷峰计算应不低于10 000。

表5-3 特征图谱液相条件

时间（min）	流动相A（%）	流动相B（%）
0~5	0	100
5~25	0→15	100→85
25~60	15→55	85→45
60~75	55→100	45→0
75~80	100	0

参照物溶液的制备：取紫花前胡苷对照品适量，精密称定，加50%甲醇制成每1 mL含0.15 mg的溶液，即得。

供试品溶液的制备：取本品适量，混匀，研细，取约1 g，精密称定，置具塞锥形瓶中，精密加入水25 mL，超声处理（功率500 W，频率40 kHz）30 min，摇匀，离心，取上清液，即得。

测定法：分别精密吸取参照物溶液与供试品溶液各10 μL，注入液相色谱仪，测定，记录80 min色谱图，即得。

供试品特征图谱中应呈现10个特征峰，与参照物峰相应的峰为S峰，计算各特征峰与S峰的相对保留时间，应在规定值的±10%之内。相对保留时间规定值为0.11（峰1）、0.27（峰2）、0.36（峰3）、0.38（峰4）、0.41（峰5）、0.84（峰6）、0.92（峰7）、1.00[峰8（S）]、1.19（峰9）、1.29（峰10）（图5-2）。

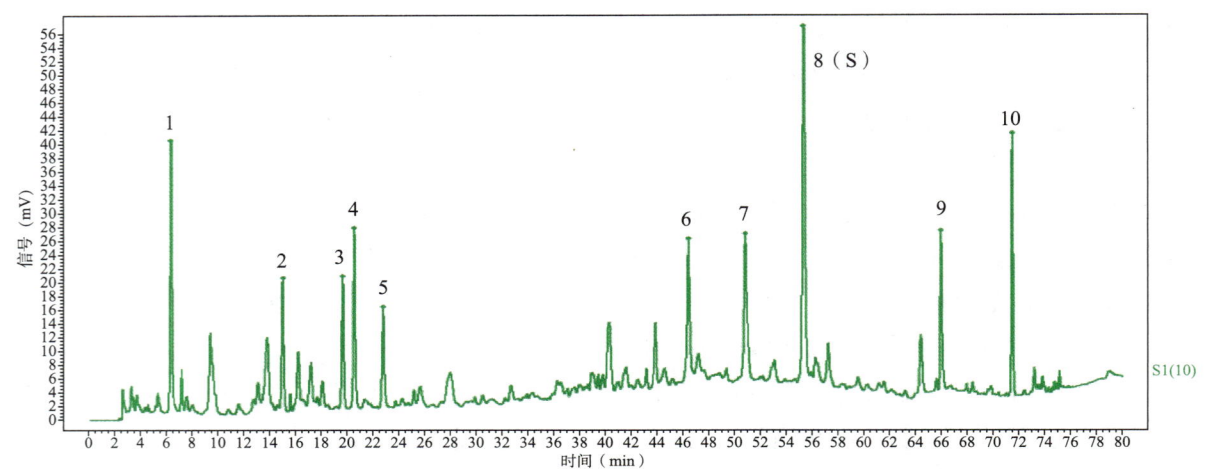

图5-2 标准特征图谱

峰1：腺嘌呤，峰2：尿苷，峰3：鸟苷，峰4：肌苷，峰5：5-羟甲基糠醛，峰6：木兰苷A，峰7：佛手酚-5-*O*-β-D-吡喃葡萄糖苷，峰8（S）：紫花前胡苷，峰9：6'-*O*-（反式阿魏酰基）-紫花前胡苷，峰10：茴香酸对羟基苯乙酯

【含量测定】按照高效液相色谱法（现行版《中国药典》）测定。

（1）麻黄

色谱条件与系统适用性试验：以十八烷基硅烷键合硅胶为填充剂；以乙腈-0.1%磷酸溶液（4∶96）为流动相；检测波长为210 nm。理论板数按盐酸麻黄碱峰计算应不低于3 000。

对照品溶液的制备：取盐酸麻黄碱对照品、盐酸伪麻黄碱对照品适量，精密称定，加50%甲醇制成每1 mL含盐酸麻黄碱20 μg、盐酸伪麻黄碱10 μg的混合溶液，即得。

供试品溶液的制备：取装量差异项下的本品，混匀，研细，取约1 g，精密称定，置具塞锥形瓶中，精密加入甲醇25 mL，密塞，称定重量，超声处理（功率500 W，频率40 kHz）30 min，取出，放冷，再称定重量，用甲醇补足减失的重量，摇匀，滤过，精密量取续滤液5 mL，加在中性氧化铝柱（100~200目，3 g，内径为1 cm）上，用乙醇30 mL洗脱，收集流出液及洗脱液，加入盐酸0.2 mL，混匀，蒸干，残渣用50%甲醇溶解，转移至5 mL量瓶中，加50%甲醇至刻度，摇匀，离心，取上清液，即得。

测定法：分别精密吸取对照品溶液与供试品溶液各10 μL，注入液相色谱仪，测定，即得。

本品每袋含麻黄以盐酸麻黄碱（$C_{10}H_{15}NO \cdot HCl$）和盐酸伪麻黄碱（$C_{10}H_{15}NO \cdot HCl$）的总量

计,应为 5.3~9.8 mg。

（2）厚朴

色谱条件与系统适用性试验：以十八烷基硅烷键合硅胶为填充剂；以乙腈为流动相 A，以 0.1% 磷酸溶液为流动相 B，按表 5-4 中的规定进行梯度洗脱；检测波长为 210 nm。理论板数按和厚朴酚峰计算应不低于 3 000。

表 5-4　含量测定液相条件

时间（min）	流动相 A（%）	流动相 B（%）
0~40	40→85	60→15
40~45	85→40	15→60
45~55	40	60

对照品溶液的制备：取厚朴酚对照品、和厚朴酚对照品适量，精密称定，加 50% 甲醇制成每 1 mL 含厚朴酚 15 μg、和厚朴酚 10 μg 的混合溶液，即得。

供试品溶液的制备：取装量差异项下的本品，混匀，研细，取约 1 g，精密称定，置具塞锥形瓶中，精密加入 50% 甲醇 50 mL，密塞，超声处理（功率 500 W，频率 40 kHz）30 min，取出，放冷，摇匀，滤过，残渣及容器用 50% 甲醇洗涤两次，每次约 5 mL，合并滤液及洗涤液，蒸干，残渣用 50% 甲醇溶解，转移至 5 mL 量瓶中，并稀释至刻度，摇匀，离心，取上清液，即得。

测定法：分别精密吸取对照品溶液与供试品溶液各 10 μL，注入液相色谱仪，测定，即得。

本品每袋含厚朴以厚朴酚（$C_{18}H_{18}O_2$）和厚朴酚（$C_{18}H_{18}O_2$）的总量计，应为 0.85~2.50 mg。

（3）羌活

色谱条件与系统适用性试验：以十八烷基硅烷键合硅胶为填充剂；以甲醇 -0.1% 磷酸溶液（35∶65）为流动相；柱温为 35℃；检测波长为 335 nm。理论板数按紫花前胡苷峰计算应不低于 3 000。

对照品溶液的制备：取紫花前胡苷对照品适量，精密称定，加 50% 甲醇制成每 1 mL 含 0.15 mg 的溶液，即得。

供试品溶液的制备：取装量差异项下的本品，混匀，研细，取约 0.8 g，精密称定，置具塞锥形瓶中，精密加入 50% 甲醇 25 mL，密塞，称定重量，超声处理（功率 500 W，频率 40 kHz）30 min，放冷，再称定重量，用 50% 甲醇补足减失的重量，摇匀，离心，取上清液，即得。

测定法：分别精密吸取对照品溶液与供试品溶液各 10 μL，注入液相色谱仪，测定，即得。

本品每袋含羌活以紫花前胡苷（$C_{20}H_{24}O_9$）计,应为 10.0~42.0 mg。

【功能与主治】散寒化湿，宣肺透邪，辟秽化浊，解毒通络。用于寒湿郁肺所致疫病，症见发热，乏力，周身酸痛，咳嗽，咳痰，胸闷憋气，纳呆，恶心，呕吐，腹泻，大便黏腻不爽，舌质淡胖齿痕或淡红，舌苔白厚腻或腐腻，脉滑或濡。

【用法与用量】开水冲服。一次 2 袋，一日 3 次。疗程 7~14 日，或遵医嘱。

【规格】每袋装 10 g（相当于饮片 48 g）。

【贮藏】密封。

第四节　中药新药的稳定性研究

稳定性研究是评价药品质量的主要内容之一，在药品的研究、开发和注册管理中占有重要地位。中药制剂稳定性研究是通过考察中药制剂的物理、化学及生物学特性在不同环境条件下（如温度、湿度、光照等）随时间变化的情况，以认识和预测中药制剂的质量变化趋势，为中药制剂生产、包装、贮藏、运输条件的确定和有效期的制定提供科学依据。

中药制剂稳定性研究应贯穿于药品的全生命周期，不应当止于其研究与开发过程，上市后还应当持续关注可能影响其质量的因素。药品上市许可持有人和研究者是中药制剂稳定性研究的责任主体，应当基于品种特点，有针对性地设计稳定性的试验方案，综合评估试验结果。

一、基本原则

（一）试验设计应当科学合理

根据研究对象特点，结合中药制剂注册申请的不同类别、不同阶段的稳定性研究目标，进行试验设计。

稳定性试验样品应当具有代表性，通常采用至少中试规模批次的样品进行。应当根据品种的处方、工艺、剂型等特点选择合适的考察指标，所有分析方法应当进行方法学验证。考察温度、湿度、光照等条件应当考虑到药品在贮藏、运输及使用过程中可能遇到的环境因素。应当基于对中药制剂的认识、稳定性变化趋势设置合理的考察时间点。

（二）稳定性研究应当反映中药制剂的整体质量

中药制剂大多具有多成分复杂体系的特点，单一指标有其局限性，应当从多角度、多维度选择多个指标进行稳定性研究与评价，内容一般涵盖物理、化学、生物学等方面；并关注考察指标与中药制剂有效性、安全性、质量可控性的关联。

一般以质量标准及《中国药典》制剂通则中与稳定性相关的指标为考察项目。必要时，应当考察反映质量变化的其他指标。

稳定性试验数据应当进行系统分析和评估，依据不同检测项目的结果及其变化趋势与程度，分析评估是否符合中药制剂质量要求。

（三）稳定性研究应当反映中药制剂的质量变化情况

中药制剂保存期间，易于变化的指标如挥发性、热敏性、易氧化水解等不稳定性成分，可能会影响其质量、安全性和有效性的考察项目，应当重点关注。

考察指标出现明显变化时，应当从制剂处方、生产工艺、包装材料和容器、贮藏条件等方面分析原因，提出改进措施，关注其与中药制剂有效性、安全性、质量可控性的关联，并进行综合评估，确定贮藏条件和有效期。

二、试验方法

根据研究目的和条件的不同，稳定性试验可分为影响因素试验、加速试验和长期试验等。影响因素试验一般用1批样品进行，加速试验和长期试验应当采用3批样品进行。加速试验和长期试验所用包装材料和容器应与拟上市包装一致。

临用现配的中药制剂，或是多剂量包装开启后有一定使用期限的中药制剂等，应当根据其具体的临床使用情况，进行配伍稳定性试验或开启后使用的稳定性试验。

（一）影响因素试验

影响因素试验是在比加速试验更激烈的条件下探讨药物的稳定性，了解影响稳定性因素及所含成分的变化情况，为制剂处方设计、工艺筛选、包装材料和容器选择、贮藏条件确定等提供依据，并为加速试验和长期试验拟采用的温度和湿度等条件提供参考。

影响因素试验一般包括高温、高湿、强光照射试验。影响因素试验一般用1批样品进行，如果试验结果不明确，则应当加试2个批次样品。固体样品应当置于适宜的开口容器中（如称量瓶或培养皿），分散放置，厚度不超过3 mm（疏松样品可略厚），必要时加透明盖子保护（如挥发、升华等）。液体样品应当置于化学惰性的透明容器中。对于其他形态的样品，可根据具体情况，选择适当的容器和方法进行考察。制剂除去外包装，并根据试验目的和制剂特性考虑是否除去内包装。

1. **高温试验** 供试品置适宜的恒温设备中，设置温度一般高于加速试验温度10℃以上（如50℃、60℃），通常可设定于0、5天、10天、30天等取样检测。与0天比较，若供试品质量发生明显变化，则可降低温度试验，例如，温度由50℃或60℃，降低为40℃。

2. **高湿试验** 供试品置适宜的恒湿设备中，于25℃、相对湿度（relative humidity，RH）90%±5%条件下放置10天，通常在0、5天、10天取样检测，检测项目应当包括吸湿增重等。若吸湿增重在5%以上，则在RH 75%±5%条件下同法进行试验；若吸湿增重在5%以下，其他考察项目符合要求，则不再进行此项试验。水性液体制剂可不进行此项试验。

恒湿条件可以通过恒温恒湿箱或在密闭容器中放置饱和盐溶液来实现。根据不同的湿度要求，可选择NaCl饱和溶液（15.5~60℃，RH 75%±1%）或KNO_3饱和溶液（25℃，RH 92.5%）。

3. **强光照射试验** 强光照射试验通常应采用去除包装的样品进行试验。需要考察包装对光照的保护作用时，采用有内包装或内包装加外包装的样品进行试验。

供试品置光照箱或其他适宜的光照装置内，可选择输出相似于D65/ID65发射标准的光源，或同时暴露于冷白荧光灯和近紫外灯下，在照度为4 500 lx±500 lx条件下，且光源总照度应不低于$1.2×10^6$ lx·h、近紫外能量不低于200 W·h/m^2，于适宜时间取样检测。试验中应注意控制温度，与室温保持一致，并注意观察供试品的外观变化。

根据药物的性质可设计其他试验，探讨pH、氧及其他条件（如冷冻等）对药物稳定性的影响。

（二）加速试验

加速试验是在高于长期贮藏温度和湿度条件下进行的稳定性试验，为制剂处方设计、质量评价、包装、运输、贮藏条件等提供试验依据,并根据试验结果确定是否需要进行中间条件下的稳定性试验及确定长期试验的放置条件。

加速试验一般在40℃±2℃、RH 75%±5%条件下进行试验,考察时间为6个月,检测至少包括初始、中间和末次等3个时间点(如0、3个月、6个月)。根据研发经验,预计加速试验可能会出现明显变化,则应该在试验设计中考虑增加检测时间点。如果在25℃±2℃、RH 60%±5%条件下进行长期试验,当加速试验过程中质量发生了显著变化,则应进行中间条件试验(30℃±2℃、RH 65%±5%)。

膏药、胶剂、乳剂、混悬剂、软膏剂、乳膏剂、糊剂、凝胶剂、眼膏剂、栓剂、气雾剂、泡腾片及泡腾颗粒宜直接采用30℃±2℃、RH 65%±5%的条件进行试验。

拟冷藏贮藏(5℃±3℃)的制剂的加速试验可在25℃±2℃、RH 60%±5%条件下进行,时间为6个月。如果加速试验3个月以内发生显著性变化,则不必进行6个月的试验。

对拟冷冻贮藏(-20℃±5℃)的制剂,应对一批样品在5℃±3℃或25℃±2℃条件下放置适当的时间进行试验,以了解短期偏离标签贮藏条件(如运输或搬运时)对其影响。

对有特殊温湿度要求的制剂,可制定其他试验温度、湿度。

(三)长期试验

长期试验是在接近制剂实际贮藏条件下进行的稳定性试验,为确定制剂的包装、贮藏条件及有效期提供依据。

供试品放置条件通常为25℃±2℃、RH 60%±5%或30℃±2℃,RH 65%±5%,考察时间点应当能预测制剂的稳定性情况。一般分别于0、3、6、9、12、18个月取样进行检测,仍需继续考察的,根据产品特性,可分别于24个月、36个月等取样进行检测。

对有特殊温度、湿度要求的制剂,可制定其他试验温度、湿度。

例如,苓桂术甘颗粒的稳定性研究,见表5-5;小儿消积止咳口服液的稳定性考察检测项目,见表5-6。

表5-5 苓桂术甘颗粒稳定性研究内容

项目		放置条件	考察时间	考察项目
影响因素试验	高温	40℃	0、5、10、30天	性状、含量
		60℃	0、5、10、30天	
	高湿	RH 90%±5%	0、5、10天	
	光照	4500 lx±500 lx	0、5、10天	
加速试验		40℃±2℃ RH 75%±5%	0、1、2、3、6个月	性状、鉴别、检查、浸出物、指纹图谱、含量
长期试验		25℃±2℃ RH 60%±5%	0、3、6、9、12、18、24、36个月	

注:微生物限度检查分别于0、6、12、24、36个月进行检查。

表 5-6　小儿消积止咳口服液稳定性考察检测项目

项目	放置条件	考察时间	考察项目
加速试验	40℃±2℃ RH 75%±5%	0	性状、槟榔鉴别、辛弗林鉴别、连翘鉴别；桔梗鉴别、pH、相对密度、装量、微生物限度检查、辛弗林含量检测
		1、2、3、6个月	性状、槟榔鉴别、辛弗林鉴别、连翘鉴别；桔梗鉴别、pH、相对密度、微生物限度检查、辛弗林含量检测
长期试验	25℃±2℃ RH 60%±5% 30℃±2℃ RH 65%±5%	0	性状、槟榔鉴别、辛弗林鉴别、连翘鉴别；桔梗鉴别、pH、相对密度、装量、微生物限度检查、辛弗林含量检测
		3、6、9、12、18、24、36、48个月	性状、槟榔鉴别、辛弗林鉴别、连翘鉴别；桔梗鉴别、pH、相对密度、微生物限度检查、辛弗林含量检测

三、研究要求与结果评价

（一）研究要求

稳定性研究的内容应当根据注册申请的分类以及药品的具体情况，围绕稳定性研究的目的进行设计和开展工作。原料药物与制剂一同申报的，应当同时提供原料药物的稳定性研究资料。

1. 申请临床试验　对于申请临床试验的中药制剂，应当提供符合临床研究要求的稳定性研究资料，初步确定适宜的包装材料和容器、贮藏条件，保证临床试验期间所用样品质量稳定。一般情况下，应当提供影响因素试验、3批样品不少于6个月的加速试验及长期试验资料。

2. 申请上市许可　对于申请上市许可的中药制剂，应提供全部已完成的稳定性研究资料，一般情况下，应包括影响因素试验、至少3批商业规模样品的6个月加速试验和18个月及以上的长期试验研究数据，以确定申报注册药品的实际有效期。如果申报时尚未完成18个月长期试验研究，可提供至少12个月长期试验数据。药品上市后，应当按照提交的稳定性研究承诺继续进行长期试验，直至考察的时间可以覆盖拟定的有效期。采用不同包装材料和容器时，每种包装材质均应进行稳定性研究。

以人用经验作为上市许可申请注册审评证据的中药新药制剂，如果申报制剂与人用经验所用药物处方、生产工艺、关键工艺参数、辅料种类及用量、剂型、规格、直接接触药品的包装材料和容器等一致时，人用经验所用药物的稳定性研究数据可以作为申报制剂稳定性研究的支持性数据。

按古代经典名方目录管理的中药复方制剂，如果中试规模样品与商业规模样品处方、生产工艺、关键工艺参数、辅料种类及用量、剂型、规格、直接接触药品的包装材料和容器等一致时，中试样品的长期实验数据可作为商业规模样品稳定性研究的支持性数据。

3. 上市后变更　已上市中药制剂药学变更经评估需进行稳定性研究的，基于变更风险及变更情形，申报或备案时，一般应提供3~6个月加速和长期试验研究资料，以考察变更对中药制剂稳定性的影响；上市后，应当按照提交的稳定性研究承诺继续进行长期试验，直至考察的时间可以覆盖拟定的有效期。必要时应与变更前的稳定性研究资料进行对比，以评价变更的合理性，并根据研究结果，确认变更后中药制剂的包装、贮藏条件和有效期。如果药品标准不能较好地反映中药制剂质量，对于制剂质量的可控性低，应当先开展质量及质量标准研究工作，根据中药制剂特点，选择合适的考察项目及检测方法，开展稳定性研究。

对于仅为装量规格变更，不涉及变更处方工艺、包装材料的，应进行稳定性分析。如果涉及包装容器空间大小等影响药品稳定性的因素，应当进行稳定性研究。

（二）研究结果的分析评估

稳定性结果评价应当科学合理，尽可能准确反映中药制剂的稳定性状况，关注其与有效性、安全性、质量可控性的关联。应当根据中药注册分类不同类别的特点进行稳定性研究结果评估。如果从单一植物、动物、矿物等物质中提取得到的提取物及其制剂（中药注册分类1.2类），应当关注提取物大类成分的种类及比例变化，指纹图谱或特征图谱的相似度、相对保留时间、相对峰面积等变化；其中单一成分制成的制剂，应当关注各检测时间点单体成分的含量、有关物质及产品理化性质等的变化情况。

1. 贮存条件的确定　根据稳定性试验结果，同时结合中药制剂在贮藏、运输、流通、使用过程中可能遇到的情况进行综合分析，确定产品的贮藏条件。

贮藏条件应当按照《中国药典》（现行版）及国家的相关要求，在说明书或标签中准确规范表述；也可采用试验所确定的具体条件，如以"不超过30℃保存""不超过25℃保存"等方式表述。

2. 包装材料或容器的确定

（1）一般应当根据制剂性质和影响因素试验结果，初步确定包装材料和容器。结合加速稳定性、长期稳定性试验和相容性试验结果，进一步验证所采用的包装材料和容器的合理性。

（2）高风险制剂（吸入制剂、注射剂、滴眼剂等）及其包装材料和容器的变更的稳定性试验，应当考虑包装材料和容器以及封闭系统可能对制剂具有的潜在不良影响，与包装材料和容器的相容性试验一并设计。相容性研究的具体要求与试验方法，可参照相关技术指导原则。新材质的包装材料和容器还应当考虑研究其对制剂安全性的影响。

（3）对于包装在非渗透性容器（如半固体制剂的密封铝管、溶液剂的密封玻璃安瓿等）中的中药制剂，由于这种容器具有防潮及防溶剂通过的特点，可不考虑药物对湿度的敏感性或可能的溶剂损失，即其稳定性研究可不考虑湿度的影响。

（4）对于包装在半渗透性容器（如低密度聚乙烯、聚丙烯等制备的输液袋、塑料安瓿、眼用制剂容器等）中的中药制剂，其加速试验应在40℃±2℃、RH 25%±5%的条件下进行试验，长期试验可选择在25℃±2℃、RH 40%±5%或30℃±2℃、RH 35%±5%的条件下进行试验。对采用半渗透性容器包装的水溶性制剂，在上述稳定性试验中，除评估该制剂的物理、化学、生物学稳定性外，还应当评估其潜在的失水性等相关指标，具体研究参照相关技术指导原则。对于非水或溶剂型基质的药物，可建立其他可比的方法进行试验，并应说明所建方法的合理性。

3. 有效期的确定　有效期应根据加速试验和长期试验的结果分析确定，一般情况下，以长期试验结果为依据，可取长期试验结果与初始数据相比无明显改变的最长时间点为有效期。

（三）稳定性研究承诺及药品上市后的稳定性考察

对于上市许可申请，当申报注册的3个商业规模批次样品的长期稳定性数据已涵盖拟定的有效期时，则认为无须进行批准后的稳定性承诺；当递交的资料包含了至少3个商业规模批次样品的稳定性试验数据，但长期稳定性数据尚未至拟定的有效期时，则应承诺继续进行研究直到拟定的有效期。

在药品获准上市许可后，药品上市许可持有人应当切实履行主体责任，采用实际生产规模的药品进行留样观察，持续关注可能影响药品质量的因素。根据考察结果，对包装、贮藏条件进行确认或改进，并进一步确定有效期。

四、稳定性研究报告

稳定性研究报告一般包括以下内容。

（1）供试品的品名、规格、剂型、批号、批产量、生产企业、生产日期和试验开始时间，并应说明原料药物的来源和执行标准。

（2）稳定性试验的条件，如温度、光照强度、相对湿度、容器等。应当明确包装材料和容器类型、颜色、密封方式等。

（3）稳定性研究中各质量检测方法和指标的限度要求。

（4）在研究起始和试验中间的各个取样点获得的实际分析数据，一般应以表格的方式提交，并附相应的图谱。

（5）检测结果应当如实申报，不宜仅采用"符合要求"等表述。检测结果应该用每个制剂单位所含有效成分的量（如 μg、mg、g）或有效成分标示量的百分数等表述，并给出其与起始检测结果比较的变化率。如果在某个时间点进行了多次检测，应当提供所有的检测结果及其相对标准偏差（RSD）。

（6）应根据研发过程中稳定性研究结果，结合药物的性质、生产工艺等进行综合分析确定包装材料和容器、贮藏条件、有效期。

思考题

1. 中药制剂的质量研究为什么要贯穿药品生命全周期？
2. 中药新药质量标准包括哪些内容及注意事项？
3. 中药制剂的稳定性研究应考虑哪些因素？
4. 在中药新药的质量标准和稳定性研究中，应如何考虑其安全性、有效性、稳定性？

（王鹏龙，褚福浩）

数字资源详见　新形态教材网

学习目标　知识图谱　推荐阅读　教学课件　自测题

第六章

中药新药的药理学研究

药理学研究是新药开发过程中至关重要的一环。中药药理学作为研究中药在生物体内作用机制、药效、药代动力学和药物相互作用等规律的学科,为中药新药的研发提供了科学的基础和指导。在药理学的研究过程中,新药研究者可以深入了解中药新药的药效特点、作用机制以及潜在的副作用,为新药的临床应用提供重要的依据。

中药新药的药理学研究通常包括以下几个方面:采用药理学模型,评估中药新药的药效,了解其在体内的治疗效果和剂量效应关系;采用系统生物学及分子生物学方法,明确药效作用机制;进行安全药理学研究,明确中药新药对中枢神经系统、心血管系统和呼吸系统的影响;分析药物的药代动力学特性,了解药物在体内的吸收、分布、代谢和排泄等过程;药物的相互作用研究也是药理学研究的重要内容,可以评估中药新药与其他药物之间的相互作用,指导临床用药的合理组合。详细分析试验数据,全面而系统地撰写中药新药药理学研究资料及报告,不仅可以为医学界提供宝贵的研究成果,更重要的是可以为临床医生提供科学依据,指导临床用药决策,确保患者的用药安全和治疗效果,从而更好地服务于患者的用药需求。

通过本章学习,学生应了解中药新药药理学研究的基本概念和任务,掌握中药新药药理学研究的主要内容,掌握中药新药主要药效学研究思路与方法。

第一节　中药新药药理学研究的主要任务

中药新药药理学研究的重要性在于评估新药在预防、治疗和诊断疾病方面的效果，即其是否有效、有效程度如何，以及相较于现有药物是否具备优势。同时，药理学研究还需要揭示新药的作用机制。通过回答这些关键问题，中药新药药理学研究为新药的临床试验及审批提供科学依据。

中药新药药理学研究内容包括主要药效学、次要药效学、安全药理学和药效学药物相互作用等。主要药效学着重评估药物的主要治疗效果，而次要药效学则为主要药效学提供补充，更全面地评价药物的治疗效果、不良反应及其他相关作用。安全药理学和药物相互作用研究则是评估药物应用安全性的关键，其不同于毒理学研究，更侧重于在治疗用药条件下评估药物的安全性，识别潜在的副作用，从而保障患者的用药安全。此外，中药新药药代动力学参数是产生、决定或阐明药效或毒性大小的基础，可提供药物对靶器官效应（药效或毒性）的依据。中药新药药理学研究的深入性与全面性不仅能够评价药物的疗效和安全性，也有助于理解药物的作用机制，为新药的临床应用提供科学支持，从而更好地服务于患者的健康。

一、中药新药药理学研究的概念

（一）中药新药药效学基本概念

中药新药药理学：以中医药基本理论为指导，运用现代科学技术方法，研究中药新药与机体相互作用及作用规律的学科。

中药新药药效学：中药新药药效学研究是应用现代药理学方法，研究新药对机体的作用及其作用机制，是药理学研究的重要组成部分。药效学研究以整体动物或动物的器官、组织、细胞和分子为研究对象，采用特有的实验手段，评价药物的量效、时效和不同给药途径与疗效间的关系，以及与其他同类药品的对比，以确定其应用前景。通过这些研究，为临床研究提供可靠的剂量、疗程及用药方法等科学依据，确保临床药效学试验研究的顺利进行，是中药新药临床前有效性评价的重要环节。

主要药效学：指对某受试中药新药进行的与其预期的检测、预防、治疗等目标相关的作用和作用模式的试验。这些试验旨在验证新药是否能够实现其预期的临床效果，并揭示其具体的作用模式，为进一步的临床研究提供科学依据。

一般药理学：对中药新药主要药效作用以外的广泛药理作用进行的研究，即除主要药效作用外，对机体其他系统如神经系统、心血管系统、呼吸系统等其他系统作用的研究。包括次要药效学和安全药理学。

次要药效学：研究与预期的治疗目标不相关的作用和作用模式的试验。主要研究药物副作用及其作用模式。

安全药理学：研究受试中药在治疗剂量及以上剂量的暴露水平时，对生理功能潜在的非预期的药效学作用，主要研究中药新药的潜在不良影响。

药效学药物相互作用：不同药物通过与疾病相关的药物靶点相互作用，而对治疗效果产生有益或不利的影响。这些相互作用可以通过相同（竞争）或是阻断（拮抗）的机制，从而改变组织对另一药物的敏感性或反应。药物的治疗作用或毒副反应均可能受到药效学药物相互作用的影响。

（二）中药新药药动学的基本概念

非临床药代动力学研究：通过体外和动物体内的研究方法，揭示药物在体内的动态变化规律，获得基本的药代动力学参数，阐明药物的吸收、分布、代谢和排泄的过程和特征。现阶段，按照中药注册分类及申报资料要求，对于提取的单一成分制剂，需要进行非临床药代动力学研究。缓、控释制剂，临床前应进行非临床药代动力学研究，以说明其缓、控释特征；若为改变剂型品种，还应与原剂型进行药代动力学比较研究；若为同名同方药的缓、控释制剂，应进行非临床药代动力学比较研究。其他制剂，视情况（如安全性风险程度）进行药代动力学研究或药代动力学探索性研究。

药代动力学研究不仅要求药物代谢分析方法学验证，还需要研究药物的吸收、分布（血浆蛋白结合率、组织分布等）、代谢（体外代谢、体内代谢、可能的代谢途径、药物代谢酶的诱导或抑制等）、排泄、药代动力学药物相互作用（非临床）和其他药代试验等。

二、中药新药药理学研究的任务

（一）中药新药药效学研究的任务

1. 明确研制新药的药效　研制新药的药效及对药物进行再评价是中药新药药效学研究中的关键任务之一。这一过程不仅可以帮助确定新药药效，发现新的治疗方案，还可以确保药物的安全性和有效性，促进中药新药的临床转化和应用。中药大多源自古方和经验方，有长期的临床实践经验，用药特点强调辨证施治，个体化用药和随证加减，多以处方汤剂形式服用。而现代研制的中药新药，包括利用现代医学知识研制的组方，从复方或单味中药中提取的有效成分或有效部位（群），则采用固定的处方和剂型，具备一定的提取工艺，适合工业化生产，应用上强调通用性和社会化。即便是基于古方和经验方研发的中药新药，如采用的不是传统工艺，其化学成分、药物性质、功能主治、剂量用法等，在研发过程中可能发生变化，原有的治疗作用、毒副反应也可能有所不同。因此，必须进行药效学研究，以明确中药新药的有效性。对于一些现有疾病治疗方案效果不佳或存在不良反应的情况，新药的研发可以提供更有效、更安全的替代方案。重新评价药效时，还可以发现新的治疗途径，拓展疾病治疗的选择范围。此外，由于临床使用情况不断变化，对现有药物进行再评价有助于及时发现潜在的不良反应或药物相互作用，为临床用药提供更准确的指导。

例如，蒲地蓝消炎口服液由蒲公英、苦地丁、板蓝根、黄芩组成，具有清热解毒、抗炎消肿的功效，可从解热、抗炎、抗菌、抗病毒方面对其进行临床前药效学研究。研究表明，蒲地蓝消炎口服液高、中、低剂量能明显抑制干酵母引起的大鼠体温升高，其中高、中剂量效果较好，造模后 2～10 h 持续有效，低剂量组造模后 4～8 h 持续有效，这些结果表明蒲地蓝消炎口服液具有较好的解热作用。小鼠耳郭肿胀、腹腔毛细血管通透性试验及大鼠足肿胀试验中，蒲地蓝消炎口服液能明显降低小鼠的耳郭肿胀度，抑制腹腔毛细血管通透性的增加，减轻大鼠的足爪肿胀度，表明其具有较好的抗炎作用。蒲地蓝消炎口服液治疗细菌感染药效学试验表明，蒲地蓝消炎口服液对革兰氏阳性球菌、革兰氏阴性杆菌及无芽孢厌氧菌均有不同程度的抗菌活性。对革兰氏阳性球菌中以葡萄球菌敏感性最强，其次为链球菌（肺炎链球菌、β链球菌）、肠球菌；对革兰氏阴性菌的抗菌活性以大肠埃希菌与伤寒沙门菌最好，其次为福氏痢疾杆菌与肺炎克雷伯菌；对214株无芽孢厌氧菌抑菌活性测试结果，敏感率略低于需氧菌，但也具有一定的抗菌活性；但对真菌无抗菌活性。通过安全性评价，明确孕妇慎用，过敏体质者慎用，症见腹痛、喜暖、泄泻等脾胃虚寒者慎用。通过这些临床前试验研究，明确了蒲地蓝消炎口服液的主要药效，为临床精准用药提供数据支持。

2. 为新药的临床研究奠定基础　在进行人体试用和临床研究之前，明确受试药物的安全性和有效性至关重要。在新药用于人体之前，必须进行动物药效及毒理学试验，以提供可靠的科学依据，这些试验不仅确保受试患者免受伤害，还能避免延误病情或产生不良后果。尽管动物与人存在差异，但大量的研究表明，在大多数情况下，药物在人体和动物，尤其是哺乳动物身上所表现的作用和毒性往往是一致的。

例如，有"中药抗生素"美称的黄连，展现出的抗菌作用可用于治疗各种感染性疾病。体外抗菌试验研究表明，黄连制剂及其主要成分小檗碱对痢疾杆菌、伤寒杆菌、副伤寒杆菌、霍乱弧菌、大肠埃希菌、变形杆菌、炭疽杆菌、铜绿假单胞菌、枯草杆菌、丹毒杆菌、人结核杆菌（H37）、葡萄球菌、α-溶血性链球菌、β-溶血性链球菌、肺炎双球菌、脑膜炎球菌、百日咳杆菌等均有较强的抑菌作用。以致死率较高的金黄色葡萄球菌为病原菌建立体内败血症模型，试验研究结果表明，黄连制剂组小鼠的存活率显著高于模型组。

又如，益母草显示出对子宫的收缩作用，可用于治疗产后子宫复旧不全。通过采用米非司酮和米索前列醇联合刺激，建立受孕豚鼠不完全流产模型。给药组灌胃给予 0.17 g/kg 的益母草水溶性总生物碱，记录产后豚鼠出血量，测定血清雌二醇（estradiol，E_2）、孕激素（progestin，P）含量，计算测定子宫系数，检测子宫组织中 NO、内皮素 1（endothelin 1，ET-1）、钙含量。结果显示，益母草可显著降低子宫系数、子宫组织中 NO 含量和血清 P 含量，显著提高 ET/NO 比值、增加子宫组织的钙含量，明确益母草具有促进子宫复旧的作用。

再如，人参、黄芪、淫羊藿等中药被发现可以提高机体的免疫功能，人参提取物可对环磷酰胺诱导的小鼠免疫抑制起到改善作用，给予人参提取物后，小鼠的免疫脏器指数、单核巨噬细胞的吞噬功能得到显著提高；黄芪多糖对"饮食不节+负重游泳"建立的气虚大鼠模型具有明显的补气作用，给予大鼠黄芪多糖处理后，显著延长大鼠的游泳时间、降低大鼠体内乳酸、肌酸激酶、乳酸脱氢酶活力。黄芪多糖还能降低大鼠血清白细胞介素 2（interleukin-2，IL-2）、肿瘤坏死因子 α（tumor necrosis factor-α，TNF-α）、白细胞介素 12（interleukin-12，IL-12）等炎症因子的水平，增加血清中白蛋白，同时提高肝脏三磷酸腺苷和二磷酸腺苷的含量。这些结果表明黄芪多糖通过降低机体乳酸的积累，降低肌酸激酶活力，降低大鼠体内炎症水平，提升机体免疫力，发挥补气、延缓疲劳和提高运动能力的作用。环磷酰胺诱导的免疫力低下小鼠，在灌胃给予淫羊藿提取物处理后，采用流式细胞仪检测脾组织 T 细胞亚群，发现淫羊藿提取物显著提高小鼠脾脏 $CD3^+$、$CD4^+T$ 细胞亚群百分比，表明淫羊藿提取物能有效改善免疫力低下小鼠的免疫功能。

利用小鼠、大鼠、家兔等动物建立病原菌致病模型、子宫出血模型、心肌损伤模型，在动物实验中观察药物的效果，为相关药物的研制提供了重要的基础和指导。通过实验验证，能够深入理解药效及其可能的治疗机制,为进一步的临床研究和药物开发提供了可靠的科学依据。

3. 补充临床研究的不足 在临床实践中,一些疾病有发病率低、潜伏期长或病程漫长等特点,导致积累病例变得异常困难。同时,社会、环境等因素的干扰也会使得对这些疾病的研究面临着挑战,很难获得足够的样本数据来进行准确的分析。在这种情况下,药效学研究通过建立严格控制的试验条件,并利用动物模型来模拟人类疾病的情况,成为解决问题的有效途径。药效学研究能够帮助研究者消除外部干扰因素的影响,从而更加准确地观察药物的作用规律。通过建立动物病理模型,模拟人类疾病的发生和发展过程,进而更好地理解疾病的内在机制和药物的作用方式。动物模型不仅可以作为人类疾病的"缩影",还能够提供大量的试验数据,为药物的研发和临床应用提供重要的参考依据。

罕见病或慢性疾病的临床研究面临着挑战,但通过药效学研究,研究者可以利用动物模型模拟这些疾病的特点,深入探究药物的治疗效果和安全性。例如,对于中枢神经系统最常见的原发性脑肿瘤胶质母细胞瘤,研究人员建立小鼠脑内胶质母细胞瘤模型,发现中药雄黄可抑制细胞瘤的增殖、侵袭速度和能力,并促进胶质母细胞瘤细胞的凋亡。在急性早幼粒细胞白血病疾病和用药研究中,研究人员利用 615 白血病小鼠模型,发现砒霜对白血病细胞的异常克隆有明显抑制作用,可使 DNA 的非整倍体率及 S 期细胞的比例恢复,有效延长白血病小鼠生存期。这些研究不仅可以为药物的临床应用提供重要参考,也有助于提高人们对疾病的理解和临床治疗。

4. 揭示中药复方药效的物质基础及配伍规律 揭示中药复方药效的物质基础、探究其作用机制以及配伍规律的研究是中药新药药理学研究的重要内容。利用高新技术手段,对方剂的药效进行深入探讨,全面了解中药复方的药理特性和药物之间的相互作用。通过这些研究,不仅可以揭示中药配伍的机制原理,还可以为其临床应用提供科学依据。

例如,生脉散为一种中药复方药物,通过化学动态变化与药效关系的研究,发现该药物经组方配伍后产生了新物质 5-羟甲基-2-糠醛(5-hydroxymethyl-2-furancarboxaldehyde,5-HMF)。进一步的药效试验表明,5-HMF 具有降低心肌缺血小鼠血清乳酸脱氢酶水平及心肌组织中丙二醛含量的作用,从而有益于该复方药物的抗心肌缺血效果。再如,芍药甘草汤是由芍药和甘草组成的复方,单独使用两药对神经-肌肉突触没有明显的作用,但是合用后产生了明显的效果。对有效成分芍药苷(paeoniflorin,PF)和甘草甜素(glycyrrhizic acid,GLR)的研究表明,它们的合用效果呈现出剂量依赖性,最佳配比为 PF:CLR = 1:3,其作用机制类似于琥珀胆碱,作用靶点在突触后膜,明确了芍药-甘草药对配伍的科学内涵。又如,白虎加人参汤被发现能够降低糖尿病小鼠的血糖水平,人参调节血糖,知母促进唾液分泌(解除口渴),而石膏对这两者均起到有效的调节作用,说明了该复方配伍的相辅相成关系。

通过药效学研究,还可以找到能代表总体药效的最佳成分及其配比,为新药的开发奠定基础。例如,从安宫牛黄丸中化裁出清开灵注射液,从当归龙荟丸中提取出靛玉红,以及由苏合香丸化裁出冠心苏合丸等。这些例子充分展示了药效学研究在揭示中药复方药效、探究其作用机制和配伍规律方面的重要性。

(二)中药新药药动学研究的任务

1. 阐明中药药效物质基础及体内过程 阐明中药药效的物质基础及其在体内的过程是中药新药药动学研究的重要任务。中药药效物质指的是中药及其复方中的化学成分,在进入人体后发挥治疗效果的物质基础。然而,由于中药的整体性和复杂性,使得中药药效物质基础的研究和药代动力学研究颇具挑战性。一般情况下，中药通过口服给药进入人体后，其药效物质会有两种主要的命运：一部分直接以原形进入血液循环，然后输送到靶器官产生治疗效果；而另一部分则会在体内被代谢为代谢产物，然后才产生治疗效果。此外，中药原形成分和其代谢物在肠道菌群和各种药物代谢酶的作用下，可能引起自身及机体内源性小分子的改变，最终都会影响中药的药效发挥。

中药药动学研究通过探究中药在体内的暴露形式，试图建立适用于中药整体性特点的药动学评价体系。这种评价体系结合了药效学研究的成果，可以更准确地明晰中药作用的物质基础。同时，通过阐明中药药效物质在体内的代谢和转化过程，有助于更深入地理解中药的治疗机制。

例如，黄芪中的黄酮类化合物具有明显的免疫调节和抗炎作用。迄今为止从黄芪中分离得到50多种黄酮类化合物，主要有黄酮苷及其苷元、异黄酮及其苷类、异黄烷和紫檀烷等，其中异黄酮及其苷类的种类最多。黄芪黄酮苷元成分主要包括槲皮素、山柰酚、异鼠李素、鼠李柠檬素等成分，其母核均为 5- 羟基黄酮；黄芪异黄酮及其苷类成分主要包括毛蕊异黄酮、毛蕊异黄酮苷、芒丙花素、毛蕊异黄酮 –7–O–β–D 葡萄糖苷等；异黄烷类成分主要为黄芪异黄烷苷；紫檀烷类成分主要为黄芪紫檀烷苷。在体内，这些黄酮类化合物会经过肠道吸收和代谢，产生一系列具有免疫调节活性的代谢产物，进而发挥治疗作用。利用高效液相色谱与四极杆飞行时间质谱仪串联（HPLC–Q–TOF–MS/MS）方法，对 SD 大鼠口服毛蕊异黄酮葡萄糖苷后的尿液中代谢产物进行分析鉴定，在尿液中可检测到 40 余个代谢产物，代谢途径主要有去甲基化、去羟基化、羟基化、去糖基化等；代谢产物主要有 8- 羟基毛蕊异黄酮、芒柄花素、红车轴草素、大豆苷元等。其中黄芪代谢物芒柄花素对葡聚糖硫酸钠（dextran sulfate sodium，DSS）诱导的小鼠急性结肠炎有保护作用，通过 2.5% DSS 诱导小鼠急性结肠炎后可观察到小鼠体重下降、便血及稀水便，并导致结肠损伤。芒柄花素呈剂量依赖性抑制 DSS 诱导的小鼠急性结肠炎。芒柄花素可减少小鼠结肠炎症状、结肠黏膜损伤、炎症细胞浸润，下调结肠组织炎症因子（TNF-α、IL-1β）水平，上调结肠黏膜紧密连接蛋白 ZO-1、claudin-1、occludin 的表达水平。这个研究案例清晰地展示了中药不同药效物质在体内的转化情况，以及其对治疗效果的相应影响。

2. 辅助设计中药临床合理用药方案 设计中药临床合理用药方案的目标是确保中药能够最大限度地发挥治疗作用，同时尽可能地减少不良反应的发生。在这一过程中，药代动力学研究扮演着重要角色，因为它能够帮助理解中药在体内的处置规律，为临床用药方案的设计提供有力支持。通过研究中药在体内的吸收、分布、代谢和排泄等过程，可以了解药物在体内的动态变化，包括药物的浓度随时间的变化以及药物在不同器官组织中的分布情况。这些信息对于确定药物的给药方法和剂量具有重要意义。对于中药复方，药代动力学研究可以帮助确定最佳的给药途径和剂量。如果药物在口服后吸收较差，可以考虑改用其他给药途径，如静脉注射或皮下注射。此外，药代动力学研究还可以确定药物的首次剂量和维持剂量，以及给药的间隔时间。这些参数的合理设置可以确保药物在体内的浓度维持在治疗范围内，同时避免药物在体内的累积和毒性作用的发生。药代动力学研究还可以帮助确定药物的作用机制和靶器官。通过了解药物在体内的分布情况，可以确定药物主要作用的器官组织，并进一步优化药物的设计和使用方案，从而提高药效并减少不良反应的发生。

例如，研究者通过招募 9 名健康志愿者，根据交叉设计，静脉滴注丹参酚酸盐 200 mg、300 mg、400 mg，用药后不同时间采血样，用高效液相色谱法测定丹参酚酸盐血药浓度，研究丹参酚酸盐在健康人体的药代动力学。研究结果显示，丹参酚酸盐药动学代谢呈二室模型，消除半衰期约1h,表观分布容积较大,提示为全身分布,峰浓度约为14 mg/L。血小板黏附率在用药后呈波动性下降,5 h（即用药后4 h）药效渐渐消失,可见一个药效滞后环,在停药后3 h、血药浓度在1.91 mg/L时药效达峰值。血小板黏附率在静滴药物期间与药物浓度相关,药效峰值与药物浓度峰值吻合,也呈现药效滞后环。由此可见,通过药代动力学研究,可以了解丹参酚酸盐在体内血药浓度随时间的变化以及药物在不同器官组织中的分布情况。

3. 促进新药开发和剂型改革 中药药动学研究对促进中药新药研发具有重要意义。由于中药的组成成分复杂,一般的中药新药进行药动学研究较为困难。然而,现代科技的发展使得对于新药的药代动力学研究变得更加精准和可行。

通过中药药动学研究,可以为中药新药的Ⅰ期临床研究确定合适的剂量,为制定给药间隔和给药方案提供依据。这些研究不仅可以确保新药的疗效,还能够最大限度地减少不良反应的发生,提高药物的安全性。例如,不合理使用甘草会导致假醛固酮增多症（图6-1）,该不良反应的机制是肾脏远曲小管和集合管上皮细胞内的11β-羟基类固醇脱氢酶2型（11β-hydroxysteroid dehydrogenase type 2,11β-HSD2）受到抑制,导致内源性氢化可的松转化成可的松的过程受到干扰。通过开展中药"多成分"药代研究,发现口服甘草后,体内主要暴露物质是代谢物,而非其原形成分。这些代谢物包括甘草皂苷成分甘草酸和甘草皂苷G2各自经肠道菌脱糖代谢物甘草次酸和24-羟基甘草次酸（$M2_D$）;甘草黄酮成分甘草苷和芹糖甘草苷的脱糖代谢物甘草素及进一步代谢的甘草素葡萄糖醛酸结合物;甘草香豆素类成分因其成分剂量低未能产生显著的系统暴露。在甘草暴露物质中,甘草皂苷代谢物抑制肾11β-HSD2的活性强,甘草黄酮代谢物的抑制活性很弱。进一步药代研究发现,在肠道菌作用下脱糖水解代谢产生的甘草次酸和$M2_D$具有良好的膜通透性,易于在肠道被吸收。甘草酸和甘草皂苷G2是两个引发假醛固酮增多症的甘草成分,它们通过肠道菌代谢分别转化为甘草次酸和$M2_D$;虽然这两个代谢物不是甘草在体内仅有的具有抑制11β-HSD2活性的代谢物,但是它们是能够到达肾11β-HSD2靶标的甘草代谢物,通过药动学研究,提示临床用药需要关注甘草次酸和$M2_D$血药浓度,有利于精准评估甘草不良反应的风险。

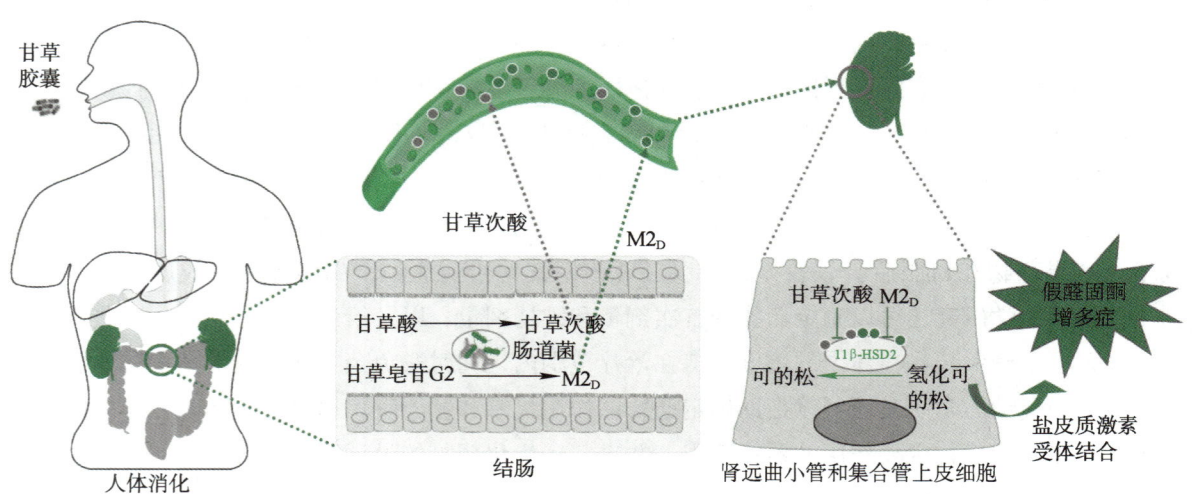

图6-1 甘草假醛固酮增多症毒性物质甘草次酸和24-羟基甘草次酸（$M2_D$）的体内代谢生成及靶标到达

甘草次酸和$M2_D$分别是由甘草皂苷类成分甘草酸和甘草皂苷G2经肠道菌脱糖代谢生成的代谢物,随后吸收进入体循环,再经过肾小球滤过和肾小管重吸收,到达位于肾远曲小管和集合管上皮细胞内的11β-HSD2靶标。这两个代谢物对11β-HSD2具有强抑制活性

除此之外，中药药动学研究还为中药剂型的选择和给药途径提供了重要依据。对于那些半衰期短、需要频繁给药的药物，可以考虑制成缓释制剂，以延长药物在体内的作用时间，减少给药频次，提高患者的依从性。而对于治疗指数窄的药物，则可以制成控释制剂，以确保药物的有效浓度在治疗范围内维持较长时间。此外，对于那些在胃肠道中不稳定或容易受到肝脏首过效应影响的药物，可以制成注射剂或其他非口服制剂，从而绕过消化道的吸收，直接进入血液循环系统，提高药物的生物利用度。

因此，中药药动学研究不仅可以帮助确定药物的合适剂量和给药方案，还能够指导中药剂型的选择和制备，从而促进新药的开发和剂型改革，为患者的治疗提供更为有效和便捷的选择。

第二节　中药新药药理学研究的主要内容

上一节阐述了中药新药药理学研究的主要任务，明确了中药药理学在新药研发中的重要地位和核心目标。基于这些任务，本节将进一步聚焦中药新药药理学研究的具体内容，全面探讨中药新药的药效学、安全药理学、药效学药物相互作用和药代动力学研究内容及其方法。

一、中药新药药理学研究总体要求

药理学研究是通过动物或体外、离体试验来获得非临床有效性信息，包括药效学作用及其特点、药物作用机制等。药理学申报资料应列出试验设计思路、试验实施过程、试验结果及评价。中药注册对药理学研究的一般要求如下。

中药创新药，应提供主要药效学试验资料，为进入临床试验提供试验证据。药效学试验设计时应考虑中医药特点，根据受试物拟定的功能主治，选择合适的试验项目。

提取物及其制剂，提取物纯化的程度应经筛选研究确定，筛选试验应与拟定的功能主治具有相关性，筛选过程中所进行的药理毒理研究应体现在药理毒理申报资料中。如有同类成分的提取物及其制剂上市，则应当与其进行药效学及其他方面的比较，以证明其优势和特点。

中药复方制剂，根据处方来源和组成、临床人用经验及制备工艺情况等可适当减免药效学试验；若人用经验对有效性具有一定支撑作用，处方组成、工艺路线、临床定位、用法用量等与既往临床应用基本一致的，则可不提供药效学试验资料。依据现代药理研究组方的中药复方制剂，需采用试验研究的方式来说明组方的合理性，并通过药效学试验来提供非临床有效性信息。

中药改良型新药，应根据其改良目的、变更的具体内容来确定药效学资料的要求。若改良目的在于或包含提高有效性，应提供相应的对比性药效学研究资料，以说明改良的优势。中药增加功能主治，应提供支持新功能主治的药效学试验资料，可根据人用经验对药物有效性的支持程度，适当减免药效学试验。

不同注册分类中药需进行的药理学研究内容见表6-1。

表 6-1 不同注册分类中药需进行的药理学研究内容

分类	名称	亚类	主要药效学	次要药效学	安全药理学	药代动力学
1	中药创新药	1.1 中药复方制剂（具有高质量人用经验且与CDE沟通后可豁免）	√	√	√	×
		1.2 从单一植物、动物、矿物等物质中提取得到的提取物及其制剂	√	√	√	单体（√）普通提取物或粗提物（探索性研究）
		1.3 新药材及其制剂	√	√	√	√（探索性研究）
2	中药改良型新药	2.1 改变已上市中药给药途径的制剂	√	√	复方制剂可豁免	复方制剂可豁免
		2.2 改变已上市中药剂型的制剂	√	√	豁免	豁免
		2.3 中药增加功能主治（具有高质量人用经验且与CDE沟通后可豁免）	√	√	豁免	豁免
		2.4 已上市中药生产工艺或辅料等改变引起药用物质基础或药物吸收、利用明显改变的	√	√	复方制剂可豁免	复方制剂可豁免
3	古代经典名方中药复方制剂	3.1 按古代经典名方目录管理的中药复方制剂	豁免	豁免	豁免	豁免
		3.2 其他来源于古代经典名方的中药复方制剂	豁免	豁免	豁免	豁免
4	同名同方药		豁免	豁免	豁免	豁免

注：1. 对中药复方制剂，如采用非传统工艺，应提供安全药理学试验资料。2. 在中药注册申报资料要求中，不同注册分类中药均可减免药代动力学研究，仅单体成分要求提供药代动力学资料，故本章将药代动力学研究纳入药理学研究内容，以说明少部分中药新药的药代动力学研究情况。

二、中药新药药理学研究内容

（一）主要药效学

1. 研究者资质　试验主要负责人应具有药理、毒理专业高级技术职称和具有较高理论水平、工作经验与资历。确保试验设计合理，数据可靠，结果可信，结论判断准确。试验报告应有试验负责人签名及单位盖章。

2. 研究机构的资质　从事中药药理研究的实验室应具有较高的科研水平、技术实力、运行和管理规范，具有较好的客观条件，其实验室、仪器设备、药品试剂等，均应符合要求；从事中药临床前安全性评价的实验室应符合国家《药品非临床研究质量管理规范》（GLP）的要求，并通过国家药监部门的资格认证。药效学研究也可参照实行。

3. 受试药物　受试中药的各味药材经过品种鉴定，处方固定，制备工艺固定，质量基本稳定。

4. 实验动物 应从具有相应资质的单位购买，种属、性别、年龄、体重、健康状况、饲养条件、动物等级、特殊模型动物等，均应符合试验要求，应有详细记录，并有实验动物质量合格证。遵照《赫尔辛基宣言》，注重动物福利。为了保证中药药效学试验结果的科学性和可重复性，必须选择标准化的、与试验目的相适应的实验动物。从某种意义上讲，选择适宜的实验动物是成功的关键之一，实验动物的选择，一般应遵循以下原则。

（1）相似性原则：相似性原则是指利用动物与人类某些结构、功能、代谢及疾病特点的相似性选择实验动物。中药药效学研究的根本目的是要揭示中药作用规律和作用机制，研究和开发中药新药。因此，在选择实验动物时应优先考虑的问题是尽量选择在组织结构、生理功能、疾病特征等方面与人类相似的实验动物。

（2）特异性原则：利用不同品种品系试验动物存在的某些特殊的结构、生理代谢功能和反应的特异性，可满足不同试验要求，达到预期的试验目的。例如，家兔对体温变化十分灵敏，适于解热和热源检查等试验，而小鼠和大鼠体温调节不稳定，则不宜选用；家兔的心血管系统，特别是血压不稳定一般不适合做降压试验；家兔、大鼠及小鼠无呕吐反应，故止吐试验不宜选择，宜选用家鸽、猫、犬等。

（3）适宜规格的原则

1）年龄：试验动物的年龄（周龄）不同，生物学特性也有差异，在相同外界因素刺激下可呈现不同的反应和应激状态。一般试验应该选择成熟的青壮年动物为宜。例如，小鼠在出生后的早期阶段，其免疫系统尚未完全发育成熟，容易受到外界病原体的感染。而成年后，小鼠的免疫系统开始逐渐成熟，对病原体的应对能力增强，故在研究免疫功能或感染性疾病时，选择成年小鼠作为试验对象更为合适。家兔出生后2周以上肝脏才有解毒功能，4周后才能达到成年家兔的水平。一般动物实验常选择大鼠8~9周，每组不少于10只；小鼠6~8周，每组不少于8只；犬6~8周，每组不少于6只。

2）体重：在饲育环境和营养水平相一致的条件下，实验动物的体重与年龄有一定的相关性，试验中可以根据体重选择符合实验要求的动物，但应注意，不同品种、品系的动物都有各自的生长曲线，试验时若无特殊要求，一般情况下选择小鼠18~22 g，大鼠180~220 g，家兔1.5~2.5 kg，犬7~12 kg。

实验动物年龄与体重一般具有正相关。常用成年实验动物的年龄、体重、寿命可参考表6-2。

表6-2 成年动物的年龄、体重和寿命比较

动物品种	小鼠	大鼠	豚鼠	兔	犬
成年日龄（天）	65~90	85~110	90~120	120~180	250~360
成年体重（g）	20~28	200~280	350~600	2 000~3 500	8 000~15 000
平均寿命（年）	1~2	2~3	>2	5~6	13~17
最高寿命（年）	>3	>4	>6	>13	34

3）性别：同一品种或品系而不同性别的动物，对于外界刺激的反应不尽相同。因此，许多试验在动物选择时还应该考虑性别问题，否则会给试验带来较大误差或导致试验失败。从统计学的角度来说，单一性别的动物比两种性别兼用者，所得数据的离散度要小。但单一性别动物试验无法排除疾病或者药效的性别差异，因此，除必须用雌性动物的试验外（如妇科及计划生育用

药），其他试验建议雌雄各半。对于确定没有性别差异的疾病或者药物，可以采用雄性或雌性动物。

4）标准化：实验动物是活的实验材料，选用符合标准化质量要求的实验动物，是确保试验结果可靠性和权威性的重要前提。使用遗传背景明确或来源清楚的实验动物进行试验，是动物试验最基本的要求之一。试验中还应严格控制试验条件，包括直接影响试验结果的环境因素、营养因素、实验室管理和操作程序等，这些虽非所选动物本身的质量问题，但若不严格控制，即使动物质量和选择都没有问题，也不会取得理想的试验结果。

5）经济易获性：在实验动物的选择中不可忽略的是所用实验动物的易获性，宜选用价格便宜、饲养经济、容易获得的标准化实验动物，选择相匹配的试验条件与方法，力求方法简便、成本最低。

（4）政策法规：在动物选择中还需要充分考虑有关实验动物伦理道德及政策法规问题。动物试验需要当地伦理委员会批准。应将项目的研究内容、试验方案和具体实施计划提交动物实验伦理委员会进行实验申请。动物实验伦理委员会将依据相关法律法规，根据具体试验的设计及方案，充分考虑善待动物的原则，对课题进行审批，审批通过后方可开展研究。

在研究过程中，在保证实验动物五项基本福利（①免受饥饿的自由；②生活舒适的自由；③免受痛苦、伤害和疾病的自由；④免受恐惧和不安的自由；⑤免受身体不适的自由）的基础上，严格遵循"3R"原则，即采用 reduction（减少）、replacement（代替）、refinement（优化）以减少动物疼痛和不安。保障实验动物福利和3R原则，不但体现了对于实验动物的爱惜、保护和伦理道德，还体现了科学地进行动物实验的观念。

20世纪90年代以来，我国颁布了一系列有关药品的管理规范，如GMP和GLP等，其中均涉及有关实验动物的规定，应参考执行。

5. 动物模型的选择 人类疾病的动物模型是生物医学研究中建立的具有人类疾病模拟表现的动物试验对象和材料，使用动物模型，是研究和评价新药防治作用的一个必不可少的方法和手段，正确使用动物模型，对反映药物的有效性及作用特点至关重要。一般应在至少两种动物种属中证明受试药物有效性，如果仅采用一种动物种属，则所用的动物模型必须具有充分的科学依据，且能够合理说明选择该种属的理由，可很好地预测人体反应。选用两种动物模型，应提供每一种动物模型的适用性依据。在选择动物模型时，需充分考虑品种的具体特点，包括拟定适应证和（或）功能主治，中药品种对某个适应证的具体优势。

（1）动物模型选择的一般要求：在动物模型选择上，首选符合中医病或证的模型，若目前尚无与所研究的药效对应的理想动物模型，也可选用与其病或证相似的药理模型或方法进行试验，以整体动物体内试验为主，适当配合体外试验，从不同层次证实其药效。评价模型好坏的标准在于模型是否符合病证的本质，是否简便可行，指标是否可观测和分析。过去中药药效学试验曾大量应用正常动物进行，也取得了许多宝贵资料；但也发现有些作用对正常动物反应不明显，而对病理模型动物反应敏感。例如，五苓散对健康人、正常小鼠及家兔均无利尿作用，但对有代谢障碍的水肿患者或动物却有明显的利尿作用。

（2）动物模型的分类：研究中药药效学，需要建立与临床一致的病理模型进行试验，以获得客观的结果和结论。中药药效学实验动物模型分为疾病动物模型、证候动物模型、病证动物模型三大类。

1）疾病动物模型：疾病动物模型分为诱发性疾病动物模型和自发性疾病动物模型。**诱发性**

疾病动物模型是研究者通过使用物理、化学、生物等因素作用于动物，造成动物组织、器官或全身一定的损害，出现某些人类疾病的功能、代谢或形态结构方面的改变，如中风动物模型、发热动物模型、糖尿病动物模型、胃黏膜损伤动物模型等。自发性疾病动物模型是指实验动物未经任何有意识的人工处理，在自然情况下，发生染色体畸变、基因突变，并通过定向培育而保留下来的疾病模型，如无胸腺裸鼠、重症肌无力小鼠、青光眼家兔、高血压大鼠、肥胖症小鼠等。

2）证候动物模型：根据中医辨证论治的特点，中药药效学试验研究可将中医临床定位与中药品种特点相结合，制备中医证候动物模型，进行符合中医临床需要的试验设计。此类动物模型的造模因素是依据中医证候的病因病机，其病因、症状、检测指标和药物效应等与中医临床较为吻合，故对受试药物将来的中医临床应用具有较好的参考价值。通过这种方法，研究者能够更准确地模拟人类疾病的中医证候特征，使试验结果更具临床相关性。例如，在肾虚证动物模型中，研究者可以根据肾虚的病因病机，选择适当的动物和造模方法，以确保模型能够反映肾虚的典型症状和病理变化。然后，通过实验验证中药在该模型中的疗效，可以为中药在临床治疗肾虚证中的应用提供科学依据。

① 中医证候动物模型的复制方法：中医诊治疾病的核心是辨证论治，复制中医证候动物模型方法一般有两类，一类是根据临床某些证候表现，采用相应的手段在动物身上复现，再用临床常用的方剂反证，有效者亦称之为某证型的模型，如"脾虚"型、"阳虚"型等；另一类复制西医某种疾病的模型，将其当成中医某种证的模型，如将溶血性贫血称之为"血虚"模型，或以高黏滞血症作为"血瘀"模型等，应该说前者较后者更有中医特色。例如，泄泻可分为寒湿、湿热、食滞、脾虚等证，其临床表现主要为大便次数增多，便溏、清稀甚至水样便，但不同证型症状各不相同，中医辨证施治，理法方药多有变化。因此，在进行药效学试验时，应依据受试中药的功能主治及作用特点，选择合适的试验方法，复制相应的证候动物模型，达到正确反映药效的目的。例如，主要功效为健脾和胃的中药，可采用苦寒中药喂饲的方法复制脾虚泄泻小鼠模型，通过考察受试药物对小鼠的肠运动功能影响，评价受试药物的健脾和胃功效。

复制中医"证"的动物模型难度较大，因为中医的证是疾病的病因、病位及病邪性质的概括，且临床多以患者主观感觉反映出来，确切的客观指标尚在探索之中，而且客观表现如舌象、脉诊及神志等也不易在动物身上模拟出来。

② 中医证候动物模型标准：目前判断中医证候动物模型的方法有两种，一种是根据病因、症状直接判断；另一种是根据常用方剂反证。从直接判断来看，由于低等动物皮毛与人有差别，且脉诊又不适于动物等，中医传统的望、闻、问、切诊察方法在动物上难以实现。所以对于复制的中医证候模型成功与否，往往难以给予相对确切的判断。例如，近年来复制的肝郁模型，动物表现是易激惹、好斗咬人、进食量少、体重增长慢。这一模型按中医传统的辨证方法来衡量，仅从症状来看也难说就是中医的肝郁证，因为在症状方面还缺少胸胁满闷、善太息、脉弦等辨肝郁证的主要依据。从反证法来看，用临床常用的方剂作用于从病因、症状尚难以直接判断的模型动物，有效者称之为该证型。例如，当使用"补脾药"有效时，对应的证候可能为脾虚证。"方剂反证"是中医证候"以方测证"研究的一种有益尝试。

证候动物模型，自19世纪60年代建立第一个类"阳虚"动物模型以来，已用200多种方法，建立了肾虚证、脾虚证、肺虚证、心虚证、血证、血虚证、肝郁证、寒证热证、瘀证、里实证、厥脱证、温阳证、温病等证候动物模型。尽管研究取得了显著进展，但当前的证候模型大多只能模拟某些特定的病理状态，而难以全面反映人体复杂的病理机制。此外，中医临床证候的复杂性、多样性、判断标准的主观性，以及鼠与人物种的差异，现有的证候动物模型仍然无法完全满足中药药效学研究的需求。因此，需要进一步深入研究，开发出更为精准和全面的动物模型，以更好地揭示中药的作用机理和临床疗效。随着生物技术的发展，中医临床证候结合现代生物学技术，如基因编辑、分子生物学等手段，有望为证候动物模型的研究带来新的突破。总之，证候动物模型的研究任重而道远，需要科研人员不断探索和创新，以满足中药现代化和国际化的发展需求。

3）病证动物模型：病证动物模型包括两类，一类是将现代医学的人类疾病动物模型与中医证候动物模型嫁接，建立病证结合动物模型，如高脂性血瘀证动物模型、失血性贫血血虚证动物模型、感染性休克厥脱证动物模型等；另一类是在中医理论指导下，把现代医学的辨病论治与中医学的辨证论治结合起来，中西汇通，建立中医病证结合动物模型，如此所建立的动物模型既有西医疾病的特点，又有中医证候的特征，能够全面、客观地评价中药药理效应，且与中医临床的契合度也更高。

例如，采用结扎大鼠心脏前降支动脉加左旋硝基精氨酸灌胃，复制心肌梗死心气虚血瘀证和心阳虚血瘀证大鼠模型。结扎大鼠心脏左前降支动脉致心肌梗死，再给予一氧化氮合酶抑制剂左旋硝基精氨酸，使其血压升高，心功能恶化致心衰发展，气虚证候加重，并出现体温低、尿量多等阳虚证和血流动力学障碍等血瘀证表现。此模型既符合西医心肌梗死的临床表现和病理改变，又与中医心气虚血瘀证和心阳虚血瘀证发展的证候表现一致，属于病证结合动物模型。

6. 试验设计 试验设计应依据国家《药品注册管理办法》及有关药政法的相关规定，根据新药的主治、功效，参考其处方组成、剂型、给药途径，临床经验及文献资料进行合理的设计制定，紧紧围绕其安全、有效、可控的目的进行研究。研究工作应遵循"随机、重复、对照"的基本原则，对试验数据进行合适的统计学处理分析。

（1）应紧密结合中医药基础理论：中医药有其独特的理论体系与丰富的临床实践，因此在药效学研究中应以中医药基础理论为指导，并结合中医药临床实践，选取合适的动物模型，采用分子生物学、基因编辑、影像学等现代技术，增强试验的精确性和数据的丰富性。选择特异性强、敏感性高、重现性好，能反映重要作用的指标，综合表征中药新药的有效性，凸显其特色与优势。

（2）应以整体试验为主，同时结合离体试验：整体与离体试验相互补充，可以从不同角度、不同深度研究药效。整体试验以麻醉或清醒动物为研究对象，较为接近临床实际，所得试验结果可直接为临床所借鉴，也符合中医药特点。但整体实验结果易受体内神经调节、体液调节及其他因素的干扰。离体试验主要以离体器官、组织、细胞为研究对象，能够排除体内各种复杂因素的干扰直接进行观测，获得的试验结果准确、可靠，但由于缺少了机体完整统一的内环境和神经、体液的调控作用，离体试验的结果与临床实际情况之间可能存在一定距离。

中医药以整体思想体系为基础，重视宏观调节与调控，所以在中药新药药效学研究中，应以整体试验为主，必要时配合离体试验，通过结合整体试验和离体试验，可以充分发挥两者的优势，弥补各自的不足。整体试验能够提供接近临床实际的结果，而离体试验则提供了更为精确的基础数据。综合运用这两种试验方法，有助于提高中药药效学研究的深度和广度，为中药现代化研究提供更加坚实的基础。

（3）给药剂量设计：至少应设三个剂量组，应尽量确定不良反应的量效关系和时效关系，如不良反应的发生和持续时间，低剂量相当于主要药学的有效剂量，高剂量以不产生严重毒性反应为限。不同的动物用多大的剂量合适。对中药来讲，可供参考的信息不多，常用的方法是根据人临床用量折算到不同动物身上，折算的方法主要是按等效剂量折算（式6-1）。

$$D_B = K \cdot D_A \qquad \text{（式6-1）}$$

式中，K 为折算系数，D_A 为 A 种动物剂量（g/kg），D_B 为 B 种动物剂量（g/kg）。

表 6-3 中列出了各种动物和人的等效剂量比值。如需将人的剂量（D_A）转换成动物剂量（D_B），就在 B 种动物所处的那一列下找到与人的那一行相交的折算系数，将剂量乘以折算系数，再乘以人的体重与 B 种动物体重的比值，即得 B 种动物的用药剂量。

例如，某中药制剂，人的临床剂量为 X g/kg，换算成大鼠的剂量：

大鼠的剂量 = X g/kg × 0.018 × 70 kg/0.2 kg = 6.3X g/kg

依此类推，可以折算出小鼠、豚鼠等其他动物剂量。

小鼠的剂量 = X g/kg × 0.0025 × 70 kg/0.02 kg = 8.75X g/kg

豚鼠的剂量 = X g/kg × 0.031 × 70 kg/0.4 kg = 5.43X g/kg

家兔的剂量 = X g/kg × 0.07 × 70 kg/1.5 kg = 3.27X g/kg

猫的剂量 = X g/kg × 0.076 × 70 kg/2.0 kg = 2.66X g/kg

猴的剂量 = X g/kg × 0.163 × 70 kg/4.0 kg = 2.85X g/kg

犬的剂量 = X g/kg × 0.32 × 70 kg/12 kg = 1.87X g/kg

表 6-3　人和动物间按体表面积折算的等效剂量比值

A 种动物	B 种动物							
	小鼠 （0.02 kg）	大鼠 （0.2 kg）	豚鼠 （0.4 kg）	家兔 （1.5 kg）	猫 （2.0 kg）	猴 （4.0 kg）	犬 （12 kg）	人 （70 kg）
小鼠	1.0	7.0	12.25	27.8	29.7	64.1	124.2	387.9
大鼠	0.14	1.0	1.74	3.9	4.2	9.2	17.8	56.0
豚鼠	0.08	0.57	1.0	2.25	2.4	5.2	10.2	31.5
家兔	0.04	0.25	0.44	1.0	1.08	2.4	4.5	14.2
猫	0.03	0.23	0.41	0.92	1.0	2.2	4.1	13.0
猴	0.016	0.11	0.19	0.42	0.45	1.0	1.9	6.1
狗	0.008	0.06	0.10	0.22	0.23	0.52	1.0	3.1
人	0.0025	0.018	0.031	0.07	0.076	0.163	0.32	1.0

（4）给药方式：中药的给药方式可分预防性给药和治疗性给药。预防给药需提前给药一定天数，使受试中药在体内达到有效浓度后再进行造模，观察受试中药的预防作用。治疗给药则先制作动物模型，然后给予中药干预，观察受试中药的治疗作用，这种方式更符合临床。但中药的特点是起效缓慢、作用温和，有时治疗给药，常难以获得预期结果。例如，体内抗感染试验，可以先给药几日后，再接种感染原，然后继续给药几日，观察中药的抗感染作用。所以，具体的给药方式可参考试验目的、受试中药的特点、动物模型的特点等灵活选择。

（5）阳性药选择：阳性药通常指那些经过临床试验和研究证明具有显著治疗效果的药物。选择阳性药物时，一般中药和化学药各选一个阳性药，并选择当前临床和学术界公认有效的、有代表性的药物作为阳性药。

（6）观察指标：确定了动物模型及试验方法后，需要通过观察指标来客观准确地评价中药药理效应的强弱。当然，研究的中药不同，采用的方法不同，观察指标亦不相同。随着现代医学及分子生物学的发展，新技术、新方法、新指标不断在中药药效学研究中应用，可供选择的指标很多，在确定观察指标时应该清楚，观察指标并非"越多越好，越新越好"，原则上应选择特异性强敏感性高、重现性好，可客观定量的指标。例如，在中药保肝试验时，可通过检测血清谷丙转氨酶、谷草转氨酶、碱性磷酸酶的变化来反映肝细胞是否发生损伤。观察指标类型可分为以下三类。

1）定量指标：可用可测量的数据或量的分级表示的指标，如血压、尿量、体温、血液生化值等。

2）定性指标：只能用全或无、阳性或阴性的指标（有效或无效、死亡或生存、出现或不出现）表示。

3）等级指标：有等级关系的指标，如痊愈、显效、有效、无效，-、+、++、+++、++++ 等。

中药药效学研究除了采用现代医学的客观检测指标评价外，还需要在对证候动物模型研究的基础上，选择与中医证候相关的多种客观指标进行系统评价。例如，一种能够治疗外感热证的中药新药的药效学研究，如果仅设计一个简单的抗炎试验，从新药注册申报的角度来看，能获得系统性的药效学证据是远远不够的。除了常规的抗炎指标外，还应结合中医外感热证的特点，选择如体温变化、白细胞计数、细胞因子水平等能够反映中医证候特征的指标进行评价。通过观察动物模型的行为变化，结合中医辨证的症状学标准，进行主观与客观相结合的评价等。通过这些系统性的、多角度的研究，能够更加全面和客观地评价中药新药的疗效，为中药的循证医学提供坚实的证据支持。

（7）完全随机设计：完全随机设计是将每个试验对象随机分配在各组，并从各组试验结果的比较中得出结论。通常采用随机数字进行完全随机化分组的方法。此法的设计和统计处理都较简单。

先将实验动物编号按预先规定，利用随机排列表或随机数字表产生的随机数字将实验动物分配到各组中去（用随机排列表进行分组时，各组例数相等；用随机数字表进行分组时，各组例数常不相等，故常用前者）。

1）用随机排列表分组

例 6-1 按完全随机设计方法将 8 只小鼠随机分配到甲、乙两组。

先将小鼠随机编为 1、2、3……8 号，再从随机排列表中任意指定一行，如第 3 行，依次将 0~7 的随机数字记录在小鼠编号下（遇 7 以上的数字应舍去）。按预先规定，将随机数字为奇数者分到甲组，偶数者分到乙组。结果如表 6-4。

表 6-4 用随机排列表分组举例（分 2 组）

动物编号	1	2	3	4	5	6	7	8
随机数字	1	2	0	3	7	4	5	6
组别	甲	乙	乙	甲	甲	乙	甲	乙

随机分组的结果是第 1、4、5、7 号小鼠被分到甲组；第 2、3、6、8 号小鼠被分到乙组。

例 6-2 按完全随机设计方法将 12 只大鼠随机分为甲、乙、丙三组。

先将大鼠随意编为 1、2、3……12 号，再从随机排列表中任意指定一行，如第 21 行，依次将0~11的随机数字记录在各编号下（遇11以上的数字应舍去）。按预先规定，将随机数字为0~3的大鼠分入甲组，4~7的大鼠分入乙组，8~11的大鼠分入丙组。结果如表6-5。

表6-5 用随机排列表分组举例（分3组）

动物编号	1	2	3	4	5	6	7	8	9	10	11	12
随机数字	8	4	7	0	11	1	5	3	6	10	9	2
组别	丙	乙	乙	甲	丙	甲	乙	甲	乙	丙	丙	甲

随机分组的结果是第4、6、8、12号大鼠分到甲组；第2、3、7、9号大鼠分到乙组；第1、5、10、11号大鼠分到丙组。

2）用随机数字表分组

例6-3 按完全随机设计方法将8只小鼠随机分配到甲、乙两组。

先将小鼠随意编为1、2、3……8号，然后任意指定随机数字表的某一行某一数字开始，如自第6行第一个数开始，按横的方向抄录，得16、22……43等8个数。设定单数代表甲组，双数代表乙组，如表6-6所示。

表6-6 用随机数字表分组举例（分2组）

动物编号	1	2	3	4	5	6	7	8
随机数字	16	22	77	94	39	49	54	43
组别	乙	乙	甲	乙	甲	甲	乙	甲

随机分组的结果是第3、5、6、8号小鼠被分到甲组；第1、2、4、7号小鼠被分到乙组。

例6-4 设有动物12只，随机分成3组。

将动物随意编号后应用随机数字表分配。如从第14行第4个数字开始，按斜角线抄下19、12…30等12个数字，每个数均用3除，用余数1、2、3分别代表甲、乙、丙组，结果分入甲组的动物5只，分入乙组的动物3只，分入丙组的动物4只。结果如表6-7。

表6-7 用随机数字表分组举例（分3组）

动物编号	1	2	3	4	5	6	7	8	9	10	11	12
随机数字	19	12	40	83	95	34	19	44	91	69	03	30
余数	1	3	1	2	2	1	1	2	1	3	3	3
组别	甲	丙	甲	乙	乙	甲	甲	乙	甲	丙	丙	丙

如3组动物数不相等，则需将原归甲组的5只动物中的1只改分入乙组。可以用随机数字表继续按斜角线抄录一个数字——60。归入甲组的动物有5只，故用5除，余数为0，可以视之相当于5，就可以将第五只甲组动物，即编号为9的动物改为乙组。

随机分组的结果是第1、3、6、7号动物分入甲组，第4、5、8、9号动物分入乙组，第2、10、11、12号动物分入丙组。

7. 数据质量控制 试验数据必须具备真实性、完整性、可靠性和可溯源性。主要药效学试验数据质量问题，主要包括以下情况。

（1）有意挑选或者剔除数据，使试验结果出现偏倚：有意挑选或剔除数据以使试验结果出现偏倚是严重违反科学研究的规范和道德准则的行为。在科学研究中，数据的剔除应当严格基于科学原则和预先设定的准则进行，必须有充足的科学理由，并且在试验的原始记录和报告中清楚地说明这些理由，而非出于获取特定结果的目的。

（2）仅报告阳性结果，不报告阴性结果：中药新药申报资料，仅报告阳性结果，不报告阴性结果，违背了科学诚信要求。在中药新药的申报资料中，应如实反映所有试验结果，包括阳性和阴性结果。阴性结果同样具有重要的科学意义，它们可以揭示药物在某些模型或指标上的无效性，或者提醒研究者在设计进一步研究时需要调整方法或假设。这些信息对于临床试验的设计和药物开发的方向调整至关重要。

（3）篡改或者编造数据：篡改或者编造数据违背了科学研究的真实性原则，是严格禁止的行为。这种行为不仅损害了科学研究的诚信和可信度，还可能误导他人的研究方向和决策，甚至对公众健康和安全造成潜在风险。因此，科学研究者和实验人员应当遵守科学道德和规范，保持数据的真实性和透明度，确保研究成果的可靠性和科学性。

8. 实验记录

（1）记录要求：实验记录应真实、完整、详细、准确规范，防止漏记和随意涂改，对试验中出现的新问题和特殊现象应详细写明情况。描记和形态学检查应有记录图和照片。不得伪造、编造数据。记录应符合国家《药品研究实验记录暂行规定》的要求。

（2）记录内容

1）实验名称：每项实验应首先注明课题名称和具体实验名称。

2）实验方案：实验方案是进行实验的依据。实验首页应有详细的实验设计及方案。

3）实验日期：每次实验需记下实验日期（年、月、日）及时间（必要时注明日夜）。

4）实验环境：实验室的温度、湿度（必要时气压），以及可能影响实验的环境因素，均应详细记录。

5）实验人员：参与该项实验的所有人员，并说明记录者。

6）实验动物：种属、性别、年龄、数量、健康状况、提供单位、合格证，动物等级或特殊模型动物、饲养管理、实验前观察与处理，随机分组的方法。

7）实验用药：药材的品种、学名、产地，提取工艺，实验用样品的浓度，给药剂量与体积，给药途径、次数、时间。阳性对照药的选择依据、处方、功能主治，生产厂家名称，批准文号，生产批号及出厂日期，实验前预处理，有无特殊溶媒、基质、防腐剂、助溶剂、添加剂等。实验用其他药品试剂的品名、规格、生产厂家、批号等。自制试剂的配制方法、时间和保存条件等。

8）主要仪器及实验用品：型号、规格、性能、生产厂家及批号等。

9）实验方法：常规实验方法应在首次实验记录时注明方法来源，并简述主要步骤。改进、创新的实验方法应详细记录实验步骤和操作细节。主要操作程序（动物麻醉、固定、手术观测等），观测指标（取样、测试、记录、计算、统计等），以及每只动物的原始记录、数据、图谱等，各组原始数据的统计、分析、比较。

10）实验结果：统计处理方法、制表、绘图，分析判断。实验记录应准确无误，不得任意取舍或涂改，实验中出现的特殊现象、矛盾结果等，均应详细记录。

（3）实验负责人需验收原始记录并签字：所有实验记录均应妥善保存，并有专人、地点及联系方式。

（二）次要药效学

次要药效学试验一般是指与预期的治疗目的不相关的作用和/或作用模式的试验，其中部分试验属于安全药理学试验的范围内。对于中药新药而言，除非有特殊担忧，一般情况下无须提供次要药效学资料；对于中药单一成分可能需要进行必要的次要药效学研究。例如，对于作用于中枢神经系统的中药单一成分，需要参照化学药的要求，进行中枢神经系统靶点结合筛选试验，以考察可能的脱靶效应，同时也是非临床依赖性研究的早期评估内容。这种研究有助于识别潜在的副作用，确保药物的安全性和有效性。另外，对于开发用于多个适应证的药物，与所申请适应证不相关的药效学试验可作为次要药效学试验资料提交。这些次要药效学试验资料可以提供药物在其他适应证下的潜在效益和风险信息，帮助全面评估药物的整体疗效和安全性。

（三）安全药理学

我国现行的与药物非临床安全药理学研究相关的指导原则为《中药、天然药物一般药理学研究技术指导原则》和《化学药物一般药理学研究技术指导原则》。其中，"一般药理学"即对应国际上所指的"安全药理学"的内容。广义的一般药理学研究是指主要药效学作用以外广泛的药理学研究，包括安全药理学和次要药效学研究。通常所指的一般药理学研究仅限于安全药理学研究的内容。本节主要讨论安全药理学研究的范畴。

1. 受试物 受试物应能充分代表临床试验样品和上市药品，因此应采用制备工艺稳定、符合临床试验用质量标准规定的样品。一般用中试或中试以上规模的样品，并注明其名称、来源、批号、含量（或规格）、保存条件及配制方法等。如果不采用中试样品，应有充分的理由。如果由于给药容量或给药方法限制，可采用提取物（如浸膏、有效部位等）进行试验。试验中所用溶媒和（或）辅料等应标明批号、规格、生产厂家。

2. 生物材料 为了获得科学有效的安全药理学信息，应选择最适合的动物或其他生物材料。选择生物材料需考虑的因素包括生物材料的敏感性、可重复性，实验动物的种属、品系、性别和年龄，受试物的背景资料等。应说明选择特殊动物/模型等生物材料的理由。

（1）常用的实验动物：实验动物常用小鼠、大鼠、犬等。常用清醒动物进行试验。如果使用麻醉动物，应注意麻醉药物的选择和麻醉深度的控制。所用动物应符合国家有关药物非临床安全性研究的要求。

（2）常用的体外生物材料：体外生物材料可用于支持性研究（如研究受试物的活性特点，研究体内试验观察到的药理作用的发生机制等）。常用体外生物材料主要包括离体器官和组织、细胞、亚细胞器、受体、离子通道和酶等。

（3）样本数和对照：为了对试验数据进行科学和有意义的解释，安全药理学研究动物数和体外试验样本数应十分充分。每组小鼠和大鼠数一般不少于10只，犬一般不少于6只。原则上动物应雌雄各半，当临床拟用于单性别时，可采用相应性别的动物。

试验设计应考虑采用合理的空白、阴性对照，必要时还应设阳性对照。

（4）给药途径：原则上应与临床拟用药途径一致。如果采用不同的给药途径，应说明理由。

（5）剂量或浓度：体内研究中，应尽量确定不良反应的量效关系和时效关系（如不良反应的发生和持续时间），至少应设 3 个剂量组。低剂量应相当于主要药效学的有效剂量，高剂量以不产生严重毒性反应为限。体外研究中，应尽量确定受试物的剂量－反应关系。受试物的上限浓度应尽可能不影响生物材料的理化性质和其他影响评价的特殊因素。

（6）给药次数和检测时间：一般应采用单次给药。如果受试物的药效作用在给药一段时间后才出现，或者重复给药的非临床研究结果或人用结果出现安全性问题时，应根据这些作用或问题合理设计给药次数。应根据受试物的药效学和药代动力学特性，选择检测一般药理学参数的时间点。

（7）观察指标：根据器官系统与生命功能的重要性，可选用相关器官系统进行一般药理学研究。心血管系统、呼吸系统和中枢神经系统是维持生命的重要系统，临床前一般药理学试验必须完成对这些系统的一般观察。当其他非临床试验及临床试验中观察到或推测对人和动物可能产生某些不良反应时，应进一步追加对前面重要系统的深入研究或补充对其他器官系统的研究，并在申请生产许可之前完成。

1）对重要生命功能系统的安全药理学研究：根据对生命功能的重要性，观察受试物对中枢神经系统、心血管系统和呼吸系统的影响。

① 中枢神经系统：直接观察给药后动物的一般行为表现、姿势、步态，有无流涎、肌颤及瞳孔变化等；定性和定量评价给药后动物的自发活动、机体协调能力及与镇静药物的协同／拮抗作用。如果出现明显的中枢兴奋、抑制或其他中枢系统反应时，应进行相应的体内或体外进一步试验研究。

② 心血管系统：测定并记录给药前后血压（包括收缩压、舒张压和平均动脉压）、心电图（包括 QT 间期、PR 间期、ST 段和 QRS 波等）和心率等的变化。治疗剂量出现明显血压或心电图改变时，应进行相应的体内或体外进一步试验研究。

③ 呼吸系统：测定并记录给药前后的呼吸频率、节律和呼吸深度等。治疗剂量出现明显的呼吸兴奋或抑制时，应进行相应的体内或体外试验研究。

2）追加或补充的安全药理学研究：根据对中枢神经系统、心血管系统和呼吸系统的一般观察及临床研究、体内和体外试验或文献等，预测受试物可能产生某些不良反应时，应适当选择追加和／或补充安全药理学研究内容，以进一步阐明产生这些不良反应的可能原因。

下述项目无须全部进行研究，可在综合分析非临床和临床资料基础上，根据实际情况选择相应的研究项目。

① 追加的安全药理学研究

中枢神经系统：观察药物对行为、学习记忆、神经生化、视觉、听觉和／或电生理等的影响。

心血管系统：观察药物对心输出量、心肌收缩作用、血管阻力等的影响。

呼吸系统：观察药物对气道阻力、肺动脉压力、血气分析等的影响。

② 补充的安全药理学研究

泌尿系统：观察药物对肾功能的影响，如对尿量、比重、渗透压、pH、电解质平衡、蛋白质、细胞和血生化（如尿素氮、肌酐、蛋白质）等指标的检测。

自主神经系统：观察药物对自主神经系统的影响，如与自主神经系统有关受体的结合，体内或体外对激动剂或拮抗剂的功能反应，对自主神经的直接刺激作用和对心血管反应、压力反射和心率等的检测。

胃肠系统：观察药物对胃肠系统的影响，如胃液分泌量和pH、胃肠损伤、胆汁分泌、体内转运时间、体外回肠收缩等的检测。

其他器官系统：如果其他有关研究尚未研究对下列器官系统的影响（如潜在的依赖性，对骨骼肌、免疫和内分泌功能的影响等），但出于对安全性的关注时，应考虑药物对这些方面的影响。

（8）结果及分析：应根据详细的试验记录，选用合适的统计方法，对结果进行定性和定量的统计分析，同时应注意对个体试验结果的评价。根据统计结果，分析受试物的安全药理学作用，结合其他安全性试验、有效性试验及质量可控性试验结果，进行综合评价。

3. 不同情况的安全药理学研究的要求　未在国内上市销售的从中药、天然药物中提取的有效成分及其制剂，一般应按以上要求逐步进行安全药理学的研究。

未在国内上市销售的来源于植物、动物、矿物等药用物质制成的制剂，未在国内上市销售的中药材新的药用部位制成的制剂，未在国内上市销售的从中药、天然药物中提取的有效部位制成的制剂，处方中含有无法定标准的药用物质的未在国内上市销售的由中药、天然药物制成的复方制剂，未在国内上市销售的中药、天然药物制成的注射剂，一般应进行对重要系统的安全药理学研究。根据受试物自身特点和其他试验结果，可能需进行深入的安全药理学研究，这时应在综合其他非临床和临床资料的基础上，根据具体情况选择相应的研究项目。

如果不按以上要求进行相关的研究，应充分说明理由。

（四）药效学药物相互作用

药效学药物相互作用是指两种药物对机体内同一系统或同一靶点（受体、通道、酶等）共同作用而发生的药效变化。表现为相加、协同或拮抗等，主要是效应强度的变化，也可能发生严重或特殊的反应，对药物的血浆或作用靶位的浓度可无明显影响。总药效等于药物单用时的效应之和称为相加；大于药物单用时的效应之和称为增强；相加和增强作用为药物的协同作用；小于药物单用时的效应称之为药物的拮抗作用。

药效学药物相互作用的研究，主要考虑的是药物主要药效学所治疗的疾病，在临床上不可避免的联合用药的相互作用。例如，治疗高血压患者的高血脂状态，就要考虑与降压药联合应用的相互作用；治疗糖尿病肾病并发症的药物，就要考虑与降糖药联合应用的相互作用。

（五）中药新药药动学研究

在中药、天然药物新药研究开发的过程中，通过对活性成分或活性代谢物非临床药代动力学研究，提取其相关药代动力学参数，可作为阐明药效或毒性产生的基础，并为设计和优化临床试验给药方案提供有关参考信息。

对于活性成分单一的中药、天然药物，其非临床药代动力学研究与化学药物基本一致，应遵循以下基本原则：①试验目的明确；②试验设计合理；③分析方法可靠；④所得参数全面，满足评价要求；⑤对试验结果进行综合分析与评价；⑥具体问题具体分析。

1. 实验动物的选取　由于动物药代动力学研究是联系动物研究与人体研究的重要桥梁，动物选择的恰当与否是关键。实验动物一般采用成年和健康的动物，如小鼠、大鼠、兔、豚鼠、犬、小型猪和猴等。从试验目的、给药途径、制剂形态、动物的生理解剖特征、可控性、成本等多方面考虑，兼顾与人体的相关性。啮齿类动物具有广泛适用性，易于抓取、捕捉和固定，其生理解剖结构和人体相近，用药后可自由活动，接近药物体内过程的真实状态。如果要进行药物排泄和组织分布试验，则可选择小鼠和大鼠。小鼠血容量较少，可以进行药物的体内分布研究。如果需要考察药物的胆汁排泄，则可选择大鼠，因其没有胆囊，方便顺利收集胆汁。对于口服给药的缓、控释制剂，需要整体吞服，可采用比格犬等进行。静脉滴注的药物亦可采用比格犬，从后肢静脉给药，前肢静脉定时采血。小型猪皮肤的生理形态（结构外形、真皮乳头层、网状层、皮下组织）、免疫功能都与人类很相似，皮肤血供、附属器也与人类最为接近，则外用制剂药动学可采用小型猪。由于家兔胃肠道长度、解剖生理结构等和人体差异较大，所得试验结果与人体有较大差异，故口服给药制剂不宜选用兔等食草类动物和反刍动物。麻醉状态下动物的血液循环减慢、体温降低、代谢减缓，会影响药动学参数和体内过程，故尽量在清醒状态下试验。实验动物在试验前，应适应性饲养3~5天，以避免结果波动。鉴于动物的个体差异，药代动力学研究应从同一只动物重复、多次采样，尽量避免用多只动物的合并样本。动物应雌雄各半，以考察性别差异对药动学的影响。

2. 受试物的要求 受试物应采用处方、工艺、质量标准工艺固定的中试或中试以上规模样品，应注明名称、来源、批号、含量（或规格）、保存条件及配制方法等，试验中所用辅料、溶媒等应标明批号、规格和生产单位，并符合试验要求。

3. 给药剂量设计 给药剂量与药物的体内行为密切相关，尤其是非线性速度过程。临床前药动学研究应设置至少3个剂量组，其高剂量最好接近最大耐受剂量，中、小剂量在动物有效剂量的上下限范围设定。通过多剂量药动学研究，主要考察在所试剂量范围内，药物的体内动力学过程是属于线性还是非线性动力学过程，以利于解释药效学和毒理学研究中的发现，并为进一步开发和研究提供信息。

4. 给药途径设计 给药途径与体内过程密切相关，所用的给药途径和方式，应尽可能与临床用药一致，使所得结果具有临床外推性。另外，在试验中应注意根据具体情况统一给药后禁食时间，以避免由此带来的数据波动及食物的影响。口服给药时一般在给药前应禁食12h以上，以排除食物对药物吸收的影响。

5. 采样点的设计 药动学研究质量严重依赖采样点的设置及样本量，采样点对药代动力学研究结果有重大影响，若采样点过少或选择不当，不同设置有可能得到不同的房室模型，血药浓度-时间曲线可能与药物在体内的真实情况产生较大差异。通过多次预试验，根据预试验的结果，审核并确定最终采样点。每个采样点一般不少于6个数据为限。为获得完整的血药浓度-时间曲线，采样时间点的设计应兼顾药物的吸收相、平衡相（峰浓度附近）和消除相。一般在吸收相至少需要2~3个采样点，对于吸收快的血管外给药的药物，应尽量避免第一个点是峰浓度（C_{max}）；在C_{max}附近至少需要3个采样点；消除相需要4~6个采样点。整个采样时间至少应持续到3~5个半衰期，或持续到血药浓度为C_{max}的1/20~1/10。

6. 生物样品的采集 给药后药物在体内产生吸收、分布、代谢、排泄等过程，药物在机体内的存在形式为组织、体液、血液、脏器的有选择或无选择的分布。药物的理化状态发生了改变，处于一定的生物基质中，需要采用特定的采样方法获取生物样本，经过后续处理、分析测试后以获得其体内过程的特征。

药动学研究是利用均质液体样品中，某一微小体积浓度与样本来源相同的原理，故所采集样品为"实时""瞬间"浓度。药物的体内过程是时间的函数，相同的给药方案和试验动物，不同的采样时间点的生物样本结果差异极大，故生物样品的准确获取是决定研究结果可靠与否的关键环节。生物样本采集时间点的精确度会严重影响试验结果数据的精密度，对采样熟练度、采样时限的要求较高，要求能在设计的采样时点内获得所需样品，可根据给药途径、药物体内变化趋势灵活设置采样时间点及采样时间间隔。根据试验动物和试验目的的不同，采用不同的采样方法，常见的生物样本有血液、尿液、胆汁、粪便等。其中血样最为重要。为便于分析，一般分离血浆或血清备用。血清和血浆制备时，血浆需要离心抗凝血获得，血清通过离心促凝血即得，其区别在于血清中没有纤维蛋白原，没有参与凝血的血浆蛋白，但含有血小板在凝血过程中释放的物质。

7. 生物样本的前处理方法　生物样品含有丰富的蛋白质、肽、氨基酸、盐等成分，在进行分析测试时，必须根据被分析物的性质和仪器的适用性进行前处理，以提高分析结果的准确性和可靠性，同时保护仪器。不同仪器对样品处理的要求有所不同，不同来源的生物样品所含基质的种类和数量也不尽一致，不同性质的药物与基质的结合状态也有差别，因此，生物样品的前处理是药动学研究中的关键环节。

目前，高效液相色谱法（HPLC）是药动学研究中常用的检测方法，使用有机流动相。然而，生物样品中的丰富蛋白质在遇到甲醇、乙腈等流动相时，容易沉淀析出，导致管路堵塞并严重缩短色谱柱的寿命。样品前处理过程中，盐的去除也较为关键，否则会导致严重的基质效应，甚至堵塞离子源锥孔。对于某些挥发性成分，气相色谱法（GC）是适宜的检测方法，检测前不仅需要去除蛋白质，还需要除盐。

药动学研究需要采用个体化前处理，满足药动学专属性、回收率、稳定性、准确度等关键指标的需要，为了实现有效的样品前处理，可以采取以下措施。

（1）蛋白质沉淀：通过加入有机溶剂（如甲醇、乙腈）或酸（如三氯乙酸）进行蛋白质沉淀，然后通过离心分离出沉淀物。

（2）液-液萃取：使用适当的有机溶剂进行液-液萃取，可以有效地分离药物与蛋白质、盐等基质成分。

（3）固相萃取：利用固相萃取柱对样品进行净化，选择性地保留或去除目标化合物或干扰物。

（4）超滤：通过超滤膜去除大分子蛋白质，仅保留小分子药物和其他成分。

（5）冷冻干燥法：生物样品尤其是尿样含有大量盐类，在无法选择萃取溶剂时，亦可用冷冻干燥法进行前处理，通过预冻、升华、再干燥等过程将基质中大量水分去除，充分保持目标物的稳定性。冻干物可进一步萃取富集，非常适合热敏性药物及需要除盐的生物样本。

（6）脱盐处理：使用透析、超滤或固相萃取等方法去除样品中的盐分，以减少基质效应。

（7）样品稀释：在分析前将样品进行适当稀释，以降低基质成分的浓度，减少对仪器的影响。

通过适当的样品前处理，不仅可以提高分析测试的准确性和可靠性，还能有效保护分析仪器，延长其使用寿命。这些措施的应用，使得药动学研究中的样品处理更加科学合理，为准确测定药物浓度和研究其体内行为提供了坚实的基础。

8. 生物样品的测定分析　生物样品的药物分析方法包括色谱法、放射性核素标记法、免疫学和微生物学方法，可根据受试物的性质，选择特异性好、灵敏度高的测定方法。随着分析技术的迅速发展，目前色谱法具有广泛适用性，包括高效液相色谱法（HPLC）、气相色谱法（GC）和色谱-质谱联用法（如 LC-MS，LC-MS/MS，GC-MS，GC-MS/MS）。在需要同时测定生物样品中多种化合物的情况下，LC-MS/MS 和 GC-MS/MS 联用法在特异性、灵敏度和分析速度方面有更多的优点。

9. 生物样品测定的技术要求　由于生物样品体积小、浓度低、内源性物质（如无机盐、脂质、蛋白质、代谢物）含量高及个体差异等多种因素影响生物样品测定，所以必须根据待测物的结构、生物基质和预期的浓度范围，建立适宜的生物样品分析方法，并对方法进行确证。

因药动学研究结果均依赖于生物样品的测定，只有可靠的检测方法才能得出可靠的研究结果，故生物样品方法学确证是整个药动学研究的基础。生物样品定量分析的考察内容包括选择性、线性、准确度、精密度、检测限、最小定量限、稳定性、提取回收率、方法回收率等。通过准确度、精密度、特异性、灵敏度、重现性、稳定性等研究对建立的方法进行确证，制备随行标准曲线并对质控样品进行测定，以确保样品检测的可靠性。

（1）特异性：指分析方法测量和区分共存组分中分析物的能力。必须证明所测定的物质是预期的分析物，内源性物质和其他代谢物不得干扰样品的测定。对于色谱法至少要考察6个不同个体空白生物样品色谱图、空白生物样品外加对照物质色谱图（注明浓度）及用药后的生物样品色谱图。对于以软电离质谱为基础的检测方法（LC-MS、LC-MS/MS等），应注意考察分析过程中的基质效应，如离子抑制等。

（2）标准曲线：标准曲线应是连续的和可重现的，应以回归计算的偏差最小为拟合基础。根据所测定物质的浓度与响应的相关性，用回归分析方法（如用加权最小二乘法）获得标准曲线。标准曲线高、低浓度范围为定量范围，在定量范围内浓度测定结果应达到试验要求的精密度和准确度。

使用与待测样品相同的标准物质，至少5个浓度建立标准曲线，定量范围要覆盖全部待测浓度，不得将定量范围外推求算未知样品的浓度。建立标准曲线时应随行空白生物样品但计算时不包括该点。

对于标准曲线的要求除相关系数（r）值大于0.99外，还要求经标准曲线计算浓度要在真实浓度的±15%范围内，标准曲线最高点和最低点在±20%范围内。

（3）精密度与准确度：要求选择高、中、低3个浓度的质控样品同时进行方法的精密度和准确度考察。如果空白基质样品无干扰，则可在空白基质样品中添加分析物标准品作为质控样品。低浓度选择在定量下限附近，其浓度在定量下限的3倍或3倍以内；高浓度接近于标准曲线的上限；中间再选一个浓度。每一浓度每批至少测定5个样品，为获得批间精密度，应至少3个分析批合格。

（4）定量范围：定量范围包括定量上限和定量下限的浓度范围，在此范围内采用浓度-响应关系能进行可靠的、可重复的定量，其准确度和精密度可以接受。

定量下限是标准曲线上的最低浓度点，要求至少能满足测定3~5个半衰期时样品中的药物浓度，或C_{max}的1/20~1/10时的药物浓度，其准确度应在真实浓度的80%~120%，相对标准偏差应小于20%，应由至少5个标准样品测试结果证明。

（5）样品稳定性：一种分析物在确定条件下，一定时间内在给定基质中的化学稳定性。根据具体情况，对含药生物样品在室温、冰冻或冻融条件下及不同存放时间进行稳定性考察，以确定生物样品的存放条件和时间。

（6）提取回收率：分析过程的提取效率，以样品提取和处理过程前后分析物含量百分比表示。应考察高、中、低3个浓度平行质控样品的提取回收率，其结果应精密和可重现。每个浓度点和对应浓度的纯标准品溶液直接分析结果相比较，其提取回收率结果一般应高于50%。

（7）灵敏度：生物样品分析方法的灵敏度主要通过测定定量下限样品的准确度和精密度来表征。

（8）生物样品分析的注意事项：每个未知样品一般测定一次，必要时可进行复测，来自同一个体的生物样品最好在同一分析批中测定。每个分析批应建立标准曲线，随行测定高、中、低3个浓度的质控样品，每个浓度至少双样本，并应均匀分布在未知样品测试顺序中。当一个分析批中未知样品数目较多时，应增加各浓度质控样品数，使质控样品数大于未知样品总数的5%。质控样品测定结果的偏差一般应小于15%，最多允许1/3质控样品的结果超限，但不能在同一浓度中出现。浓度高于定量上限的样品，应采用相应的空白基质稀释后重新测定。对于浓度低于定量下限的样品，在进行药代动力学分析时，在达到C_{max}以前取样的样品应以零值计算，在达到C_{max}以后取样的样品应以无法定量（not detectable，ND）计算，以减小零值对曲线下面积计算的影响。

第三节　主要药效学研究思路与方法

中药新药药效学研究，是中药新药研发的重要环节，同时也为临床合理用药提供依据，丰富和发展中医药理论。目前研究方法多借用药理学的试验方法和技术，遵循重复、随机、对照的药理试验原则，采用整体试验研究法、离体试验研究法、虚拟研究法及多组学研究法等多种方法互相结合进行研究，揭示中药及复方多环节多途径多靶点的药理作用。近年来，随着科学技术的不断发展，涌现出许多中药药效评价的新技术和新方法，丰富了中药药效学研究手段，加快了中药新药研发的进程。

一、整体试验研究

整体试验研究是直接采用动物进行中药药效学研究和评价的方法，动物整体给药后对其各项药理指标进行检测分析，从而评价中药在动物体内的药理作用。试验对象可以是大鼠、小鼠、豚鼠、家兔、蟾蜍、猪、犬和猴等，体内研究模型的特点是能够准确反映药物对机体的作用及在体内的代谢过程，缺点是有个体差异、药物用量大，成本高、试验周期长。目前还提倡用一些模式生物来代替动物用于药物筛选，降低成本。常用于药物筛选的模式生物有果蝇、斑马鱼、噬菌体、大肠埃希菌、酵母、线虫等，因为具有用药量少、周期较短、整体作用、成本较低、操作简便等优点，各有应用前景。

（一）正常动物模型

整体试验所采用的动物模型主要包括正常动物模型和病理动物模型，采用正常动物模型可做一般药效学评价，如研究中药对正常小鼠或大鼠胃肠运动的影响，研究中药对正常动物出血或凝血时间的影响。

（二）病理动物模型

在中药新药药效学研究中应用更多的是病理动物模型，病理动物模型可分为现代医学疾病模型和中医证候模型。现代医学模型是按照现代医学的发病机制模拟的人类疾病动物模型，包括化学因素诱导，如化学致癌剂、营养物质过剩、血管紧张素等作用于动物诱导疾病模型；物理因素诱导，如机械损伤、手术、放射线等作用于动物诱导疾病模型；生物因素，如基因突变、基因敲除或转基因动物模型,以及细菌、微生物、寄生虫等作为致病原作用于动物。

以治疗冠心病的复方丹参滴丸的药效研究为例(图6-2),研究者根据药物的临床适应证为冠心病和心绞痛,选择实验性心肌梗死为主要药效模型。在大鼠和小鼠体内,采用异丙肾上腺素、左前降支冠状动脉结扎手术诱导心肌梗死模型,观察给予不同剂量的药物后动物的心肌缺血程度、肌酸激酶同工酶含量、乳酸脱氢酶含量、心功能等的变化,并与相应的阳性药物进行比较,最后确认该药物可剂量依赖性地抑制实验性心肌梗死的发生、发展和疾病程度,比较全面地阐明了该方的药理作用。

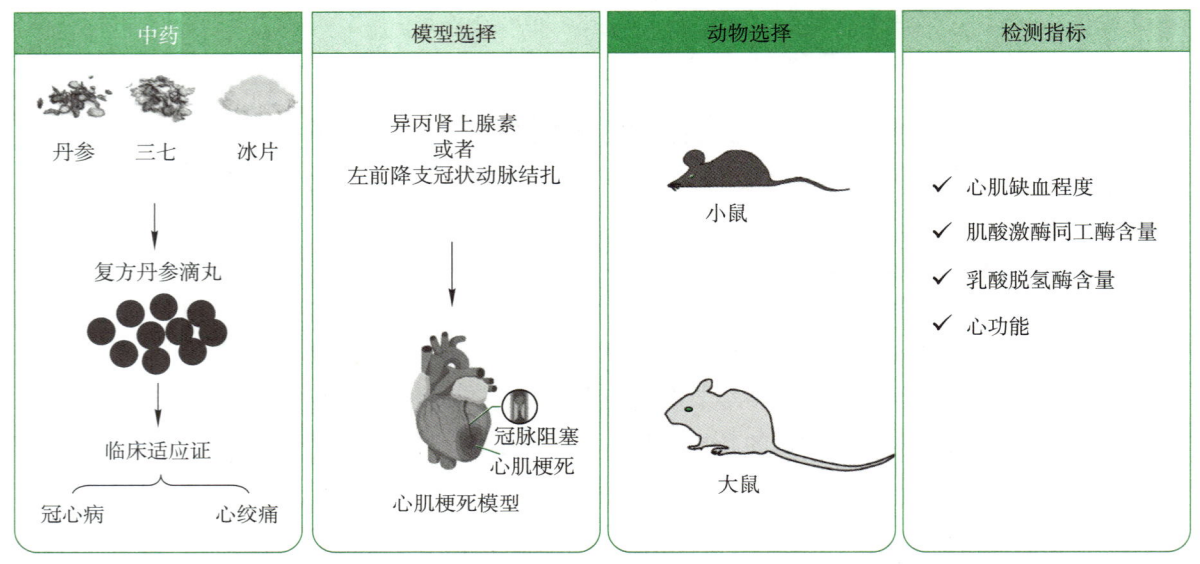

图6-2　复方丹参滴丸药效研究

中医证候模型是根据中医"证"的特点复制的中医证候动物模型,往往是多种手段综合形成的复合模型。例如,采用疲劳、饥饿及受寒同时作用于小鼠,由于劳则气耗、饥则伤脾、伤脾则寒邪内袭,可建立虚寒证模型。研究人员采用肾上腺皮质激素联合激怒法诱导大鼠肝肾阴虚模型,实验动物经复合刺激造模后,检测到模型大鼠环腺苷酸/环鸟苷酸(cAMP/cGMP)显著升高,确认此法可用于制备肾阴虚证候动物模型,运用该模型研究滋肾宁神胶囊对抗肝肾阴虚模型大鼠的药理作用。现代医学模型建立方法比较成熟,结果可靠,但缺乏中医辨证论治的特色,与中药的临床应用脱节。中医证候模型比较符合中医理论的特点,但因为中医"证"的病理生理基础尚不清楚,其规范化研究相对不足,造模的方法有限,模型重复性有时候不高。

(三)模式生物

模式生物是可用于研究与揭示生命体某种具有普遍规律的生物现象的一类生物,如果蝇、斑马鱼、线虫等,各自有特点。果蝇具有繁殖速度快、生命周期短、生理结构简单、繁殖量大、培养费用较低等特点,且与哺乳动物在生理学、生物学和神经系统功能等方面比较相似。近年来,在衰老、神经退行性疾病、代谢紊乱及糖尿病、睡眠障碍、肠道、免疫、生殖、肿瘤、心脏功能等疾病的中药活性评价研究中有不少应用。斑马鱼具有与人70%基因相似性、透明胚胎易于观察、超强的繁殖能力、低成本等特点,能够全面地检测、评估中药的活性和毒性,进而实现高通量筛选,在中药毒性、活性物质筛选和中药代谢方面均有应用。酵母菌是真核生物而且基因组已全部测序，细胞繁殖快，易于培养，与哺乳动物细胞有许多共同的生化机制，存在许多与人类疾病相关的基因，因此也被拓展和延伸到中药领域。

二、离体试验研究

离体试验是采用动物的器官、组织、细胞等在体外环境中进行试验的研究方法。离体器官或组织主要包括心脏、胃、肠道、气管、子宫、神经、肝等。离体细胞有心肌细胞、胃肠细胞、神经细胞、胶质细胞及各种肿瘤细胞等。采用不同生物活性评价方法或分子生物技术对离体器官或细胞进行检测，通过检测细胞的数量与活性，基因和蛋白质表达种类与水平，酶反应能力或活性，离子通道的开关、受体表达与活化程度等，并研究小分子与生物大分子直接的相互作用等，可系统地评价和研究中药及其活性成分的药理作用和分子机制。

例如，中药黄连中活性成分小檗碱（berberine），采用脂多糖（lipopolysaccharide，LPS）诱导神经元损伤的方法建立神经元损伤模型，对小檗碱保护神经元的作用和机制进行了研究。首先采用小檗碱与神经元HT22细胞共培养的方式和MTT法检测了小檗碱的安全剂量。随后在此剂量下开展了小檗碱对LPS诱导HT22细胞损伤后的细胞凋亡和相关信号通路的研究，采用流式细胞技术对HT22细胞凋亡进行检测，采用实时荧光定量聚合酶链式反应（quantitative real-time PCR，qRT-PCR）法对HT22细胞主要炎症因子TNF-α、IL-6和IL-1β进行检测，采用DCFH-DA荧光探针对HT22细胞中活性氧类（reactive oxygen species，ROS）含量检测，采用TBA法、比色法和WST-1法对HT22细胞中丙二醛（malondialdehyde，MDA）、谷胱甘肽过氧化物酶（glutathione peroxidase，GSH-Px）和总超氧化物歧化酶（superoxide dismutase，SOD）的含量进行检测，采用蛋白质印迹技术对HT22细胞中B淋巴细胞瘤2基因（B-cell lymphoma 2，Bcl-2）、Bcl-2相关X蛋白（Bcl-2-associated X protein，BAX）、脑源性神经营养因子（brain-derived neurotrophic factor，BDNF）、原肌球蛋白受体激酶B（tropomyosin receptor kinase B，TrkB）、神经生长因子（nerve growth factor，NGF）、磷酸化AMPK（p-AMPK）、磷酸化mTOR（p-mTOR）和磷酸化p70S6K（p-p70S6K）蛋白的表达水平进行分析。结果表明，小檗碱可以通过AMPK-mTOR-p70S6K信号通路，减轻LPS诱导的HT22细胞凋亡，降低炎症反应水平，减轻神经元氧化应激反应以及降低神经营养因子的分泌，这些发现表明小檗碱对神经炎症的治疗作用，为其临床应用于神经炎症防治提供了一定的数据支持。

离体试验是药理学研究常用的方法，优点是药物用量少、节省动物、成本低，能够按照试验需求控制试验条件，筛选出有明确作用靶标的中药及其有效成分，阐明中药的作用机制，特别适合高通量筛选。然而，离体试验也存在一些缺点，例如无法反映药物对机体内环境和神经体液的调控作用，缺乏药物体内代谢的过程。此外，由于中药化学成分复杂，粗提物在离体试验中易受中药中的pH、鞣酸及离子等成分的干扰，容易产生假阳性结果。针对这些不足，可以采用血清药理学或血浆药理学等研究方法。相比之下，整体动物试验保持了机体的完整性，尤其能够体现中医药整体调节的优势。因此，在研究中药药理作用及其机制时，最好采用综合体内外模型，并选择多个不同模型进行研究，以获得更加全面深入的认识。

三、虚拟研究法

虚拟研究法指的是通过计算机模拟，对小分子与蛋白质结合、蛋白质相互作用的网络关系进行预测分析的方法。这种方法包括分子对接和网络药理学分析等技术，具有速度快、通量高、成本低的特点。通过虚拟研究法，可以快速预测小分子调控蛋白质或蛋白质网络在疾病预防和治疗中的作用可能性和机制。虚拟研究法特别适用于研究中药复方，因为中药复方常常包含多种成分，通过多个环节、多层次、多靶点来防治疾病。这种方法有助于从众多的中药分子和药物靶点中快速预测可能的活性成分和关键靶点以及调控网络。近年来，虚拟研究方法在中药药理学研究中得到了广泛的应用。然而，目前的虚拟研究方法仍然难以对复杂的生命过程进行全面、细致的模拟，其研究结果仅仅是对可能性的预测，必须结合传统药理学研究方法进行验证和确认。

（一）分子对接

生物体内的功能蛋白通过与大分子或小分子结合来发挥其生物学功能。这些功能蛋白的结合位点往往也是抑制剂或激动剂的结合位点。因此，寻找能够与这些位点结合的小分子已经成为药物设计的重要方法，并在药物研究中发挥着巨大的价值。分子对接（molecular docking）是一种主流的模拟方法，也是常用的虚拟筛选策略。它依据结合原理，针对蛋白质的结合口袋，根据空间结构互补和能量最小化原则，利用计算机软件评估小分子配体是否能够与受体产生相互作用，并找到它们之间最佳的结合模式。

分子对接一般分为刚性对接、半柔性对接和柔性对接三类。刚性对接适用于比较大的体系，如蛋白质和蛋白质、蛋白质和核酸之间的相互作用；半柔性对接适用于处理小分子和大分子之间的对接，保持一定的对接准确性的同时，计算效率仍然较高；柔性对接则适用于精确考察分子之间的识别情况，虽然能提高对接准确性，但通常需要较长的计算时间。常见的分子对接软件包括Dock、AutoDock、FexX、Discovery Studio、Glide等，根据软件的开源情况、各自优势等，可以选择适当的软件进行预测和分析。

对于中药及其复方治疗有效的病证，利用分子对接技术选择关键的病理调控蛋白，对其所含的大量中药小分子进行预测，能够快速找到并验证相关的活性成分和靶点。这是研究中药药效物质基础和作用机制的有效手段，也可以在此基础上找到潜在的先导药物。反之，针对已知具有药理活性的中药成分，可以选择与相关疾病的蛋白质进行对接，寻找结合最佳的蛋白质，作为潜在药物靶点进行验证和研究。该方法既能阐明药物的作用机制，也有可能发现新的疾病或药物靶点。

（二）网络药理学

网络药理学是由Hopkins于2007年提出的理论，认为药物作用于多个靶点，并通过多个靶点间的相互作用产生增效减毒的效果。该理论强调从系统层次和生物网络的整体角度出发，通过开展单药物对多靶点、多药物对单靶点或多药物对多靶点的交叉分析，来解析药物及治疗对象之间的分子关联规律。网络药理学的发展有助于理解由多基因、多靶点引起的复杂疾病，并为药物研发提供了新的方向。特别是在中药复杂体系的研究中，网络药理学提供了强大的技术手段。它为中药活性化合物的发现、整体作用机制的阐释、药物组合和方剂配伍规律的解析等方面的研究提供了有力支持，因此在中药药理研究领域得到了广泛应用。

网络药理学一般通过以下步骤进行：①通过对中药复方或单味中药分析，或在线中药化学成分数据库（如TCMSP数据库、TCMID数据库、BATMAN-TCM数据库等）获取化学成分；②通过公共数据库（如Phanm Mapper数据库、Swiss Target Prediction数据库等）或高通量测序/组学的数据对各成分可能的蛋白靶点进行预测；③通过疾病数据库（OMIM数据库、GeneCards

数据库、DrugBank 数据库等）或者 TCGA/GEO 获取疾病的靶点，将中药各成分对应的靶点和疾病对应的靶点进行网络分析获得潜在作用靶点；④采用 Cytoscape 构建成分—靶点、靶点—相关互作蛋白的网络进行网络拓扑分析，利用生物信息学软件将潜在作用靶点进行 GO、KEGG 富集分析，初步揭示中药复方/单味中药/中药单体的作用机制；⑤利用细胞或动物实验对活性成分和对应的靶点进行验证。例如，对葛连调糖丸治疗 2 型糖尿病进行网络药理学研究，采用 TCMSP 数据库检索葛连调糖丸药材成分，GeneCards 数据库预测 2 型糖尿病的疾病靶点，Venny2.1.0 获取葛连调糖丸与 2 型糖尿病的交集靶点，STRING 数据库获取蛋白质相互作用网络，运用 R 语言软件对核心靶点进行 GO 功能和 KEGG 通路富集分析，Cytoscape 3.9.1 软件构建"药材－活性成分－靶点""关键活性成分－核心靶点－通路"网络，利用 Pymol 软件进行分子对接。以葛连调糖丸为例，发现抗 2 型糖尿病的活性成分有 200 个，其中有 18 个关键活性成分，16 个核心靶点；GO 功能富集分析得到 75 个生物过程；KEGG 富集分析得到 157 条信号通路，其作用机制可能与糖尿病并发症中的 AGE-RAGE 信号通路、IL-17 信号通路、内分泌抵抗等通路相关。分子对接结果表明关键活性成分与核心靶点均可结合。最终采用高糖诱导的 HepG2 细胞胰岛素抵抗模型进行了验证，发现 10% 葛连调糖丸含药血清干预成模后的 HepG2 细胞 24 h，能提高细胞活力，抑制细胞凋亡，升高 Bcl-2 蛋白表达，降低 AGE、RAGE、caspase-3、cleaved-caspase-3、Bax 蛋白表达，为葛连调糖丸治疗 2 型糖尿病提供了药理学依据。

由于网络药理学主要利用已知的信息通过网络分析得出有意义的新信息，其信息的准确性和网络分析的可靠性对结果的可信度就显得非常重要，为此需要对数据收集、网络分析、结果验证的可靠性、规范性与合理性进行综合评价。

四、多组学研究法

多组学（multi-omics）研究法是指对机体生命活动过程中产生的全部基因（基因组学）、基因表达的广泛变化（表观遗传组学）、核糖核酸（转录组学）、蛋白质（蛋白质组学）及下游小分子代谢产物（代谢组学、糖组学、脂组学）进行检测，以揭示分子间的相互作用网，从较高的深度与广度研究生命活动和疾病及其治疗过程。中药及其复方具有多成分作用于多个系统、多个层次、多个通路、多个靶点产生整合调节作用的特点，采用单靶点、单机制的传统药理研究方案难以有效阐明其疗效机制和药效物质基础，而多组学研究可以全面、系统地分析中药及复方多成分多靶点治疗疾病的分子机制。多组学研究方法可在传统药理模型的基础上，采用基因组学、表观遗传组学、转录组学、蛋白质组学、代谢组学、本草组学等技术对获得的生物样品进行分析，建立相关数据库，并以系统生物学和生物信息学的手段集成整合分析，根据模型组与正常组、中药治疗组与模型组之间表型差异及组学数据的关联，获取关键药效靶点或靶网络及活性成分，在验证后可对中药的药性、功效、配伍理论的科学内涵做出系统的阐释。

五、常见病（证）的中药主要药效学研究

（一）缺血性心脏病（胸痹心痛证）

胸痹心痛多属本虚标实证，本虚者多为心肝脾肾等脏之气虚、阳虚或阴虚证；标实者常见气滞、血瘀、痰浊等证。治疗多以活血化瘀为主，佐以益气温阳、理气通脉等法。由于缺血性心脏病（心绞痛、心肌梗死）发病机制复杂，涉及问题较多，防治冠心病的途径、方法及药物亦甚复

杂。主要药效学研究也需因药而异，应合理选择试验方法、观察指标，科学评价其药效。

1. 主要研究模型

（1）冠状动脉阻断或缩窄性慢性心肌缺血模型：主要用小型猪、犬、家兔、大鼠等，采用心导管介入冠脉栓塞性慢性心肌梗死模型、高脂饲料喂养结合冠状动脉内皮球囊拉伤法形成慢性冠心病心肌缺血模型等。其中小型猪心导管介入冠脉栓塞性慢性心肌梗死模型的制作方法，将小型猪麻醉后经股动脉置入 6F 导引导管，进行冠状动脉造影确定堵塞最佳位置，然后注入 $15×10^4$ 个微栓塞球（直径 45 μm），致使冠状动脉微血管慢性栓塞。高脂饲料喂养结合冠状动脉内皮球囊拉伤法制作，小型猪先给予高脂饲料喂养 2 周后麻醉，分离右侧颈总动脉，结扎远心端，置入 6F 动脉鞘管，从动脉鞘的侧管注入肝素 200 U/kg。在 X 线透视下，将 6F 35 L 右冠大腔指引导管置于左冠状动脉开口，造影后置入 PTCA 球囊导丝，在导丝指引下置入 2.5 mm 或 3.0 mm 球囊至冠状动脉左前降支（LAD）中部，以 10atm 打开球囊堵闭 LAD 远端 1/3 处，球囊与动脉直径之比为 1.3∶1，扩张 3 次，每次 30 s，间隔 1 min，在球囊扩张同时拉动球囊 5 次，幅度 1 cm，操作完毕撤除球囊、导丝、导管及鞘管，无菌缝合，术中连续心电监护。术后继续给予高脂饲料 2 个月。

（2）冠状动脉阻断或缩窄性急性心肌梗死模型：利用小型猪、犬、大鼠、小鼠，等采用冠状动脉结扎法、电刺激、冠状动脉气囊压迫法、冠状动脉血管内注入自体血栓或凝血酶等方法诱导建立模型。冠状动脉阻断致心肌梗死模型的制作，一般将麻醉好的动物做气管插管连接呼吸机，依据动物的解剖学结构实施肋间开胸手术，暴露心脏，将 LAD 置于视线下，分离或者直接穿线结扎前降支，以造成结扎部位以下部分心肌缺血性梗死。以心电图 S-T 段明显上抬，结扎线以下心肌颜色变暗为结扎成功标志。在结扎 LAD 时宜选择好适宜的结扎部位，如大鼠选择在左心耳与肺动脉圆锥之间，平左心耳下缘的冠状动脉左前降支近段；兔宜低位结扎其 LAD 和左冠状动脉旋支（LCX）；犬宜结扎在冠状动脉第一和第二分支之间；小型猪结扎部位宜为冠状动脉左前降支中远 1/3 处。

（3）药物诱发的心肌缺血模型：常用大鼠、豚鼠、家兔、小鼠，也可用猫及犬，采用垂体后叶素、异丙肾上腺素、麦角生物碱等诱发冠脉痉挛、心肌缺血。

（4）心肌缺血再灌注损伤模型：阻断动物冠状动脉左前降支后又再疏通灌注是目前模拟人类心肌缺血再灌注损伤的经典动物模型复制方法，具体操作可分为垫管法和推管法。垫管法是将丝线或乳胶管等物质放置在心脏表面与 LAD 一起结扎，此方法在缺血后不用剪断结扎线，可直接取出垫物恢复冠状动脉的血供，具有创伤小、手术时间短、操作相对简单等优点而被广泛应用；传统的推管法因缺血效果不好，对心肌有严重的机械损伤，因此逐渐被淘汰。缺血 30 min 和再灌注 120 min 模型大鼠、小鼠的死亡率低、心肌缺血面积大、心肌梗死明显，是研究心肌缺血再灌注损伤的理想模型，这一时间窗同样适用于家兔、树鼩等其他小型动物。

（5）离体心肌缺血模型：主要选用大鼠离体心脏，采用离体灌注心脏模型，结扎离体心脏冠状动脉，离体心脏低氧或无氧灌流法造成心肌缺血，制备心肌缺血模型。

（6）血瘀证动物模型：血瘀证是最常见的冠心病中医证型，多因血行不畅，凝滞心脉，引起心胸刺痛，可见胸部固定性痛，舌质或舌体紫暗且有瘀斑瘀点，舌下静脉紫暗，口唇紫暗或暗红。主要选用大鼠、小鼠等。采用高脂饲料饲养后的第 7 日和第 14 日分 2 次进行维生素 D_3 注射，并在饲养 12 周主动脉斑块形成后，结扎心脏左前降支冠脉，以即时 Ⅱ 导联心电图所示 ST 段弓背抬高，肉眼所见结扎部位以下心肌苍白作为判断模型成功建立的标准。

(7) 气阴两虚证动物模型：气阴两虚证是冠心病中后期常见的证型，多因心气虚损并见阴血不足，引起心神失养，心胸隐痛，表现为胸部隐痛或闷痛、神疲力乏、烦躁不安、舌红苔少或舌淡伴有齿痕。采用小型猪为研究对象，通过经皮冠状动脉腔内血管成形术（PTCA）球囊扩张导管阻塞LAD血流，造成冠心病心肌缺血状态，其中心肌损伤致使心脏结构和功能表征指标下降，以及舌脉评分的变化均提示气阴两虚证病理及体征的改变。

(8) 痰瘀互结证动物模型：常选用大鼠、小型猪为研究对象，通过高脂高糖饲料喂养联合腹腔注射维生素 D_3 建立痰瘀互结证大鼠模型；或通过高脂高糖饲料喂养联合腹腔注射维生素 D_3+异丙肾上腺素建立痰瘀互结证大鼠模型；或在高脂饲料喂养基础上，在冠状动脉造影后将球囊送入LAD并进行拉动，造成冠状动脉损伤，模拟痰浊与血瘀小型猪模型。

上列各种试验方法中，以阻断犬冠状动脉所致的局限性心肌缺血与临床相似，与中医证型"瘀血证"有一定联系，较为合理、实用，可以定位、定性、定量的观测缺血心肌的动态变化及药物影响，较为准确的评价药效。

实验动物首选犬或小型猪，其他如猫、大鼠等亦可选用，不宜用兔。

2. 主要观测指标

（1）心肌梗死范围及形态学指标：标本采用硝基四氮唑蓝（p-nitro-blue tetrazolium chloride，NBT）或氯化三苯基四氮唑（triphenyltetrazolium chloride，TTC）染色或双重染色，以定量组织学直接显示梗死区面积；病理切片显微镜检查，观察心肌病变程度及范围；病理切片荧光照相法测定梗死范围；放射自显影法观察缺血区；电子显微镜观察细胞膜、线粒体、内质网细胞核等心肌细胞超微结构改变。

（2）心外膜电图标测：对冠状动脉阻断或缩窄形成的心肌缺血和梗死模型进行多点心外膜电图标测心肌缺血范围及程度等。

（3）心肌酶学测定：测定血中磷酸肌酸激酶、乳酸脱氢酶等与心肌损伤相关的酶类变化。

（4）心功能及血流动力学测定：胸痹心痛者，其心脏功能及血流动力学常发生病理性改变，而治疗药物也常产生多方面影响，故该类新药的主要药效学研究应包括本项试验。

试验可用犬、小型猪、猫或大鼠，不宜用兔。观测指标应包括冠脉流量，心输出量、左室作功、左室内压、左室舒张末期压、左室内压最大变化速率、动脉血压、外周阻力等，进行连续动态观测。试验分组同前，每组3~5只犬、猪或猫，或10只大鼠。符合注射剂要求的新药，宜用静脉给药，粗制剂静脉给药常因非特异性反应而干扰结果，应改进制剂或改用其他给药途径，灌胃给药作不出结果者，可改用十二指肠给药、腹腔、皮下或肌内注射。

（5）其他：心肌氧代谢测定、血小板聚集、血流变学等指标。

心肌代谢特别是氧的供需矛盾，是冠心病的重要病理生理变化，而多数中药常通过降低心肌耗氧量、改善心肌代谢而达到治疗目的。因此，新药对心肌耗氧量的影响，应列为必做项目。可供选择的试验方法如下。

1）直接测定：心肌耗氧量测定，心肌组织氧分压测定（可多部位、多层次测定）离体心脏、心肌片或心肌细胞耗氧量。

2）间接测定：张力时间指数，心肌耗氧指数，正性肌力作用。

3）耐缺氧试验：离体心脏或心肺灌流耐缺氧试验，心肌细胞培养耐缺氧试验及其他。

上列方法中，以犬的心肌耗氧量测定较为常用，其他直接测定方法亦可酌情选用。间接方法只可选做辅助试验，作为参考。

3. 注意事项

（1）新药给药途径应与临床相同，但有些试验消化道给药难于做出结果，可改用其他途径给药，制剂不合要求，干扰结果者，可酌情选做其他试验或免作。

（2）为体现中药特点，应适当选做活血化瘀有关试验，并探索建立适合中药特点的药效学研究方法。

（二）高血压

高血压是一种常见病、多发病，以肝阳偏亢、阴虚阳亢、阴阳两虚及痰湿壅盛等证型多见，表现为头痛、眩晕、脉弦等，主要药效学包括新药对正常动物及阳亢动物的心血管系统（特别是血压）及有关症候的影响。

1. 主要研究模型

（1）遗传性高血压模型：常用的有自发性高血压大鼠（SHR）、Dahl 盐敏感大鼠（DS）、米兰种高血压大鼠（MHS）等模型动物，其中 SHR 被广泛应用于高血压发生机制、高血压肾病发生机制、降压药物筛选及高血压肠道菌群的相关研究中。该种模型与人类高血压疾病相似，无须其他干预因素，血压稳定，生长和繁殖速度较快，Wistar 大鼠为 SHR 的常见对照品种。

（2）肾血管性高血压模型：常用动物为犬和大鼠。该模型又称肾动脉狭窄性高血压模型，分 2 肾 1 夹（2K1C，两侧肾完整，一侧肾动脉狭窄）、1 肾 1 夹（1K1C，一侧肾切除，另一侧肾动脉狭窄）和 2 肾 2 夹型（2K2C，两侧肾完整，两侧肾动脉狭窄）。

各模型造模方法及特点见表 6-8。

表 6-8　手术诱导的高血压动物模型

模型	动物	造模方法	模型特点
2K1C	小鼠	聚氨酯管（内径 0.30 mm，外径 0.63 mm，壁厚 0.16 mm）收缩带结扎右肾动脉	模型重复性好，血压稳定，潜在局限性为难以控制肾损害的程度。广泛用于高血压及其靶器官损伤的病理生理学机制和治疗的研究
2K2C	SD 大鼠	U 形夹（0.30 mm）结扎两侧肾动脉	血压稳定，需熟练的外科技术，自发性脑卒中发生率高，动物死亡率高
1K1C	小鼠	U 形夹（0.12 mm）结扎左侧肾动脉 + 切除右肾	操作复杂，对动物损害大。与人类肾移植后高血压或肾动脉狭窄相似

（3）环境诱导的高血压模型：常用动物为大鼠。有脱氧皮质酮（DOC）盐敏感性高血压模型，如大鼠皮下注射 DOC 每天 50 mg/kg，每天 1 次，同时给予 1% 氯化钠溶液；应激性高血压模型，常用的应激手段有电击、噪声、震荡、束缚、冷刺激，目前多是复合因素交替刺激进行造模；慢性间歇低氧（chronic intermittent hypoxia，CIH）诱发的高血压动物模型，该模型是模拟间歇性低氧条件以实现反复的缺氧-复氧过程来模拟引起高血压病的人类阻塞性睡眠呼吸暂停低通气综合征；饮食诱导的高血压动物模型，如给予 SD 大鼠高糖高脂饲料（10% 蔗糖、10% 猪油、10% 胆固醇），同时给予饮酒（5%，w/v）连续 17 周，大鼠出现高血压（收缩压 ≥169.00 mmHg ± 15.32 mmHg），高脂饮食常被用来建立中医痰浊高血压模型；肾上腺烫伤型高血压模型和睾丸（卵巢）切除型高血压模型。

（4）其他：神经性高血压模型、高血压病证结合性模型。

2. 主要观测指标

（1）血压：收缩压（SBP）、舒张压（DBP）、平均动脉压（MAP）等。

（2）血流动力学指标：心输出量（CO）、左室内压（LVP）、左室内压上升下降最大速率（±LV dp/dtmax）等。

（3）作用机制研究指标：血管阻力、离子通道、肾素－血管紧张素－醛固酮系统（RAAS）等。

（4）其他：重要内脏血管（心、脑、肾）及周围血管的血流量等。

3. 注意事项

（1）辨证分型的药效学研究：根据临床常见证型，建立相似的动物模型，并选择相应的指标，观察药物的疗效。例如治疗肝阳偏亢型高血压的药物，除观察血压、心电图等指标外，并应观测垂体－肾上腺轴内分泌的变化，如儿茶酚胺、17羟皮质类固醇等；治疗阴虚阳亢型高血压的药物，则应进行交感－β受体－环核苷酸系统功能水平的测定，必要时可测血内肾素、血管紧张素、cAMP/cGMP等。

（2）给药途径应与临床一致，口服药物应灌胃给药。中药粗制剂注射给药常因含有较多杂质、无机离子、助溶剂，或因酸碱度问题而引起非特异性降压反应，影响试验结果。在进行血流动力学等试验可采用十二指肠给药，若必须注射给药时，受试药应基本符合注射剂要求，并以溶媒（助溶剂等）作对照。宜采用皮下、肌内注射给药，并注意干扰因素的影响。

（3）大鼠尾动脉间接测压法可在无创伤条件下多次测压，但需注意室温。要注明加温的温度和时间，因这些因素会对血压产生较大影响。

（4）操作要温和，粗暴的操作会影响体内儿茶酚胺的水平并出现其他应激反应，影响试验结果。

（三）流行性感冒

流行性感冒（简称流感，influenza）为流感病毒引起的一种发病率高、流行广泛、传播迅速的急性严重呼吸道传染病，可归属于中医学"伤寒""温病""瘟疫""外感热病""时行感冒"等范畴。

1. 主要研究模型

（1）流感病毒感染模型：常用小鼠，也可用雪貂、猴，制备流感病毒FM1、H1N1等感染动物模型。流感病毒可通过滴鼻或暴露于有小颗粒气溶胶的环境中感染动物，如小鼠，滴鼻接种较大量病毒后，小鼠将发生下呼吸道感染，如肺实变和间质性肺炎，暴露于强毒株后，小鼠2～4天后出现一般活动减慢，饮食减少，体重不增加或减少，蜷缩，抱团，然后离开鼠群，呼吸频率加快，毛不光滑，体温下降。较强毒株导致的死亡发生于染毒后的5～12天。

（2）细菌感染模型：常用小鼠，如金黄色葡萄球菌、肺炎链球菌等感染模型。常用方法，分离金黄色葡萄球菌或肺炎链球菌少许接种于肉汤培养基中，培养18 h，取出画线于血平板上培养20 h，用5%胃膜素溶液6 mL洗脱，再用4 mL生理盐水液冲洗，合并洗脱液，吹打使菌落分散备用，每只小鼠腹腔注射菌液0.5 mL。

（3）发热模型：常用大鼠、家兔，如菌苗、酵母、内毒素等所致的发热模型。例如，酵母诱导的发热模型常以10 mL/kg剂量于大鼠皮下注射20%酵母混悬液，6 h后测量大鼠体温，选择体温较基础体温升高0.6℃以上者为造模成功。

（4）炎症模型：常用小鼠、大鼠，如二甲苯、巴豆油、角叉菜胶等所致的炎症模型。

(5）疼痛模型：常用小鼠，如醋酸、热等所致的疼痛模型。

2．主要观测指标

（1）抗病毒指标：肺组织病毒增殖情况、病毒半数感染量（TCID）、细胞病变效应等。

（2）动物生存指标：动物死亡数，计算死亡率。

（3）器官形态学指标：肺脏指数、耳肿胀、足肿胀等。

（4）病理组织学指标：组织细胞病理改变与炎性细胞浸润等情况。

（5）生理生化指标：肛温等。

（6）其他：行为学指标、免疫学指标等。

3．注意事项

（1）选做体外试验时，应考虑所试药物在体内转运和发挥疗效的情况是否同体外试验的情况相吻合，以及血中可能达到的药物浓度。如果粗制剂口服途径给药，则不宜将原药物以纸片法直接与细菌相接触或将药液直接与病毒培育后进行体外试验。

（2）鉴于治疗外感发热的药物较多，阳性对照药应选用药典收载或已正式批准生产的同类中药或西药，同所试新药进行比较。

（四）消化性溃疡

胃溃疡是现代医学病名，根据其临床特征可以归入中医学"胃脘痛""痞证""嘈杂""吐酸"等病的范畴。大量研究证明，中医药治疗胃溃疡有效，中药、针灸等可显著缓解患者症状、缩小溃疡面积、降低溃疡复发率，在临床治疗上具有独特的优势。

1．主要研究模型

（1）急性溃疡模型：常用大鼠、小鼠，利用阿司匹林、利血平等诱发胃溃疡。例如，利血平造模，其造模方法简单，皮下注射 10 mg/kg 利血平数天即可成模；幽门结扎型胃溃疡，大鼠麻醉，固定于鼠板上，自剑突下沿腹中线切开腹壁，切口为 2～3 cm，在左侧肋缘部位用手指轻轻往上推，使胃暴露于切口，在幽门和十二指肠结合部穿线，将幽门结扎，结扎后动物均经十二指肠注射给药 1 次，然后缝合腹壁切口，常规消毒，纱布包扎；急性应激性胃溃疡，应激性胃溃疡主要是指在应激状态下发生的以炎性糜烂、浅表溃疡及胃肠道出血为特征的急性胃黏膜病变，如水应激性模型的制备是将大鼠固定于活动不便的铁笼子里，头朝上置于 18～23℃的水中浸泡 8 h 后，即可复制胃溃疡模型。

（2）慢性溃疡模型：常用大鼠。醋酸直接损伤致胃溃疡或十二指肠溃疡。一般大鼠麻醉后，手术开腹，暴露胃，在胃前壁浆膜面窦体交结处同一部位（避开血管），用浸有冰醋酸、边长为 5 mm 的正方形滤纸接触 2 次，每次 30 s，然后还纳胃体，逐层缝合切口。

（3）幽门螺杆菌（Helicobacter pylori，H. pylori，Hp）感染模型：常用蒙古沙土鼠，也可用 C57BL/6 小鼠或大鼠。可在慢性醋酸型胃溃疡模型基础上接种 Hp 造成 Hp 感染慢性胃溃疡模型。

（4）胃酸分泌试验：采用幽门结扎法、胃瘘法、胃内灌注法等整体模型，或离体壁细胞模型。

（5）胃肠运动试验：胃排空、肠推进、胃肠内压测定等，离体肠管、胃肌条运动试验。

（6）其他：镇痛、止血等试验。

2．主要观测指标

（1）溃疡指数及形态学：大体标本可直接在解剖镜下计数溃疡总长度或总面积作为溃疡指数。切取溃疡部位进行病理形态学检查。

（2）胃分泌指标：胃液分泌量、胃酸酸度、总酸排出量、胃蛋白酶活性等。

（3）胃肠运动指标：胃肠排空与推进、离体胃条、肠管张力等。

（4）其他：胃黏膜血流量、前列腺素含量、胃黏膜组织 Hp 培养等。

3. 注意事项

（1）实验性胃溃疡动物模型的制造方法很多，但不同方法引起的溃疡病变、病情和病程则各有特点。因此，应根据受试药物的作用特性，选择相应的动物模型，才能正确反映药物的作用。

（2）在制造各种动物模型时，造模结果的成功与否，均直接受动物禁食情况，浸水或热烙温度，醋酸留置时间，诱发溃疡药物的剂量及给药途径等条件的影响，故应严格掌握试验条件进行造模。

（3）对要求禁食时间较长的动物，在禁食期间尽可能单笼饲养，应将笼子架起，使动物排便后不再接触粪便，以防止动物由于饥饿而相互吃毛和粪便影响造模结果。

（五）慢性肾小球肾炎

慢性肾炎属中医"水肿""水气""肿胀"等范畴，是较难治的病证，病因难除，病程迁延，多为虚证，常见有肺肾气虚、脾肾阳虚、肝肾阴虚、气阴两虚，时兼有外感、水湿、湿热、血瘀。治宜扶正为主，标本兼顾。治疗慢性肾炎的中药，应具有以下药效：①治本作用，去除外、内致病因子的继续作用，如防止外因的抗原刺激和抑制内因的抗体、免疫复合物等肾小球障碍因子等产生，达到祛邪正自安；②治标作用，如改善蛋白尿、水肿等。

1. 主要研究模型

（1）系膜增生性肾炎模型：常用动物为大鼠等，主要有 Thy-1 抗体肾炎模型。由于大鼠系膜细胞表面存在 Thy1.1 抗原，故使用抗 Thy1.1 抗体可诱导大鼠建立系膜增生性肾小球肾炎模型。模型制作方法基本是首先取动物 A（多选用大鼠）胸腺分离纯化获得单胸腺细胞，稀释混合佐剂后注射给动物 B（多选用家兔），之后择时提取分离动物 B 血清获得兔抗大鼠胸腺细胞免疫血清。后注射给动物 A 造模。通过单次注射造模所形成的肾脏病理学特征与人类系膜增生性肾炎早期改变较为相似，且具有病理生理学的可逆转性。多次注射造成模型的不可逆改变，持续性蛋白尿。

IgA 肾炎模型主要用于研究 IgA 肾病，但其病理特点也包括系膜细胞增生。因此，这种模型也可以作为系膜增生性肾炎模型的一个特例来研究，尤其是免疫复合物介导的系膜增生。该模型常用动物为大鼠、小鼠等。

（2）膜性肾病模型：常用动物为大鼠、家兔等，主要有 Heymann 肾炎。Heymann 肾炎一直被认为是研究膜性肾病的经典模型。1959 年，Heymann 等首次运用同种或自体肾皮质制成匀浆加入弗氏完全佐剂注入实验 SD 大鼠体内诱导产生的一种自身免疫性肾病模型。阳离子牛血清蛋白肾炎模型（C-BSA），该肾炎动物模型属原位免疫复合物性肾炎模型。例如，通过 C-BSA 与 1 mg 与弗氏不完全佐剂混匀融合，多点皮下注射免疫大鼠。预免疫 1 周后，按每只每次腹腔注射 C-BSA 2.5 mg，每周 3 次，共 3 周进行正式免疫可成功诱导大鼠肾炎模型。

（3）局灶节段性肾小球硬化模型：常用动物为大鼠、家兔等，如阿霉素肾病模型。该模型制作方法，由于阿霉素的组织毒性，不选择皮下注射，常采用尾静脉注射 4 mg/kg 较低剂量并于 2 周后进行等剂量 2 次给药的方式。

（4）利水渗湿模型

1）用氯化汞诱导兔等动物的肾衰竭模型，在造型第 2 天，观察利尿作用；在造型第 3 天后，观察对尿素氮等指标的影响。

2）用嘌呤霉素氨基核苷（puromycin animonucleoside）建立大鼠慢性肾病模型，观察药物对蛋白尿的影响。

3）用硝酸铀等化学药品所致肾坏死模型，观察对尿量等影响。

4）对水负荷动物或正常动物的利尿作用。

2. 主要观测指标

（1）常规指标：24 h 尿蛋白定量、尿量、肾功能生化指标（肌酐、尿素氮等）、电解质含量等。

（2）循环免疫复合物（circulating immune complex，CIC）测定等。

（3）病理学指标：利用光镜观察肾小球、肾小管、间质及相关结构的变化等，利用免疫组化技术观察沉积的免疫复合物，利用电镜观察肾的超微结构。

（4）免疫功能及免疫机制指标：免疫球蛋白、补体、细胞因子等。

（5）其他：血小板聚集、血液流变学指标等。

3. 注意事项 实验性肾炎的病变较为严重，在做实验治疗时，疗程一般宜长，如 Heymann 肾炎常需 1~4 周或更长，生化指标的测量应进行多次，并和造模前、造模后、给药前后作比较。又由于肾小球肾炎等动物模型的生化指标和病理表现呈时相性过程，在说明药物作用时，必须注意和说明采样时间。例如，兔氯化汞性肾衰竭模型，尿量在初期迅速减少，3 天后迅速增多；肾病综合征模型，一般在造模后的 20 日之内有蛋白尿的持续性升高，判明药效宜在病理改变的明显期进行。

（六）糖尿病（消渴证）

消渴证可分为阴虚热盛型、气阴两虚型及阴阳两虚型。临床表现为口渴多饮、易饥多食、尿多而甜，形体渐瘦等症候。糖尿病常伴有心、脑及下肢血管病变等合并症，也有时发生视网膜病变、白内障、肾病及蛋白尿等合并症。由于其病变常涉及机体各系统，故为治疗消渴病带来很多困难。当前对治疗消渴病药的主要药效学研究是以降血糖为指标，观察受试药物的作用。

1. 主要研究模型

（1）类似 1 型糖尿病的动物模型

1）化学物质诱发糖尿病模型：链脲佐菌素（streptozotocin，STZ）和四氧嘧啶（alloxan，ALX）选择性破坏胰岛 B 细胞，模拟高血糖症状。STZ 是一种能够使胰岛 B 细胞产生毒素的抗生素。研究表明，胰岛的损伤程度与 STZ 的剂量大小呈现明显的正相关，一方面大剂量注射 STZ 可使大量胰岛 B 细胞破坏，血糖迅速升高，建模的成功率高，另一方面迅速升高的血糖易导致动物酮症酸中毒而死亡。ALX 是一种胰岛 B 细胞毒剂，会产生超氧自由基破坏胰岛 B 细胞，导致胰岛素缺乏。腹腔内给药 170 mg/kg 和 200 mg/kg 的 ALX，两个剂量构建糖尿病动物模型的成功率均在 90% 以上，但其死亡率不同，170 mg/kg 的给药量死亡率较低。

2）自发性糖尿病动物模型：如中国地鼠。多数地鼠糖尿病发病在 1 岁龄以内，群体发病率约为 20.88%；BB 大鼠模型是自发性 1 型糖尿病动物模型，该鼠淋巴细胞中的 $CD8^+$ 与 $CD4^+$ T 细胞会自发性减少，故该型大鼠会因胰岛素缺乏引起的酮血症而导致死亡；NOD 小鼠模型的小鼠因免疫细胞激活而导致胰岛 B 细胞被袭击破坏，进而呈现出糖尿病的临床表现。

（2）类似 2 型糖尿病的动物模型

1）实验性肥胖及糖尿病大鼠模型：小剂量 STZ 轻度损伤胰岛 B 细胞，并通过持续喂食 1~20 周的高脂（含有 5%~60% 脂肪）饮食构建糖尿病动物模型，喂食的时间主要取决于研究需要的模型病变严重程度。高热量饲料喂养，使动物肥胖，并伴有高血脂、高胰岛素血症及胰岛素抵抗。

2）自发性胰岛素抵抗糖尿病动物：如 db/db、ob/ob、NZO 小鼠等，Zucker、SHR/N-cp、OLETF 大鼠等。

（3）L- 谷氨酸钠（monosodium L-glutamate，L-MSG）诱导肥胖性胰岛素抵抗大鼠、小鼠。通常采用双蒸水配制 L-MSG，新生鼠注射量为 0.05 mL/10 g 体重。自幼鼠出生后第 2 天开始皮下注射，连续 7 天，21 天后断乳并雌雄分笼饲养，成年后可形成严重的向心性肥胖和糖脂代谢紊乱，导致明显的高胰岛素血症、高血脂并伴有糖耐量异常和胰岛素抵抗，是一种典型的胰岛素抵抗实验动物模型。

（4）高血脂高血糖金黄地鼠模型：金黄地鼠对果糖敏感，喂养后很快发生胰岛素抵抗和混合型高脂血症。

（5）高血脂动物模型：该模型一般是用高脂高糖的饲料连续喂养实验动物，其发生的机制可能是该种饮食引发动物体内糖脂代谢紊乱，从而降低胰岛素敏感性，导致出现胰岛素抵抗。

（6）糖尿病并发症动物模型：如 STZ 诱发的高血糖大鼠的神经、肾及眼底病变模型以及蔗糖诱发的 SHR/N-cp 大鼠肾病模型等。STZ 腹腔注射剂量为 50~75 mg/kg 体质量，病程为 4~24 周。

（7）其他：正常动物、离体模型等。

2. 主要观测指标

（1）糖代谢指标：血糖、降糖作用的量效、时效关系，糖耐量测定，糖化蛋白水平，糖原合成与异生，血胰岛素水平，血乳酸水平等。

（2）胰岛素反应性指标：胰岛素耐量试验、胰岛素敏感指数、高胰岛素 - 正常钳夹试验等。

（3）胰岛 B 细胞功能指标：高葡萄糖钳夹技术、胰腺组织学定量法等。

（4）血脂相关指标：胆固醇、甘油三酯等。

（5）主要并发症的指标：醛糖还原酶活性测定、山梨醇测定、血液生化测定（Na^+-K^+-ATP 酶活性、肾功能等）、血小板聚集与血液流变性、神经传导速度、痛觉或温觉病理观察等。

3. 注意事项

（1）如果发现新药具有糖水解酶抑制剂样作用，可进行淀粉或蔗糖等双糖的糖耐量试验。

（2）阳性对照药的选择：①首选同类中药作对照药；②必要时亦可用西药，根据不同动物模型选择阳性对照药，如正常及自发性高血糖动物可选用磺酰脲类药（如格列本脲 25~50 mg/kg、格列齐特 80~100 mg/kg 均口服）。化学试剂诱发高血糖动物可选用双胍类药（如苯乙双胍 75~100 mg/kg 口服）。胰岛素类似药物可选用胰岛素（0.5~1.0 IU/kg 皮下注射）。糖水解酶抑制剂可选用阿卡波糖（10~20 mg/kg 口服）或其他相应的糖水解酶抑制剂对照。空白对照组应给相应的溶剂或水。

（3）治疗糖尿病伴有其他合并症的新药，除做降血糖试验外，尚应针对病、证进行相关的药效学试验。

(七)阿尔茨海默病

阿尔茨海默病(Alzheimer's disease,AD)是指发生在老年人神经系统的一种可致残的慢性退行性疾病,传统医学将AD视为本虚标实之病,认为肾虚髓空是本,痰浊、血瘀阻于脑为标。张伯礼院士认为肾精亏损,脑髓渐空,为老年性痴呆的根本病机,并提出了"补本虚,治肾为要"的治疗原则。

1. 主要研究模型

(1)APP转基因小鼠:APP转基因动物模型建立在APP基因突变导致β-淀粉样蛋白(amyloid β-protein,Aβ)沉积是AD病理改变的中心环节学说基础上,动物过多地表达APP基因或其突变基因产物,即可较早地引起Aβ的沉积和相关的病理损害或症状,是国际公认的主要AD动物模型。

(2)Aβ注射动物模型:Aβ是AD的主要神经病理特征老年斑的核心成分之一,在AD发病机制中具有关键作用。在大鼠脑室内注射磷酸盐缓冲液和Aβ1-40,其诱导的AD大鼠模型学习记忆功能降低,特别是工作记忆能力明显减弱。

(3)胆碱能损伤致痴呆动物模型:如在成年SD大鼠左侧侧脑室注射免疫毒素192-IgG-saporin,4周后大鼠学习、记忆能力均明显下降。

(4)老化动物模型:自然衰老动物模型、快速老化小鼠模型、D-半乳糖皮下注射脑老化小鼠模型等。

(5)代谢紊乱所致的AD动物模型:如D-半乳糖模型,D-Gal造模方法主要为颈背部皮下注射或腹腔注射,常用浓度为50~500 mg/kg不等,造模时间为8~10周。

(6)其他模型:慢性脑缺血致痴呆模型等。

2. 主要观测指标

(1)行为学指标:空间学习记忆能力、主动回避性学习记忆能力等。

(2)与胆碱能神经相关的指标:海马区胆碱乙酰转移酶(choline acetyltransferase,ChAT)阳性神经元数量、乙酰胆碱含量、M-胆碱受体密度等。

(3)与淀粉样蛋白相关的指标:淀粉样蛋白β含量、淀粉样前体蛋白表达等。

(4)形态学指标:应用尼氏染色观察基底前脑和海马区神经细胞形态及数量变化、通过电子显微镜观察神经元线粒体结构、突触结构的变化等。

(5)与炎症、氧化应激、兴奋性氨基酸相关的指标:炎性因子、丙二醛、一氧化氮合酶等。

(6)其他:与tau蛋白磷酸化相关指标、与神经营养因子相关指标、与突触相关的指标等。

(八)病毒性肝炎

病毒性肝炎属于"胁痛""黄疸"。多由"肝郁气滞""肝胆湿热"所致,以"清热解毒""疏肝理气""祛瘀通络"等法为主要治疗原则。本原则也适用于急性、慢性、迁延性及慢性活动性肝炎等。

1. 主要药效学研究

(1)抗肝炎病毒试验

1)体外抗乙型肝炎病毒试验:目前多用2215细胞株体外培养方法,观察受试药物对乙肝病毒的抑制程度和药效。

2）体内抗乙型肝炎病毒试验：目前国内常用于评价抗乙肝病毒药的动物模型，有鸭肝炎模型，可用此种模型进行抗乙肝病毒的药效学试验。该模型的感染途径有静脉、腹腔、肌内注射，一般选择1～3日龄雏鸭，持续感染3个月以上，感染成功的效率大于80%。

（2）保肝降酶试验

1）四氯化碳（CCl_4）急性肝损伤模型：试验前24 h，大鼠以CCl_4原液1 mL/kg，一次性腹腔或皮下注射；小鼠以0.1%～1% CCl_4橄榄油溶液，10～20 mL/kg灌胃或腹腔注射。

2）D-半乳糖胺盐酸盐急性肝损伤模型：取一定量的D-氨基半乳糖，配置成一定浓度的溶液，小鼠给药剂量为800 mg/kg，大鼠为400～500 mg/kg，给药方式为腹腔注射，给药24 h内，观察受试药物对损伤肝的保护作用。

3）CCl_4慢性肝损伤模型：可由大鼠皮下注射10% 5 mL/kg CCl_4油溶液，每周2次，连续2～3个月，诱导慢性肝损伤动物模型，观察受试药物对损伤肝的保护作用。

1）、2）项试验的评价指标，可测定血清谷丙转氨酶（ALT）和谷草转氨酶（AST）及各组动物肝脏病理损伤程度的比较。3）项试验除进行上述指标外，应增做总蛋白、白蛋白、白蛋白/球蛋白比值及羟脯氨酸测定。

（3）免疫功能试验：乙型肝炎的发病和转归与机体免疫功能密切相关，即中医的"邪不侵正""扶正祛邪"因而进行以下几项免疫功能试验，观察受试药物的作用。

1）慢性迁移性肝炎常与自身免疫有关，可用免疫性肝损伤模型进行试验。常用动物包括BALB/c、C57BL/6、B6等品系小鼠，也选用Wistar大鼠或SD大鼠作为模型动物。例如，选取雄性Wistar大鼠（体重110～120 g）皮下多点注射人血清白蛋白（共4次，分别间隔14天、10天、10天），10天后再腹腔注射人血清白蛋白（每周2次，共8周，剂量从5 mg逐渐增至20 mg），成功制备免疫性肝纤维化模型，且纤维化形成率为100%，持续时间120天以上。

2）巨噬细胞吞噬功能及血清溶血素的测定。

3）对伴刀豆蛋白A（concanavalin A，ConA）诱导小鼠脾淋巴细胞增殖作用的影响：应用ConA诱导的小鼠脾细胞观察受试药物对细胞免疫功能的影响，以尾静脉注射15 mg/kg的ConA诱发肝损伤，给药3 h后IFN-γ、TNF-α、IL-4和IL-6等促炎相关细胞因子的水平显著升高，9 h后血清ALT和AST明显升高，同时伴大面积的肝内炎症反应及坏死。

4）循环免疫复合物（CIC）总补体及C3，以及对肝特异性脂蛋白（LSP）及肝细胞膜抗原（LMAg）的自身免疫性反应等有关试验（本项试验可酌情选做）。

（4）利胆试验：可用大鼠或家兔进行胆汁流量的测定，观察受试药物的利胆作用。

（5）退黄试验：可用小鼠或大鼠，以异硫氰酸-1-萘酯50～70 mg/kg口服，建立黄疸模型，观察受试药物的退黄作用。如果受试药物无主治去黄疸作用，则可不做此项试验。

2. 注意事项 根据受试药物的具体情况及作用特点，对上述各类动物模型可交叉选择使用。抗肝炎病毒药也可选用保肝动物模型，特别是D-半乳糖胺盐酸盐诱发的肝损伤，与病毒性肝炎的肝损伤相当，故可优先选用。保肝降酶药也可选用抗肝炎病毒的有关模型与试验方法。凡主治或兼治慢性肝炎及肝硬化的新药，应作慢性肝损伤试验。

（九）恶性肿瘤

恶性肿瘤属中医"癌""岩""恶肿""积聚"等范畴，系正气虚弱、留滞客邪、气滞血瘀、邪毒积聚、蕴郁成块所致。由于邪气可踞于脏腑、经脉、肌肤等不同部位，而有"茧唇""翻花""伏梁"等称谓;由于邪正相搏消长,又呈现不同的证型变化。因此,中医治疗恶性肿瘤的治则,有扶正培本法、活血化瘀法、软坚散结法、化痰祛湿法、清热解毒法、疏肝理气法、通经活络法、以毒攻毒法等。目前,抗癌中药大体上有四方面的作用:①抑杀肿瘤细胞的祛邪作用;②调整机体免疫功能等抗癌潜能的扶正作用;③提高手术、放疗、化疗等效果的增敏作用;④降低其他治疗方法(放疗、化疗)毒副反应的减毒作用。凡具有显著祛邪作用的,可称为抗癌药;若祛邪作用较弱或不明显,但具有②、③或④等方面作用的,可称为抗癌辅助药。

1. 主要药效学研究

(1)祛邪作用

1)对动物移植性肿瘤的抑制作用:选择两种或两种以上的小鼠、大鼠或兔的移植性肿瘤,作实验治疗。以实体型肿瘤观察瘤重抑制率,以腹水型肿瘤或白血病观察生命延长率。观察瘤重抑制率,要求对照组瘤重均值不能超过体重的10%,体积不能超过2 000 mm^3;实验治疗组动物平均体重下降(给药前后自身比较)不得超过15%;动物死亡数不得超过20%;瘤重抑制率在30%以上,与对照组有显著性差异。观察生命延长率,同途径给药(腹水型肿瘤腹腔给药)应在75%以上,异途径给药应在50%以上;对照组20%动物存活时间不得超过4周。

瘤株选择应尽量考虑与临床拟治肿瘤的性质、部位等相近似,如拟治肝癌,可首选用肝癌瘤株等,给药途径应与临床一致,并设2个或2个以上剂量组。对每一种瘤株的实验治疗应重复3批。

2)对肿瘤细胞体外生长的抑制作用:选择两种以上肿瘤细胞株作体外培养,用5个或5个以上不同浓度,观察药物对细胞形态、细胞膜功能、集落形成能力、瘤细胞代谢或核酸蛋白质前体掺入的影响。进行本试验时,①加入培养液中的所试药物应是在临床试验中直接与肿瘤组织接触的药物;②培养液中的药物浓度应是人体血液或肿瘤组织间液中能达到的浓度;③连续重复3次试验有效。

3)人体肿瘤的裸鼠移植试验:如人胃癌裸鼠移植模型的构建包括原位移植和异位移植。皮下移植和腹腔种植模型属异位移植,皮下移植是异位移植中最常用的方法。原位移植包括胃癌细胞悬液胃壁种植和新鲜胃癌肿瘤组织块胃壁移植。例如,可使用人胃癌细胞MGC-803制备成细胞悬液并注射至裸鼠皮下,浓度为每毫升1×10^7个细胞时,裸鼠成瘤率为90%。

4)对动物自发性肿瘤或诱发性肿瘤的抑制试验。

新药的祛邪作用应在上述四项试验之一中得到确认。

(2)扶正作用

1)对荷瘤动物免疫功能的影响:根据肿瘤生长过程中机体免疫功能受损的情况,选择其细胞免疫或体液免疫的两种以上指标,观察药物对荷瘤动物的保护作用。

2)对荷瘤动物生物调节因子的影响:选择干扰素、白细胞介素或肿瘤坏死因子等与肿瘤生长有关的生物调节因子作指标在荷瘤动物中观察药物对它们的影响。

3)对荷瘤动物和正常动物一般状况的影响:在荷瘤动物和正常动物中,观察药物对动物一般状态、体重、食欲、应激能力(如耐疲劳、耐缺氧、耐寒、耐高温或抗细菌毒素等)等影响。

4)对荷瘤动物的抗癌作用:选择一种或一种以上的实体型或腹水型移植性动物肿瘤,观察药物对瘤重或荷瘤生存时间的影响,经重复试验,取得可信的结果。

扶正药不应促进肿瘤生长,而应延长带瘤生存时间,并在1)、2)、3)等方面具有确切作用。

（3）增效作用

1）对荷瘤动物放疗的增效作用：选用临床使用的放疗原如 Co^{60} 或 X 线，与中药合用，以观察有无协同增效作用。试验至少应设空白对照、单纯放疗及放疗加中药 2 个以上剂量组。

2）对荷瘤动物化疗的增效作用：选用烷化剂、代谢拮抗剂或抗癌抗生素等三类有代表性的抗癌药，与中药合用，观察有无协同增效作用，试验时，空白对照、化疗药及化疗药加中药 2 个以上剂量组，进行对比观察。

（4）减毒作用

1）对荷瘤动物化疗或放疗毒副反应的减毒作用选择放疗或化疗药，分别加用中药，观察对放、化疗主要毒副作用的影响。试验时，所用放、化疗的剂量应出现恒定的毒副反应，加用中药后观察药物对特定毒副反应的作用。

2）对正常动物化疗或放疗毒副反应的减毒作用。要求如上。

3）对荷瘤动物的抗癌作用选择一种或一种以上的移植性动物肿瘤、观察药物对瘤重或荷瘤生存时间的影响。减毒的抗癌辅助药，应是：①对肿瘤生长无明显影响或有一定抗癌作用；②能对特定的化、放疗的毒副作用有肯定的防治作用；③不影响化、放疗的疗效；④对荷瘤机体的正常功能无明显损伤作用。

2. 注意事项

（1）祛邪的抑瘤试验，应参照国内统一规定的"抗癌药筛选规程"的基本原则进行；扶正、增效、减毒的抗癌辅助药应根据明确的适应证进行主要药效学试验，不宜笼统、泛指。

（2）鉴于实验性肿瘤虽有不同的组织学类型，但在生物学行为上尚缺乏显著的组织特异性，因此在选择研制治疗肺、肝、胃等肿瘤的药物时，除注意挑选相应组织学类型的实验性肿瘤模型外，也可用其他组织学类型的实验肿瘤模型。

（3）有的中药可以防治肿瘤转移或复发，有的可以预防肿瘤的发生，则应选择相应的动物试验模型进行。有的中药针对肿瘤患者的某个中医证型进行治疗的，除对肿瘤的作用外，应另行设计合适的指标。

（4）抗癌药往往具有一定毒性，应重视其毒理学研究，进行多指标观察。

第四节　与功效主治相关的药效学研究试验设计实例

在本节中，将以苏黄止咳胶囊和香砂六君丸为例，详细介绍中药新药的药理学研究思路和方法。通过这些实例，将明确研究的重点和关键环节。然而，需要注意的是，由于数据来源于文献，部分内容可能不完全符合申报中药新药的规范要求。

例 6-5　苏黄止咳胶囊治疗感冒后咳嗽和咳嗽变异型哮喘试验设计

（数据来源：[1] 李锦帅，杨子娴，王韬，等. 苏黄止咳胶囊对豚鼠咳嗽高敏模型的抗炎止咳作用研究 [J]. 陕西中医，2024，45（4）：473-476. [2] 张忠德，高明，李际强，等. 苏黄止咳胶囊对咳嗽变异性哮喘豚鼠模型疗效的实验研究 [J]. 广州中医药大学学报，2016，33（5）：693-697.）

【研究思路】

1. 受试物　苏黄止咳胶囊是已上市药品，购买后注明名称、来源、批号、含量等，将人用剂量换算成动物剂量，并设置低、中、高三个剂量。

2. **实验动物及模型选择** 查阅文献，咳嗽（cough）、咳嗽变异型哮喘（cough variant asthma）等相关的研究可以采用烟雾刺激结合腹腔注射鸡卵清白蛋白和氢氧化铝建立大鼠、豚鼠咳嗽变异型哮喘模型、LPS滴注结合烟雾刺激诱导大鼠、小鼠咳嗽等模型，每组至少8只动物。通过检测咳嗽次数、气道高反应性检测、肺组织炎症水平等指标，明确苏黄止咳胶囊治疗咳嗽和咳嗽变异型哮喘的效果。

3. 阳性药可以选择止咳药右美沙芬、复方甲氧那明等。

【材料与方法】

1. **受试药品** 苏黄止咳胶囊。药物组成：麻黄、紫苏叶、地龙、蜜枇杷叶、炒紫苏子、蝉蜕、前胡、炒牛蒡子、五味子等。成人用量：1次3粒，1日3次，每粒0.45 g。

2. **实验动物** SD大鼠45只，清洁级，雄性，180～240 g。豚鼠40只，普通级，雌性，250～350 g。

3. **实验试剂**

（1）鸡卵清白蛋白（ovalbumin，OVA），1 g OVA干粉和25 mL生理盐水混合配制成40 g/L OVA溶液，然后用生理盐水稀释成20 g/L OVA溶液备用。

（2）氧化铝干粉；辣椒素30.5 mg，分别加入吐温-80溶液1 mL和无水乙醇1 mL，之后加入生理盐水8.0 mL，配成10 mmol/L的辣椒素溶液，取1 mL的辣椒素溶液，稀释至100 mL成0.1 mmol/L溶液。

（3）IL-4、IgE酶联免疫试剂盒；IFN-γ、TNF-α酶联免疫试剂盒；CGRP酶联免疫试剂盒。

4. **试验方法**

（1）模型建立

1）感冒后咳嗽模型：将SD大鼠随机分为正常组、模型组、苏黄止咳胶囊组，每组15只，将大鼠置于特制的烟室中，每日用锯末50 g、香烟10支，点燃进行烟熏，每日烟熏40 min，每天1次。连续10天，大鼠每天自由进食、饮水，分别于第13天、16天、19天，用10%水合氯醛经腹腔内注射将大鼠麻醉，然后经鼻腔滴入浓度为0.4 mg/mL的LPS溶液，分别于第14天、15天和第17天、18天及第20天，将大鼠置于诱喘容器中，用0.1 mmol/L的辣椒素溶液雾化吸入，每次雾化吸入3 min，每天1次。造模成功的判定，在烟熏的过程中，与正常组大鼠比较，模型组大鼠逐渐出现精神不振、毛色干枯、进食减少、体重下降、阵咳等表现，用LPS滴鼻诱发和雾化诱喘的过程中，模型组大鼠咳嗽频繁，并且出现腹肌显著收缩、前肢伸展、伸颈及张口等特征性表现，且咳嗽次数明显增加，3 min内大于10次，表明造模成功。

2）咳嗽变异型哮喘模型：将实验动物豚鼠随机分为正常组、模型组、苏黄止咳胶囊高剂量组、苏黄止咳胶囊低剂量组、醋酸泼尼松组，每组8只。全部动物饲养在普通环境下，12 h/12 h光照循环，自由饮水和食用豚鼠专用颗粒饲料，由于豚鼠自身不能产生维生素C，所以在饲养过程中会在饮水中加入适量的维生素C同时也会给予一些胡萝卜辅助补充维生素C。除正常对照组以外，其他组的豚鼠每天处于熏烟环境0.5 h，持续28天；第15天每只豚鼠腹腔注射由2% OVA 1 mL和200 mg氢氧化铝构成的混悬液，第22天再次以同等剂量OVA和氢氧化铝构成的混悬液对每只豚鼠进行一次增强致敏。在第29天用1% OVA对豚鼠进行雾化处理，连续1周，1天1次。正常对照组在第15天、第22天通过腹腔注射同等剂量的生理盐水，在第29天给予同等体积的生理盐水进行雾化处理，连续1周，1天1次。

（2）熏烟箱及其使用方式：熏烟箱为 100 cm×60 cm×60 cm 的不锈钢箱体。在本试验中过滤嘴纸烟（烤烟型卷烟－焦油量 10 mg，烟气烟碱量 0.7 mg，烟气一氧化碳量 12 mg）。在熏烟箱中放入 10 根卷烟，将需要接受熏烟的动物放入熏烟箱中，纸烟燃烧后，使用 300 mL 注射器和三通管将烟雾排至熏烟箱内，等到香烟燃完后，实验动物在熏烟箱中停留 0.5 h 后取出。

（3）给药方式

1）感冒后咳嗽模型：各组大鼠于试验第 14 天起开始灌胃给药，连续 10 天。正常组、模型组灌胃给予 0.9% 氯化钠 4 mL，每天 1 次，中药组给予苏黄止咳胶囊［剂量按 0.36 g/（kg·d），将药粉溶于 0.9% 氯化钠 4 mL］灌胃给药，每天 1 次。

2）咳嗽变异型哮喘模型：豚鼠，在第 29 天雾化处理后，当天开始给药，以灌胃方式给予每组豚鼠相应的药物，每天 1 次，连续 1 周。苏黄止咳胶囊高剂量组豚鼠按每 100 g 重量给以浓度为 0.6 g/mL 的药液 1 mL，苏黄止咳胶囊低剂量组豚鼠按每 100 g 重量给以 1 mL 浓度为 0.3 g/mL 的药液，醋酸泼尼松组豚鼠按每 100 g 重量给以浓度为 0.3 mg/mL 的药液 1 mL，即苏黄止咳胶囊高剂量组为 6 g/kg，低剂量为 2 g/kg，醋酸泼尼松组为 3 mg/kg，正常对照组和模型对照组的豚鼠给予每 100 g 体重 1 mL 的生理盐水。

5. 标本的采集

（1）血液采集：在试验完成后，使用 3% 的戊巴比妥钠对豚鼠进行腹腔注射麻醉，打开胸腔，进行心脏取血 5 mL，将血液置入促凝管中，静置 1 h 后以 3 000 r/min 的转速离心 10 min，取上清在 -80℃冰箱保存备用。

（2）支气管肺泡灌洗液（bronchoalveolar lavage fluid，BALF）的采集：行气管插管术后结扎右肺，使用 PBS 溶液分 3 次行支气管肺泡灌洗，每次 2 mL PBS 溶液，并回收支气管肺泡灌洗液（BALF）。以 3 000 r/min 离心后备用。

6. 指标检测

（1）大鼠咳嗽次数观察：结束给药后，观察每组大鼠 3 min 内咳嗽的次数，并记录。

（2）咳嗽敏感性（cough reflex sensitivity，CRS）的测定：采用辣椒素咳嗽激发试验来判断气道的 CRS。使用全身体积描记法，在第 7 次之后以 1% 浓度的 OVA 溶液雾化处理后的第 2 天，将豚鼠放入全身体描箱内，用 0.1 mmol/L 辣椒素溶液雾化 2 min，观察并记录豚鼠 5 min 的咳嗽次数。

（3）气道高反应性的检测：CRS 检测 24 h 以后，采用 RC 系统，查看豚鼠气道阻力（resistance index，RI）的变化。将豚鼠进行插管之后插入雾化探头固定后，将豚鼠放入仪器中，待呼吸稳定之后，测定此时气道阻力基值，然后依次测定 30 μL 生理盐水以及倍增浓度下乙酰甲胆碱（methacholine，MeCh）激发雾化后 RI 的变化，MeCh 的激发浓度由低到高，依次为 0.2 mg/mL、0.4 mg/mL、0.8 mg/mL。每改变一个浓度雾化 1.5 min，然后观察 5 min，仪器自动记录下相应浓度级别下的气道阻力值（RI）。

（4）BALF 中细胞总数及嗜酸性粒细胞百分率检测：取 200 μL 的 BALF 以 3 000 r/min 的转速离心 10 min，移去上清液后加入红细胞裂解液，并以 3 000 r/min 的转速离心 10 min，移去上清液，同时加入同等体积的 PBS 溶液混合均匀后将其滴在玻片上进行涂片，采用苏木素-伊红（hematoxylin and eosin，HE）染色的方法后，通过显微镜对嗜酸性粒细胞进行计数，通过显微镜记录下，视野中连续 200 个连续细胞中嗜酸性粒细胞的个数，计算出嗜酸性粒细胞在 200 个细胞中所占的百分率。从 BALF 中取 100 μL，转速以 3 000 r/min 离心 10 min，移去上清液，加入一定量的红细胞裂解液，以 3 000 r/min 的转速离心 10 min，加入同等体积的 PBS 溶液，混合均匀后取其中的 10 μL 放于计数板上进行细胞总数的计数。剩余的 BALF 离心之后保留上清，放入 –80℃冰箱保留。

（5）酶联免疫吸附测定（enzyme-linked immunosorbent assay，ELISA）豚鼠血清中 IL-4、IFN-γ、TNF-α、IgE 的含量：取出备用的血清，通过 ELISA 检测 IL-4、IFN-γ、TNF-α、IgE 含量。根据得出结果进行计算和判断，所有孔所得出的 OD 值需要减去空白孔的 OD 值，然后计算。同时横坐标以标准品浓度 2 000、1 000、500、250、125、62.5、31.2、0 pg/L 为坐标点，OD 值为纵坐标，根据软件得出曲线及相应的公式，根据样品 OD 值换算出最后结果。

（6）ELISA 检测大鼠 BALF 及肺组织中 P 物质（substance P，SP）、降钙素基因相关肽（calcitonin gene related peptide，CGRP）表达：将大鼠麻醉后迅速开胸，并结扎右主支气管，同时经左主支气管向左肺内缓慢注入 0.9% 氯化钠注射液 4 mL，保留 10 秒，回抽后再次缓慢注入，重复 3 次。收集大鼠 BALF 后经低温 3 000 r/min 离心 10 min 后，取上清液置于 –80℃冰箱保存备用。在向左主支气管灌注同时，迅速取下右肺，并用 10% 多聚甲醛液固定后，取材石蜡包埋，然后切片脱蜡、水合，3% 过氧化氢室温孵育 10 min，抗原修复，室温封闭 30 min，一抗 4℃过夜，辣根过氧化物酶（horseradish peroxidase，HRP）标记免疫组化抗体室温孵育 30 min，二氨基联苯胺（3,3'-diaminobenzidine，DAB）显色，HE 复染。免疫组化图片结果采用电子显微镜进行观察、拍照，半定量分析比较蛋白表达强度（灰度）。

7. 统计方法　上述数据采用 SPSS 17.0 统计分析软件进行统计运算，数据以平均值 ± 标准差（$\bar{X}\pm S$）表示，组间采用单因素方差分析，两两比较采用 LSD 检验，方差不齐采用 Dunnett's 检验，以 $P < 0.05$ 为差异有统计学意义。

【试验结果】

1. 对大鼠 3 min 咳嗽次数的影响　模型组大鼠咳嗽次数明显增多，与正常组相比，差异有统计学意义（$P < 0.05$）；经中药干预后，大鼠咳嗽次数明显减少，与模型组比较，差异有统计学意义（$P < 0.05$）。结果见表 6-9。

表 6-9　各组大鼠咳嗽次数比较（$\bar{X}\pm S$）

组别	大鼠数量（只）	咳嗽次数（次 / 分）
正常对照组	15	1.38 ± 1.32
模型对照组	15	14.28 ± 1.06*
苏黄止咳组	15	8.27 ± 1.22*#

注：*$P<0.05$，与正常对照组比较；#$P<0.05$，与模型对照组比较。

2. 各组豚鼠 CRS 测定　与正常对照组比较，模型组咳嗽次数明显升高，有显著差异（$P < 0.05$）；与模型组相比，经过药物治疗后的豚鼠的咳次数明显降低，且苏黄高剂量组的咳嗽次数最少，与模型组和苏黄低剂量组比较差异较为明显，且有显著性差异（$P < 0.05$）；与醋酸泼尼松阳性药组比较，苏黄高剂量组咳次数有下降趋势。结果见表 6-10。

3. 豚鼠的气道高反应测定　每一组动物在生理盐水激发前的气道反应基础值没有明显的差别，模型组的豚鼠生理盐水激发后豚鼠的气道阻力值与正常对照组豚鼠气道阻力比较，无显著性差异（$P > 0.05$）。但在生理盐水激发时与模型组豚鼠的气道阻力相比较，苏黄高剂量组豚鼠

表 6-10　各组豚鼠咳嗽次数比较（$\bar{X} \pm S$）

组别	豚鼠数量（只）	咳嗽次数/（次/分）
正常对照组	8	0.66 ± 0.50
模型组	8	3.03 ± 0.91*
醋酸泼尼松组	8	2.20 ± 0.96
苏黄低剂量组	8	2.95 ± 1.32
苏黄高剂量组	8	1.33 ± 0.77#&

注：*$P < 0.05$，与对照组比较；#$P < 0.05$，与苏黄低剂量组比较；&$P < 0.05$，与醋酸泼尼松组比较。

的气道阻力升高明显，且有显著性差异（$P < 0.05$）。在乙酰甲胆碱刺激后，气道阻力值改变比较明显，模型组气道阻力与正常组豚鼠的气道阻力相比较都明显上升，在 0.2 mg/mL 浓度的乙酰甲胆碱的刺激下，与模型对照组豚鼠的气道阻力相比较，苏黄高低剂量组豚鼠的气道阻力变化均有显著性差异（$P < 0.05$）；苏黄低剂量组和阳性药组豚鼠的气道阻力与苏黄高剂量组豚鼠气道阻力相比较，且有显著性差异（$P < 0.05$）；在 0.4 mg/mL 浓度的乙酰甲胆碱的激发下，与模型对照组比较，苏黄高剂量组豚鼠的气道阻力比模型对照组豚鼠的气道阻力低，且有显著性差异（$P < 0.05$）；在 0.8 mg/mL 浓度的乙酰甲胆碱激发时，模型对照组豚鼠的阻力值较前个激发浓度有所下降，阳性药组豚鼠的气道阻力明显高于模型对照组豚鼠的气道阻力，且有明显性差异（$P < 0.05$），苏黄低剂量组和阳性药组豚鼠的气道阻力高于苏黄高剂量组豚鼠的阻力值，且有显著性差异（$P < 0.05$）。结果见表 6-11。

表 6-11　各组豚鼠气道阻力结果（$\bar{X} \pm S$）

组别	豚鼠数量（只）	激发前	生理盐水	0.2 mg/mL	0.4 mg/mL	0.8 mg/mL
正常对照组	6	0.31 ± 0.39	0.36 ± 0.85	1.30 ± 1.67*	2.43 ± 1.68*	4.36 ± 1.37
模型对照组	8	0.41 ± 0.07	0.57 ± 0.14	6.56 ± 2.01	7.94 ± 1.21	4.80 ± 1.62
醋酸泼尼松组	7	0.43 ± 0.21	0.56 ± 0.32	4.20 ± 1.17#	6.37 ± 1.35	8.42 ± 2.76*#
苏黄低剂量组	7	0.43 ± 0.13	0.55 ± 0.25	1.85 ± 0.91*#	3.64 ± 1.02	6.14 ± 1.36#
苏黄高剂量组	7	0.82 ± 0.17	1.41 ± 0.27*	1.34 ± 0.23*&	1.33 ± 0.38*&	1.46 ± 0.30&

注：*$P < 0.05$，与模型对照组比较；#$P < 0.05$，与苏黄低剂量组比较；& $P < 0.05$，与醋酸泼尼松组比较。

4. BALF 中白细胞计数及嗜酸性粒细胞百分率的测定　与正常对照组相比，模型组豚鼠的嗜酸性粒细胞在 BALF 中的百分率明显上升，且有显著性差异（$P < 0.05$）；与模型组相比，经过药物治疗后的豚鼠的嗜酸性粒细胞显著降低，且有显著性差异（$P < 0.05$）；3 个治疗组之间比较，阳性药组的嗜酸性粒细胞的百分率相对于苏黄止咳胶囊治疗组降低明显，且与苏黄低剂量组有显著性差异（$P < 0.05$）。与正常对照组比较，模型组和治疗组豚鼠白细胞总数全部升高，模型组的豚鼠的白细胞总数上升最为明显（$P < 0.05$）；与模型组比较，苏黄高剂量组豚鼠白细胞总数下降最多，显著降低 BALF 中白细胞数量（$P < 0.05$）；并且与苏黄低剂量和激素组相比，有显著性差异（$P < 0.05$）。结果见表 6-12。

5. 各组大鼠 BALF 及肺中 SP、CGRP 的检测　正常组大鼠 BALF 中 SP、CGRP 轻度表达，模型组以上各指标均明显升高，与正常组比较，差异有统计学意义（$P < 0.01$）；经中药干预后，

表 6-12 各组豚鼠 BALF 中嗜酸性粒细胞百分率（$\bar{X} \pm S$）

组别	豚鼠数量（只）	P 嗜酸性粒细胞百分率（%）	白细胞总数（10^6/mL）
正常对照组	8	0.04 ± 0.01*	215.17 ± 172.38*
模型对照组	8	0.23 ± 0.03	510.30 ± 109.42
醋酸泼尼松组	8	0.09 ± 0.06*	445.01 ± 244.34
苏黄低剂量组	9	0.14 ± 1.03*#	483.00 ± 151.11
苏黄高剂量组	8	0.12 ± 0.03*	223.00 ± 120.37*#

注：*$P < 0.05$，与模型对照组比较；#$P < 0.05$，与醋酸泼尼松组比较。

苏黄止咳组大鼠 BALF 中 SP、CGRP 表达降低（$P < 0.05$）。与正常组比较，模型组、治疗组大鼠肺组织 SP、CGRP 蛋白均升高（$P < 0.05$）；与模型组比较，苏黄止咳组大鼠肺组织 SP、CGRP 蛋白表达降低，差异有统计学意义（$P < 0.05$）。结果见表 6-13。

表 6-13 各组大鼠 BALF 中 SP、CGRP 的水平（$\bar{X} \pm S$）

组别	大鼠数量（只）	BALF		肺组织	
		SP（ng/L）	CGRP（ng/L）	SP（ng/L）	CGRP（ng/L）
正常组	15	61.38 ± 11.16	13.26 ± 3.19	0.79 ± 0.14	0.62 ± 0.17
模型组	15	148.38 ± 11.41*	59.42 ± 4.46*	5.13 ± 0.15*	3.82 ± 0.13*
苏黄止咳组	15	98.62 ± 11.03**#	32.64 ± 3.38**#	1.72 ± 0.13*#	1.37 ± 0.14*#

注：*$P < 0.01$，**$P < 0.05$，与正常组比较；#$P < 0.05$，与模型组比较。

6. 各组豚鼠血清中 IL-4、IFN-γ、TNF-α 和 IgE 水平的检测 与正常组相比较，模型组豚鼠血清中 IL-4 含量上升相对明显（$P < 0.05$），经过药物治疗的 3 个组中，阳性药组豚鼠血清中的含量下降最明显，且与模型组比较，有显著的差别（$P < 0.05$）。各组豚鼠血清中 IFN-γ 水平在这个模型中并没有显著差异。与正常组对比，模型组豚鼠血清的 TNF-α 水平显著升高（$P < 0.05$），治疗组中的阳性药组和苏黄高剂量组豚鼠血清中的 TNF-α 显著下降（$P < 0.05$）。各组豚鼠血清中 IgE 水平变化，与正常对照组比较，模型组显著升高（$P < 0.05$），经过药物治疗后，苏黄高剂量组豚鼠血清中 IgE 水平下降稍明显（$P < 0.05$）。结果见表 6-14。

【试验结论】

苏黄止咳胶囊能够显著减少大鼠咳嗽次数，降低大鼠 BALF 及肺组织中 SP、CGRP 含量。

表 6-14 各组豚鼠血清中 IL-4、IFN-γ、TNF-α 和 IgE 含量的检测结果（$\bar{X} \pm S$）

组别	豚鼠数量（只）	IL-4（pg/mL）	IFN-γ（pg/mL）	TNF-α（pg/mL）	IgE（mg/L）
正常对照组	6	7.64 ± 3.69	165.92 ± 66.10	15.12 ± 5.92	33.58 ± 2.10
模型对照组	6	18.95 ± 10.40	146.77 ± 34.92	25.01 ± 11.16	59.85 ± 8.87
醋酸泼尼松组	6	2.93 ± 1.67*&	162.76 ± 19.81	15.36 ± 3.31*	60.47 ± 5.90
苏黄低剂量组	6	17.57 ± 3.98#	174.76 ± 58.05	19.75 ± 2.83	62.80 ± 9.67
苏黄高剂量组	6	12.80 ± 9.38#	190.66 ± 16.25	16.48 ± 3.31*	47.26 ± 10.08*

注：*$P < 0.05$，与模型对照组比较；&$P < 0.05$，与苏黄高剂量组比较；#$P < 0.05$，与醋酸泼尼松组比较。

苏黄止咳胶囊可以改善豚鼠咳嗽变异型哮喘的咳嗽症状、气道炎症以及气道阻力，降低血清中 TNF-α 的水平，从而达到治疗咳嗽变异型哮喘的目的。

【说明】

本案例对感冒后咳嗽和咳嗽变异型哮喘进行了相关的试验研究，试验中的动物模型的造模方法，大鼠采用了 LPS 诱导的感染与熏烟方法相结合的方式模拟感冒后咳嗽模型。豚鼠以经典的哮喘造模方法与熏烟方法相结合的方式进行咳嗽变异型哮喘造模。苏黄止咳胶囊是名老中医晁恩祥教授研制的已上市的中成药，临床疗效颇佳。该研究设计中选取了代表性的检测指标，但试验中还是存在一些可以继续探讨的问题，如感染后咳嗽大鼠模型的适用性、咳嗽变异型哮喘豚鼠模型的稳定性、动物个体间的差异性以及不同种属重复性，这些可能还需要再通过反复实验验证去解决。若申报中药新药资料，仍有不完善的地方，例如部分试验每组样本数不足 8 只，实验组给药剂量没有设置高、中、低三个剂量等。

例 6-6　香砂六君丸对胃肠运动的影响试验设计

（数据来源：［1］邵庭荫，傅定中，王汝俊，等．香砂六君丸对胃肠运动的影响及毒性［J］．中药药理与临床，1990（2）：5-7．［2］吴巍，万军梅．香砂六君丸药理学研究［J］．中成药，2005（10）：1213-1215．）

香砂六君丸为经典名方，由传统中药木香、砂仁、党参、白术、茯苓、甘草、陈皮、半夏等精制而成，具有益气健脾、和胃的功效。临床用于脾虚气滞，消化不良、嗳气食少、脘腹胀满、大便溏泄等。

【研究思路】

1. 受试物　香砂六君丸是已上市药品，购买后注明名称、来源、批号、含量等，将人用剂量换算成动物剂量，并设置低、中、高 3 个剂量。

2. 实验动物及模型选择　查阅文献，胃肠运动、功能性消化不良等相关的研究可以选择大鼠、小鼠整体动物模型以及离体肠道模型，每组至少 8 只动物。具体试验可以选择胃排空试验、小肠推进试验观察药物对胃肠运动的影响。注意最好是 2 个种属，2 个以上模型。

3. 阳性药可以选择甲氧氯普胺、多潘立酮等。

【材料与方法】

1. **受试药品**　香砂六君丸，药物组成：木香、砂仁、党参、炒白术、茯苓、炙甘草、陈皮、姜半夏等。成人用量：一次 6~9 g，一日 2~3 次。试验时用蒸馏水配成所需浓度。

2. **实验动物**　Wistar 大鼠，体重（250±15）g；ICR 小鼠，清洁级，体重（20±2）g，雌雄各半；健康家兔 2.0~2.5 kg；豚鼠 300~400 g。

3. **实验试剂**　甲基橙、甲硫酸新斯的明注射液、硫酸阿托品注射液、盐酸吗啡注射液、利血平、乙酰胆碱、氯化钡、组胺。

4. **试验方法**

（1）胃排空试验：将 50 只大鼠随机分为 5 组，香砂六君丸高、中、低剂量（6 g/kg，3 g/kg，0.6 g/kg）组的小鼠灌胃给予相应药液，对照组给予等量生理盐水，除对照组外，模型组和给药组通过股四头肌注射利血平 0.3 mg/kg，每天 1 次，连续 14 天，诱导大鼠脾虚模型。末次给药 12 h 后，每只大鼠给予 0.4 mL 的 0.1% 甲基橙溶液。20 min 后脱颈椎处死大鼠，剖腹摘取胃，置小烧杯中，放入适量蒸馏水，用手术剪刀剪开胃，将胃中内容物充分洗于蒸馏水中，倒入刻度离心管后，用水补足 10 mL，以 2 000 r/min 离心 10 min。取上清液，在 420 nm 处比色，测定吸光度，即为胃中甲基橙的光密度。取 0.4 mL 0.1% 甲基橙加入 10 mL 蒸馏水中，摇匀后测定吸光度，作为基数甲基橙吸光度。以胃中甲基橙残留率为指标，观察药物不同剂量对小鼠胃排空速度的影响。其计算公式为甲基橙胃残留率 =（胃内甲基橙吸光光度值 / 基数甲基橙吸光光度值）× 100%。

（2）小肠推进试验：香砂六君丸中药组分为高中低三个剂量组（30 g/kg、15 g/kg、7.5 g/kg），灌胃给药 2 次，第 2 次给药后 2 h 进行炭末推进试验。以给炭末 20 min 小鼠小肠推进百分率为观察指标，观察药物对小鼠小肠推进运动的影响在此基础上进一步观察药物对新斯的明引起肠蠕动亢进或盐酸吗啡引起肠蠕动减慢时的拮抗作用，以第二次给药后 100 min 皮下注射新斯的明 0.10 mg/kg，15 min 进行推行试验。盐酸吗啡则按 10 mg/kg 给药后 20 min 进行炭末推进试验。

（3）炭末推进试验：灌胃给予每只小鼠 0.02 mL 新鲜配制的炭末混悬液（10% 活性炭和 10% 阿拉伯树胶），20 min 后，立即用脊髓脱臼法处死小鼠，取出小肠铺平，测量小肠全长与炭粉混悬液从幽门括约肌推至小肠末端的距离，计算小肠的推进率。

（4）离体小肠平滑肌试验：麦氏浴槽台氏液为 50 mL。观察不同剂量的药物（香砂六君丸 0.500 g、0.250 g、0.125 g）对家兔十二指肠自发活动的影响。

同时观察不同剂量药物对乙酰胆碱、氯化钡、组胺等引起豚鼠回肠痉挛性收缩时的拮抗作用：取豚鼠麻醉，股动脉放血，立即剖开腹腔，找到回盲部，在离回盲部 1 cm 处剪断，取出回肠约 10 cm，置于氧饱和的台氏液培养皿中，沿肠壁除去肠系膜，然后将回肠剪成数小段（1~1.5 cm），用注射器吸取台氏液将肠内容物冲洗干净，换以新鲜台氏液备用。取一小段肠管置于盛有台氏液的培养皿中，在其两端对角壁处分别用缝针穿线，并打结。肠管一端连线系于浴槽固定钩上，放入 37℃麦氏浴槽中。再将肠管的另一端系在张力换能器的悬臂梁上，记录豚鼠回肠平滑肌收缩强度。

5. 统计方法 上述数据采用 SPSS 17.0 统计分析软件进行统计运算，数据以平均值 ± 标准差（$\bar{X} \pm S$）表示，组间采用单因素方差分析，两两比较采用 LSD 检验，方差不齐采用 Dunnett's 检验，以 $P < 0.05$ 为差异有统计学意义。

【试验结果】

1. 对脾虚大鼠胃排空的影响 本试验选用 5 组大鼠，测胃甲基橙残留量（$\bar{X} \pm S\%$），以胃甲基橙残留率来表示胃排空的情况。结果显示，与对照组大鼠胃甲基橙残留量相比，模型组大鼠胃甲基橙残留量显著升高；与模型组相比，高、中、低剂量香砂六君丸显著低于模型组（$P < 0.05$），其中随着香砂六君丸剂量的升高，大鼠胃甲基橙残留量呈剂量依赖性的降低（高剂量 vs 低剂量，$P < 0.001$）（表 6-15）。以上结果表明，香砂六君丸具有促进脾虚大鼠胃排空的作用。

表 6-15 香砂六君丸对脾虚大鼠胃排空的影响（$\bar{X} \pm S$）

组别	动物数（只）	剂量（g/kg）	甲基橙胃残留率（%）
对照组	10	-	28.4 ± 7.62%
模型组	10	-	57.98 ± 10.03***
香砂六君丸高剂量组	10	6	30.21 ± 8.13%###
香砂六君丸中剂量组	10	3	39.93 ± 8.99%###
香砂六君丸低剂量组	10	0.6	48.17 ± 10.18%#&

注：与正常对照组比较，***$P < 0.001$；与模型组比较，###$P < 0.001$，#$P < 0.05$；与高剂量比，&$P < 0.05$。

2. 对小肠推进运动的影响 本试验选用 4 组小鼠,以小肠推进率来表示小肠运动的情况。结果显示,与对照组小鼠小肠推进率相比,高、中剂量香砂六君丸显著低于对照组($P<0.001$),香砂六君丸低剂量组与对照组无明显差异;其中随着香砂六君丸剂量的升高,小鼠小肠推进率呈剂量依赖性的显著降低(表 6-16)。以上结果表明,香砂六君丸明显抑制小鼠小肠的推进运动。

表 6-16 香砂六君丸对正常小鼠小肠推进运动的影响($\bar{X}\pm S$)

组别	动物数(只)	剂量(g/kg)	小肠推进百分率(%)
对照组	12	–	51.5 ± 5.6
香砂六君丸高剂量组	11	30	34.1 ± 5.2***
香砂六君丸中剂量组	11	15	40.6 ± 5.1**
香砂六君丸低剂量组	12	7.5	52.4 ± 8.7

注:*** 高剂量 vs 中剂量,$P<0.001$;** 中剂量 vs 低剂量,$P<0.001$。

另设置小鼠 5 组,观察香砂六君丸对新斯的明和吗啡对小鼠小肠推进功能的影响,结果显示,香砂六君丸对新斯的明引起小鼠小肠推进运动亢进有明显的抑制作用($P<0.001$);但对盐酸吗啡引起的小肠推进运动减慢无明显的影响,结果见表 6-17。

表 6-17 香砂六君丸对新斯的明、吗啡负荷小鼠小肠推进运动的影响($\bar{X}\pm S$)

组别	动物数(只)	新斯的明(mg/kg)	吗啡(mg/kg)	药物剂量(g/kg)	推进百分率(%)
正常对照组	12			蒸馏水	51.5 ± 5.6
新斯的明对照	11	0.1		蒸馏水	65.5 ± 3.8*
中药 + 新斯的明	12	0.1		30	44.6 ± 11.2##
吗啡对照组	10		10	蒸馏水	22.9 ± 4.5
中药 + 吗啡	10		10	30	22.8 ± 4.3

注:与正常对照组比较 *$P<0.01$;与新斯的明对照组比较 ##$P<0.001$。

3. 对离体小肠平滑肌运动的影响 三种浓度的香砂六君丸对家兔离体十二指肠自发活动均有明显抑制性影响,表现为张力稍降,振幅明显减少,且随着受试药浓度增加而作用加强。药物抑制百分率见表 6-18 所示。

表 6-18 香砂六君丸对正常家兔离体小肠平滑肌运动的影响($\bar{X}\pm S$)

组别	肠断数(个)	香砂六君丸(g)	抑制百分率(%)
香砂六君丸低剂量组	12	0.125	22.8 ± 9.1
香砂六君丸中剂量组	12	0.250	30.7 ± 5.6
香砂六君丸高剂量组	12	0.315	77.1 ± 16.0

另有试验表明 3 个剂量的香砂六君丸对乙酰胆碱或氯化钡引起家兔离体回肠强直性收缩均有拮抗作用。对组胺所致豚鼠离体回肠痉挛性收缩也有明显拮抗作用。其拮抗作用主要表现为肠管的紧张性迅速下降,并且随着剂量加大而作用加强。药物拮抗乙酰胆碱、组胺作用较强,拮抗氯

化钡作用较弱。结果见表6-19。

表6-19 香砂六君丸拮抗乙酰胆碱、氯化钡、组胺作用（$n=10$）

香砂六君丸 (g)	拮抗百分率（%）（$\bar{X}\pm S$）		
	乙酰胆碱	氯化钡	组胺
0.125	50.7 ± 12.4	27.3 ± 10.8	36.4 ± 8.5
0.250	67.7 ± 8.9	42.3 ± 9.8	59.3 ± 12.5
0.500	91.0 ± 7.6	52.9 ± 13.2	95.2 ± 10.6

注：剂量为50 mL台氏液中加入的药物，括号内n为肠段数。

【试验结论】

香砂六君丸源于《医方集解》，系由四君子汤衍化而成。四君子汤侧重益气健脾，主治脾胃气虚。香砂六君丸在四君子汤的基础上加半夏、陈皮、木香、砂仁等理气药。功在健脾和胃、理气、散寒止痛。临床主治脾胃气虚，寒湿阻于中焦。香砂六君丸的药理研究表明，其对胃肠运动表现抑制与兴奋的双向性影响，即促进脾虚型大鼠胃排空，降低小鼠小肠炭末推进百分率，抑制肌注新斯的明小鼠胃肠推进的加快，也能抑制离体小肠的自发活动，对乙酰胆碱和组胺所致肠管的收缩又有明显的拮抗作用。有资料表明，陈皮，半夏、木香、砂仁对胃肠运动呈抑制性影响，由此可以认为本方与四君子汤比较，其对胃肠运动的抑制作用更为突出。

【说明】

香砂六君丸主治脾胃气虚、寒湿困脾之证。本研究进行了胃排空试验和小肠推进运动实验等胃肠功能实验，可以部分说明其疗效，其方法和思路可供参考。但申报中药新药资料，仍有不完善的地方，例如缺少阳性药、药物给药剂量与人用剂量不匹配等。

因此，可设计进一步优化动物试验方案，具体如下。

1. 给药剂量的换算 成人一次6~9 g，一日2~3次，成人体重按照70 kg计算，见表6-20。

表6-20 试验给药剂量的换算

	单日最小服用量	单日最大服用量
成人	0.17 g/kg	0.39 g/kg
小鼠	1.53 g/kg	3.51 g/kg
大鼠	1.02 g/kg	2.34 g/kg

2. 阳性药多潘立酮的剂量 成人0.43 mg/kg，小鼠3.87 mg/kg，大鼠2.58 mg/kg。

3. 试验设计及优化

（1）脾虚大鼠胃排空试验，见表6-21。

表6-21 脾虚大鼠胃排空试验设计方案

	剂量	每组数量（雌雄各半）
对照组		10
模型组		10

续表

	剂量	每组数量（雌雄各半）
多潘立酮阳性药组	2.50 mg/kg	10
香砂六君丸低剂量组	1.00 g/kg	10
香砂六君丸中剂量组	1.75 g/kg	10
香砂六君丸高剂量组	2.50 g/kg	10

（2）小鼠小肠推进、炭末推进试验，见表6-22。

表6-22　小鼠小肠推进、炭末推进试验设计方案

	剂量	每组数量（雌雄各半）
对照组		10
多潘立酮阳性药组	4.0 mg/kg	10
香砂六君丸低剂量组	1.5 g/kg	10
香砂六君丸中剂量组	2.5 g/kg	10
香砂六君丸高剂量组	3.5 g/kg	10

（3）新斯的明、吗啡负荷小鼠小肠推进试验，见表6-23。

表6-23　新斯的明、吗啡负荷小鼠小肠推进试验设计方案

	剂量	每组数量（雌雄各半）
对照组	/	10
新斯的明模型组	0.10 mg/kg	10
吗啡模型组	10 mg/kg	10
多潘立酮阳性药组	4.0 mg/kg	10
香砂六君丸低剂量组	1.5 g/kg	10
香砂六君丸中剂量组	2.5 g/kg	10
香砂六君丸高剂量组	3.5 g/kg	10

思考题

1. 在开发一个新的中药复方制剂时，如何设计一项系统的药效学研究来验证其治疗效果？

2. 在进行中药新药的药效学研究时，如何选择与中药新药治疗目标相符合的动物模型？动物模型选择的标准和依据是什么？如何建立一个稳定且具有代表性的动物模型？

（张蕾，陈乾乾）

第七章

中药新药的毒理学研究

　　中药新药创制是一项涉及药学、药理、毒理、临床等多学科研究的系统工程，围绕着药品的安全、有效、质量可控展开。在前一章节，我们深入挖掘了中药新药的药理精髓，明晰了其药理学研究的核心要义，学习了药效学研究的基本思路和常用方法。本章我们将重点介绍中药毒理学研究的相关内容，与化学药品和生物制剂相异，中药的"毒"与安全性研究面临着成分和药物－机体相互作用复杂性的挑战。中药新药的毒理学研究不仅包括各类毒理试验的设计和实施，还包括毒性成分的精准识别与细致分析、毒性机制的深入探究以及新技术、新方法的应用等。这些研究对于确保中药新药的疗效确切及其临床应用的安全性至关重要。

　　通过本章的学习，学生应掌握中药新药毒理学研究的基本概念与基本要求，熟悉中药新药毒理学研究各项试验的定义、试验内容及相关要求，理解GLP规范如何确保非临床研究的质量与可靠性，保证试验数据的真实、准确和完整性。

第一节 中药新药毒理学研究的基本概念和要求

本节将探讨中药新药毒理学研究的核心概念和要求，为中药安全性评价和药品全生命周期管理提供科学依据。新药毒性与剂量紧密相关，毒理学研究的目的在于评估其对人体可能产生的潜在毒性反应。研究需参照技术指导原则，确保受试物代表性，精确剂量设定，并遵循GLP规范，针对具体问题进行分析。针对不同类型的中药新药，毒理学试验的要求亦需根据具体情况灵活确定，以确保研究的科学性和适用性。

一、中药新药毒理学研究的基本概念

新药的毒性是一种内在的物质属性，由物质本身决定，其对机体健康的有害作用被称为"毒效应"。

中药新药的临床前毒理学研究主要是对各种中药及其制剂通过相应的给药途径进入机体后所产生的毒性反应进行评价，成功的临床前毒理学研究结果能够回答以下几个问题：①中药引起毒性反应的最小剂量、导致严重中毒的剂量或最小致死剂量；②毒性反应的起始时间、持续时间及结束时间；③通过一系列生理、生化、病理等指标检测，分析判断中毒的靶器官、中毒机制和毒性反应的性质；④毒性是否具有可逆性和延迟性。

二、中药新药毒理学研究的基本要求

保证药品的安全性是新药创制的重要原则，贯穿于中药新药研发的全过程。在前期的药学研究和药理研究之后，应系统、规范地进行中药新药的毒理学研究，是研究和评价中药安全性及药品全生命周期管理的重要环节。

（一）受试物的毒理学研究要求

中药新药毒理学研究中，使用的受试物应符合《中药新药毒理研究用样品技术指导原则（试行）》的相关规定。所选受试物应充分代表临床试验使用的样品以及向监管机构申请上市的样品，以确保对其质量属性和安全性的全面评估。这一步骤对于确保毒理学试验结果的准确性以及保障受试物在临床应用中的安全性至关重要。中药成分复杂，含有大量未知成分，对有效成分和/或毒性成分的认识相对不充分。由于成分在体内暴露与毒性之间的关系尚不明确，这使得中药新药毒理学研究用样品的研究和管理具有独特的挑战性。

1. 受试物的选择应具备代表性 受试物的制备在中药新药毒理学试验中具有重要意义。应以确定的处方、工艺制备受试物，并且受试物应为中试及以上规模的样品，以反映临床试验样品和上市申请样品的质量属性和安全性。

一般而言，选择制剂作为受试物是一个常见的做法，如果采用制剂，则辅料对照的组成应该与制剂所用辅料保持一致。而在涉及特殊给药途径、辅料和剂型对吸收利用有较大影响的情况下，为了充分评估安全性，应当使用含有辅料的受试物进行毒理学试验。在这种情况下，需要考虑受试物中浸膏与辅料比例等因素可能对试验结果的影响。

为了提高毒理学试验的给药剂量/系统暴露量、满足给药顺应性等试验需求而特殊制备的受试物,例如,通过调整辅料用量制成含饮片量不同的受试物,除了根据毒理学试验的需要而改变载药量外,其生产工艺、辅料种类应尽量与制剂一致。在满足试验需要的同时,制备受试物时可能需要增加原制剂工艺中没有的处理步骤或调整处理方法。例如,将液体制剂进行浓缩作为受试物以增加载药量,或者需要调整辅料种类等,这些变化不应引起药用物质基础、吸收利用的明显变化。在这种情况下,应当与制剂进行工艺、质量、稳定性等方面进行对比研究,以评价改变的影响程度。

考虑到给药容量或给药方法等方面的限制,也可以选择浸膏、浸膏粉等中间体作为受试物,但必须确保其在代表性方面达到标准。

2. 受试物的用量范围应予以确定 确定受试物的用量范围也是必要的。根据毒理研究的目的和实验动物的特点,一般应包括低剂量组、中剂量组和高剂量组,同时设立对照组进行比较。在确定剂量时,需综合考虑受试物的毒性、药代动力学和临床剂量范围等因素。

3. 毒理试验用给药制剂 毒理学试验一般将受试物经适当溶媒配制后作为毒理试验用给药制剂(以下简称给药制剂),也存在受试物直接作为给药制剂的情况。经溶媒配制的给药制剂具体要求如下。

(1)给药制剂的配制:应结合受试物的理化性质、给药方案(试验中的用法和用量)及实验系统特点等选择合适的溶媒,并采用合适的配制方法。应研究建立给药制剂的配制方案,并记录完整的配制过程及关键参数。鉴于中药成分的复杂性,给药制剂建议采用临用新配的方式。

(2)给药制剂的分析:给药制剂分析包括分析方法的建立以及给药制剂的检测,其主要目的是考察给药期间给药制剂质量的稳定性与均一性。应规定合理的检测次数,对于给药期限较长的毒理学试验,应适当增加检测次数。如果毒理学试验过程中更换不同批号的受试物,应对新批号受试物制备的给药制剂重新进行分析。

给药制剂分析应结合受试物的质量研究结果选择合适的检测指标,并应进行分析方法的方法学验证,证明方法可行后方可应用于给药制剂的检测。分析方法验证需模拟试验中将会采用的给药制剂浓度,至少涵盖试验方案中的最高和最低浓度,并考察试验中可能的配制体积。对非真溶液体系需开展均一性分析,以保证样品混合均匀。应根据给药制剂的特点以及具体毒理学试验的要求明确给药制剂各检测指标的可接受限度或限度范围。

根据拟定的检测指标、检测方法、限度要求制定给药制剂的质量控制内容,并对给药制剂进行检测,必要时与受试物检测结果进行对比分析。

(3)给药制剂的稳定性:对于确需放置的给药制剂应考察其稳定性。稳定性考察的时间范围应涵盖从给药制剂配制完成至给药结束,浓度范围应覆盖毒理学试验的全部浓度。应按给药制剂质量控制要求对稳定性试验样品进行检测,并根据稳定性试验结果确定给药制剂的使用期限、贮藏条件等。

(二)遵循 GLP 规范

《药物非临床研究质量管理规范》(Good Laboratory Practice,GLP)是确保药物非临床研究质量的基石,GLP 规范要求研究机构在试验人员、场地设施、仪器设备、试验样品、实验系统及原始记录等环节拥有完整的操作标准,并在试验过程中全面贯彻质量控制原则,实施全过程的质量管理,严格遵循质量控制原则有助于减少可能影响试验结果和科学评价的因素,确保毒理学试验结果具备可控性和可追溯性。

（三）注重具体问题具体分析

由于中药的复杂性，不同剂型、给药途径和试验目的对毒理研究用样品的要求各异。为确保试验过程和结果的科学性和可靠性，研发者需根据受试药物的药学特点、适应证、用药人群的特点以及各项研究目的和基本要求的差异，科学选择实验动物模型、给药剂量、给药期限和观察指标，并进行全面的评价和利益权衡。

（四）其他一般要求

为确保中药新药毒理学研究设计的科学性和结果的准确性，除了必须遵循以上要求外，还应遵循以下常规研究设计原则。

1. **可行性原则** 遵循可行性原则意味着在设计研究时应充分考虑实验条件和可利用资源，以确保试验的顺利开展和结果的可靠性。在进行中药新药毒理学研究时，研究人员需要对可用的试验材料、设备和技术进行充分评估，以确保研究的顺利进行。由于中药新药的研发周期长、成本高，因此，合理安排研究计划和预算，避免浪费尤为重要。

2. **客观性原则** 研究设计应遵循客观评价的原则，采用多个指标和方法综合评估中药新药的安全性，减少主观因素对结果的影响。这包括但不限于常规毒性试验、特殊毒性试验，以及保健食品与新食品原料安全性评价方法等。通过多角度、多方法的综合评价，可以更全面地了解中药新药的潜在风险，从而提高研究的客观性和可靠性。

3. **可比性原则** 研究设计应充分考虑中药新药与已上市药物的比较，通过对比分析评估中药新药的相对安全性，从而为药物的合理选择提供依据。这要求研究者不仅要关注中药新药本身的特性，还要将其与市场上已有的同类药物进行比较，以便更好地评价其安全性和有效性。

4. **安全性监测原则** 研究设计应设立完善的安全性监测机制，及时记录和评估中药新药的毒性反应，并制定相应的干预措施，确保研究过程中的患者安全。这包括但不限于对各类毒性试验资料的整理和分析，以及对潜在安全性问题的关注和管理。

5. **伦理原则** 研究设计应遵循伦理道德原则，保护受试者的权益，获得合适的伦理审批，并进行知情同意和保密措施，确保研究过程的合法合规。这意味着在进行中药新药毒理学研究时，必须严格遵守相关的伦理规范，确保受试者的权利得到充分尊重和保护。

6. **结果评估原则** 研究设计应明确评估指标和评估时间点，采用科学统计方法对研究结果进行分析和解释，得出客观、可靠的结论。这要求研究者在设计研究时，就应明确研究的目的和预期目标，选择合适的时间点和评价指标，以确保研究结果的有效性和可靠性。

总体来说，中药新药毒理学研究需要以全面、客观、科学的态度对进入机体后产生的毒性反应进行评价，明确其在临床用药中可能引起的人体毒性、安全参考剂量和安全范围。为确保研究的质量和可信度，应选择具有代表性的受试物，采用适当的毒性评价方法和实验动物模型，并强调合规性原则。此外，根据具体问题具体分析的原则，进行研究设计和剂量选择，以满足不同剂型、给药途径和试验目的的要求。这些遵循要求和措施将确保中药新药毒理学研究的科学性和可靠性，最终推动新药顺利进入临床阶段，为临床研究和应用安全性提供可靠参考，降低临床研究和应用的风险。

三、中药新药毒理学研究的总体要求

毒理研究更加关注新药在生物体内外产生的不良反应和潜在的毒性效应，揭示了药物的毒性潜力和安全性风险，为整个研究结果提供了安全性的约束和评估依据。中药新药毒理学研究包括单次给药毒性试验，重复性给药毒性试验，其他安全性试验（致癌性试验、遗传毒性试验、生殖毒性试验），刺激性、过敏性、溶血性等与局部、全身给药相关的制剂安全性试验，依赖性试验和其他毒性试验。

毒理学研究资料应列出试验设计思路、试验实施过程、试验结果及评价，其研究总结则应简要概括毒理学试验结果，说明试验的 GLP 依从性、毒理学试验受试物情况，同时按"中药注册分类及申报资料要求"规定的顺序进行撰写，并附列表总结。

根据中药新药品种特点，对其安全性的认知存在差异，因此毒理学试验的要求也会有所不同。具体要求有如下参考。

（一）中药创新药

1. 中药复方制剂　中药复方制剂系指由多味饮片、提取物等在中医药理论指导下组方而成的制剂。具体应根据其处方来源及组成、人用安全性经验、安全性风险程度的不同，提供相应的毒理学试验资料。若减免部分试验项目，应提供充分的理由。

（1）采用传统工艺、具有人用经验的中药复方制剂，提供单次给药毒性试验和重复性给药毒性试验资料。

（2）采用非传统工艺但有可参考临床应用资料的复方制剂，提供安全药理学、单次给药毒性试验和重复性给药毒性试验资料。

（3）采用非传统工艺、无人用经验的复方制剂，进行全面的毒理学试验。临床试验中发现非预期不良反应，或毒理学试验中发现非预期毒性，应考虑进行追加试验。

2. 提取物及其制剂　提取物及其制剂系指从单一植物、动物、矿物等物质中提取得到的提取物及其制剂。具体应根据其临床应用情况，以及可获取的安全性信息情况，确定其毒理学试验要求。

（1）提取物来源于试验研究且缺乏安全性认知，进行全面的毒理学试验。

（2）提取物来源于传统应用，生产工艺与传统应用基本一致，进行安全药理学试验、单次给药毒性试验和重复性给药毒性试验，并根据需要进行其他试验。

3. 新药材及其制剂　系指未被国家药品标准、药品注册标准，省、自治区、直辖市药材标准收载的药材及其制剂，以及具有上述标准药材的原动植物新的药用部位及其制剂。新药材及其制剂，应进行全面的毒理学研究，并根据给药途径、制剂情况可能需要进行相应的制剂安全性试验，其余试验根据品种具体情况确定。

（二）中药改良型新药

中药改良型新药系指改变已上市中药的给药途径、剂型，且具有临床应用优势和特点，或增加功能主治等的制剂，一般包含以下情形：①改变已上市中药给药途径的制剂（不同给药途径或不同吸收部位之间相互改变的制剂）；②改变已上市中药剂型的制剂（在给药途径不变的情况下改变剂型的制剂）；③中药增加功能主治的制剂；④已上市中药生产工艺或辅料等改变引起药用

物质基础或药物吸收利用明显改变的制剂。

中药改良型新药应根据变更情况，提供相应的毒理学试验资料。如果改良的目的是提高安全性，应进行毒理学对比研究，并设置原剂型/原给药途径/原工艺进行对比，以展示改良的优势。

（三）古代经典名方中药复方制剂

古代经典名方是指符合《中华人民共和国中医药法》规定，至今仍广泛应用、疗效确切、具有明显特色与优势的古代中医典籍所记载的方剂。古代经典名方中药复方制剂是指来源于古代经典名方的中药复方制剂，其分为以下两种情形：①按古代经典名方目录管理的中药复方制剂；②其他来源于古代经典名方的中药复方制剂，包括未按古代经典名方目录管理的古代经典名方中药复方制剂和基于古代经典名方加减化裁的中药复方制剂。

应按照"（一）1.中药复方制剂"项下的选做依据进行毒理学试验。

（四）其他情况

当临床试验中发现非预期的不良反应或在毒理学试验中观察到非预期的毒性反应时，应当考虑进行额外的试验。对于中药，特别是那些具有增加功能主治、需要延长用药周期或增加剂量的情况，必须明确原有的毒理学试验数据是否支持这种延长或增加的安全性。如果原有数据不支持这一点，必须提供新的毒理学研究资料，以证明延长用药周期或增加剂量的安全性。

综上所述，中药新药的毒理学研究需要根据品种特点进行不同程度的毒理学试验。对于提取物、中药复方制剂和中药改良型新药，根据临床应用情况、制剂工艺和安全性信息的可获得程度确定毒理学试验要求。同时，追加试验的需求存在于临床试验和毒理学试验中发现非预期反应的情况下。通过对药理学、药代动力学和毒理学研究结果进行综合分析与评价，并结合药学和临床资料，可以为进一步的临床应用提供科学依据。

第二节　中药新药毒理学研究的主要内容

在学习了中药新药毒理学研究的重要性，探讨了毒理学研究的基本概念与总体要求，并了解了中药新药毒理学试验的多样性之后，本节将扩展视角，进一步详细解析中药新药临床前毒理学研究的各项试验，并构筑全方位框架，以便更全面地理解和评估中药新药的安全性及潜在风险。

一、单次给药毒性试验

（一）定义

急性毒性（acute toxicity）指的是药物在单次或24 h内多次给予后，一定时间内所产生的毒性反应。狭义的单次给药毒性研究（single dose toxicity study）则是专注于考察受试物在单次给予后所引发的急性毒性反应。药物单次给药毒性研究技术指导原则中，对单次给药毒性试验的定义为广义的单次给药毒性研究，即在24 h内一次或多次给予动物受试物后，观察所产生毒性反应的试验。

（二）意义

尽管中药通常表现出相对温和的药物作用，但随着现代中药的不断发展，其物质基础、给药方式和成分可能会发生变化，从而引起药理作用和毒性反应的变化。因此，进行中药新药急性毒性试验研究显得尤为重要。这类试验不仅可以初步揭示药物的毒性作用，了解其毒性靶器官，而且对于重复给药毒性试验的剂量设计以及某些药物在临床试验中初始剂量的选择提供了重要的参考价值。此外，单次给药毒性试验的结果有时也可用作Ⅰ期临床试验起始剂量选择的参考，并能提供一些与人类急性药物中毒相关的信息。

（三）动物要求

1. 种属 动物种属的差异是导致动物单次给药毒性差异的重要原因之一。不同种属的动物具有各自的特点，因此对相同受试物的反应可能存在差异。为充分暴露受试物毒性，采用不同种属的动物进行试验可以提供更全面的安全性信息。因此，单次给药毒性试验应当选择至少两种哺乳动物进行试验，一般来说，一种是啮齿类动物，另一种是非啮齿类动物。如果未选择非啮齿类动物进行试验，需要明确说明其选择的合理性。

2. 动物的性别、年龄、体重 进行单次给药毒性试验时，应选择健康成年哺乳动物，遵循雌雄各半的原则，或根据实际临床使用对象的需要，选择相对应的单一性别动物或幼年动物，并阐明其合理性。在选择动物体重方面，小鼠的体重应在 18~22 g，大鼠为 120~150 g，成年犬的体重约为 8 kg，并且同一批次的试验动物的初始体重原则上不应超过或低于平均体重的 20%。对于所用的动物数，应根据动物的种属和研究目的来确定，确保符合试验方法及其结果分析评价的需要。另外，在尽量获取更多信息的前提下，应遵循 3R 原则（reduce、refine、replace），即减少使用动物、优化实验设计、替代动物实验，降低对动物的潜在痛苦和困扰。

（四）试验方法

根据药物的毒性程度或受试药剂量的限制，急性毒性试验通常通过测定不同参数来确定药物的致死量、最大耐受量、最大给药量或最大无毒性反应剂量等，以评估其对生物体的影响，如死亡率、严重毒性反应和无毒反应的剂量等。常用试验方法有最大给药量法、半数致死量法、最大耐受量法、近似致死量法、固定剂量法、上下法（序贯法）、累积剂量法（金字塔法）等，应根据受试物的特点选择合适的方法。

1. 最大给药量法 在试验中，药物以较高的浓度和较大给药容量的条件下，以最大剂量给予动物，观察实验动物出现的反应。每组动物雌雄各半，数量在 10~20 只，并设空白和/或阴性对照组。动物在给药前禁食不禁水过夜，给药后按照正常饲养条件观察 14 天。记录动物的异常表现和致死症状，计算出动物总给药量（以 kg、mg/kg，或以含生药量 g/kg 表示），即为动物最大给药量。进一步推算出相对于临床拟用药量倍数，评估受试物毒性的大小。

2. 半数致死量（median lethal dose，LD_{50}）法 通过预试验获得动物在 0~100% 致死量范围内的数据，随机选择每组 10 只动物（雌雄各半），并按照体重随机分组。按照等比级数，设定 4~6 个剂量组，剂量间的比例在 0.65~0.85。除受试物合适的剂量组外，还应设置空白和/或阴性对照组。给药后按照正常饲养条件观察动物的毒性反应表现，包括一般情况、活动、神态、排泄物、饮食情况和死亡率等，并连续记录 14 天。使用 Bliss 方法计算 LD_{50} 值及其

95%可信区间,以及各剂量组的死亡率。若毒性反应在不同性别间有明显差异,应计算出不同性别的LD_{50}。

3. 最大耐受量(maximal tolerance dose,MTD)法 通常采用啮齿类和(或)非啮齿类动物进行试验,雌雄各半。除受试物合适的剂量组外,还应设有空白和/或阴性对照组。根据预试验结果,按等比级数设定2~5个剂量组,组距设计在0.65~0.85,其中最高剂量下动物死亡率应小于50%但不为零。给药后按照正常饲养条件观察动物14天,雌雄体重进行组间比较,记录异常表现和致死症状。计算出动物总给药量(以kg、mg/kg,或以含生药量g/kg表示),即为动物最大耐受量,以评价受试物的毒性情况。

4. 近似致死量法 通常选择普通级的健康比格犬或猴进行试验,犬的年龄在4~6个月,猴的年龄在2~3岁,数量为6只犬或猴。根据小动物的试验结果和受试物的相关资料,估计可能引起毒性和死亡的剂量范围。选择合适的间距按递增法设计数个给药剂量,并给予不同剂量的受试物,以确定最低致死剂量和最高非致死剂量。接着,使用一定的剂量间隔给予受试物,直至动物无异常症状,以确定无毒性反应剂量。试验期间需要设定一只动物作为空白对照。

5. 固定剂量法 该方法不以死亡作为观察终点,而是以明显的毒性体征作为终点进行评价。

试验选择5、50、500和2 000 mg/kg 4个固定剂量进行试验,特殊情况下可增加5 000 mg/kg剂量。实验动物首选雌性大鼠,给药前禁食6~12 h,给受试物后再禁食3~4 h。采用一次给药的方式进行。根据受试物的有关资料,从上述4个剂量中选择一个作为初始剂量;若无有关资料可作参考时,可用500 mg/kg作为初始剂量进行预试,如果无毒性反应,则用2 000 mg/kg进行预试,此剂量如无死亡发生即可结束预试。如果初始剂量出现严重的毒性反应,即降低一个档次的剂量进行预试,若此时动物存活,就在此2个固定剂量之间选择一个中间剂量试验。每个剂量给一只动物,预试一般不超过5只动物。每个剂量试验之间至少应间隔24 h。给受试物后的观察至少7天,若动物的毒性反应到第7天仍然存在,尚应继续观察7天。在上述预试的基础上进行正式试验。每个剂量至少用10只动物,雌雄各半。根据预试的结果,在上述4个剂量中选择一个可能产生明显毒性但又不引起死亡的剂量进行试验,如预试结果表明,5.0 mg/kg引起死亡,则降低一个剂量档次进行试验。给受试物后至少应观察2周,根据毒性反应的具体特点可适当延长。对每只动物均应仔细观察并详细记录各种毒性反应出现和消失的时间。给受试物当天至少应观察记录2次,以后可每天1次。观察记录的内容包括皮肤、黏膜、毛色、眼睛、呼吸、循环、自主活动及中枢神经系统行为表现等。动物死亡时间的记录要准确。给予受试物前、后各1周、动物死亡及试验结束时应称取动物的体重。所有动物包括死亡或被处死的动物均应进行尸检,尸检异常的器官应作组织病理学检查。

6. 上下法(序贯法,up and down method) 上下法最大的特点是节省实验动物,同时,不但可以进行毒性表现的观察,还能够估算LD_{50}及其可信限,适合于能引起动物快速死亡的药物。该方法分为限度试验和主试验。限度试验主要用于有资料提示受试物毒性可能较小的情况,可以从与受试物相关的产品中获得相关毒性资料。在相关毒性资料很少或没有时,或预期受试物有毒性时,应进行主试验。

(1)限度试验:最多用5只动物进行的序列试验。试验剂量为2 000 mg/kg,特殊情况下也可使用5 000 mg/kg。

2 000 mg/kg剂量水平的限度试验:将受试物给予1只动物。如果该动物死亡,则进行主试验;如果该动物存活,依次将受试物给予另外4只动物,动物总数为5只。如果1只动物在试后期死亡，而其他动物存活，应停止对其他动物给药，对所有动物进行观察，是否在相似的观察期间也发生死亡。后期死亡的动物应与其他死亡的动物同样计数，对结果进行如下评价，即有3只或3只以上动物死亡时，LD_{50}小于2 000 mg/kg；有3只或3只以上动物存活时，LD_{50}大于2 000 mg/kg；如果有3只动物死亡，则进行主试验。

5 000 mg/kg剂量水平的限度试验：特殊情况下，可考虑使用5 000 mg/kg的剂量。将受试物给予1只动物。如果该动物死亡，则进行主试验；如果该动物存活，将受试物给予另外2只动物。如果这2只动物都存活，则LD_{50}大于5 000 mg/kg，停止试验（即不再对其他动物给药，观察14天）。如果这2只动物中有1只死亡或者2只均死亡，将受试物给予另外2只动物，一次1只。如果1只动物在试验后期死亡，而其他动物存活，应停止对其他动物给药，对所有动物进行观察，是否在相似的观察期间也发生死亡。后期死亡的动物应与其他死亡的动物同样计数，对结果进行如下评价，即有3只或3只以上动物死亡时，LD_{50}小于5 000 mg/kg；有3只或3只以上动物存活时，LD_{50}大于5 000 mg/kg。

（2）主试验：由一个设定的给药程序组成，在此程序中，每次给药1只动物，间隔至少48 h。给药间隔取决于毒性出现时间、持续时间和毒性的严重程度。在确信前一只动物给药后能存活之前，应推迟按下一剂量给药。时间间隔可以适当调整，但使用单一时间间隔时，试验会更简便。第一只动物的给药剂量低于LD_{50}的最接近的估计值。如果该动物存活，第二只动物给予高一级剂量；如果第一只动物死亡或出现濒死状态，第二只动物给予低一级剂量。剂量级数因子应选定为1/（剂量－反应曲线斜率估计值）的反对数（对应于斜率2的级数因子为3.2），并应在整个试验过程中保持不变。当没有受试物的斜率的有关资料时，使用3.2为剂量级数因子。使用默认级数因子时，剂量应从1.75、5.5、17.5、55、175、550、2 000 mg/kg序列中选择（或有特殊要求时1.75、5.5、17.5、55、175、550、1 750、5 000 mg/kg）。如果没有受试物的致死估计值，应该从175 mg/kg开始。如果预期动物对该受试物的耐受程度变化很大（估计斜率小于2.0），那么开始试验前应考虑增加剂量级数因子超过按对数剂量计算的默认值0.5（级数因子为3.2）。同样，对于已知斜率很陡的受试物，应选择小于默认值的级数因子。在决定是否及如何对下一只动物给药之前，每只动物都应认真观察达48 h。当满足停止试验标准之一时，停止给药，同时根据终止时所有动物的状态计算LD_{50}估计值和可信区间。用最大可能性法计算LD_{50}值（计算软件AOT425StatPgm）。

当满足下列停止试验标准之一时，停止试验：①连续3只动物存活；②任意连续6只试验动物中有5只连续发生存活/死亡转换；③第一只动物发生转换之后至少有4只动物进入试验，并且其LD_{50}估算值的范围超出临界值（2.5倍）。首次转换的第4只动物之后，对每次给药进行计算。对于LD_{50}和斜率的各种组合，在动物发生死亡/存活转换之后，用4~6只动物即可满足停止试验标准。但在一些情况下，化合物的剂量－反应曲线的斜率较小，可能另外还需要增加动物（总共可达15只）。

（五）试验内容

1. **试验分组** 除了设置不同剂量的受试物组外，还应包括空白组和（或）阴性对照组。
2. **给药容量与给药剂量** 对于口服给药，每次小鼠的给药容量通常不超过40 mL/kg，大鼠的给药容量通常不超过20 mL/kg。其他动物及给药途径的给药容量可参考相关文献，并根据具体制剂情况进行确定。

应根据药物的毒性程度和所选用的试验方法的不同,相应设置适当的给药剂量。

(1)最大给药量(maximum dose,MD):单次或24 h内多次(2~3次)给药所采用的最大给药剂量。

(2)最大无毒性反应剂量(no observed adverse effect level,NOAEL):指在一定时间内给药,用现代检测方式未发现损害作用的最高剂量。

(3)致死量:指受试物引起动物死亡的剂量。通常测定的致死量包括最小致死量(minimum lethal dose,MLD)、半数致死量(LD_{50})和最大致死量(maximum lethal dose,LD_{95})等。由于LD_{50}测量较为简便,因此致死量的测定一般采用LD_{50},其值大小与毒性大小成反比。

(4)最大耐受量(MTD):指动物能够耐受的而不引起动物死亡的最高剂量。

3. 给药途径 一般情况下,应采用与临床应用相同或相近的给药途径。但由于药物的给药途径不同,受试物吸收率、吸收速度和暴露量会有所不同,为了尽可能观察到动物的急性毒性反应,可允许采用多种给药途径进行急性毒性试验研究。如果临床应用为非血管内给药且药物溶解度较高,可考虑增加静脉给药方式,以更全面了解受试物毒性反应。

4. 观察与记录

(1)间隔和频率:急性毒性试验的观察需要适当安排间隔和频率,以确保及时发现毒性反应的出现、持续和恢复情况,以及动物的死亡时间。通常情况下,给药后应立即密切观察动物的反应,随后每天上午和下午各观察一次,至少连续观察14天。如果毒性反应出现较慢或恢复较慢,应适当延长观察时间。

(2)观察指标:包括临床症状(如外观、行为、饮食、对刺激的反应、分泌物和排泄物等)、死亡情况(包括死亡时间、濒死前的反应等)和体重变化(包括给药前、观察期间和结束时的体重)。当动物出现异常症状时,应密切观察并记录症状的起始时间、严重程度和持续时间,以及体重变化情况。

(3)大体解剖:在实验过程中,对于因濒死而进行安乐死的动物和已经死亡的动物,应及时进行解剖检查。其他动物在观察期结束后应进行安乐死并进行解剖检查。当观察到组织器官出现体积、颜色、质地等改变时,应进行组织病理学检查。

5. 结果分析

(1)分析反应情况:根据不同剂量下观察到的反应时间、严重程度和持续时间等因素,对各种反应的发生率和严重程度进行分析,并考察剂量-反应和时间-反应的关系。

(2)确定受影响组织或系统:判断各种反应可能涉及的组织、器官或系统。

(3)初步判断毒性靶器官:通过大体解剖和组织病理学检查结果,初步确定可能的毒性靶器官。

(4)使用计算和统计方法:说明使用的计算和统计方法。根据需要测定MLD、LD_{50}的药物,设计相应的计算方法,包括Bliss点斜法、简化几率单位法、改良寇氏法等,其中Bliss点斜法最严谨精确,但计算繁杂。对计量资料,使用t检验进行两组比较;使用方差分析法比较不同批次处理得到的数据;使用变化值或变化率表示用药前后多时段的数据,并使用t检验进行分析。对计数资料应采用卡方检验。

(5)提示安全性试验结果:根据急性毒性试验结果,提示其他安全性试验、质量控制和临床试验中应注意的问题。同时,结合其他安全性试验、有效性试验和质量可控性试验结果,分析受试物的开发前景。

例 7-1　青娥丸及不同拆方组合水提物对正常小鼠急性毒性影响的试验研究

（数据来源：郭欣，蔡涛涛，黄娜娜，等．青娥丸及不同拆方组合水提物对正常小鼠急性毒性影响的实验研究［J］．中国药物警戒，2021，18（5）：427-432．）

【试验目的】

青娥丸收载于现行版《中国药典》，由盐杜仲、盐补骨脂、炒核桃仁和大蒜组成，具有补肾强腰的功效，临床常用于肾虚腰痛、起坐不利、膝软乏力等症。关于方中盐补骨脂的毒性研究及药品不良反应报道时有发生，含盐补骨脂的复方制剂安全性研究日益受到重视。本案例研究内容涉及青娥丸全方及其不同拆方组合的急性毒性试验，包括组合 1（盐杜仲、盐补骨脂、炒核桃仁）、组合 2（盐杜仲、盐补骨脂）、组合 3（盐补骨脂、大蒜）、组合 4（盐补骨脂、炒核桃仁、大蒜）以及组合 5（青娥丸全方）的水提组分。本案例旨在探究不同配伍对潜在毒性成分含量及其毒性的影响，以期为临床进一步安全、有效、合理应用青娥丸与盐补骨脂提供试验依据。

【试验方法】

1. 预试验　选取 60 只小鼠，雌雄各半，体重 18～22 g，分为 6 组，每组 10 只。禁食 12 h，药物组按 25 mL/kg 体重灌胃给药，对照组灌胃等体积水。根据死亡情况调整剂量，进行 LD_{50} 测定。无法测出 LD_{50} 的组，按 40 mL/kg 体重多次给药，测定 MTD 和 MFD。预试验结果显示，各组合均进行 MTD 测定。

2. 正式试验　选取 120 只小鼠，雌雄各半，体重 18～22 g，分为 6 组，每组 20 只。禁食 12 h 后，按 40 mL/kg 体重灌胃给药。给药后不同时间段内观察小鼠行为和生理反应，记录体重和毒性反应。若小鼠死亡，进行解剖观察脏器变化。第 7 天处死部分小鼠，测定血液生化学指标。14 天观察期结束后，处死存活小鼠，进行病理组织学检查。

【试验结果】

1. 预试验结果　在预试验过程中，各组小鼠给药后均有急动、俯卧昏睡等症状。各组小鼠均死亡 1 只，组合 3 小鼠最早于给药后 4 h 出现死亡，其次为组合 2、组合 4 小鼠。解剖死亡小鼠，肉眼下观察重要脏器见明显异常。根据动物死亡情况，各组小鼠无法进行 LD_{50} 测定，故进行 MTD 值测定。

2. 正式试验结果

（1）青娥丸及不同拆方组合样品 MTD 测定：组合 1 至组合 5 的 MTD 分别为 165.32、156.52、156.00、118.78 和 129.84 g/（kg·d），相当于 70 kg 人日用量的 779.77、892.94、1 779.6、956.8 和 538.59 倍。各组均有 1 只小鼠死亡，死亡时间从药后 4 h 至 12 h 不等。

（2）小鼠急性毒性症状观察和体重变化：组合 1 至组合 4 的小鼠在给药后第 3 天出现耳部红肿，第 7 天症状加重，组合 2 还出现脱毛。体重增长较慢，但与对照组无显著差异（$P > 0.05$）。

（3）青娥丸及不同拆方组合样品对正常小鼠血液生化指标的影响：各药物组小鼠血清 ALT、AST、ALP 指标升高，组合 1 至组合 3 与正常组差异显著。组合 1、组合 4 的 ALP 水平及组合 2、组合 3、组合 4 的 BUN、Cr 水平升高，表明对肝肾功能有影响。结果见表 7-1。

（4）青娥丸及不同拆方组合样品对正常小鼠的病理改变：观察 14 天后，各组小鼠肝脏结构正常，肝细胞排列整齐，细胞形态未变，无坏死或炎症。肾脏检查显示皮质与髓质界限分明，肾小球结构完整，肾小管无损伤，间质无炎症或纤维化。

图 7-1　各组小鼠肝和肾病理

表 7-1 青娥丸及不同拆方组合样品对正常小鼠血液生化指标的影响

组别	ALT（IU/L）	AST（IU/L）	ALP（金氏单位/100 mL）	BUN（mmol/L）	Cr（mmol/L）
正常组	59.02 ± 28.88	145.53 ± 63.29	63.97 ± 10.09	7.62 ± 1.09	87.23 ± 16.27
组合 1	122.37 ± 40.07***	209.67 ± 75.96	89.55 ± 7.90**	10.49 ± 1.54**	145.32 ± 16.41**
组合 2	139.16 ± 29.03***	231.36 ± 117.03	80.92 ± 20.59*	9.86 ± 1.05**	151.09 ± 40.83**
组合 3	146.54 ± 42.65**	303.82 ± 125.80**	81.23 ± 18.69*	9.09 ± 0.71**	90.62 ± 12.42**
组合 4	132.56 ± 73.92**	281.50 ± 148.72*	87.09 ± 11.90***	8.65 ± 1.54**	122.05 ± 8.90
组合 5	108.33 ± 57.41*	222.99 ± 196.57	70.91 ± 11.13*	11.57 ± 0.80*	97.58 ± 9.54

注：与正常对照组相比，*$P < 0.05$，**$P < 0.01$，***$P < 0.001$。

【试验结论】

结合本试验过程中小鼠毒性反应及指标变化程度，可推断各组合药物毒性大小为组合 3 > 组合 2 > 组合 4 > 组合 1 > 组合 5。由此可见，青娥丸全方的安全性相对较高，印证了青娥丸配伍的合理性。

二、重复性给药毒性试验

（一）定义

重复性给药毒性试验（长期毒性试验）是指连续多次给予实验动物受试物后（通常持续超过 14 天），观察动物是否出现毒性反应、反应的性质和程度（包括毒性量效关系、起始时间、严重程度、持续时间）以及反应的可逆性等。在试验中确定受到毒性影响的靶器官或组织，并探讨可能的毒性作用机制。通过观察动物的毒性反应，能够为临床制定安全剂量、监测临床毒副作用以及进行生理指标检测提供依据。

（二）意义

重复性给药毒性试验具有以下重要意义。

1. **预测临床不良反应** 通过重复性给药毒性试验，模拟受试物在长期使用过程中发生的未知不良反应，包括其性质、严重程度、剂量 – 毒性关系以及时间 – 毒性关系等，从而预测其在临床应用中可能引起的不良反应。

2. **确定安全剂量** 通过观察动物的毒性反应和确定未观察到临床不良反应的剂量水平，能够为临床制定安全的剂量范围提供依据，同时推测第一次临床试验的起始剂量。

3. **识别毒性靶器官** 重复性给药毒性试验能够确定受试物在连续给药过程中的靶器官或靶组织，为毒性作用机制的探索提供重要线索。

4. **提供临床监测参考** 重复性给药毒性试验的结果能够为临床监测和防治提供参考，帮助临床医生的解毒或解救措施提供参考信息。

5. **为药物研发提供依据** 重复性给药毒性试验的结果有助于药物研发者评估受试物的安全性和潜在风险，指导后续临床试验的设计和执行，从而提高药物研发的效率和成功率。

(三) 动物要求

1. 种属 根据《药品注册管理办法》，对中药新药进行重复性给药毒性试验时，需要考虑药物的处方来源和立题依据的差异，并在遵循新药开发规律的基础上，结合受试药物的特点，确定动物种类的选择。针对中药新药的重复性给药毒性试验通常采用两种动物，一种为啮齿类动物（常选择大鼠）；另一种为非啮齿类动物（常选择比格犬，必要时可选用猴或其他大型动物）。

针对中药非注射给药的复方制剂以及改变了给药途径、剂型或工艺的中药非注射制剂，这类具有一定临床应用基础的中药新药，可以首先在啮齿类动物中进行重复性给药毒性试验。如果发现存在明显毒性，再采用非啮齿类动物进行第二阶段的重复性给药毒性试验。

2. 动物的性别、年龄、体重 实验动物应健康且体重相近，雌雄各半；根据临床使用对象和研究期限的不同，确定动物的性别和年龄。一般情况下，大鼠选用雌、雄各半，6~9周龄，试验周期超过3个月时，应选用5~6周龄的动物。比格犬选用雌、雄各半，6~12月龄。动物的初始体重不应超过或低于平均体重的20%。

3. 饲养环境控制 为确保试验体系的稳定，应严格控制饲养环境参数，包括室内温度、湿度、光照、通风条件以及饲料的提供单位和配方等。大鼠每笼不宜超过5只，雌雄分开饲养，比格犬则宜单独饲养。试验动物应在特定的饲养环境下至少适应性观察1周后再开始试验，且每周需定时称量记录体重与进食量。

(四) 试验方法

长期毒性试验应包括低、中、高三个剂量组，以探究毒性剂量与反应之间的关系，并设置一个溶媒对照组。对于特殊受试药物，可以增加阳性对照组，其剂量一般与受试药的高剂量相当。

1. 高剂量的选择 应使动物产生明显或严重的毒性反应（可引起少量动物死亡，但死亡动物不应超过20%），以便尽可能地暴露药物的毒性反应症状，为临床用药、检测毒副作用、抢救措施提供依据。根据急性毒性试验结果与药物性质，可采用最大耐受量（MTD）、最大浓度法、剂量表示法（如 g/kg、mg/kg、mg/m^2）等。

2. 低剂量的选择 应高于动物药效学试验或预期的临床治疗剂量的等效剂量、且不出现毒性反应，预测临床治疗剂量时药物可能出现的多种反应。

3. 中剂量的选择 中剂量组应在高、低剂量之间，可有轻微的毒性反应，或未观察到有害作用的剂量（即最大无毒性反应剂量 NOAEL）。

(五) 试验内容

1. 试验分组 应采用随机分组，受试物一般要求至少应设3个剂量组和溶媒或赋形剂对照组，必要时可设立空白对照组和（或）阳性对照组。大鼠一般每组10~30只，每笼不宜超过5只，雌雄分笼饲养；犬常选用健康的比格犬，每组6~12只，每只动物分笼饲养。

2. 给药容量与给药途径 各剂量组采用等容量不等浓度给药。大鼠每日给药容量通常为10~20 mL/kg。其他动物和给药途径的给药容量应根据相关文献和具体情况确定。

一般情况下，试验中给药途径应与临床拟用途径一致，局部给药应保证其充分的接触时间，特殊情况应予以说明。

3. 给药频率与给药周期 一般情况下，重复性给药毒性试验过程中动物每天给药，特殊类型的受试物可根据其毒性特点和临床给药方案设计给药频率（如在体内代谢迅速的药物，可考虑增加给药频次）。

重复性给药毒性试验给药周期应与临床疗程、适应证及受试者群相匹配，并考虑临床试验期限和上市需求（表7-2、表7-3）。可分阶段进行重复性给药毒性试验，利用短期试验结果指导长期试验设计，以降低开发风险。如果临床适应证有若干项，应按最长疗程的临床适应证来确定重复性给药毒性试验的试验期限。给药结束后需留取部分动物（总动物数的1/3~1/2）进行恢复期观察，时间不少于4周，以了解毒性反应的可逆性和可能出现的延迟性毒性反应。应注意中药复方由于药味多，灌服容量较大，需判断大容量灌服而引起的非药物自身毒性反应。

表7-2 支持药物临床试验的重复性给药毒性试验设计

最长临床试验期限	重复给药毒性试验的最短期限	
	啮齿类动物	非啮齿类动物
≤2周	2周	2周
2周~6个月	同临床试验	同临床试验
>6个月	6个月	9个月[1,2]

注：1. 非啮齿类动物不超过6个月期限的试验可接受情况，当免疫原性或耐受性问题使更长期限的试验难以进行时；重复、短期用药（即便临床试验期限6个月以上）的疾病，如偏头痛、勃起障碍、单纯性疱疹等的反复间歇给药时；拟用于危及生命的疾病（如进展性疾病、辅助使用的肿瘤化疗药）时。2. 如果儿童为主要拟用药人群，而已有毒理学或药理学研究结果提示可能发生发育毒性，应考虑用幼年动物进行长期毒性试验。该试验应采用合适年龄和种系的动物，试验观察指标应针对发育方面的毒性，试验期限犬12个月、大鼠6个月。12个月的犬试验期限应涵盖其发育的全过程。这些幼年动物的长期试验可用于替代标准的长期毒性试验和单独的幼年动物试验。

表7-3 支持药物上市申请的重复性给药毒性试验设计

临床拟用期限	啮齿类动物	非啮齿类动物
≤2周	1个月	1个月
2周~1个月	3个月	3个月
1~3个月	6个月	6个月
>3个月	6个月	9个月[1,2]

注：同表7-2。

4. 观察与记录

（1）间隔和频率：应根据实验周期、药物特点确定重复性给药毒性试验的检测时间和次数，反映出观测指标与给药时间的关系。试验前，应观察动物的一般状况；试验期间，应每天观察一次一般状况和症状，每周记录饲料消耗和体重一次；试验结束时，应进行一次全面的检测（若给药期限较长时，应进行中期阶段性的检测）。应根据受试物代谢动力学特点、靶器官毒性反应和恢复情况确定恢复期的长短，一般情况下应不少于4周，结束时应进行一次各项指标的全面检测，以便了解药物毒性反应的可逆程度和可能出现的延迟毒性效应。在试验期间出现动物死亡或濒死，应及时检查并分析原因。

（2）观察指标：包括临床症状（如外观、行为、饮食、对刺激的反应、分泌物和排泄物等）、死亡情况（包括死亡时间、濒死前反应等）和体重变化（包括给药前、观察期间和结束时体重）。

当动物出现异常症状时，应密切观察并记录症状的起始时间、严重程度和持续时间，以及体重变化情况。每周固定时间测量 1 次动物体重及摄食量，试验期间详细观察临床症状如外观体征、行为活动、腺体分泌、呼吸、粪便、给药局部反应等，必要时应测定饮水量。有异常者应加以密切观察记录症状的起始时间、严重程度和持续时间，以及体重变化情况，并做记录。血液学检测指标应包括红细胞计数、血红蛋白、网织红细胞计数、白细胞计数及分类、血小板计数、凝血酶原时间等，必要时制备骨髓涂片。犬还应进行体温、心电图检查、眼科检查、尿液检查等。

（3）大体解剖：在试验过程中，对于因濒死而进行安乐死的动物和已经死亡的动物，应及时进行解剖检查。其他动物在观察期结束后应进行安乐死并进行解剖检查。长期毒性试验中需称重，并计算脏器系数的器官包括脑、心脏、肝、脾、肺、肾、肾上腺、胸腺、睾丸和附睾或子宫和卵巢，当观察到组织器官出现体积、颜色、质地等改变时应留存照片，并进行组织病理学检查。对照组、高剂量组优先进行详细检查，其他剂量组应取材保存，在高剂量组有异常时再进行详细检查。

5. 结果分析

（1）毒性原因及观察要点：重点分析动物中毒或死亡的原因，注重观察毒性反应发生及恢复的时间，以及药物对体重和一般症状的影响。

（2）均值数据与单个数据解读：在长期毒性试验结果分析中，正确理解均值数据和单个数据的意义至关重要。非啮齿类动物试验中单个动物的数据具有重要的毒理学意义，可与给药前、对照组和历史数据进行比较。

（3）统计方法与生物学意义：计量资料分析应采用适当的统计方法，如方差分析、变化值或变化率的检验。对组织形态学分级采用秩和检验。统计学意义不一定代表生物学意义，应与实验室历史数据相比较。

（4）异常数据解释与原因探究：长期毒性研究结果分析时，需合理解释异常数据。给药组和对照组差异可能源自毒性反应、动物适应性改变或生理波动。

（5）结果分析考虑因素：分析试验结果时，考虑剂量-效应关系、性别差异、多项指标的关联性及作用机制，单个参数变化不足以判断毒性反应，需要进一步研究。

（6）种属差异与毒性关系评估：结合其他安全性试验结果，评估毒性反应是否存在种属差异，判断有效性与毒性反应的关系。对于严重毒性反应，查找毒性原因，并推测可能的毒性成分。

（7）试验结果综合评价：试验结果应包括安全剂量、中毒剂量、中毒表现、靶器官及可逆程度等信息，以全面评价药物毒性。

例 7-2　青紫颗粒重复给药毒性试验研究

（数据来源：赵文文，张萌，张艳菊，等. 青紫颗粒单次及重复给药毒性试验研究［J］. 中国现代应用药学，2023，40（13）：1833-1839.）

【试验目的】

青紫颗粒是由青黛、紫草、丹参等组成，用于治疗过敏性紫癜。当 6 岁以上儿童需长期大剂量（90 mL/d）服用时，液体剂型不便携带和保存。因此，开展青紫颗粒的重复给药毒性试验研究。

【试验方法】

研究对象：128 只 4 日龄 SPF 级 SD 大鼠，分为 4 组，每组 32 只，雌雄各半。

组别：溶媒对照组，青紫颗粒低、中、高剂量组（分别为临床剂量的 3 倍、6 倍、12 倍）。

给药：10 mL/kg，每日 2 次，连续 13 周，后有 4 周恢复期。

观察：每日记录行为、精神、外观等，每周测体重和食量。

检测：包括血液学、血清生化、免疫学、尿液分析、激素水平、骨密度和器官重量等指标。

病理检查：对照组和高剂量组主要器官，中低剂量组肝、肾组织。组织固定、切片、染色后显微镜检查。

【试验结果】

1. **一般生理指标**　无大鼠非计划死亡。给药初期，大鼠出现稀便，后自行恢复；粪便颜色变深，无其他症状或行为学改变。

体重变化：雄性，高剂量组 1~7 周、中剂量组 1、3、5、6 周，低剂量组 1、2 周体重低于对照组。雌性，高剂量组 1~5 周、中剂量组 3~5 周、低剂量组 1~4 周体重低于对照组。

摄食量变化：雄性，中剂量组第 3~5 周、高剂量组第 3~6 周摄食量低于对照组。雌性，低剂量组 3~6、9、10 周，中剂量组 3~5、9 周，高剂量组 3、4 周摄食量低于对照组。7 周后，各组体质量与对照组无显著差异，摄食量降低后逐渐恢复。

2. **血液学检查**　给药结束后，各剂量组大鼠的红细胞计数、血红蛋白、红细胞容积等指标与对照组无显著差异。

恢复期结束时，雄性高剂量组中性粒细胞比例和淋巴细胞百分比显著变化（$P<0.05$），白细胞计数正常。雌性低剂量组 PDW 和 MCHC 显著升高（$P<0.05$ 和 $P<0.01$），低、高剂量组血小板水平显著下降（$P<0.05$），无剂量依赖性。其他血液学指标未见明显差异。

3. **血液生化检查**　给药结束时，雌性大鼠高剂量组 ALT、AST 显著降低（$P<0.05$），雄性高剂量组有下降趋势，恢复期指标正常。其他指标如碱性磷酸酶、γ-谷氨酰基转移酶、肌酸磷酸激酶、尿素氮等在各组间未见显著差异。恢复期时，雄性高剂量组 Glu 含量显著降低（$P<0.01$），Na^+ 含量显著升高（$P<0.01$）；雌性高剂量组 C4 显著升高（$P<0.05$）。

上述变化在实验室背景数据范围内，且无时效关系，其他指标如 AST、ALP、γ-谷氨酰基转移酶等未见异常。

4. **尿液检查**　给药结束高剂量组大鼠尿液颜色加深，浊度、比重、pH 等指标未见明显差异。

5. **血清激素检查**　与溶媒对照组相比，恢复期结束，雄性高剂量组大鼠的血清 E_2 显著升高（$P<0.01$），无时效关系；雌性大鼠无显著改变。睾酮、GH、T_3、T_4 未见明显差异。

6. **细胞免疫指标**　给药结束，与溶媒对照组相比，雄性低、高剂量组大鼠 $CD3^+$ 亚群细胞比例明显降低（$P<0.05$），低、中、高剂量组大鼠 $CD8^+$ 亚群细胞比例均显著降低（$P<0.01$），雌性大鼠低剂量组 $CD8^+$ 亚群细胞比例显著降低（$P<0.01$），$CD4^+/CD8^+$ 未见显著差异，恢复期恢复正常。

7. **幼鼠发育指标**　各剂量组大鼠的发育指标未见显著性差异。

8. **病理组织学检查**　给药结束后，所有剂量组大鼠均发现肝细胞局灶性变性坏死，发生率相同（1/20），程度一致，高剂量组有 1 例多灶性炎性坏死，均为轻度，无剂量相关性。

恢复期，仅低剂量组 1 只大鼠出现肝细胞局灶性变性坏死，中、高剂量组未发现。肝脏脏器质量和系数差异无统计学意义。

给药结束时，对照组和高剂量组出现轻微心肌炎细胞灶、肾小管嗜碱性变和肾脏间质慢性炎症，发生率相当或较低，可能为自发性病变。

【试验结论】

重复给药毒性试验中，考虑到青紫颗粒为儿童用药，为保障儿童正常的生长发育，本实验最大无毒性反应剂量拟定为青紫颗粒中剂量组 2 g/kg（即生药 11.56 g/kg）。结果预测青紫颗粒临床剂量连续用药 14 天安全，值得进一步推广用于治疗过敏性紫癜。

三、其他安全性试验

（一）致癌性试验

致癌性试验（carcinogenic test）是指通过一定途径使动物在正常生命期大部分时间内反复接触不同剂量或浓度的受试物，观察受试物对实验动物的致癌作用。新药在长期毒性试验中发现有细胞毒作用，或者对某些脏器组织生长有异常促进作用，以及致突变试验结果为阳性的必须提供致癌试验资料及文献资料。

1. 实验目的和要求 致癌性试验的主要目的是确定候选药物在动物中是否具有致癌性，以及这种风险是否会转化至人类。通过考察药物在动物体内的潜在致癌作用，评价和预测可能对人体造成的危害，并以风险控制计划、说明书、临床监察、上市后监测等手段进行风险控制。

致癌性试验需要遵循严格的设计和实施标准，包括但不限于实验设计的科学性、实验周期的合理性、费用的可控性以及结果评价的准确性。此外，致癌性试验的设计和实施应考虑到动物种属的选择、动物组数及组容量、饲养条件、供试品给药途径、给药暴露时间、暴露剂量、观察指标、大体剖检及组织病理学检查、结果分析以及统计学分析方法等内容。

2. 基本内容

（1）实验设计：致癌性试验的设计应基于对候选药物潜在致癌性的全面评估，包括剂量选择、种属选择、如何处理早期死亡和实验组终止等方面。实验设计的关键方面还包括实验的时间安排、动物的选择和管理、供试品的给药方式和剂量等。国际人用药品技术要求协调会于 1997 年发布的 S1B 指导原则中，提出选择药物致癌性试验方法时应具有灵活性和判断力，基本方案包括一项长期的啮齿类动物致癌性试验（通常为大鼠 2 年致癌性试验）与另一种啮齿类动物致癌性试验（一般为转基因小鼠实验）。

（2）实施与报告：致癌性试验的实施应严格按照预定的方案进行，包括动物的饲养条件、供试品的给药途径和剂量、观察指标的设定等。实验报告的一般内容和注意事项也应得到充分考虑，确保数据的准确性和可靠性。

（3）结果分析与评价：致癌性试验的结果分析与评价是评价候选药物致癌风险的关键步骤。使用综合证据权重方法解释致癌性试验结果，尤其对啮齿类动物致癌试验发现是否与人体致癌风险相关的评价是至关重要的。此外，毒性病理学评估也是致癌性试验中不可或缺的一部分，包括组织标本留取、组织病理检查、同行评议等。

（二）遗传毒性试验

遗传毒性即受试物对基因组造成损害的能力，包括引起致突变性及其他各种不良反应。遗传毒性覆盖了致突变性，后者指受试物引起遗传物质发生变化的能力，包括基因突变和染色体畸变，这种变化可通过细胞分裂传递。遗传毒性试验（genotoxicity test）则是用于检测通过不同机制直接或间接诱导遗传学损伤的受试物的体外和体内实验。中药遗传毒性试验是中药新药非临床安全性评价的重要内容，也是药物进入临床试验及上市的重要环节。

1. 试验目的和要求　遗传毒性试验可以检测出 DNA 损伤及其固定，包括基因突变、较大范围染色体损伤或重组形式的 DNA 损伤。这些固定的 DNA 损伤通常被视为可遗传效应的基础，也是恶性肿瘤多阶段发展过程的重要因素之一。遗传毒性试验主要目的是在药物开发过程中评估候选化合物是否具有致突变性或致癌性，即需对潜在的遗传毒性进行全面评价，以确保人类使用的安全性。设计遗传毒性试验时应遵循"具体问题具体分析"的原则，在了解受试物的基础上，选择合适的试验方法和方案，符合毒理学试验的随机、对照、重复的基本原则与 GLP 要求，并进行全面的结果分析与评价。

2. 基本内容

（1）试验设计：遗传毒性试验方法有多种，根据试验检测的遗传终点，可将检测方法分为三大类，即基因突变、染色体畸变、DNA 损伤；根据试验系统，可分为体内试验和体外试验。没有任何单一试验方法能检测出所有的与肿瘤发生相关的遗传毒性机制，因此，通常采用体外和体内试验组合的方法以全面评估受试物的遗传毒性风险。通过试验的相互补充，对结果进行综合考虑，最终尽量避免遗传毒性物质的假阴性结果。

1）应包含细菌回复突变试验（Ames 试验）：Ames 试验已被证明能检出相关的遗传学改变和大部分啮齿类动物及人类的遗传毒性致癌剂。《药物遗传毒性研究技术指导原则》和化学品 Ames 试验标准推荐的菌株组合均为 5 种：①鼠伤寒沙门菌 TA98；②鼠伤寒沙门菌 TA100；③鼠伤寒沙门菌 TA1535；④鼠伤寒沙门菌 TA1537 或 TA97 或 TA97a；⑤鼠伤寒沙门菌 TA102 或大肠埃希菌 WP2 uvrA 或大肠埃希菌 WP2 uvrA（pKM101）。

2）应包含哺乳动物细胞体外和/或体内试验：哺乳动物细胞体外试验中，体外中期相染色体畸变试验、体外微核试验、体外小鼠淋巴瘤 L5178Y 细胞 Tk 基因突变试验（简称小鼠淋巴瘤细胞试验，MLA）已经过充分验证并广泛应用，且同样适合于检测染色体损伤。体内试验具有考虑到如吸收、分布、代谢、排泄等因素的优势，并且可检出体外试验无法检出的某些遗传毒性物质，因此标准试验组合应至少包含一项体内试验。可采用啮齿类动物造血细胞染色体损伤试验（包括骨髓或外周血红细胞微核试验、骨髓中期相细胞染色体畸变试验）或其他合适的体内试验。

（2）结果分析与评价：试验结果的分析与评价是试验的关键组成部分，应对研究结果进行科学和全面的分析与评价。在评价遗传毒性试验结果时，需要综合考虑受试物的药学特性、药效学、药代动力学以及其他毒理学研究结果等信息，最终的评价应该针对临床试验受试者范围的限定、风险效益评估以及必要的防治措施的制定和应用。

遗传毒性试验主要用于检测受试物是否含有能够引起直接遗传损伤的致癌物质。每种试验系统均可能产生假阴性或假阳性结果，试验组合方法的设计是为了降低具有潜在遗传毒性的受试物产生假阴性结果的风险。另一方面，任何一项遗传毒性试验中的阳性结果并不一定能说明受试物对人类真正具有遗传毒性或致癌性的危险。在对体内外试验结果进行评价时，对阳性或阴性的结果均应予以充分考虑，尤其是在有疑问时。评价受试物的潜在遗传毒性时，应全面考虑各项试验结果、体内外试验方法的内在价值及其局限性，进行综合分析与评价。若遗传毒性试验结果为阳性，进入临床试验是否安全的考量需要综合考虑所有的安全性资料，包括对所有遗传毒性资料的全面评价以及拟进行的临床试验的性质。在某些情况下，如果确认受试物可直接损伤 DNA，可能会考虑在危及生命的疾病治疗中使用，在健康受试者中的使用则需谨慎。因此，在遗传毒性试验出现阳性结果时，应提供有关遗传毒性机制的证据，并且证明这种机制与预期的体内暴露相关，或通过试验排除直接与 DNA 作用的机制。

（三）生殖毒性试验

生殖毒性是指外来物质对雌性和雄性生殖系统的影响，包括排卵、生精，从生殖细胞分化到整个细胞发育，以及对胚胎细胞发育所致的损害。这种影响往往导致生理功能和结构的变化，影响繁殖能力，甚至会影响后代。其主要表现包括生殖能力下降、不孕不育、胚胎死亡、畸形及遗传疾病的发生。

1. 试验目的和要求　生殖毒性试验是药物非临床安全性评价的重要组成部分。在药物开发的过程中，通过动物生殖毒性试验来反映所研究药物对哺育乳动物功能和发育过程的影响，预测其可能产生的生殖细胞、受孕、妊娠、分娩、哺乳等亲代生殖功能的不良影响，以及对子代胚胎-胎仔发育、出生后发育的不良影响，从而在限定临床试验受试者范围、降低临床试验受试者和药品上市后使用人群的用药风险方面发挥重要作用。

生殖毒性试验的设计应该根据对受试物的了解，遵循"具体问题具体分析"的原则。即根据受试物的结构特点、理化性质、已有的药理毒理研究信息、适应证和适用人群特点、临床用药方案等因素，选择合适的试验方法，并设计适宜的试验方案，综合考虑，对试验结果进行全面分析评价。此外，生殖毒性试验必须执行 GLP，应符合一般动物试验的基本原则，即随机、对照和重复。

2. 基本内容

（1）试验设计：为方便试验，可将一个完整生命周期过程分成以下几个阶段。①从交配前到受孕（成年雄性和雌性生殖功能、配子的发育和成熟、交配行为、受精）。②从受孕到着床（成年雌性生殖功能、着床前发育、着床）。③从着床到硬腭闭合（成年雌性生殖功能、胚胎发育、主要器官形成）。④从硬腭闭合到妊娠终止（成年雌性生殖功能、胎仔发育和生长、器官发育和生长）。⑤从出生到离乳（成年雌性生殖功能、幼仔对宫外生活的适应性、离乳前发育和生长）。⑥从离乳到性成熟（离乳后发育和生长、独立生活的适应能力、达到性成熟的情况）。对大多数药物而言，生殖毒性试验包括三个阶段，即：生育力与早期胚胎发育毒性试验（生命周期的 A 阶段和 B 阶段）、胚胎-胎仔发育毒性试验（生命周期的 C 阶段至 D 阶段）、围产期毒性试验（生命周期中的 C 阶段至 F 阶段）。三段试验方案通常能够识别有可能发生损害的生殖发育阶段。但根据具体药物情况的不同，也可选择其他能充分反映受试物生殖毒性的试验方案，如单一试验设计或两段试验设计等。无论采用哪种试验方案，各段试验之间不应留有间隔，并可对生殖过程的各阶段进行直接或间接评价，并说明所选试验方案的合理性。

同时，在选择生殖毒性试验方案时应借鉴受试物已有的或同类药物的药理、毒理和药代动力学资料，特别是生殖毒性方面的信息。优先考虑采用较为成熟的试验设计方案。当观察到某一作用时，应根据具体情况进行进一步的后续试验，以明确其毒性的性质、范围和原因等，包括判断其剂量-反应关系，以有助于风险评估，并有助于区分给药所致影响与偶发情况。

联合进行多项生殖毒性试验时，应注意在动物成年期和从受孕到幼仔性成熟的发育各阶段给药。为发现给药所致的速发和迟发效应，试验观察应持续一个完整的生命周期，即从某一代受孕到其下一代受孕间的时间周期。

（2）结果分析与评价：生殖毒性试验的最终目的在于预测人体可能出现的生殖、发育相关的毒性反应。试验结果的分析和评价是试验的必要组成部分，应对研究结果进行科学和全面的分析和评价。通常情况下，应对受试物在动物中表现出来的生殖和发育两方面的毒性进行分析评价。

1）生殖毒性：对F0代生殖能力的影响，包括生育力、分娩和哺乳方面的毒性。①生育力：包括雄性和雌性生殖器官的退变、精子和卵子质量、交配行为及总体生育力。②分娩：影响分娩的起始和持续时间。③哺乳：可能对幼仔产生暴露，影响母鼠的哺乳过程和行为。

2）发育毒性：对F1代的影响，包括死亡、畸形、生长异常和功能性毒性。①死亡：可能发生在各个发育阶段，包括着床前后丢失、流产、死产等。②畸形：子代骨骼或软组织的异常。③生长异常：包括生长迟缓或过快等变化。④功能性毒性：影响正常生理或生化功能，包括神经行为和生殖功能等方面的变化。

在对生殖毒性试验结果进行评价时，还应结合以下信息进行综合分析：受试物的药学特点；药效学、药代动力学和其他毒理学研究的结果，特别是长期毒性试验和遗传毒性试验结果；临床研究受试者人群特征以及已取得的临床研究的结果。试验结果的评价最终应落实到临床研究受试者范围限定、风险效益评估以及必要防治措施的制定和应用上。

例7-3 复方菊苣粉遗传毒性研究

（数据来源：杨华，罗芳.复方菊苣粉急性经口毒性和遗传毒性研究［J］.中国卫生检验杂志，2023，33（9）：1058-1062.）

【试验目的】

复方菊苣粉基于中医药理论组方，包括茯苓（君药）、菊苣（臣药）、川牛膝（佐药）。茯苓利水健脾，菊苣清肝利尿，川牛膝逐瘀通经，三药合用可健脾胃、利湿泻浊、扶正固本。药性平和，无配伍禁忌，标本兼顾。由于菊苣原料的复方产品在动物体内安全性研究相对较少，该研究旨在填补这一空白，通过进行遗传毒性试验，为相关食品和药品的开发提供科学依据。

【试验方法】

1. **Ames试验** 使用TA97、TA98、TA100和TA102菌株，进行有无大鼠肝S9的掺入法试验。设5个剂量组，最高每皿5 000 μg，灭菌后设对照组，首次阴性则改变剂量间距重复试验。

2. **小鼠骨髓嗜多染红细胞微核试验** SPF级KM小鼠分为5组，设3个剂量组和对照组，经口灌胃后6 h处死，制片计数PCE和微核率，计算PCE/NCE比值。

3. **体外哺乳类细胞染色体畸变试验** 基于IC_{50}值设不同剂量组，使用CHL细胞，加S9和不加S9条件下培养，加入秋水仙素后收获细胞，Giemsa染色后观察染色体畸变，计算畸变率。

4. **统计学处理** 用PEMS 3.1软件分析，采用方差分析、秩和检验、卡方检验和泊松分布法，$P<0.05$表示有统计学意义。

【试验结果】

1. **Ames试验** 无论加与不加S9的试验，自发对照组的每皿平均回变菌落数均在正常值范围内，而阳性对照组诱发的每皿平均回变菌落数均为自发对照组2倍以上，呈明显阳性反应。复方菊苣粉各剂量组和溶剂对照组的平均回变菌落数均未超过自发对照组的1倍，呈阴性反应，即本检品无诱导试验菌株回复突变的作用。重复（第二次）试验结果同第一次试验。

2. **小鼠骨髓嗜多染红细胞微核试验** 各剂量组PCE/NCE比值与阴性对照组相比无显著差异（$P>0.05$），说明受试物对小鼠骨髓细胞增殖无不良影响。阳性对照组微核率高于阴性对照组（$P<0.05$），而受试物各组微核率与阴性对照组相比无显著差异（$P>0.05$），表明受试物在微核试验中呈阴性结果。

3. **体外哺乳类细胞染色体畸变试验** 受试物对CHL细胞的IC_{50}在不加S9条件下大于

10 mg/mL，在加 S9 条件下为 2.18 mg/mL。试验中加或不加 S9 时，阳性对照染色体畸变率均高于阴性对照（$P<0.05$），呈阳性反应。各剂量组染色体畸变率与阴性对照组比较差异均无统计学意义（$P>0.05$），提示本检品的体外 CHL 细胞染色体畸变试验结果为阴性。结果见表 7-4。

表 7-4　复方菊苣粉对 CHL 细胞染色体畸变率的影响

受试物	剂量（mg/mL）	S9	染毒时间（h）	中期相细胞数（个）	畸变率（%）	裂隙率（%）	畸变类型	结果判定
阴性对照	0	不加	6	100	2	9	gbp	-
复方菊苣粉	1.25	不加	6	100	3	11	gbp	-
	2.5	不加	6	100	3	12	gb	-
	5	不加	6	100	4	13	gbp	-
阳性对照（MMC）	0.8[a]	不加	6	100	33[b]	13	gbtp	+
阴性对照	0	加	6	100	3	10	gbp	-
复方菊苣粉	0.55	加	6	100	4	11	gbt	-
	1.09	加	6	100	3	10	gbt	-
	2.18	加	6	100	2	11	gbp	-
阳性对照（MMC）	15[a]	加	6	100	29[b]	12	gbtp	+

注：a 表示单位 μg/mL；b 表示与阴性对照比较，$P<0.05$。畸变类型中，g 表示裂隙；b 表示断裂、断片或缺失；t 表示单体互换；p 表示多倍体或核内复制。- 表示阴性，+ 表示阳性。

【试验结论】

本试验考察了复方菊苣粉对小鼠的遗传毒性作用，Ames 试验、小鼠骨髓细胞微核试验和体外哺乳类细胞染色体畸变试验三项遗传毒性试验均为阴性结果。在本研究条件下，复方菊苣粉安全性良好，是一种服用安全的产品。这必将为复方菊苣粉的研究提供良好的研究基础，以期为其亚慢性毒性和慢性毒性试验剂量的选择和人体安全接触限量标准的制定提供试验依据。

（四）制剂安全性试验

制剂安全性试验主要包括刺激性、过敏性、溶血性试验。刺激性、过敏性、溶血性是指药物制剂经皮肤、黏膜、腔道、血管等非口服途径给药，对用药局部产生的毒性（如刺激性和局部过敏性等）和（或）对全身产生的毒性（如全身过敏性和溶血性等），为临床前安全性评价的组成部分。药物的原形及其代谢物、辅料、有关物质及理化性质（如 pH、渗透压等）均有可能引起刺激性和/或过敏性和/或溶血性的发生，因此药物在临床应用前应研究其制剂在给药部位使用后引起的局部和/或全身毒性，以提示临床应用时可能出现的毒性反应、毒性靶器官、安全范围。

1. **基本原则**

（1）根据《药品注册管理办法》，药物刺激性、过敏性和溶血性研究必须执行《药物非临床研究质量管理规范》（GLP）。

（2）试验设计应遵循随机、对照、重复的原则。

（3）应根据受试物特点，充分考虑和结合药学、药效学、其他毒理学及拟临床应用情况等综合评价，体现整体性、综合性的原则。

（4）应在遵循安全性评价普遍规律的基础上，具体问题具体分析，结合受试物的特点，在阐明其研究方法科学、合理的前提下进行规范性试验，对试验结果进行全面分析评价。

2. 基本内容

（1）受试物：中药、天然药物，受试物应能充分代表临床试验样品或上市药品。应采用工艺路线及关键工艺参数确定后的工艺制备，一般应为中试或中试以上规模的样品，否则应有充分的理由。应注明受试物的名称、来源、批号、含量（或规格）、保存条件及配制方法等，由于中药的特殊性，建议现用现配，否则应提供数据支持配制后受试物的质量稳定性及均匀性。试验中所用溶媒和（或）辅料应标明名称、标准、批号、规格及生产单位。

（2）实验动物：动物应符合国家有关规定的等级要求，并具有实验动物质量合格证。动物种属的选择根据观察指标和模型合理性确定，如刺激性试验应选择与人类皮肤、黏膜等反应比较相近的动物，如兔、小型猪等。

（3）制剂安全性试验

1）刺激性试验：刺激性是指非口服给药制剂给药后对给药部位产生的可逆性炎症反应，若给药部位产生了不可逆性的组织损伤则称为腐蚀性。刺激性试验是观察动物的血管、肌肉、皮肤、黏膜等部位接触受试物后是否引起红肿、充血、渗出、变性或坏死等局部反应。

在设计动物试验时，需要考虑以下几个方面。①给药部位：通常应选择与临床给药相似的部位，并观察对周围组织的影响。②给药途径：应与临床用药途径一致，否则需进行说明。③对照组：可以选用溶媒和/或赋形剂作为阴性对照，必要时采用已上市制剂作对照。④给药浓度、剂量与体积选择：应考虑临床用药情况和受试动物给药部位的解剖和生理特点，保证受试物在给药部位的有效暴露。⑤给药周期：一般不超过4周，建议进行恢复期观察以评价毒性反应的可逆性。⑥观察指标：包括肉眼观察和组织病理学检查，应详细描述局部反应并提供病理学照片。⑦试验方法与统计方法：试验方法可参考常用方法和相关文献，而统计方法应根据实验模型和试验方法选择合适的统计方法。

2）过敏性试验：过敏性又称超敏反应，指机体受同一抗原再刺激后产生的一种表现为组织损伤或生理功能紊乱的特异性免疫反应，根据反应发生的机制和临床特点，超敏反应可分为Ⅰ、Ⅱ、Ⅲ、Ⅳ四型。

Ⅰ型超敏反应：也称为立即型超敏，即过敏症状发生并迅速消退。Ⅰ型超敏反应抗体为IgE，又称反应素，它的Fc端与肥大细胞和嗜碱性粒细胞膜上的相应受体结合，当抗原与细胞外的IgE的Fab端结合后，即激发细胞释放和合成组胺、前列腺素、白三烯、SRS-A、ECF-A、血小板激活因子等多种化学介质。这些介质的生物学作用在几分钟内即可达顶点，常见疾病主要包括过敏性休克、药物引起的药疹等。

Ⅱ型超敏反应：也称细胞溶解性超敏反应，通常是血型不合引起的输血反应。Ⅱ型反应为溶细胞反应，它必须由IgG型抗体（少数为IgM）参与，经巨噬细胞或K细胞识别并介导，使带有相应微生物抗原的靶细胞发生溶解或破坏，故称抗体依赖性细胞毒作用。常见疾病包括新生儿溶血反应、药物引起的溶血性贫血等。

Ⅲ型超敏反应：Ⅲ型反应为免疫复合物型损害，多为IgG抗体或IgM抗体，少数为IgA抗体与相应抗原结合成免疫复合物。抗原与抗体的特异结合本质是抗微生物防御的重要一步，随之而来的炎症反应可更强地清除微生物，常见疾病包括慢性肾小球肾炎、慢性哮喘等。

Ⅳ型超敏反应：也称迟发型超敏反应，是指过敏反应发生较慢，与过敏原接触后18~24 h症状逐渐出现，48~72 h达到高峰。Ⅳ型超敏反应是由效应T淋巴细胞再次接触抗原时，释放多种淋巴因子或细胞毒性炎症介质，吸引并激活巨噬细胞向抗原局部集中，形成以单核细胞和淋巴细胞浸润和组织细胞损伤为主要特征的局部炎症反应，免疫病理过程中无抗体和补体参与。

过敏性试验是观察动物接触受试物后的全身或局部过敏反应。在制定过敏性试验方法时，需要考虑药物的特点、临床适应证、给药方式、过敏反应发生机制以及其他影响因素。通常，对于局部给药具有全身作用的药物（例如注射剂和透皮吸收剂），需要考察Ⅰ型过敏反应，如进行主动全身过敏试验（ASA）和被动皮肤过敏试验（PCA）等。吸入途径药物应采用豚鼠吸入诱导和刺激试验。黏膜给药应结合受试物的特点采用经皮给药过敏性试验方法。对于Ⅱ和Ⅲ型过敏反应，可以结合在重复给药毒性试验中观察。对于经皮给药制剂，应进行Ⅳ型过敏反应试验，包括豚鼠最大化试验或豚鼠封闭斑贴试验等。在剂量设计方面，建议选择多个剂量，至少应包括临床最高给药浓度。对照组方面，应设立阳性对照组和阴性对照组，必要时采用已上市制剂作为对照。在统计方法的选择上，应根据实验模型和试验方法选择合适的统计方法。

3）溶血性试验：溶血性是指药物制剂引起的溶血和红细胞凝聚等反应。溶血性反应包括免疫性溶血与非免疫性溶血。溶血性试验是观察受试物是否能够引起溶血和红细胞凝聚等。凡是注射剂和可能引起免疫性溶血或非免疫性溶血反应的其他局部用药制剂均应进行溶血性试验。溶血试验包括体外试验和体内试验，常规采用体外试管法评价药物的溶血性，若结果为阳性，应与相同给药途径的上市制剂进行比较研究，必要时进行动物体内试验或结合重复给药毒性试验，应注意观察溶血反应的有关指标（如网织红细胞、红细胞数、胆红素、尿蛋白、肾、脾、肝继发性改变等），若出现溶血时，应进行进一步研究。

（4）结果分析与评价：应包括以下几个方面。

1）对实验方法、受试物、实验分组、给药剂量、动物数、用药次数、毒性反应等进行详细说明，并针对不同剂量下反应发生情况及严重程度进行分析，探讨毒性反应的量效关系和可能的时效关系，评估药物相关性，并提供安全范围。

2）在刺激性试验中，应关注给药浓度、体积、速度、次数和有效暴露时间对结果的影响。针对注射剂的特性，应根据临床用药情况采取适当的方法，确保毒性的充分暴露，如调整给药浓度或增加给药次数。对过敏试验则需注意给药剂量和速度对过敏反应的影响，确保受试物充分注入动物体内。

3）强调重视组织病理学检查，并提供相应的照片以支持分析。

4）针对实验动物模型的局限性，建议采用灵活的方法评价药物的过敏性，可考虑多种实验方法。

5）在溶血性试验中，应区分真凝聚和假凝聚现象，并通过其他方法进一步确认受试物的溶血作用。同时，需注意离心速度和温度对试验结果的影响，排除非药物因素对结果的干扰。

综合考虑药物的制剂特点、药理作用、其他毒理学试验结果以及临床信息等，进行综合分析和评价。

（五）制剂依赖性研究

药物依赖性（drug dependence）是指药物对生理或精神产生的药理作用引起的一种状态，导致机体产生反复用药的需求，以维持感觉良好或避免感觉不适。药物依赖性包括精神依赖性（psychological dependence）和躯体依赖性（physical dependence），前者基于药物的奖赏特性或在没有药物时产生的精神痛苦，而后者是机体对药物使用产生的生理适应，表现为突然停药或减少剂量后产生的戒断症状。与之相关的概念是药物滥用（drug abuse），指对药物有意的、非医疗目的的使用，以达到期望的生理或精神（包括欣快感、幻觉和其他感知失常、认知改变和情绪变化）。药物滥用潜力（drug abuse potential）则是指某一具有中枢神经系统活性的特定药物发生滥用的可能性，具有滥用潜力的药品通常具有中枢神经系统（central nervous system，cns）活性，并产生欣快、幻觉或与中枢神经系统抑制剂或兴奋剂一致的效应。耐受性（tclerance）是指反复使用某种药物后机体产生生理适应的一种状态，表现为机体对药物的敏感性降低，需增大剂量才能产生原有的效应。躯体依赖性或耐受性的存在并不决定一种药物是否具有滥用潜力，但是如果一种药物具有奖赏性质，则其诱导躯体依赖性或耐受性的能力可能会影响其总体滥用潜力。因此，对于可产生CNS活性的药物，无论什么适应证，均应考虑是否需要进行依赖性评价。

依赖性试验在新药研发中主要适用范围包括：①与已知具有依赖性的药物的化学结构具有相似性；②作用于中枢神经系统，产生明显的镇痛、镇静、催眠及兴奋作用的药物；③复方中含有已知较强依赖性成分的药物；④可能作用于与依赖性相关的靶点/位点（如中枢阿片受体、大麻受体、多巴胺受体、去甲肾上腺素受体、5-羟色胺受体、N-胆碱受体、γ-氨基丁酸受体、苯二氮䓬受体等）；⑤已知代谢物中有依赖性成分；⑥拟用于戒毒的药物；⑦原认为不具依赖性，而在临床研究或临床应用中发现有依赖性倾向的药物。

药物依赖性试验方法的概述显示，非临床药物依赖性研究可以为临床提供药物依赖性倾向的信息，获得的非临床试验数据有利于指导临床研究和合理用药，警示滥用倾向。

1. **基本原则**

（1）药物依赖性试验是药物非临床安全性研究的一部分，应当在经过药物非临床研究质量管理规范认证的机构开展，同时遵守药物非临床研究质量管理规范。

（2）药物依赖性的评估和试验设计，应在对受试物认知的基础上，遵循具体问题具体分析的原则。

（3）应根据前述早期依赖性潜力指征的评估，选择合理的试验方法，设计适宜的试验方案，并对试验结果进行全面的分析与评价。

（4）试验设计应符合毒理学试验随机、对照、重复的基本原则。

2. **基本内容**

（1）受试物：受试物应采用能充分代表临床试验拟用样品和/或上市样品质量和安全性的样品。应采用工艺路线及关键工艺参数确定后的工艺制备，一般应为中试或中试以上规模的样品，否则应有充分的理由。化学药物，受试物应采用工艺相对稳定、纯度和杂质含量能反映临床试验拟用样品和（或）上市样品质量和安全性的样品。受试物应注明名称、来源、批号、含量（或规格）、保存条件、有效期及配制方法等，并提供质量检验报告。试验中所用溶媒和辅料应标明名称、标准、批号、有效期、规格和生产单位等，并符合试验要求。应进行受试物样品分析，并提供样品分析报告。

（2）实验动物：在确定依赖性评估动物模型时，应考虑受试物的代谢产物特征和作用靶点与人体的一致性。一般情况下，啮齿类动物是首选，只有在有明确证据表明非人灵长类动物能够更好地预测人体依赖性，而啮齿类动物模型不能预测时才会考虑使用非人灵长类动物。一般情况下，依赖性评估使用两种性别的动物，但如果只使用一种性别，需要提供合理性证据。试验中动物数量应该足够进行统计学分析，以确保能够检测到与受试物相关的行为学变化。如果已知或可以获得试验动物的用药史，包括用药类别、程度和时间等信息，也应该提供，因为先前的用药可能会影响动物对受试物的反应。

（3）给药剂量与给药途径：应根据所进行的具体试验、受试物的特性选择合适的给药剂量。给药剂量应基于人拟用最高治疗剂量产生的最大血药浓度（C_{max}）进行设计，最高剂量产生的血药浓度应为临床治疗剂量下血药浓度的若干倍。由于药物滥用者/吸毒者使用剂量通常是临床使用剂量的数倍，故动物依赖性试验中的剂量应为相当于临床最高治疗剂量产生的C_{max}至比其高数倍。

原则上采用临床给药途径，但是对于不同的模型可能需要采用不同的给药途径，如自身给药试验应采用静脉给药途径。

（4）对照组：应设置阳性对照组和阴性对照组。为了验证试验系统的敏感性和有效性，阳性对照组应产生与阴性对照组在统计学上有显著差异的结果，以确保可检测到依赖性潜力。在可行的情况下，阳性对照药应与受试物属于同一药理学类别且已知具有依赖性。阳性对照药的剂量应合理选择，如参考已发表的依赖性试验文献，以确保在具体试验中能产生足够的依赖性行为反应。对于具有新的作用机制的受试物，则阳性对照药可考虑选择作用机制不同，但适应证或行为学特性与受试物相似的药物。阴性对照组一般采用受试物的溶媒或辅料。

（5）指标检测时间：动物行为学试验的指标检测应在达峰时间（T_{max}）进行，同时也应在T_{max}前后进行检测，以确保全面表征受试物的效应。T_{max}受给药途径影响，因此在设计指标检测时间点时应参考动物PK试验数据。检测开始的时间应根据所评价的具体动物行为而定，因为在药物起效时，不同的行为反应可能在不同的时间出现。需要注意耐受性对试验检测时间点的影响。虽然动物依赖性评估通常不需要直接评价耐受性，但应了解受试药的药理机制是否与耐受性有关。如果相关，则应调整行为训练和测试时间，以防止药物频繁暴露导致耐受性发展。若未控制耐受性的可能性，则通常无法将试验阴性结果解释为未显示出依赖性信号。对于具有新作用机制的受试物，如果给药频率低于每两天一次，则耐受性的可能性较低。在戒断评价试验中，观察时间和频率应足以检测所有戒断症状。

（6）试验方法：药物依赖性研究通常涵盖神经药理学试验、躯体依赖性试验和精神依赖性试验三个关键领域，以全面评估药物的依赖性潜力。

1）神经药理学试验：在药物开发的早期阶段，体外依赖性试验可能揭示药物与依赖性相关的分子靶点之间的相互作用。这些初步发现需要通过体内研究来进一步验证。神经药理学方法可以用于评估行为学效应和神经递质的变化，从而为药物依赖性倾向提供初步判断。

① 在充分理解药物的药理特性后，通常需要进一步研究其潜在的躯体和精神依赖性，除非满足以下三种情况：药物在有效浓度范围内与依赖性相关的分子靶点无相互作用；体内研究未显示潜在依赖性；未发现药物具有可能与依赖性相关的新作用机制。

② 如果体外试验已充分揭示药物的依赖性潜力（如完全受体激动剂），则可能无须进一步研究。

③ 若药物显示出可能与依赖性相关的新作用机制，则需进行更深入的研究。

2）躯体依赖性试验：不同药物产生的躯体依赖症状各异，因此需要综合多种指标来评估。生理指标包括体重、体温、呼吸和摄食量等；行为学指标则涉及运动功能、学习能力、记忆能力和动机行为的变化。选择指标的标准应当便于在给药前、给药期间和给药后进行动态观察，以描述机体对药物的耐受、敏化程度及其发展过程。

① 评价药物躯体依赖性的常用方法包括自然戒断试验、催促戒断试验和替代试验。这些方法观察的戒断症状各有不同，应根据药效学和一般药理学表现选择合适的方法。在国内，可采用小鼠和大鼠的自然戒断试验、催促戒断试验和替代试验，以及猴的自然戒断试验和催促戒断试验。

② 观察戒断反应时，需注意给药剂量、频率和周期是否足以引发神经适应性反应；戒断反应的观察应具有充足的时间和频度；应同时进行自然戒断和催促戒断试验；尽可能使用客观的仪器检测指标；注意药物戒断后可能出现的反跳现象。

3）精神依赖性试验：精神依赖性药物使用后，用户可能会周期性或持续地寻求欣快效应，这是一种主观体验，通常通过动物行为改变来间接评估。常用的方法包括自身给药试验、药物辨别试验、条件性位置偏爱试验和行为敏化试验。

① 试验方法包括猴、大鼠和小鼠的自身给药试验、条件性位置偏爱试验、药物辨别试验和行为敏化试验。在选择合适的方法时，应考虑方法的适用性和科学性。

② 在进行精神依赖性研究时，应注意自身给药试验中的无应答期、剂量增加的时间点和替代程序；结合躯体依赖性试验结果设计合适的剂量，并至少进行3次剂量变换；在条件性位置偏爱试验中，应采用平衡的试验设计，避免动物的天然倾向性影响结果。

第三节　药物非临床研究质量管理

前文深入探讨了中药新药的临床前毒理学各项研究试验，包括单次给药毒性试验、重复性给药毒性试验及其他安全性试验。本节内容聚焦于国际标准《药物非临床研究质量管理规范》（GLP），该规范致力于确保药物非临床研究的质量与可靠性，覆盖研究的各个阶段，确保实验数据的真实、准确和完整。并简要介绍GLP的十二章内容，概述新药研究的相关要求。

我国在1994年首次发布了《药品非临床研究质量管理规定（试行）》，标志着我国对药物非临床研究质量管理的重视和规范化管理的开始。随后，为了进一步提高药品非临床研究的质量，保证实验资料的真实性、可靠性，并与国际研究规范接轨，国家科学技术委员会和国家医药管理局等部门陆续发布了相关的规范和指南。随着时间的推移，我国药物非临床研究的质量管理逐渐与国际接轨，但仍存在一些问题和挑战。例如，我国药物非临床研究起步晚，发展不均衡，研究水平相对较低，这些问题制约了我国药物自主研发的战略。此外，随着计算机化系统的成熟与应用，国际药物非临床研究质量管理规范相互认证，以及药品数据管理法规的逐步实施，国内药物非临床研究的数据完整性和一致性规范显得尤为重要。为了应对这些挑战，国家食品药品监督管理总局于2017年发布了《药物非临床研究质量管理规范》的新版规范，自2017年9月1日起施行。新版规范在原有基础上进行了修订和完善，以适应新的技术和管理要求，提高药物非临床研究的质量和效率。GLP作为一种规范化管理体系，提供了实验环境、设备、试剂和研究人员等各方面的质量保证，从而保证安全性评价实施过程的规范化和结果的可靠性，使上述新药研究过程更具科学性。因此，非临床安全性评价研究应当在经GLP认证的机构开展。

一、《药物非临床研究质量管理规范》概述

《药物非临床研究质量管理规范》是一套旨在确保药物研发过程中非临床研究的质量和可靠性的国际标准。《药物非临床研究质量管理规范》英文缩写为 GLP，即 Good Laboratory Practice，中文直译为优良实验室规范。它是一种法规性文件，通过一系列管理措施（包括计划、实验、监督、记录到实验报告等），严格控制医药、农药、食品添加剂、化妆品、兽药等进行的安全性评价实验的各个环节，以确保实验结果的真实性、可靠性和完整性。GLP 覆盖了非临床研究全过程的质量管理要求，旨在通过对药品非临床研究的各个方面进行规范管理，确保研究结果的真实可靠，进而保障公众用药安全。GLP 的核心目的是通过对组织机构、人员组成、设备设施、标准操作等规程的制定和实施，以及对研究工作全过程和质量保证体系的管理，来确保药品安全性研究结果的可靠性。同时，通过遵循 GLP 规范，研究机构能够进行系统化、标准化的研究活动，从而提高研究结果的国际认可度和科学价值。

二、《药物非临床研究质量管理规范》的主要内容

《药物非临床研究质量管理规范》的主要内容主要分为十二个章节，共 50 条，涵盖了从总则、术语定义、组织机构和人员要求、设施要求、仪器设备和实验材料、实验系统、标准操作规程、研究工作的实施、质量保证、资料档案管理、委托方责任到附则的全面要求。

第一章　总则　明确规范的目的、适用范围和基本要求，确保药物非临床安全性评价研究的行为规范和数据的真实性、准确性、完整性。

第二章　术语及其定义　对非临床研究质量管理规范中使用的专业术语进行明确的定义和解释，如非临床安全性评价研究、研究机构、多场所研究、机构负责人、专题负责人等。

第三章　组织机构和人员　在组织机构和人员方面，规范要求研究机构建立完善的管理体系，配备机构负责人、质量保证部门和相应的工作人员，并明确规定了他们的职责和要求。工作人员必须具备相关的教育背景和专业培训，掌握规范要求，并严格执行标准操作规程和试验方案。机构负责人负责整个研究机构的运行管理，确保研究机构的人员、设施、设备和材料符合规范要求，并保证研究项目的正常运行。

第四章　设施　设施要求方面，研究机构应根据研究的需要建立相应的设施，包括动物设施和实验室，以及必要的安全措施和环境控制。设施的布局应合理，以避免对研究造成干扰。此外，还有对档案保管设施的要求，以确保档案的安全和完整性。

第五章　仪器设备和实验材料　仪器设备和实验材料的管理也是规范的重要内容。研究机构应根据研究工作的需要配备适当的仪器设备，并定期进行清洁、保养、测试、校准和验证。所有仪器设备的操作和管理都应有详细的标准操作规程，并进行记录和归档。受试物和对照品的使用和管理也有严格的要求，以确保其质量和稳定性。

第六章　实验系统　实验系统方面，规范对实验动物的管理和使用提出了详细的要求，包括动物的来源、健康情况、隔离和检疫、适应性、个体识别、环境和饲料的控制等。同时，还规定了其他实验系统的管理要求，如适用性评估和质量控制。

第七章　标准操作规程　标准操作规程是规范中的关键部分，研究机构必须制定与其业务相适应的标准操作规程，以确保数据的可靠性。这些规程包括试验方案的制定、执行、检查、记录、存档和报告等全过程的管理要求。

第八章　研究工作的实施　研究工作的实施部分详细描述了研究的命名、试验方案的起草、执行、记录和偏离处理等要求。试验方案必须经过质量保证部门的审查和专题负责人的批准，才能生效。研究过程中产生的所有数据都必须及时、准确、清楚地记录，并保存为原始数据。任何偏离试验方案和标准操作规程的情况都必须及时记录并报告。

第九章　质量保证　质量保证部门的职责是确保研究的运行管理符合规范要求。质量保证人员不能参与具体研究的实施，以保证其工作的独立性。质量保证部门还需要制定书面的质量保证计划，并进行定期的检查和审核。

第十章　资料档案　资料档案管理要求研究机构对所有研究资料进行及时的归档和保存。这些资料包括试验方案、原始数据、标本、检测报告、留样受试物和对照品、总结报告等。档案的保存期限应当满足特定的要求，以确保研究的可追溯性。

第十一章　委托方　委托方作为研究工作的发起者和研究结果的申报者，对用于申报注册的研究资料负责。委托方需要理解规范的要求，评估研究机构的能力，认可试验方案，并确保受试物和对照品的信息真实、准确。

第十二章　附则　规范的附则规定了规范的施行日期和废止旧规范的声明。

三、新药研究中的相关要求

在新药研究中，为确保药物的安全性和有效性，研究需遵循以下要求，并基于《药物非临床研究质量管理规范》的指导原则提出相应要求。

1. 研究前的准备

（1）研究机构必须制定详尽的试验方案，明确研究目的、方法、实验系统的选择理由、实验条件等，并确保方案科学、合理。

（2）试验方案应详细描述受试物和对照品的信息、实验系统的特性、预期结果及风险评估，并经质量保证部门审查和专题负责人批准。

（3）研究机构应确保所有参与人员充分理解试验方案，并接受必要的培训，以确保试验的顺利进行。

2. 试验方案的执行

（1）研究过程中，所有参与人员必须严格遵守试验方案和标准操作规程，确保研究活动的一致性和可重复性。

（2）研究机构应监控研究进度，确保试验按计划进行，并及时解决可能出现的问题，同时记录所有关键决策和变更。

3. 数据记录和管理

（1）研究过程中产生的所有数据和观察结果都应以原始形式及时、准确、清晰地记录，并妥善保存。

（2）数据的任何修改或补充都应详细记录修改的内容、原因、日期和责任人，以确保数据的完整性和可追溯性。

4. 偏离和异常情况的处理

（1）任何偏离试验方案或标准操作规程的情况都应详细记录，并立即报告给专题负责人和质量保证部门。

（2）必要时，应采取纠正和预防措施，并评估这些情况对研究结果的影响，确保研究的完整性和可靠性。

5. 质量保证的实施

（1）研究机构必须设立独立的质量保证部门，负责定期检查研究活动的执行情况，确保符合GLP规范的要求。

（2）质量保证部门应参与试验方案的审查过程，并在研究过程中提供指导和监督，确保研究质量。

6. 总结报告的编写

（1）研究完成后，应及时编写总结报告，详细记录研究的方法、程序、结果和结论，并由质量保证部门审查确认其准确性和完整性。

（2）总结报告应由专题负责人批准，并包含所有相关人员的签名和日期，以证明其内容的真实性和可靠性。

7. 资料档案的保存

（1）所有研究资料，包括试验方案、原始数据、标本、检测报告、留样受试物和对照品、总结报告等，都应按照规范要求进行归档保存。

（2）应建立一个详细的档案管理系统，确保所有资料的安全性、完整性和可追溯性，以便于未来的审查和参考。

8. 委托方的责任

（1）委托方应确保研究机构具备执行GLP规范研究的能力，并对研究机构的选择和监督负责。

（2）委托方应提供准确、完整的受试物和对照品信息，并确保这些信息在整个研究过程中保持更新，以确保研究的有效性。

通过遵循这些详尽的要求，新药研究能够确保数据的高质量和研究的高可靠性，为药物的安全性评价和最终的临床应用提供坚实的基础。同时，这些规范也有助于提升研究机构的管理水平和研究能力，确保研究活动的国际认可度和科学价值，从而促进新药的顺利开发和上市。

思考题

1. 中药新药毒理学研究的基本概念及要求是什么？探讨中药新药在毒理学研究中相较于化学合成药物可能遇到的不同挑战和考虑因素？

2. 在单次给药毒性试验中，通常测定哪些参数来评估药物的毒性？常用的试验方法有哪些？如何根据受试物的特点选择合适的方法？

3. 在重复给药毒性试验中，为什么需要对动物进行长期观察？长期观察的结果如何为新药的临床应用和患者长期用药的安全性提供见解？

4. 对于遗传毒性试验，我们应该如何评估新药对遗传物质的影响？这些影响对个体及其后代可能产生的生物学和医学后果有哪些？

5. 生殖毒性试验通常涉及动物的生育能力和产仔情况，那么如果新药对动物的生育能力产生影响，推测这些发现如何转化为对人类生育健康影响的潜在风险？

6. 在制剂安全性及依赖性试验中，我们通常关注哪些指标？新药的依赖性可能对患者造成什么样的健康风险？

7.《药物非临床研究质量管理规范》对于中药新药的研究有哪些具体要求?这些要求如何确保研究的准确性和可靠性?

(韩波,李想)

🌐 数字资源详见　新形态教材网

　　📍学习目标　　🌐知识图谱　　📖推荐阅读　　🖥教学课件　　✖自测题

第八章

中药新药的临床研究

　　临床研究是由一系列有逻辑的、紧密衔接的文献研究和临床试验等组成，早期研究应为后期研究提供重要信息，后期研究根据早期获得的信息进行调整。中药在进行新药研发之前，其处方多具有一定的人用经验，可为拟开展的临床研究提供重要信息。但长期以来中药的研发与审评未能充分重视人用经验的作用。2019年中共中央、国务院《关于促进中医药传承创新发展的意见》、2021年国务院办公厅《关于全面加强药品监管能力建设的实施意见》均提出"构建中医药理论、人用经验和临床试验相结合的审评证据体系"（简称"三结合"审评证据体系）。目前中药注册审评体系雏形已初步形成，但具体细则仍在进一步完善中。本章将探讨"三结合"审评证据体系下中药新药的主要研究路径及制定和开展临床研究设计需关注的若干问题。

　　通过本章学习，学生应熟悉中药新药临床研究的基本内容，熟悉中药新药临床试验设计的关键问题和中药新药临床研究的质量保证要求，掌握"三结合"中药注册审评证据体系的基本方法。

第一节 "三结合"中药注册审评证据体系

依据中药特点和中药新药的研发规律，中共中央、国务院发布实施的《关于促进中医药传承创新发展的意见》提出"加快构建中医药理论、人用经验和临床试验相结合的中药注册审评证据体系"，明确规定了中药研发创新路径。"三结合"中药注册审评体系的形成充分体现出以临床价值为导向、重视人用经验和全过程质量控制的中药研发特点，尊重中药研发的实际情况和规律。近年来，为全面贯彻习近平总书记关于"推动中医药振兴发展"的重要指示精神，国家药品监督管理局药品审评中心出台了一系列法规和指导原则，共同推动"三结合"审评证据体系建设，形成了一套符合中医药发展规律的监管体系，不仅促进了高质量中药创新药的审批和上市，也为中医药产业的快速发展提供了有力支持。本节内容将从中医药理论、人用经验和临床试验三方面，全面阐述中药注册审评证据体系的科学内涵。

一、中医药理论推动中药新药转化

《关于促进中医药传承创新发展的意见》明确提出重视传统中医药理论在中药新药研发及注册申报过程中的指导作用，重视源自传统中医药理论知识体系的证据。中医药理论作为中药复方制剂应用于临床实践的重要依据，是对拟定功能主治的合理阐释和依据，是长期临床实践中形成的关于诊疗策略、治则治法、处方用药等独有的中医思维方法，体现了对人体生理、病因病机、药物药性的认知以及各家学说等方面的传承。

（一）中医药理论蕴含对组方合理性的评价方法

中医药理论渊源于"道法自然"的道家哲学思想、中华传统"和合"文化以及开放系统思想，因此，其特点与复杂性科学相似，其知识组织逻辑具有天人关系复杂性、融汇性和共时性互动的特征。

1. 中医药理论的认知逻辑是对生命复杂系统的模拟　人体生命系统的各个组成部分在结构和功能上密切联系，同时在病理上也相互影响，因此为了模拟生命系统的整体性，中医学形成了疾病诊断、疾病治疗、药性理论等知识体系。

（1）在建立对疾病的认识以及诊断疾病的过程中，中医并非对症状和体征进行简单叠加，而是依据脏腑整体观进行模拟，通过"证候"综合把握疾病发展至一定阶段时表现的机体病因、病性、病位等反应状态，对疾病本质特征进行全面整体的描述，并以证候为基础进行论治。

（2）在疾病治疗过程中，立足对疾病本质的认识，中医学建构了"形神一体观"或"心身一体观"的防治体系，要求在诊断疾病时注重"形神共诊"。在关注患者病症和体征的同时，重视眼神、脉神、色神等外在精神表现。

（3）中药学药性理论同样蕴含中医整体观思想。临床用药将中药的四气、五味、归经、升降浮沉等属性视作一个整体，反映药物功效、作用部位和作用趋向。因此，中医药理论知识体系的各个方面均强调了中医辨证论治的整体观。

人体生命活动存在许多非线性的涌现性现象，生命整体具有各个局部之和不具备的新特性，说明生命的适应性创造了生命现象的复杂性。中医学在模仿这种生命现象中运用了中国传统文化中的"五行理论"整合中医学知识的系统结构。无须外界变化的引导，五行之间就能相生相克有序演化，建立生成式整体关系以及限制性调节效应。由此可见，判断生命的健康与疾病时，不能从单一脏腑进行思考，五脏六腑中任何一级的功能失调均可通过"正邪相争"动态形成整体性病理态势，最终由证候具象呈现，因此要求医者以相生相克的整体观去认识疾病与辨证施治。

2. 中医证候的时空动态性 "证"是对疾病的病因、病机以及一定阶段机体状态的概括，是疾病的本质；"候"则是"证"的外在表现，包括症状、体征等可观察的外在状态，可以反映疾病的本质。由于人体内在因素与外部环境相互作用，"证候"呈现出不断变化的特征。内在因素包括个体的年龄、性别、体质、心理状况等，外部环境又可以进一步分为自然环境和社会环境，如气候、时令、地域等因素不同引导证候变化。四季之中，春季风证居多、夏季湿热证居多、秋季燥证居多、冬季寒证居多，而气候温热的东南沿海地区常见热证则体现了证候的地域特征。不同于现代医学在理化指标与疾病之间建立直接联系，中医学在把握疾病本质时综合考虑多种因素并重视历代医家经验，形成并不断丰富以"辨证论治"为核心的中医疾病诊疗体系。

3. 中医临证方剂的协同性 中医临证方剂蕴含了复杂性科学的协同学方法原理，每种临床的处方方剂都是一个复杂系统，具有多药物组合的协同性功效的特点，能形成多靶点、多途径的网络药理效应。将多味药整合在一个处方中可以充分发挥"整体大于部分之和"的功效。为达成"增效"和"减毒"及制衡效应的目的，历代医家立足疾病特点、不同进展阶段、个体差异性，依据药物的四气五味、升降浮沉和归经理论进行药物组合，充分发挥了中药临证方剂治疗疾病的协同性的功效，积累了大量临床用药经验。

中医临证方剂分为经方、时方和经验方。经方为《伤寒杂病论》所载方剂，应用于伤寒和杂病的辨治，后世医家遵循"有是证，用是方、不加减、药量不变"的经方法度，形成原方治疗的"方证思维"。时方在经方的基础上有很大程度的发展，依据具体临床实际，参照病机、辨证论治、三因制宜确定治疗方法与方药。例如，治疗外感风寒，经方善用"麻桂剂"而时方喜用"羌防剂"，时方依据头身困重、头痛等临床表现，用药针对患者寒邪与湿邪交错往来的特点，发挥疏风解表、散寒除湿之功。中药砒霜，性热，有大毒，曾在民间用于治疗恶性肿瘤，但因毒性大且机制不够清晰，逐渐被弃用。张亭栋教授基于民间验方，对砒霜进行了提纯，成功研发出亚砷酸注射液，并通过大量临床研究证实其在治疗急性早幼粒细胞白血病方面具有显著疗效。目前，亚砷酸注射液已成为哈尔滨医科大学第一附属医院的重要临床药物。此外，张伯礼院士和刘清泉教授基于多年诊疗经验，提出宣肺败毒方防治病毒性肺炎的中医理论。该方剂以宣肺化湿、清热透邪、泻肺解毒为原则，经多方调整而成。临床观察显示，使用该方剂的患者症状缓解且病程缩短。如今，宣肺败毒方已被纳入防治病毒性肺炎的多项中医药治疗方案。

中药组方配伍中的"君臣佐使论"具有绝对权威的地位，《黄帝内经》曰"主病之为君，佐君之为臣，应臣之为使"，提示中药组方应根据病证轻重程度对药味进行分类，且在用法用量和处方配伍上均有调整。显然，传统中药理论和古代经典名方仅提供了组方建构模型，但任何中药组方都可以用君臣佐使理论进行阐释，因此决定组方合理性的依据及证据并不在于已有君臣佐使组方药味的本身。实际上，传统中药配伍的君臣佐使理论应该得到丰富和拓展，纳入中医药理论的多方面内容并加以整合，形成传统中药组方合理性评价技术。依据病证、证候、疾病构成的三位一体组方评价标准，更加精准地把握处方结构。

4. 中医临证方剂的"七情和合"理论 张景岳在《本草正》讲"药以治病，因毒为能，所谓毒药，是以气味之有偏也"，明确使用有毒中药则要通过药物配伍增效减毒。中医学者将药物配伍关系归纳为单行、相须、相使、相畏、相恶、相反和相杀七种，全面阐述了配伍对药物药性的正向和负向反馈作用。历代医家以"七情和合"为治疗原则，并不断调整药物配伍关系和用量，旨在降低毒性和增强疗效。现代研究总结药物配伍的方法，大体分为君臣佐使法、拆分策略、调节药味特点、改变剂量及组方经验技巧等多方面，使药性相近或相反，从而发挥增效减毒的作用机制。传统中医药理论博大精深，诸多内容都涉及中药复方的组方配伍问题，而不仅仅是七情配伍和君臣佐使，因此学者对有毒制剂的剂型改良进行大量探索，或通过现代化学手段结合药理学检测，进一步发现体内外毒性物质、作用靶点、生物标志物等，并通过基因组学、免疫组学、蛋白组学等多学科联用对药物毒性作用进行全面阐释。

（二）现代中药审评体系中医药特色仍需进一步完善

目前，中药新药处方合理性审评环节的处方方解和配伍禁忌分析等要求仍显简略，难以体现传统中医药精准选药组方的全面内容。中药新药注册申报时需要提交一系列药学资料，其中在"临床试验资料综述"部分应简述处方来源、应用、筛选或演变过程，说明处方合理性依据。如按照中医理论组方，应简述处方中君臣佐使及各自功用。处方中含有毒性药材及十八反、十九畏等配伍禁忌应明确。如果有临床应用史，需描述有无不良反应报道及相关的研究进展情况。无论从七情和合、君臣佐使的角度，还是依据临床经验及查阅文献的角度，都难以提出确切的肯定或否定意见。此外，对有毒药物的试验研究仍面临以下难题：一是有毒成分无法完全代表药物本身；二是伦理问题使得毒性药物在临床开展方面存在困难；三是有关有毒中药适用范围、药物配伍的系统性研究及内在机制尚不明确，专家之间很难达成共识。因此，鉴于中医药理论知识的复杂性和整体性，迫切需要制定系统且合理的评价方法规范中医药理论指导下的现有药物研发机制和新药发展方向。

（三）传统中成药的传承与发展

根据中成药的组方年代与历史渊源分为传统中成药和现代中成药。传统中成药最早可追溯至马王堆出土的《五十二病方》，收录医方293个且剂型多样。《伤寒杂病论》中收录成方60余种，包括至今广泛使用的小柴胡汤、理中丸、桂枝茯苓丸和金匮肾气丸等经方。现代中医药研制的自拟方或以现代医学治疗为目标的中西医联用方，属于现代中成药。抗击新型冠状病毒感染的大规模临床实践中证实，现代中成药是确切、有效的方法，与单一使用阿比多尔相比，疏风解毒胶囊联合阿比多尔进行治疗能显著改善患者临床表现，并缩短新型冠状病毒转阴时间。但在实际用药中，由于传统中成药与现代中成药在适应证表述、组方成分特殊性、不良反应预警等方面可能存在不同，部分中药发展形成了新用途，如蚕沙辛温，有祛风湿、止痛功效，用于治疗腰膝关节疼痛、月经过多、腹痛等，而以蚕沙富含的叶绿酸盐活性成分与其他药味进行组方制剂，成为临床治疗缺铁性贫血的补血良药。

因此，中医、中药专业学生需要熟读中医经典著作，从中学习、体悟中医思维模式，逐步提高自身的中医思维能力，保持中医思维是"守正"的重要体现。推动中医药理论随实践经验而不断创新和发展，成为中药新药研发的永续动力，使真正来源于长期临床实践的有效中药新方的产生有不竭的源泉，从源头促进中药新药转化。

二、重视人用经验的中药新药临床研发指导原则

大部分中药新药的组方配伍来自中医经典著作或名老中医的临床实践，具有充分的中医药理论支撑，且大量临床实践的验证提供丰富的有效性和安全性信息。将已有人用经验纳入中药的审评证据体系，充分发挥中药临床实践的作用优势。国家药监局2018年发布《基于人用经验的中药复方制剂新药临床研发指导原则（试行）》提出，人用经验的信息是指具有中医药理论支持的固定的中药处方或中药复方制剂在临床实践过程中，处方药味（包括基原、药用部位、炮制等）及其用量、临床定位基本明确后，经较长时间和较大人群范围临床使用而积累形成的，包括处方来源（和演变）、关键药学资料、临床使用情况、临床实践数据，以及与其相关的其他临床研究数据等，用于支持中药复方制剂新药的研发决策或注册申请。这既体现了中药新药"源于临床，用于临床"的特点，又在高度重视临床疗效的基础上，将人用经验作为探究疾病发展过程中关键事件的重要依据，揭示中药新药研制潜在作用环节。同时，在临床试验阶段前预见问题，并及时改进，有助于开发出更高质量的中药新药制剂。

（一）推动中药研发的人用经验评价方法与技术

1. 重视病历记录数据的收集和分析　国家食品药品监督管理总局2018年第19号公告明确指示，在本医疗机构具有五年及以上使用历史的传统制备工艺中药制剂，可以免除主要药效学研究、单次给药毒性试验和重复给药毒性试验资料，以及文献资料的备案管理。这一管理方式体现了对已有人用经验数据且具有疗效优势的医疗机构制剂、临床经验方和民间验方进行开发和挖掘的合理性，提高研发效率、降低成本并缩短上市时间，从而推动形成疗效可靠、应用规范的中药新药研究路径。

（1）规范收集数据，形成高质量人用经验证据。充分利用临床已积累的大量人用经验数据，在规范地采集与整理、科学地分析与评估基础上，将人用经验转化为新药审评审批证据，是"三结合"审评证据体系建设的重要环节。为科学构建中药人用经验评估指标，基于德尔菲法的中药人用经验评估核心指标研究被提出，为"三结合"注册审评证据体系的形成提供参考。首先通过查阅国内外相关学术文献、有关政策文件拟定人用经验评估指标维度，对拟申报中药新药临床价值评价提供支撑。

设计调查问卷内容一般需要包括以下方面：① 人用经验处方的日服处方量、处方药味、药味用量比例与拟申报的新药一致；② 药材的质量，包括药材基原、产地、野生资源、采收、加工、炮制、贮藏等影响中药材质量的各个关键环节；③ 制备工艺与拟申报的中药新药基本一致（除了汤剂可改为颗粒剂，其余剂型应与其既往临床应用剂型相一致）；④ 用法与拟申报的新药一致、用量一致或基本一致；⑤ 使用的人群及适应证与拟申报的新药一致或基本一致；⑥ 疗程与拟申报的新药一致或基本一致；⑦ 反映人用经验的临床疗效指标应为公认的疗效指标；⑧ 具有人用经验的安全性数据。

在全国范围内选取中药学、中医临床学等领域具备副高级及以上职称的专家，采用德尔菲专家咨询法进行两轮咨询，对初拟指标进行修改和增删。通过专家对各指标的重要性、可操作性、熟悉程度和评分判断形成人用经验的一级指标和二级指标（表8-1）。经德尔菲法建立和完善的人用经验评估指标涵盖4个一级指标作为评估维度，既是评估人用经验能否形成可评价的证据标准，也为临床收集人用经验资料提供了参考依据。二级指标体现了资料的全面性，人用经验积累

表 8-1　人用经验资料证据的评估指标

一级指标	二级指标
人用经验资料的质量可控性	人用经验处方的演变资料
	人用经验处方临床证据资料来源
	资料收集时间的连续性
	人用经验资料中有效性数据信息
	人用经验资料中安全性数据信息
	人用经验资料中采用的研究类型
人用经验处方与拟申报的中药新药之间的一致性	理法方药间的一致性
	药味一致性
	用量一致性
	用法一致性
	炮制工艺原理一致性
	目标适应证的一致性
	临床结局指标的一致性
	制备工艺原理一致性
人用经验处方的使用情况	使用年限
	患者人次
人用经验出发的临床价值	临床结局指标类别
	疗效比较效应大小
	患者报告结局评估
	不良反应的发生频率
	不良反应的严重程度

中采用的研究类型、提供的人用经验资料证据的质量体现了资料的可靠性，以保障临床收集资料和数据的全面、客观和真实。

（2）引入现代化技术，高效收集人用经验数据。中药新药研究应当应用现代科学技术，倡导创新思维。在医疗实践中，临床医生常因忙碌而无暇记录完整的诊疗信息，导致难以准确评估患者治疗效果、辨别患者获益情况，从而流失大量有效的临床信息，不利于人用经验积累。引入人工智能和数据分析方法可以协助临床医师更便捷、规范、完整地收集各种诊疗记录，并通过汇总分析临床医师的临诊信息来实现患者远程随访。这不仅可以极大提高经验收集效率，还可通过人机协同辅助优化经验组方验证，并清晰展示处方演变脉络，从而准确理解方解并逐步明确临床定位。

为了规范中医临床实践中的人用经验资料收集整理，医疗机构需要建立一体化平台，集成现有的医疗系统和仪器设备，构建智能化、结构化、专科化的医疗信息系统。通过引入人工智能及数据科学的相关方法对接数据采集系统及智能穿戴设备，实现诊疗数据自动提取和患者终端采集等功能，在临床实践中提高数据录入速度和质量，并支持远程智能临床试验开展。一方面引导临床医师在临床实践中积累诊疗经验并完整记录全部患者的诊疗信息及疗效特点，全流程、多时段地收集患者的诊疗数据以实现关于医疗机构制剂临床研究数据的完整性采集和高质量汇聚；另一方面为临床医师优化处方、精准定位提供辅助决策依据，并产生更多有效的临床经验方案以支持医药机构进行临床试验。

例8-1 安宫牛黄丸的病证结合的临床定位研究

中文以"安宫牛黄""安宫牛黄丸"为检索词分别检索中华医典、中国期刊全文数据库（CNKI）、维普数据库（VIP）、万方数据库（WF）、中国生物医学文献数据库（SinoMed），英文以"Angong niuhuang Pills""Angong""Angong niuhuang""Angong niuhuang Wan"为检索词，分别检索Pubmed、Cochrane、Embase、Web of Science。根据纳排标准整理安宫牛黄丸相关人用经验，提取研究类型、疾病、证型、症状、舌脉等信息。

文献纳入和排除标准：使用安宫牛黄丸的随机对照试验、非随机对照试验、队列研究、病例对照研究、单臂研究、观察性研究，患者不限年龄、性别。排除重复文献，数据有误或信息记录不全的文献，除中、英文外的文献。

数据提取：制作信息提取表，内容包括作者、发表年份、题目、期刊、治疗疾病、研究类型，包括随机对照试验、非随机对照试验、队列研究、病例系列研究、单臂研究、病例报告、合并症、疾病诊断来源、相关中医证型、干预措施、结局指标、不良反应等。

采用Excel建立"人用经验信息数据库"，使用SPSS 20.0进行频次统计分析、关联规则分析、构建复杂网络、制作聚类分析图，采用分区数据构建模型，取最小支持度为0.1，最小置信度大于0.6，对高频症状构建可视化网络时设置可显示的最大链接数为100，弱链接下限及强链接上限分别为15及35。

研究结果：共得到相关文献10 203篇，经去重后筛选得到846篇相关研究，临床试验文献513篇，医案病案333篇，共包含929例独立研究。研究中共纳入疾病140种，频次以脑卒中（中风）为首，其次为出血性脑卒中（脑出血）。相关证型经两次标化，最终得到11类、76种，基本实证类频次居首，包括热入营血证、痰瘀阻络证等；最终获得症状表现及舌红、苔黄为主，反映了安宫牛黄丸主要病机多与风、痰、火、热相关。基于已发表的人用经验，通过数据挖掘和整理，对安宫牛黄丸的临床价值进行定位。

（3）数据的可溯源性是人用经验研究的关键。可溯源性是中药人用经验数据质量控制的关键，其包括提供原始的病历记录，或源数据库，能满足知情同意、入组、病史或伴随疾病、访视、给药记录、病情记录、患者编号、给药周期、给药剂量、给药方法和处方等信息在源文件或医院信息系统中溯源。合并用药和合并治疗等可在医院信息系统、医疗记录或患者日记卡中溯源。医疗机构检验科、影像科、心电图室、内镜室等的医学检查数据可在该机构的实验室信息系统、医学影像信息系统等信息系统或仪器设备中溯源。以研究者评估得出的疗效和安全性数据的溯源有原始评估记录。以患者自评结果作为疗效和安全性数据结果的溯源有原始评估记录。若不可溯源，仅能提供某些研究的结果，可进行文献研究，但其提供的证据较弱，或可作为支持后续研究设计的前期基础。此外，数据治理和质量评估也是人用经验研究必不可少的步骤，其目的在于提高人用经验研究的可靠性和与申报目标的一致性。

2. 理解人用经验形成中药新药临床研究路径　"异病同治、同病异治"是中药治疗特点之一，随着人用经验的积累，现代中成药的主治功效包含并丰富原方制剂已成为常态。为更好地规范用药，正确理解人用经验并开展变更研究必不可少。中药研发的目的也常涉及提高药物顺应性、降低用药风险等，因此"三结合"注册审评证据体系出于以上考虑，提到改良型新药、已上市中药变更等情形，可以在收集整理已有的人用经验证据后，通过与国家药品监督管理局药品审评中心沟通交流，讨论后续研究策略，从而减少资源、时间和成本的花费。

医疗机构应注重临床实践，通过规范开展中医临床实践，产生合理的人用经验数据，以支持开展高质量的人用经验研究。包括对临床个体用药经验的总结，逐步明确功能主治、适用人群、给药方案和临床获益，形成固定处方，以及逐渐确定固定处方的治则治法、药味剂量，使临床问题更加清晰。人用经验数据要作为支持中药注册申请的证据，还需经过充分分析并给予正确的结果解释，因此，建议医疗机构制剂在早期研发阶段即开展人用经验研究设计。针对临床定位、适用人群、治疗特点尚不明确等问题，可借鉴中医药核心指标集理念，引入疾病核心指标数据集进行疗效评价，改善同类临床研究结局指标的异质性问题。此外，可以将回顾性研究与前瞻性观察有机结合，在新药研发中通过实效性随机对照试验，与现有、公认的阳性对照药物进行对比分析，明确人用经验制剂的适应证和优势疗效指标，以保证试验结论具有更高程度的普适性。最后通过多渠道收集患者的诉求并纳入药物研发全过程，有助于确保患者的体验、观点、需求和优先事项被关注和重视，推进"以患者为中心药物研发"的临床试验评价体系，旨在高效研发有临床价值的中药新药。

3. 真实世界研究支持中医药人用经验数据　真实世界研究（real world research，RWS）是指针对预设的临床问题，在真实世界环境下收集与研究对象健康有关的真实世界数据，通过分析获得药物的使用情况及潜在获益/风险的过程，更多是要收集中药新药处方形成、理法方药和临床应用情况等关键要素。

中药人用经验与RWS存在本质的差异，RWS主要是用于药品上市后不良反应监测、上市药品效益评估与医疗、医保决策，以及特殊医疗器械和特殊药品监管审批决策，国际上真实世界证据较多用于特殊医疗器械监管审批，如体内植入人工心脏。而用于传统随机对照试验（randomized controlled trial，RCT）的决策较少，其与临床RCT是互补的关系，关键在于避免"真实世界研究的不真实"。

虽然RWS受到重视，但目前我国医疗数据分布零散，没有进行系统性收集和结构化处理，数据异质性强，混杂和干扰因素多。样本量的估算是RWS的难点，样本量不足就没有足够的把握去检验提出的临床问题；同时RWS往往采用较宽泛的纳入、排除标准，需要较长随访时间研究长期临床结局，从而导致研究成本大大增加。因此，RWS的确定需要临床医生、流行病学家和统计学家的共同完成，真实世界数据不等同于真实世界证据，需要经过严格的数据收集、处理、统计分析等多维度的结果解读，从而产生真实世界证据。

（二）基于临床价值进行研发立项

确定临床研发计划是保障药物研发顺利实施最为关键的内容之一。基于人用经验中药新药的临床研究可分为2个阶段：通过与监管机构沟通交流获得临床研究许可或达成共识，分为"既往"阶段和"将来"阶段。"既往"阶段的主要内容为人用经验临床研究，其研究类型既可以是回顾性设计，也可有前瞻性设计，而在"将来"阶段中，均为前瞻性设计。研发计划的重点在于依据"既往"、选择"将来"，即基于人用经验研究的信息强弱，优选相应的研发路径。人用经验不仅能在对治疗疾病和适应证充分认识、对治疗方法及治疗现状全面分析的基础上，评估药物的临床需求，通过人用经验的总结提供安全性、有效性及临床获益的证据预判临床价值，随着研究进程的不断拓展、证据的不断累积，也能及时将新证据、新结果与已有评估结果进行整合而形成新的药物临床价值。例如，上海浦东新区依托上海中医药大学附属曙光医院，设立浦东新区医疗机构中药制剂区内多点规范化临床验证评价中心，以课题协作形式组织区内各级医疗机构进行药物多中心临床疗效确证和安全性评估以及不良反应的监测，完成膜韧膏、宣肺合剂等10~30种制剂在全区多点规范化临床验证。同时，针对人用经验数据收集，结合医疗机构制剂使用情况，建立信息化数据库，开发病例收集系统，辅助开展真实世界研究。因此，人用经验是中药新药基于临床价值选题立项的重要基础，有助于避免上市品种的低水平重复。

（三）优化中药新药研发策略，提高中药早期研发效率

国家药品审评审批制度改革，CDE为深入研究推进提升沟通交流质量的工作，进一步加大创新药物研发支持力度，通过《中药沟通交流会议资料要求》对"1.1类中药复方制剂""3.1类按古代经典名方目录管理的中药复方制剂""3.2类其他来源于古代经典名方的中药复方制剂"的拟沟通问题和资料准备进行规范。药学专业研究者参考《中药新药研究过程中沟通交流会的药学资料要求（试行）》《加快古代经典名方中药复方制剂沟通交流和申报的有关意见》《中药注册分类及申报资料要求》《中药注册受理审查指南（试行）》的要求，提供药学研究资料。药理学专业研究者围绕立题依据和临床定位而进行主要药效学研究，需要对拟开发品种进行深入分析，根据其自身特点，开展与其临床定位和功能主治密切相关的试验。选择恰当的试验项目、试验模型、剂量探索及评价指标。临床专业研究者参照《基于"三结合"注册审评证据体系下的沟通交流指导原则（试行）》《中药注册分类及申报资料要求》《古代经典名方关键信息表》《已上市中药药学变更研究技术指导原则（试行）》的要求，说明药品临床使用情况、起草依据、处方来源及历史沿革等中医药理论论述、加减化裁的理由及依据以及既往临床实践总结报告等。对于其他注册分类和情形，如"2.3类中药增加功能主治"，应关注《中药改良型新药研究技术指导原则（征求意见稿）》要求，重点关注中医药理论和人用经验对立题依据合理性的支持程度。已上市中药变更、临床试验期间变更等情形，应关注上市后/临床试验期间收集到安全性数据的情况，以及对拟申报事项的支持。

在中药创新药中，中药复方制剂是最能体现中医药理论特色的类别，很多中药复方制剂来源于医院制剂或处方来源于临床经验方，也是最能体现人用经验的中药创新药。

《中药注册管理专门规定》第三章"人用经验证据的合理应用"中对于非临床有效性研究减免的要求：中药创新药处方来源于古代经典名方或者中医临床经验方，如处方组成、临床定位、用法用量等与既往临床应用基本一致，采用与临床使用药物基本一致的传统工艺，且可通过人用经验初步确定功能主治、适用人群、给药方案和临床获益等的，可不开展非临床有效性研究。

近年来中药不良反应报道的增多，特别是国家不良反应中心通报了一些出现药物性肝损伤的中成药，如壮骨关节丸、仙灵骨葆胶囊等，使得中药安全性问题成为中药应用关注的焦点。中药复方制剂的毒理学研究，同样需以临床为导向，建立一种具有中医药特色的模式，可根据处方来源及组成、人用历史中的安全性经验积累、安全风险程度的不同，提供与之相应的毒理学试验资料，若减免部分试验项目，应提供充分的理由。CDE于2022年发布的《中药新药毒理研究用样品研究技术指导原则（试行）》中对毒理学研究的要求：对于采用传统工艺，具有人用经验的，一般应提供单次给药毒性试验、重复给药毒性试验资料；对于采用非传统工艺，但具有可参考的临床应用资料的，一般应提供安全药理学、单次给药毒性试验、重复给药毒性试验资料；对于采

用非传统工艺且无人用经验的,应进行全面的毒理学试验,包括安全药理学、单次给药毒性试验、重复给药毒性试验、三致试验、制剂安全性试验等。

三、精准设计临床试验实现中药新药转化

2021年2月,国务院办公厅印发《关于加快中医药特色发展若干政策措施的通知》强调要优化中药审评审批管理、完善中药分类注册管理,做到"加快推进中药审评审批机制改革,建立中药新药进入快速审评审批通道的有效机制""优化具有人用经验的中药新药审评审批""建立中医药理论、人用经验、临床试验'三结合'的中药注册审评证据体系,积极探索建立中药真实世界研究证据体系",促进中药新药研发和产业发展。根据人用经验证据级别,按照中药新药注册审评相关要求,开展相应的临床试验研究。人用经验可为中药新药Ⅱ期临床试验中的临床定位、使用人群、剂量和疗程探索等内容有效提供可靠依据,且药物重复给药毒性研究结果支持拟用剂量的,可豁免Ⅱ期临床试验。

《中药新药临床研究一般原则》推荐的中药临床试验设计方法包括:以阳性药及安慰剂为双重对照的三臂试验设计、以阳性药为对照的优效性设计和以安慰剂为对照的优效性设计。其中以阳性药为对照的研究,可获得与已上市公认有效药物的相对疗效和安全性信息的中药新药;以安慰剂为对照药物,则可以了解中药新药的绝对疗效,清晰地评价其安全性。进一步通过主要疗效指标及次要疗效指标的评价,证实其符合当前国内外该适应证领域的共识。此外,人用经验向中药新药转化的过程中,尤其应当注重疗效和安全性的相关评价工作。囿于中医药自身特点和现有的新药临床研究设计模式,人用经验评估面临着一些方法和技术的局限。RCT是目前世界公认的临床评价手段,中药注册审评理念改革的宗旨是建立与中药新药临床定位相适应并能体现其治疗特点和优势的评价方式。真实世界研究数据和随机对照临床试验数据是不同级别的证据体现,对于中药创新药,上市前应当进行随机对照临床试验。

(一)中药新药临床试验的特点

中药新药的研制是基于中医药理论和临床实践,中医证候的观察和疗效评价是中药新药临床试验的重要内容之一。中医证候既是目标适应证的纳入标准,同时也是疗效评价的指标。中医证候的疗效评价方法应具有科学性,所获得的临床受益应具有公认的临床价值。主治为病证结合的中药新药临床试验,主要疗效指标应选择临床结局指标或公认的替代指标,如改善症状、体征或疾病状态,提高患者生存质量,其临床价值应是公认的,并且应对疾病的临床转归无不利的影响。中药复方制剂需注意方证相应,并针对预先拟定的中医证候进行评价。

(二)中药新药临床试验计划的制定

新药临床试验是有逻辑、步骤的过程,早期小规模临床试验结果为后续更大规模的、目的性更强的临床试验提供重要信息,用以进一步判断药物的临床价值和安全性风险。为了更好地降低药物研发风险,申请人在研发早期需根据药物的特点、立题依据及非临床研究的结果,拟定目标适应证的疾病发生发展演变规律,确定药物的临床定位、预期的临床价值和使用方法等,据此制定适宜的临床试验计划。药物临床试验计划通常包括不同阶段及试验目的的临床试验方案,在每个阶段均需进行研发风险评估,包括临床定位是否准确、临床试验设计是否科学可行、临床试验质量控制是否良好等,并对计划适时作出调整,以规避药物研发风险。

1. 明确药物的临床定位　临床定位是指中药新药在拟定目标适应证中预期的治疗作用，该作用应具有公认的临床价值。确定药物的临床定位需考虑：适应证疾病发生发展演变规律；适应证疾病现阶段医学进展，所能达到的治疗水平，中医药目前在目标适应证治疗中的作用和地位及药物潜在的临床价值；需明确是治疗用药还是预防用药，是影响疾病进程还是改善症状，是联合现有治疗方法还是单独使用等。

2. 临床试验设计方法的科学性　在中药新药确证性临床试验设计中，主要疗效指标必须明确，如果主要疗效指标不明确或者试验结束后才确定或更换主要疗效指标都会带来有效性评价的问题。主要疗效指标如采用替代指标，应预先设定，且应被广泛认可。在进行等效性或非劣效性试验时，非劣效或等效"界值"的确定应有充分的依据，如果依据不足，将可能无法证明药物的有效性。对临床需要长期或反复使用的药物，应有足够的样本量及药物的暴露时间和暴露剂量，以充分观察药物的安全性。

3. 临床试验质量控制　临床试验设计与实施过程应考虑到临床试验质量控制不佳所带来的研发风险。诸如临床试验预先未设计导入期，对关键实验室检查指标未预先建立一致性检测要求；未按随机要求入组，未按规定使用合并用药，研究者对疗效观测指标测量方法的培训欠缺等，均将影响临床试验质量，导致临床试验结果不能支持其有效性、安全性评价。

申请人还应该意识到，药物无效或存在安全性问题，未必在临床前的研究阶段即可显现出来。因此，即使进入临床试验阶段的药物，能否成为上市的新药，仍有待科学的临床研究与评价。

（三）随机对照临床试验

随着循证中医药学的快速发展，"海量临床数据有效利用"和"快速循证决策"成为其面临的两个重要课题，迫切需要制定统一的数据规范，以整合证据链条，优化系统评价过程和效率，最终实现快速乃至实时决策。在临床试验中，研究人员会密切监测药物作用，并定期对志愿者的身体状况进行评估。如果药物在试验中显示出严重的副作用或无效的治疗效果，那么该药物通常会被放弃。如果药物在试验中表现出良好的安全性和有效性，那么研究人员就会向监管机构申请批准该药物上市。RCT纳入标准化的病例样本，应用标准化的干预措施，采用随机、对照、盲法的研究设计对试验结果进行测量和评价。通过随机设计，尽可能控制已知和未知混杂因素的干扰，从而显著降低选择偏倚和混杂偏倚。各工作组委员及专家学者共同制定2017版《中药复方临床随机对照试验报告规范（consolidated standards of reporting trials for Chinese herbal medicine formulas，CONSORT-CHM formulas）》，其是在2010版CONSORT的基础上对试验的设计、实施和报告三个方面都提出进一步要求，更直接地反映临床试验的质量。

例8-2　加味黄芪菟丝子汤治疗胃癌术后辅助化疗患者有效性的随机对照试验

采用《胃癌诊疗规范（2011年版）》，对受试者范围做出如下规定。

（1）结合患者的临床症状与体征表现、病史、胃镜超声等影像结果及术后组织病理学检查等进行胃癌的诊断和鉴别诊断，具体如下。

1）根据患者病史：在临床表现上，通常胃癌患者均有上腹部不同程度的不适，饱胀感，间歇或持续的上腹部隐痛等症状和病史。

2）观察体征：早期可无任何体征，进展期会有上腹部不同大小的肿块，质地硬，多有结节，轻压伴有痛感。晚期可有转移，常见左锁骨上淋巴结肿大，发生脏器（如肝、骨骼等）转移时则有相应部位的体征。

3）辅助仪器诊断：X线、钡剂检查及纤维胃镜检查等。

（2）采用1997年中医临床诊疗术语标准国家"中医证候标准"，以白细胞减少症为主要诊断标准，具体如下。

1）脉象：脉沉弱或脉沉细弱。

2）舌象：舌质淡嫩，胖大，边有齿痕，舌中裂纹，或兼有舌两侧瘀斑，苔白腻。

3）面色萎黄无光泽，疲乏无力，精神不振。主症：疲乏、怕冷。次症：（胃癌本身症状）胃脘不适、纳差、泛酸、疼痛、恶心、胀满、呃逆、大便稀溏等症状。

（3）纳入标准：选择胃癌术后行常规化疗患者为观察对象，具体如下。

1）病理学检查诊断且组织学分型已经明确胃癌的诊断患者。

2）年龄大于18岁。

3）实施胃癌根治性（大部分）切除术。

4）术后冷冻切除组织，切片检查得病理学分期为Ib期（依据是2010年国际抗癌联盟美国癌症联合委员会TNM分期标准）伴淋巴结转移，或者术后组织的病理分期为Ⅱ期及以上。化疗始于患者术后体力状况基本恢复正常时行常规化疗方法（以铂类药物为化疗核心）治疗的住院非门诊患者。

5）化疗前未发现有远处脏器转移、原位复发征象者。

6）无严重的心、肝、脑、肾等器质性或功能性障碍，无药物及食物过敏者。

7）符合中医证候诊断标准的患者。

8）对试验知情并同意，出于自愿参加临床研究试验，并且能够严格遵守本试验要求的患者。由第一医院肿瘤外科副主任医师诊断病情，招募纳入患者，并谈话使患者知情签署同意书。

（4）排除标准

1）精神体力情况不佳、高年龄、不能耐受化疗联合中医药方案者。

2）患者本身有代谢性疾病。

3）精神病患者。

4）有药物过敏史或过敏体质的患者。

5）近3个月内，还签署同意参加其他类型的临床试验者。

符合CONSORT对招募特定中医证型的受试者要求，详细说明诊断标准、纳入标准和排除标准。使用公认的诊断标准，或提供参考出处，使读者能查阅详细解释。

通常认为，RCT是中医药防治性研究偏倚可能性最小的设计方案，是元数据（SR）和Meta分析应纳入的最佳高质量标准研究。而近年来中医药领域研究发现，SR分析具有局限性，包括检索不系统、质量评价不恰当、统计不合理、报告不规范等。邓宏勇研究员提出建立《中医随机对照试验临床证据元数据》标准草案，在一般RCT临床证据资源描述的基础上结合专家意见，强调了中医药核心元素"证"的概念以规范中医系统评价数据等。前期经文献调研和专家访谈，充分论证，掌握元数据研究的原则、工具与方法；随后成立工作组并起草元数据标准征求意见稿；最后通过邮件、信函等方式广泛向课题组以外相关组织机构及专家学者征求意见，形成标准草案。草案的形成推动了中医药临床研究的规范化，对中医药临床疗效的客观科学评价也具有重要意义。此外，队列多重随机对照试验（cohort multiple randomized controlled trial，cmRCT）是一种新兴的临床试验设计方法，在真实世界研究中构建多个患者队列且同一队列下进行多个RCT

研究设计，通过融合处理混杂偏倚与重复测量问题的优势算法，初步构建了更高效、准确的中医药临床评价方法（图 8-1）。

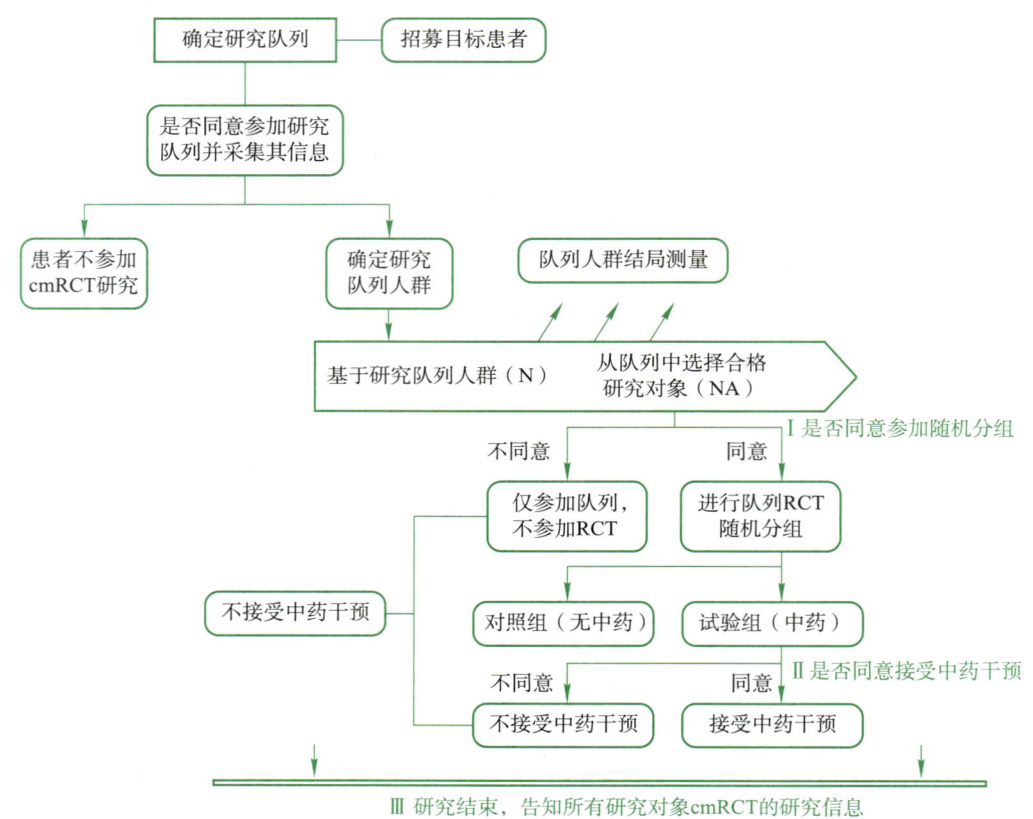

图 8-1 cmRCT 研究设计示意图

（四）真实世界证据整合中医药人用经验数据多元证据

传统临床研究以 RCT 为代表，时至今日 RCT 仍然是评价药物安全性和有效性的金标准，并为药物临床研究普遍采用。但 RCT 的受试人群高度均一化，干预措施单一，严重脱离真实的临床实践场景，导致结果的外推性易被质疑，更无法提供个体化诊疗指导。基于真实世界证据（RWE）进行中药新药研发的设计和评价方法被提出。RWE 是指在现实医疗环境中，通过优化分析多种途径来源的数据而获得的证据，数据来源包括电子健康档案、理赔单和账单、药品和疾病登记表、个人健康设备所收集的信息。相比 RCT，RWS 以真实临床场景为研究环境，更适用于在整体人群中评价新疗法的实际效果和安全性。由于所有干预可以在受试者知情选择下进行，且不存在接受无效治疗的情况，因此 RWS 易满足伦理学要求，样本量和研究持续时间不受无伤害原则制约。

此外，RWS 同样采用类似 RCT 设计的干预性研究，只是在 RWS 的干预性研究中，除了随机分组后给予各组符合临床实际情况的不同干预外，不采取其他限制措施，称其为实用性随机对照临床试验（pragmatic clinical trial，PCT）。PCT 主要目的在于衡量干预措施在真实世界环境下的结果，为医疗卫生决策提供依据，这也决定了 PCT 在设计和实施过程中的特点。其干预措施既可是一种特定的药物，也可是复杂干预。作为干预策略时，需确保它可以在临床实践中合理推广，对干预措施的内容和如何实施做出限定。同时，PCT 对受试者的依从性给予足够的灵活度，不强调所有受试者必须按照分配方案完成试验，甚至可能将依从性作为一个结局指标进行分析。因日常医疗中几乎无安慰剂治疗患者，故 PCT 的对照组很少选用安慰剂，而通常选用常规或目前公认最佳的临床治疗方法。PCT 一般设定多个终点结局，包括主要结局和次要结局。主要结局能直接反映健康变化的测量指标，一般不采用生物学或影像学指标等中间指标，例如，预防老年骨质疏松的 PCT，主要结局常选用跌倒、骨折等更具临床意义的长期终点指标，而非骨密度、肌肉强度等间接指标。

随机化分组是 PCT 的关键，其可通过随机的方法平衡组间已知和未知的预后因素，提高组间可比性，减少选择性偏倚。PCT 可采用整群随机或个体随机方法。此外，PCT 以临床中有待解决的实际问题为研究方向，例如，阿司匹林用于冠状动脉粥样硬化性心脏病二级预防，但其最佳剂量尚不明确。基于此，PCT 计划纳入 2 万例动脉粥样硬化性心脏病住院患者，将其随机分为不同剂量的两组，观察心血管二级预防效果的差异。由于所选剂量均为当前临床常用剂量，且受试者无年龄上限、合并基础疾病情况等方面限定，故虽为随机分组，但仍符合真实世界原则。由此可见，PCT 研究将 RCT 的随机化设计与 RWS 的临床实践研究环境相结合，更适用于在整体人群中评价新疗法的实际效果和安全性。常见的 PCT 实例包括针对同一适应证的不同上市后药物的实际疗效和安全性、不同医疗干预策略（如中风的康复策略）在不同级别医疗机构中的实际效果等。

RWS 在新药研发与监管决策中，更多是特殊情况下采用的一种方法，其与随机对照临床试验是互补的关系。《真实世界证据支持药物研发与审评的指导原则（试行）》中提出"对于名老中医经验方、中药医疗机构制剂等已有人用经验药物的临床研发，在处方固定、生产工艺路线基本成型的基础上，可尝试将 RWS 与随机临床试验相结合，探索临床研发的新路径"。因此，刘保延教授提出真实世界的中医临床科研范式，即以人为中心，以数据为导向，以问题为驱动，医疗实践与科学计算交替，从临床中来到临床中去的临床科研一体化的科研范式。首先，将真实世界中的临床各类诊疗信息全面采集并数据化，包括临床数据、文献数据以及海量的生物学试验数据，如基因组、蛋白质组和代谢组数据及借助物联网所数据需要不断形成和整合，形成以大数据支撑的中医临床科研的新局面，然后进一步采取医疗实践和科学计算交互运作主要形式，形成"数据、思维、技术"的三中心环节。中国中医科学院牵头组织中医医疗、科研、标准化、数理统计、信息技术等多学科 300 多位专家参与，经过十余年协同攻关，成功开发出"中医临床科研信息共享系统"，建立了标准的中医术语系统，在此基础上，通过结构化电子病历系统采集临床数据等，通过数据预处理、分析挖掘，生成中医辨证论治个体化诊疗规律，形成了基于真实世界临床科研实践的典型范式。

（五）中成药临床证据知识图谱元素关系与延展路径

当前，中成药临床研究数据量巨大，仅中成药 RCT 相关的研究文献，已有数万篇发表。但仍存在研究质量不高、报告不规范、数据不完整的问题，导致难以快速、准确地获取相关研究证据全貌，证据整合能力和应用效率均有待提升。随着科学技术的快速发展，越来越多的新兴技术参与到中医药现代化发展中，以多学科交叉的新形式解决中医药发展中的问题，"知识图谱"是其中之一。

知识图谱主要包括知识框架设计、知识获取、知识融合、知识存储 4 个环节。首先，将中成药相关数据实体进行分类并进行实体连接；其次，围绕数据实体完成其属性信息的关联和归类；

最终，构建实体间的逻辑关系，进而总结得到符合中成药临床证据特点的知识图谱元素关系和延展路径。

"桂枝汤"经方知识图谱案例（图8-2）如下。

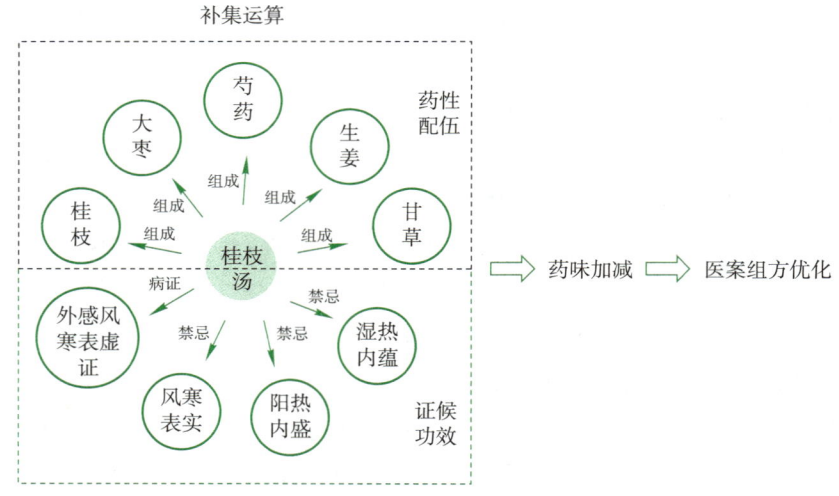

图8-2 "桂枝汤"经方知识图谱

模式层设计：涉及的概念包括方剂、治疗、中药、禁忌、功效，概念间的关系包括方剂→组成部分→中药，方剂→禁忌→证候。

数据层设计："桂枝""生姜""甘草"等为"中药"概念下的具体实例，"桂枝汤"为"方剂"下的具体实例，用"三元组"表示为"桂枝汤→组成部分→桂枝"。

经方知识图谱的搜索模式设计：运用Neo4j中的Cypher语言模拟人联想思维进行检索的经方知识检索框架；利用拓扑有向认知结构模拟"方证对应"过程。

通过智能推理进行补集间运算，分析方剂使用及药物加减思路，根据提供的"证"给出对应的"方"，实现"方-证"匹配，但此框架没有录入用药频次数据，只能为单个医案的解读和优化提供思路。随着符合中医药特色的图谱构建技术的不断完善，进一步为中医药学科发展提供必要的基础技术支持和借鉴。

"三结合"审评证据体系的提出和构建为中药新药的研发注入了新的活力，同时也为业界和审评机构带来了更多的挑战。收集、总结人用经验资料，形成高质量数据和可用于评价的证据是中药人用经验研究关键环节，但临床研究的数据获取、存储现状以及多系统来源数据合并困难，特别是真实世界数据的规范性和可回顾性等均是亟待解决的严重问题。但只要落实"三结合"的中药新药转化模式（图8-3），遵循中药研发规律，将安全、有效、质量可控的基本要求与中医药传承创新发展的独特理论体系和实践特点有机结合，并不断提升和发展中医临床研究水平、科技服务能力，运行临床科研一体化模型，完善临床实践的评价体系，就能创造出更多有临床价值的中药新药，激发学界、业界研发中药的热情，推动中医药高质量发展并走向世界。

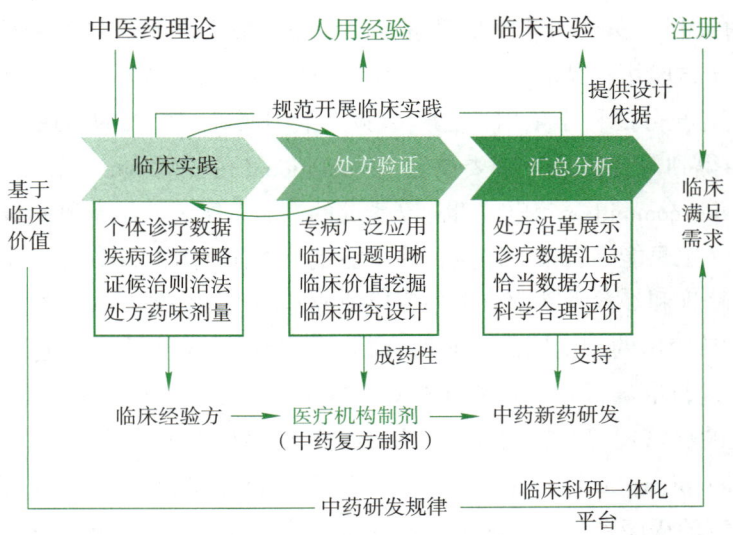

图 8-3　基于"三结合"审评证据体系的医疗机构制剂全生命周期管理

第二节　中药新药临床试验设计的关键问题

随着中医药事业的不断发展，中药新药的研发日益受到关注。人用经验是中药在长期临床实践中积累的关于临床诊疗认识的概括总结，在中药新药研发中，其应用体现在多个方面，这些经验具有规律性、可重复性，并且能够在一定程度上反映药物的疗效和安全性。首先，深入挖掘这些经验，可以提供丰富的中药新药研发线索；其次，中药新药的设计需要基于充分的临床需求和市场需求，通过对人用经验的挖掘，新药研究者可以了解哪些中药在临床应用中具有显著的疗效和广泛的需求，从而为新药的研发方向提供指导；同时，人用经验还可以为中药新药的临床试验设计提供支持，根据人用经验中的用药剂量、疗程等信息，设计更加合理、科学的试验方案，从而提高临床试验的效率和成功率。

中药新药的临床试验是评价中药新药疗效和安全性的重要手段，也是新药研发过程中不可或缺的一环。因此中药新药临床试验的安全性、科学性和规范性对中药新药研发和中医药事业的发展有着至关重要的作用。本节将从中药新药临床试验的一般要求、适应病证的选择、对照药物的选择、检测指标的选择四个方面阐述中药新药临床试验设计中的关键问题。

一、中药新药临床试验的一般要求

中医药新药临床试验为新药研发的关键环节，需遵守药品研发的通用规则，符合《药物临床试验质量管理规范》（Good Clinical Practice，GCP）的共识和原则。国际人用药品注册技术协调会（International Conference on Harmonization of Technical Requirements for Registration of Pharmaceuticals for Human Use，ICH）列出的 13 条基本原则，是 GCP 的伦理性和科学性原则的集中体现，其基本原则如下：①临床试验的实施应符合源自《赫尔辛基宣言》的伦理原则，与 GCP 和适用管理要求一致。②在开始一项试验之前，应当权衡该临床试验对于个体受试者和社会的可预见的风险、不方便和预期的受益。只有当预期的受益大于风险时，才可以开始并继续这项临床试验。③受试者的权利、安全和健康是最重要的考虑，应当高于对科学和社会的利益的考虑。④应该有足够的关于试验用药品的非临床和临床资料提供，以支持所计划进行的临床试验。⑤进行临床试验必须要有充分的科学依据，应在试验方案中明确、详细的描述。⑥临床试验的实施应当遵循事先已经得到研究机构审查委员会（institutional review board，IRB）/独立的伦理委员会（independent ethics committee，IEC）批准/赞成的试验方案。⑦给予研究对象医疗保健并代表其做出医学决定的一定只能是合格的医生，而不能是其他任何人。⑧参与实施临床试验的每一个人应当在受教育、培训和经验方面都有资格完成他或她的预期任务。⑨在参加临床试验前，应获得每一个受试者主动给出的知情同意。⑩所有临床试验资料应被妥善的记录、处理和保存，以便确保相关资料能进行准确报告、解释和核对。⑪确保用于鉴别受试者身份的记录的保密性得到保护，符合相应的保密规定。⑫试验用药品应当按照适用的《药品生产质量管理规范》（good manufacturing practice of medical products，GMP）生产、处理和储存，并应按照已批准的方案使用。⑬应当建立相应的程序系统来保证试验各方面质量。系统关注的重点应在受试者的保护和试验结果的可靠性方面。

从 GCP 的核心原则伦理性和科学性角度出发，中药新药临床试验的一般要求如下。

（一）伦理性要求

1. 伦理审查的基本要求　伦理审查是药物临床试验稳健推进的基石，其坚守尊重、公正、保护的核心理念，捍卫受试者的尊严和权益，确保药物试验的伦理合规性，推动药物试验的科学和健康发展。无论是传统中药还是其他药物，临床试验的伦理审查标准都应遵循《赫尔辛基宣言》《人体生物医学研究国际伦理指南》和《药品临床试验管理规范》，坚决保障受试者的尊严、权利、安全和健康。伦理委员会对中药新药临床试验进行全面审查，包括科学设计、伦理考量、统计方法、试验质量控制等各个环节，以确保受试者的风险与受益得到平衡，确保受试者的权益和安全得到切实保障。

中药由于其自身特点，其新药临床试验伦理审查时除了关注一般临床试验中常见的科学和伦理问题，还需要关注以下问题：①新药临床试验在正式研究前是否有大量人体应用的安全性数据资料；②新药的临床适应证是否符合辨证论治；③当新药与其他药物联合应用时，药物之间是否存在相互作用和安全性问题；④新药的用药剂量与疗程是否有可靠的临床前人体应用的经验作为依据；⑤新药要结合疗效评价方法评估受益与风险；⑥试验药物的辅料是否符合相关标准；⑦安慰剂作为对照时的安全性、必要性和可操作性；⑧当中药的传统给药途径或功能主治改变时，是否具有可靠的安全性数据和证据。

2. 风险与受益评估　风险与受益评估，一般是指受试者使用受试药物以后所能获得的治疗方面的受益与所承担的风险之间平衡的把握。其具体要求如下：①风险与受益评估至少应具备一个科学的、大小合理的、完整的、可供评价的安全性数据库。②同时合理的对照能够获取比较性的疗效和安全性数据，有助于分析药物疗效和不良反应是药物所致还是由于其他因素所致。③应对所有的受试者访视到试验结束，必要时甚至随访到试验结束之后。特别是在需要长期治疗的研究中，足够长时间的随访对确定其安全性非常关键。④不论是研究者决定的退出还是受试者决定的退出，都应查明退出的原因，尤其关注是否因为存在安全性问题。

近年来，我国在临床研究取得了较为长足的发展，研究伦理体系建设发展迅速，但中国特色的临床研究风险与受益评价标准和理论依旧缺乏，目前的指南与规范并没有规范风险与受益的定义和内涵，只能依靠 IRB 委员的经验来判断风险与受益，因此相关学者基于中国国情提出了临床研究风险与受益框架，临床研究风险由生理风险、心理风险、经济风险和社会风险构成，研究受益由研究参与者受益和社会受益构成，为今后测量量表的开发提供了框架基础，其在未来中药临床试验的风险/收益评估中具有参考价值。

3. 受试者的招募　药物临床试验的核心环节在于招募合适的受试者，以验证新药的安全性和有效性。这一过程不仅关键，而且充满挑战，对试验的进度和最终结果具有深远的影响。受试者招募必须遵循三大基本原则：公平性、代表性和自愿性。

公平性原则意味着每位受试者都应公平享有试验带来的直接和间接受益，不得让任何一位受试者的负担超过平均负担。代表性原则强调受试者在性别、年龄、民族等方面应具有广泛代表性，以减少试验结果的偏倚。自愿性原则要求研究者在充分告知试验性质、风险、目的及注意事项的基础上，确保受试者是在充分理解并自愿选择参与试验的情况下参与。

总之，受试者招募是药物临床试验不可或缺的一部分，其三大基本原则确保了试验的公正、科学和有效。只有严格遵循这些原则，才能确保药物临床试验的顺利进行，并最终为患者的健康带来实实在在的益处。

4. 建立规范受试者保护体系　临床研究机构的核心职责在于捍卫受试者的权益。通过实施对临床研究项目全周期的严格监管，构建贴合医院实际的受试者保护体系，可以逐步提升临床研究伦理审查的水准，为广大参与临床研究的受试者及潜在受试者提供更加周全的保障，确保他们的权益在研究的每一个环节都得到充分尊重和保护。

这一保护体系是临床研究不可或缺的支撑，它涵盖了医疗卫生组织、伦理委员会、伦理办公室、研究团队以及资助者等多个层面。这些组成部分需参照国内外相关法律法规、指南和标准，携手合作，以达成高质量的伦理审查和受试者权益保护之目标。值得一提的是，中医药临床研究机构在构建这一体系时，还需充分考虑到中医临床研究的独特性。

5. 受试者隐私的保护　受试者的权益是临床试验首要考虑的问题，其中受试者隐私权的保护贯穿临床试验的整个过程。2020 版《药物临床试验质量管理规范》《医疗器械临床试验质量管理规范》、最新颁布的《中华人民共和国民法典》和《国家健康医疗大数据标准、安全和服务管理办法（试行）》都强调了对受试者个人隐私的保护。

在当前的临床试验中，受试者的隐私保护意识尚显不足，而医疗机构对于保密和数据管理方面的专业人才也较为缺乏，这无疑增加了受试者隐私泄露的风险。为了强化受试者的隐私保护，我们可以考虑在中药新药的临床试验中采取如下措施：①医疗机构应当积极引进专业的管理人员，并加强对研究者的培训和伦理审查；②申办方、研究机构等数据持有者也可深入研究临床试验数据管理的相关课题，运用技术手段降低数据泄露的风险。

6. 知情同意　知情同意是受试者在全面理解研究信息后，自主作出的参与决定，这个决定是在充分理解、未受胁迫或恐吓的情况下做出的。知情同意书是确保受试者权益的重要文件。对于知情同意的一般要求如下：①知情同意书通俗易懂、内容完整、易被受试者理解。②受试者被告知研究的"试验"性质，被详细告知试验需要配合的各种注意事项和潜在风险。③受试者的健康和权益受到影响时能够得到及时有效的治疗和合理赔偿。④受试者的隐私得到尊重和保护。⑤受试者享有在临床试验任何阶段都可以随时退出试验的权利且不会受到任何歧视和区别对待。⑥整个知情同意过程充分尊重受试者的自主意愿，在其充分知情并且同意的情况下选择参加试验等。

这些要求的落实，有助于保障受试者的权益，确保研究的公正性和合法性。

（二）科学性要求

中药新药临床试验除了需要保证其符合伦理要求，还应保证其科学性。

临床试验的一般框架见表8-2。

在中药新药临床试验设计一般要考虑10个方面的内容，分别为试验目的、试验设计方法、受试者的选择与退出、对照的设置、样本量、给药方案、基线与均衡性、有效性指标的观测与评价、安全性指标的观测与评价和随访。

表8-2　临床试验的一般框架

1. 方案封面
2. 背景
3. 研究目的
   主要目的
   次要目的
4. 研究计划
   研究设计
   受试者入选标准
   受试者排除标准
   治疗计划
5. 研究药物
   用药剂量和用药方式
   药物分发方法
   药物管理时间和方法
   对照药物说明
   随机化和编盲方法
   药品包装和标签
   治疗时间
   合并用药
   合并用药过程
6. 临床检测和观测
   疗效终点
   安全终点
   检测的可靠性
   随访时间和事件的计划
   筛选，基线，治疗期，治疗后随访描述
7. 统计学方法
   数据库管理过程
   减少偏倚方法
   样本量估算
   总的统计学考虑
   随机化和编盲
   脱落、提前终止及缺失数据的处理
   基线、统计参数和协变量
   多中心研究
   多重检测

亚组分析
中期分析
人口学和基线特征的统计分析
疗效数据的统计分析
安全数据的统计分析
8. 不良事件
   不良事件和严重不良事件
   不良事件归因
   不良事件发生强度
   不良事件报告
   实验室检测异常
9. 警告和注意事项
10. 受试者退出和终止
    受试者退出研究
    治疗结束
    研究结束
11. 方案更改和方案偏离
    方案更改
    方案偏离
    研究终止
12. 伦理审查和知情同意要求
    伦理审查委员会
    知情同意
13. 研究者责任和研究管理
    研究药物说明书
    病例报告表
    实验室和其他报告
    研究监查
    研究注册
    研究数据保存
    研究者签字
    保密性
    研究结果发表
14. 研究流程图
15. 参考文献
16. 附件

1. 试验目的 在进行中药新药临床试验设计时，首要且关键的步骤是明确试验目的。试验目的与药物临床定位紧密相连，临床定位与药品研发背景密切相关，因此为了确保研发出具有临床价值的高效药物，必须充分考虑药品的研发背景。若药物源于临床实践，应关注其应用方式、剂量及疗效特点；若源于科研，则需重视药效学资料。若缺乏临床背景信息，则需通过临床探索试验获取，并结合处方和适应证特点，全面反映药物的临床特性。深入理解药品研发背景，有助于准确定位药物的临床价值，从而设定不同的试验目的，使临床试验设计更具针对性和实效性。

2. 试验设计方法 中药新药临床试验设计在方法上遵循对照、随机、重复的原则，同时要注意盲法、多中心试验的设计方法。

（1）对照：对照是为确认试验组某些因素作用和影响，选择排除了这些特定因素的受试作为参照对比的措施。在中药新药临床试验中必须有供比较的对照组。试验组与对照组唯一的差别是试验组接受新药治疗，对照组则接受对照药物的治疗。设立对照组的主要目的是判断受试者治疗前后的变化是由试验药物，而不是其他因素引起的。

（2）随机：随机是为了避免试验材料顺序排列产生的固定邻居效应和立地条件差异引起试验结果的偏差，在试验的不同重复间，参试材料不按固定的次序排列的方法。随机化确保每名受试者被分配至试验组或对照组的概率相同，有效防止了选择性偏倚。这种分配方式使得各种可能影响疗效评价的因素，无论已知还是未知，在不同治疗组中的分布相似，从而确保了各治疗组之间的可比性。这有助于获得更可靠的研究结果。

（3）重复：重复是相同条件下独立重复试验的次数，在临床试验中则指受试者的数量。足够多的重复能提高试验的可靠性，从而精确反映药物的疗效与安全性。这是科学研究的基础原则之一。

（4）盲法：盲法是为避免研究者和受试主观因素的影响，在试验实施、资料收集和分析阶段使研究者或研究对象不知晓分组、干预措施和其他相关信息，以保证研究结果真实、可靠的试验设计。根据设盲程度的不同，临床试验可分为开放、单盲和双盲三种形式。所谓的双盲试验是指研究者和受试者在试验过程中都不知道受试者接受何种处理；在单盲试验中，仅受试者不知晓自己在试验过程中接受了何种处理；至于开放试验，研究者和受试者都知晓采取何种处理。然而，在某些伦理和可行性的考虑下，双盲可能并不适用，此时应考虑采用单盲或开放试验，并采取相应的控制偏倚措施，以最小化已知的偏倚。此外，当受试药物与对照药物的剂型、用法用量存在差异时，可采用模拟技术。例如，双盲双模拟技术，制备与受试药物和对照药物外观和给药方法一致的安慰剂，确保试验组和对照组在用药过程中的一致性。

（5）多中心临床试验：多中心临床试验是由多位研究者按同一试验方案在不同地点和单位同时进行的临床试验。其优势在于能迅速招募受试者，覆盖更广泛的受试者群体和用药条件，从而使试验结果更具代表性。为确保试验质量，各中心的研究者必须遵循一致的试验方法，并严格遵守质量控制标准。这样的试验设计有助于提升研究效率，为药物研发和临床应用提供更有力的支持。

3. 受试者的选择与退出

（1）受试者的选择：受试者的选择应根据临床试验方案中预先明确的受试者入组标准在实施中严格执行。入选标准包括：西医疾病诊断标准，有关病情与病程的分期、分型、分级的标准或规定；中医疾病与证候诊断标准；相关实验室指标和治疗情况的具体要求；对年龄、性别、婚姻状况的规定；对职业、居住地、个人嗜好状况的规定；受试者知情同意并签署知情同意书的规定等。临床试验设计时可根据临床试验目的的需要选择合理的入选标准。

（2）受试者的排除：受试者排除的目的在于排除各种情况对于研究结论的影响。一般宜考虑下列内容：①同时患有其他可能影响对目标适应证的诊断与疗效判断的疾病、证候或合并症者。②已接受有关治疗，可能影响对有效性、安全性指标评价者。③伴有可能影响疗效指标与安全性指标观测、判断的其他生理或病理状况，如月经期，或有心、脑、肝、肾及造血系统等严重原发性疾病者。④某些可能处于高风险的人群，如孕妇、未成年人、高龄患者、过敏体质或既往有受试药物或其所含成分的不良反应史者、病情危笃而有意外事件发生可能者，或疾病的晚期患者。除非是出于临床试验目的的需要。⑤不合作者，如不愿意接受研究措施或因患有精神等疾患不能合作者。⑥其他，如依从性差，或因某种原因不能按期随访者。

（3）受试者的退出：在临床研究中，受试者的退出是一个重要的环节，它分为研究者决定退出和受试者自行退出两种情况。一方面，研究者决定退出通常是因为受试者在试验过程中出现了不宜继续参与的情况，如病情恶化、出现并发症或特殊生理变化等。此外，受试者的依从性也是研究者决定退出的重要因素之一。在双盲试验中，如果受试者需要破盲或紧急揭盲，也会被视为退出试验的情况。

另一方面，受试者也有权根据知情同意书的规定中途退出试验。即使受试者没有明确提出退出，但如果他们不再接受受试药物和检测而失访，也被视为退出。对于受试者的退出，研究者应尽可能了解其原因，并进行记录。

无论是研究者还是受试者决定的退出，都应尽量追踪受试者的后续情况，特别是因安全性原因退出的病例。对于退出试验的病例，研究者应保留相关的研究病历和病例报告表，并以其最后一次的检测结果作为最终数据。这样才能对疗效和不良反应数据进行全数据收集分析，确保研究结果的准确性和可靠性。

总体来说，受试者的退出是临床研究中不可避免的一部分。对于研究者来说，他们需要依据严格的退出标准来判断受试者是否适合继续参与试验，并在受试者退出后，尽可能了解其退出原因并进行记录。而对于受试者来说，他们有权根据自己的情况选择是否继续参与试验，但也需要了解退出试验可能带来的影响。

4. 对照的设置　在临床试验中，诸多偏倚和变异可能因试验情境而异，这些因素无疑会削弱统计数据的可靠性和临床结论的准确性。鉴于无法明确验证有效性以及不良事件的解释困难，非比较性的无对照试验在临床研究中鲜有实际应用价值。因此，美国FDA强烈提倡临床试验中应包含充分且合理的对照组，以确保研究药物的评价公正、有效且安全。优质的对照研究不仅能减少偏倚，还能降低变异，从而提高统计和临床推断的精确度和可信度。

5. 样本量　在设计新药临床试验时，必须预先确定为了达到主要研究结果所需的病例数量。这需要根据所采用的设计类型和统计学原理，结合试验的基本数据进行精确计算。有时，为了更准确地估算样本量，可能需要进行小规模的预试验。不同的设计类型有着不同的样本量计算方法。但值得注意的是，除了统计学计算外，还需要考虑实际过程中患者可能出现的脱落情况，因此在设计之初就需要适当增加患者数量，以确保最终能够满足试验要求的患者数量。

6. 给药方案　在临床试验中，药物治疗是核心环节。药物的服用方法、剂量及频率都直接关系到其疗效，故方案中必须明确记载。药物剂量的变动和使用方法的改变均会导致效果迥异，因此，一旦患者出现不良事件，方案中亦应明确处理方法。有些药物在使用过程中，需要根据患者的具体状况灵活调整剂量，方案中应统一规定调整的时机和方式，避免医生个人决策的随意性。

7. 基线与均衡性

（1）基线值的取得：基线值的取得通常是在随机化之前进行。基线值的取得需注意如下因素：①由于大多数临床试验是在已经过治疗的受试者中进行，因此，临床试验纳入的受试者需设置导入（清洗、洗脱）期，以排除既往药物的延迟作用。②目标适应证人群经生活方式干预（如饮食、运动等）仍未改善者，如高脂血症，则应在方案中详细规定基线值的确定方法（包括检测时点、检测次数等）。③有些试验的基线值可能是不同时点测量值的均值，以减少不同时间点基线值的变异性，保证药物治疗前和治疗后疾病状态的稳定性。对此应进行预先的明确规定，特别是有效性和安全性评价的关键指标的基线值测量要求应在临床试验方案中作出明确规定，必要时应制定相应的标准操作规程。

（2）基线数据的分析与均衡：在大样本量下，随机化的受试者组间基线在理论上是均衡的。但是由于临床试验往往受样本量的限制，在这种情况下对基线作统计描述和比较是必要的。基线数据反映受试者在纳入临床试验最初的疾病情况，也是药物有效性和安全性评价的基准参考值。通过基线数据的统计学描述，可以判断所纳入的目标适应证人群是否符合临床试验的纳入、排除标准，是否代表目标适应证人群等。

8. 有效性指标的观测与评价

药品的存在与上市，其根基在于其有效性。为了验证这一有效性，临床试验阶段的首要任务便是评估其疗效。而评估疗效的关键环节在于选取合适的疗效指标。这些指标，如同衡量药物疗效的"尺子"，能够直观反映药物在受试者身上的作用效果。药物疗效评价指标类型一般有以下几种：①直接使用治疗结束时的观测指标显示的结果组间比较作为有效性评价的方法。②使用治疗期间某临床终点结局或重要临床事件发生率的组间比较作为有效性评价的方法。③使用出现某一医学事件或达到预先规定的相应标准（疾病好转或加重）的时间分布情况作为有效性评价的方法。④使用治疗结束时各组相对于基线的变化组间比较作为有效性评价的方法。⑤对于发作性疾病，有效性评价一般可以使用规定时间段内发作次数、发作频率变化值（治疗结束前与基线值）组间比较作为有效性评价的方法。⑥使用达到某一共识性的有效者标准的患者比例评价药物的有效性。⑦使用病情与时间的曲线下面积的比较评价药物有效性。

9. 安全性指标的观测与评价

在药物上市前，其安全性研究的核心目的是捕捉安全信号并评估潜在风险，从而为药物的风险与效益评估提供关键的安全性数据。这些数据在药物上市后对于风险控制和风险最小化策略的确定起着至关重要的作用。对于中药新药，其安全性研究的设计与实施必须基于处方构成、过去的临床经验、目标适应证人群的特征以及药理毒理研究的结果。此外，对早期临床试验中发现的问题给予充分关注，并在后续的临床试验中及时补充和完善敏感的安全观测指标，是确保药物安全性的重要环节。

在安全性研究设计中应该注意以下要点：①重视安全性指标观察与检测方法的标准化和一致性。②安全性指标检测时点（包括时间窗）的设置需符合疾病发生发展变化的规律、相关指标变化规律及药物的特点等因素。③应预先制定临床试验期间或临床试验结束后实验室检测结果出现异常值的复查、随访要求，保证及时预警和采取相应措施，直到实验室检测指标恢复正常或稳定。应在研究病历和病例报告表中完整记录处理过程、随访数据及转归，附上相关检查报告单。④应预先规定出现严重不良事件或研究者认为重要不良事件的处理措施。⑤应在临床试验方案中预先规定不良事件的严重程度。⑥应规范记录合并治疗。

10. 随访

患者需遵循定期随访的规定，确保在特定时间间隔内完成必要的检查。每次随访均可设定一个灵活的窗口期,例如,若下次随访定于第 4 周,则可将访视时间设定为 4 周 +2 天。对于未能按时随访的患者,应在盲态审核时细致讨论,评估其对整体评价的影响,进而确定其所属的分析集。在试验方案中,需清晰地阐述观察和检查的日程,并最佳地以病例报告表的形式展示流程表,明确每次随访所需进行的检查和测定。

二、适应病证的选择

中药新药适应病证指试验药物期望治疗或改善的疾病或症状以及所属中医证型,科学、精准地筛选出适应病证不仅关系到新药的科学评价与市场准入,更保障了患者的疗效与用药安全性。

(一)中药新药适应病证选择的基本原则

1. 以中医药理论为指导

(1)适应病证的中医诊断标准:科学准确的中医诊断标准应具体指明此药物用于何种疾病、具体中医证型,以最新颁布的权威诊断标准为依据,列举中医病证的名称、与之相符的主次症状、舌脉和中医症状的量化评分。

例如,芪参益气滴丸治疗冠心病并发慢性心力衰竭(气虚血瘀证)的有效性和安全性的随机、安慰剂对照、双盲、多中心Ⅱ期临床试验的研究方案设计过程中,纳入标准明确入组患者应符合慢性心力衰竭气虚血瘀的中医分型标准。

养心康片治疗慢性心力衰竭的临床试验中,对研究对象(气阴两虚证、瘀血证、水停证)设定了中医诊断标准,参考国家药品监督管理局《新药临床研究指导原则》制定。

主要症状:①心悸;②气喘。

次要症状:①倦怠、自汗、畏寒、肢冷、舌质淡、舌胖或有齿痕,脉沉、细或缓;②胸闷疼痛、口唇发绀、舌质暗红或暗紫、舌有瘀斑、脉搏细数;③面部和四肢全身水肿、少气、痰液稀白、舌苔白滑;④口渴、精神不振。

有两个主要症状和两个次要症状的受试者符合纳入标准。

(2)中医特色病证结合模式:《中药新药临床研究指导原则(试行)》中明确提出了"病证结合"的临床诊疗模式,无论适应病证以病为主,或以证为主,或对症处理,都要妥善处理好证与病的关系。目前,病证结合模式,即西医疾病结合中医证候,已经成为中药新药临床评价最常用的手段。优势在于,一病一证增强了中药新药临床试验的科学性、可量化、可操作性,便于评价与标准化。然而,病证结合模式下,西医对疾病的诊断和疗效评价有了明确的标准,但中医证候诊断和评价标准化的量化研究却相对滞后,导致中医临床试验中逐渐趋同于"病",而"证"变得逐渐单一。如冠心病、心绞痛,证候分型主要集中在心血瘀阻证和气虚血瘀证。

中药新药临床试验应该重视中医证候纳入、观察和疗效评价,并要求其具有科学性。中医证候复杂性使其规范化成为一个难题,但随着中医药研究的深入,后续会逐步形成一套适合中医药特色的中药新药的临床研究与评价体系。

例 8-3 芪明颗粒治疗糖尿病性视网膜病变的临床试验

在芪明颗粒治疗糖尿病性视网膜病变的临床试验中,制定了以下中医症状计分标准,对中医证候进行量化(表 8-3)。

(3)全面认识适应病证的中医病因病机、治法治则:中医临床强调,理法方药丝丝入扣,方从法立,法由证定。清晰全面地认识疾病的中医病因病机,是认识疾病本质、正确诊断、提

表 8-3 中医症状计分标准

症状	计分标准
视物模糊	（0分）无；（2分）自觉视物欠清晰；（4分）视物模糊，辨物费劲；（6分）视物模糊，难辨物体
神疲	（0分）无；（1分）劳倦后精神不振，休息后容易恢复，可坚持轻体力劳动；（2分）精神疲倦，休息后不易恢复，勉强坚持日常工作；（3分）精神萎靡不振，休息后不能恢复，不能坚持日常工作
乏力	（0分）无；（1分）肢体乏力轻微，上楼时觉下肢沉重；（2分）肢体乏力时轻时重，步履平地时下肢困重；（3分）肢体乏力显著，举步抬腿时下肢困重明显
五心烦热	（0分）无；（1分）偶尔发作，发热轻，可自行消失，不影响生活；（2分）间断出现，热势中等，可持续0.5～1 h；（3分）每日发作，热势较甚，持续2～3 h
耳鸣	（0）无；（1分）偶尔出现，鸣声较低，时作时止；（2分）间断性耳鸣，鸣声如蝉，白天声小，夜晚声大，按之可减；（3分）持续性耳鸣，鸣声如潮，持续发作，按之不减
头晕	（0分）无；（1分）偶尔头晕；（2分）经常发生，尚可忍受；（3分）头晕不止，持续发生
自汗	（0）无；（1分）皮肤微潮；（2分）皮肤潮湿；（3分）汗出
盗汗	（0分）无；（1分）头部汗出为主，偶尔出现；（2分）胸背潮湿，反复出现；（3分）周身潮湿如水洗，经常出现
便秘	（0分）无；（1分）大便干结，排便欠畅，2日1次；（2分）大便燥结，排便不爽，3～5日1次；（3分）大便燥结坚硬，排便艰难，5日以上1次
腰膝酸软	（0分）无；（1分）偶尔发生，遇劳后加重可以久坐；（2分）经常感到腰困乏力，双腿无力，不耐久坐久立；（3分）腰膝困乏酸痛，不能坐立行走
口渴喜饮	（0分）无；（1分）口渴，饮水后可缓解，日饮水量增加0.5倍以上；（2分）口渴明显，日饮水量＜4 000 mL，或增加0.5～1倍；（3分）口干甚饮水不解，日饮水量＞4 000 mL，或增加＞1倍量
舌象	（0分）正常；（1分）异常
脉象	（0分）正常；（1分）异常

出恰当治则治法的关键。对于不同疾病，如果出现相似病机、证候，可依照"证同治亦同"原则，采用"异病同治"之法。因此，同一种中药新药的适应病证可以选择为发病机制相同的不同疾病。

基于共同病机"气虚"，研究芪贞颗粒"异病同治"治疗气虚型2型糖尿病及腹型肥胖：2型糖尿病属中医之消渴，肥胖患者多属膏人。两者均为膏粱之疾，起病常由肥美所发，与现代人饮食结构改变、运动量减少相吻合。多食肥甘厚味，损伤脾胃，气虚则运化功能失司，水湿停滞，中焦积热，化燥伤津，发为消渴。气虚是气虚型2型糖尿病和腹型肥胖共同的重要病机，芪贞颗粒通过益气健脾改善气虚型2型糖尿病、腹型肥胖患者的中医证候、糖代谢水平及形体学指标，同时通过改善胰岛素抵抗这一共同作用机制，说明"异病同治"在临床诊疗中是有效而可行的。

（4）适应病证的选择应符合中医药临床实际：中医药创新药物的研发，应该结合中医临床实际，立足于中医药的优势病种。中医优势病种通常指西医暂无好的治法或疗效，而中医可以治疗；西医虽能治疗，但其副作用较大，常造成"药害""医害"，而中医亦能治疗，且无此弊端；中医与西医都没有好的治疗方法，但中医在某一方面表现出相对优势。

例 8-4　某中医院各科室中医优势病种调查

以《中医病证分类与代码》及国家中医药管理局确定的优势病种为依据，对某中医院的各科室中医优势病种进行调查，以下摘录中医内科部分（表8-4）。

表8-4 医院不同科室中医优势病种分布情况

科室	病种
脾胃科	胃痞病、功能性消化不良、胃脘痛、慢性胃炎等
呼吸科	肺胀、慢性阻塞性肺疾病稳定期、风温肺热、社区获得性肺炎、哮病支气管哮喘等
肾病科	慢性肾衰竭、慢肾风、尿毒症、消渴病肾病、糖尿病肾病等
内分泌科	消渴病、2型糖尿病等
心血管科	胸痹心痛病、急慢性心力衰竭、冠心病、心绞痛、高血压等
脑病科	眩晕、中风、脑梗死、脑梗死后遗症等
肿瘤科	胃癌、肺癌、结直肠癌、原发性肝癌等

2. 与现代医学理论相结合　制定科学准确的西医诊断标准，必须在试验前充分了解疾病的临床诊断、疾病发展规律、治疗现状等资料，从而确定药物介入治疗过程的定位点，即临床用药的根本性方案，最终用作治疗用药或辅助用药，单独用药或联合用药。以最新颁布的权威国际性诊断标准为依据，明确患者的病情、分型、分类、分期等，指出适应病证申报范围不应该过宽。例如，某研究申报范围为冠心病，而冠心病又包括了心绞痛、心肌梗死等，导致新药的前期有效性研究以及后续的研究设计困难重重。

适应病证的挑选应避免存在争议的疾病或病理状态。例如，某药物治疗腔隙性脑梗死，腔隙性脑梗死属于影像学诊断，多数患者发病隐匿，具有较高的自愈倾向，且病灶与影像学表现不一致，给评价临床试验结果带来困难；某药物治疗单纯病毒性树枝状角膜炎，单纯病毒性树枝状角膜炎多见于初次发病，小儿多见，而试验纳入的患者均为成人，因此很难对其疗效进行评估。

例 8-5　冠心宁片治疗冠心病的诊断

冠心宁片治疗稳定型心绞痛伴心血瘀阻证进行疗效评价时设定了严格的西医诊断标准。

冠心病以出现以下一项诊断：①有远端心梗、经皮冠状动脉介入治疗（PCI）或冠状动脉旁路移植手术史；②冠状动脉明显狭窄（>50%）；③心脏放射性核素显像。

（二）中药新药适应病证选择的综合考量因素

1. 疾病流行病学与社会需求　为了发现尚未被满足的医疗需求，选择适应病证时应考量流行病学因素，对目标患者人群进行流行病学调查，分析发病率、患病率、死亡率与三者分布情况等流行病学资料，评估其公共卫生负担和社会经济影响，确保资源投入到对公众健康影响最大的病症上。2024年1月，中华中医药学会组织各分会，基于流行病学资料，充分分析临床需求、结合中药治疗的特点，形成《中药新药研发用临床需求清单（第一批）》，共涉及恶性肿瘤、干燥综合征、类风湿关节炎、慢性非细菌性前列腺炎、慢性心力衰竭、特应性皮炎、胃食管反流病、腺样体肥大、原发性肾病综合征、子宫内膜异位症10个病种。

例 8-6　原发性肾病综合征的中药研发定位

中华中医药学会关注医疗需求尚未被满足的原发性肾病综合征，并提出对应的中药研发定位。

（1）流行病学调查：儿童原发性肾病综合征年发病率为（2~4）/10万，患病率为16/10万，在同阶段泌尿系疾病住院患儿中，原发性肾病综合征占比20%。本病复发率高、病程迁延，预后可能发展为慢性肾衰竭，给家庭及社会造成极大的精神和经济负担。

（2）治疗现状：口服糖皮质激素是首要且有效的治疗手段，但复发率较高，且长期使用激素会诱发感染、骨质疏松等不良反应。

（3）匹配的中药研发临床定位：①降低尿蛋白；②减少激素使用的频次、用量，减少不良反应；③避免或减少疾病后期免疫抑制剂的使用剂量和种类，减少不良反应；④提高患儿生存质量；⑤改善患儿脂代谢紊乱。

2. 前期药理学与安全性证据　尽管中药新药的临床适应证不能简单地套用现代医学的药理效应，例如，中医在呼吸道感染、泌尿系感染等方面有着与西医截然不同的思路，但仍需药理学和毒理学试验为临床试验提供科学依据，确保临床用药安全，避免与适应证过于偏离甚至相矛盾。

例8-7　甘桔冰梅片的药理学作用与临床疗效相互印证

研究发现，甘桔冰梅片可明显降低急性咽炎大鼠的炎症反应和炎细胞浸润，并具有镇咳、抑制细菌生长、抗变态反应等作用。后续临床试验证明，甘桔冰梅片确实可降低急性咽炎风热犯肺证患者咽痛VAS评分，提高中医证候疗效痊愈率。

适应病证应避免与前期药理学与安全性证据偏离或矛盾。例如，前期研究发现某类药物有很好的抗凝作用，但其适应病证定义为以溶栓治疗为主的脑梗死，而非抗凝治疗适应证。又如，用于治疗不孕不育的药物，临床前毒理研究提示其有较为明显的生殖毒性，存在安全隐患。因此，这两种情况难以获得进入临床试验的批准。

3. 竞品分析与患者意愿　为了促进新药上市，选择适应病证时应了解目标患者对产品的需求，比较市场上已有的治疗手段，包括向医生调研治疗此类疾病常开具药品品种，向患者调研常用药及对其有何意见，调研市场上此类药物前三位的化学药、中药销量、价格与优缺点等，明确新药的竞争优势，如针对阿司匹林治疗头痛会导致胃出血的弱项，研发出无胃肠副作用的头痛药。

例如，大量患者对失眠现有治疗手段的副作用不满。对于失眠症，现代医学多采用苯二氮䓬受体激动剂、褪黑素受体激动剂和具有镇静催眠效果的抗抑郁药物等治疗，长时间持续服用极易出现不良反应，因此患者对于中医治疗本病证需求强烈。目前已上市中成药多用于治疗神经衰弱、抑郁焦虑、更年期综合征及中风后遗症等兼见失眠多梦或伴有睡眠障碍症状者，而专用于治疗失眠症的上市品种较少。临床试验表明，益肾养心安神片治疗心血亏虚、肾精不足型失眠症可显著增加睡眠时长，改善睡眠质量，且未出现反跳现象。

4. 伦理学考量与法规合规性　任何临床试验的伦理学基本原则都是尊重、保护受试者的权益、安全和健康。所有以人为对象的研究必须符合《赫尔辛基宣言》，即公正、尊重人格、力求使受试者最大程度受益和尽可能避免伤害。因此，在开展人体试验之前，必须认真考虑试验的目的和要解决的问题，在预期获益和风险之间权衡利弊，预期的收益理应超过可能造成的损害。在选择适应证时，病情不应过重，如对于休克、多脏器衰竭、艾滋病等疑难危重疾病，口服普通中药制剂的效果可能逊于目前的医疗手段，与医学伦理要求不符。

与其他临床试验不同的是，中药新药临床试验还有中医适应证及证型的考虑。通常以Ⅱ期临床试验探索的结果为基础，在Ⅲ期临床试验进行确证性的研究，伦理委员会将结合药物特点，审查临床试验的设计是否在辨证论治的基础上选择了合适的证型。

对于特殊患者人群，应根据其具体情况调整知情告知方式。

阿尔茨海默病、精神分裂症等无自主行为能力或认知功能障碍无法理解研究内容的患者不能签署知情同意书，这种情况下，可以向其监护人和法定代理人详细解释研究过程来确保受试者权益。

对于以儿童为对象的药物临床试验，尽量用适合他们理解水平的方式来设计知情同意书，如低龄儿童可用图画告知，大龄儿童可采取浅显易懂的语言告知。相反，针对他们父母的知情同意书应尽可能详细地介绍试验设计。

（三）病例纳入与排除标准

1. 病例纳入标准

（1）患者符合西医、中医诊断标准。

（2）限定患者的病情、病型、病期、病程等病理因素。

（3）限定患者的年龄、性别等生理因素。

（4）已获得受试者知情同意书。

2. 病例排除标准

（1）患者符合药物适应病证，但病情、病型、病期、病程等不符合纳入标准。

（2）患者存在特定并发症或其他疾病，如肝肾功能不全、心肺功能不全、精神疾病等。

（3）特殊人群：老年人、婴幼儿、妊娠或哺乳期妇女、过敏体质患者。

（4）近期接受其他干预措施，可能会影响疗效判定的患者。

> **例 8-8** 通心络对急性心肌梗死随机对照研究的纳入与排除标准
>
> 纳入标准：①年龄 >18 岁；②梗死胸痛发作后 24 h 内；③心电图显示 ST 段抬高 ≥0.2 mV 在 2 个以上相邻导联或新的左束支传导阻滞中；④自愿参与研究并签署同意书。
>
> 排除标准：①危重病危和垂死；②心肺复苏术 >20 min；③疑似主动脉夹层或急性肺栓塞；④明确的机械并发症，包括室间隔穿孔、肌和腱索破裂，或左心室游离壁持续或破裂；⑤严重心源性休克，对高血压药物无反应；⑥不受控制的急性左心衰竭或肺水肿；⑦抗心律失常药物无法控制的恶性心律失常；⑧脑血管、胃肠道、呼吸道、泌尿道或 1 个月以内其他器官出血史；⑨身体任何部位（包括月经）存在活动性出血；⑩已知出血性体质或严重止血和凝血障碍；⑪目前抗凝剂的使用情况；⑫对本研究药物的成分过敏；⑬妊娠或哺乳期妇女；⑭参与其他中药临床试验；⑮严重肝功能障碍（ALT≥5 ULN）；⑯严重肾功能不全 [Cr > 134 μmol/L（2 mg/dL）或 eGFR < 45 mL/（min·1.73 m^2）]；⑰严重的慢性阻塞性肺病或呼吸衰竭；⑱严重感染；⑲非常虚弱或虚弱；⑳神经精神系统疾病；㉑恶性肿瘤；㉒预期生存时间 <1 年的其他病理生理状况；㉓因其他疾病不适合参加本研究。

3. 剔除病例标准 此类情况属特殊情况，即已经入组但属于以下情况之一。

（1）不符合纳入标准而被误诊的病例。

（2）符合纳入标准，而纳入后未曾服药的病例。

（3）入组期间服用禁用的中、西医药物，导致无法做药效和安全性评价者。

（4）无任何试验记录者。

4. 脱落病例标准 凡填写过患者知情同意书，并进入临床研究的受试者，无论何时何因退出，只要没有到达试验计划中所要求观察时限，均称为脱落病例。

（1）患者自行退出（疗效较差，有不良反应等）。

（2）失访。

（3）研究者令其退出（依从性差，出现夹杂症，严重不良事件）。

（4）虽然完成试验，但服药量不在应服量的范围。

（5）泄盲或紧急揭盲的病例。

5. **全面中止试验标准** 如果出现以下情况，整个试验在多中心全面停止。

（1）试验中发生严重安全性问题。

（2）试验中发现试验药物治疗效果较差，甚至无效，不具有临床价值。

（3）在试验中发现临床试验方案有重大失误，难以评价药物效应。

（4）一项设计较好的方案，在实施中发生了重大偏差。

（5）行政主管部门撤销试验。

三、对照药物的选择

（一）对照药物的定义与应用现状

1. **对照药物的定义** 对照是临床试验乃至中药新药临床试验设计中都必须遵循的原则之一，为评价中药新药的疗效和安全性，必须有可供比较的对照组，其作用在于判断受试者治疗前后的变化是否由试验药物引起，回答了未用试验药物会发生何种情况，在临床试验中发挥着重要作用。

在一项完整的临床试验中常包含的对照有安慰剂对照、空白对照、剂量-反应对照、外部对照、阳性对照，其中涉及的试验用药物包括阳性对照药、安慰剂，由申办单位根据随机和盲法的原则生产、检验、包装、提供。阳性对照药是指在对某新药的疗效与安全性进行研究时，为作对比而采用的已知有效药物。安慰剂是指其外形颜色、大小、味道均与试验药物相近，但不含任何有效成分的制剂。

2. **安慰剂的应用现状** 中药制剂具有其特有的气味、口感、色泽，因此与西药安慰剂相比，在模拟制作与试验药物相似的安慰剂过程中确有一定难度，故而在带有安慰剂的中药新药临床试验中，很少有研究具体说明安慰剂的制备方法，即使有说明，在大多情况下也仅表明安慰剂的成分（如含有焦糖、色素、苦味剂等），或者仅采用口头说明药物存在的形式、颜色、气味、包装大小以及外观，无法对具体的制备方法进行描述。部分临床试验虽有安慰剂的具体选料及配比，但仍缺乏方法合理的相似性评价方法。

随着中药新药临床试验的广泛开展，我国对于此类研究的规范与时俱进，细则不断完善。国家食品药品监督管理总局发布的相关指导原则提出，安慰剂应与受试药物/阳性药物相似，如口服制剂安慰剂应在颜色、气味、味道、形状、质感等特征方面与受试药物/阳性药物相似，使临床试验参与者难以区分，如采用阳性药物对照且剂型不一致时，需通过双盲双模拟技术保证盲态实施。除此以外，还需采用合理的方法对其相似性和适用性进行判断和评价。2023年国家药品监督管理局药审中心发布《中药新药临床试验用药品的制备研究技术指导原则（试行）》（以下简称《原则》）提出对于中药安慰剂更为详尽的规范，新增：①明确规定安慰剂的剂型应当与试验药物剂型一致；②对于特殊给药途径或剂型的制剂，如外用制剂涂抹于皮肤的清凉感、温热感等，也应当与试验药物/对照药品相似，使临床试验参与者难以区分；③对所用辅料新增限定，不应当影响对试验药物安全性和有效性的评价，且应当符合药用标准；④必要时应当说明安慰剂与试验药物/对照药品在外观、味道、气味等方面可能存在的差异是如何被掩盖的。

3. 阳性药物的应用现状 目前中药新药临床试验设计中，阳性对照设计仍存在应用不规范、应用少、应用难的情况。具体可总结为：①找到同试验药物功能主治、包装、剂型等各方面完全一致或基本一致的药物困难，只能选择相对接近的对照药；②选取具有相同或相近适应证的化学药物作对照，但并不具体对应某种疾病的某个中医证型。

例 8-9　关于心宝丸临床试验的文献计量学研究

研究发现，含阳性对照设计的研究仅占 3.34%，在使用阳性对照的 17 篇文献中，有 4 篇选择了心宝丸，6 篇选择了芪苈强心胶囊，1 篇使用了自拟中药汤剂，其余 6 篇文献选择 6 种不同的西药作为有效阳性对照药。在 9 种阳性对照药中，只有卡托普利、倍他乐克、地高辛、芪苈强心胶囊为文献发表时国内外心衰诊疗指南中所推荐的治疗药物，可见在阳性对照药的选择方面非常不规范，并且对阳性对照定义不清、剂型选择混乱。

（二）安慰剂的制备与评价

1. 安慰剂的制备　安慰剂的制备应符合：①安全无毒副作用；②不含活性物质；③与受试药物的颜色、气味、味道、形状、质感相似；④制备过程质量可控以保证产出安慰剂的均一。

中药汤剂安慰剂的制作可概括为两种方法。

（1）单纯辅料法：辅料制备安慰剂特点是本身不含有试验药物的药效活性成分，鉴于应符合安全原则的考量，此类安慰剂多采用来自食品、药食同源、食品添加剂（食用色素、食物添加剂、苦味剂）和药用辅料等材料制备。小儿清肺饮安慰剂的制备，采用了苦瓜和麦芽的煎煮液作为安慰剂的原料，味道模拟效果好。根据多篇文章中药安慰剂制备可用材料经验，总结见下表 8-5。

此类方法目前还没有公认、统一的辅料配比标准，在为每种新药研制安慰剂时，只能根据中

表 8-5　中药安慰剂制备可用材料示例

药物	模拟性状	食品添加剂、药用辅料	食品
炒麦芽	质感	糊精、淀粉、麦芽糊精、乳糖、焦糖色、焦糖	大米、玉米粉、红糖
炒麦芽、菊花、鱼腥草、肉桂、薄荷、紫苏、陈皮、香薷、茴香、丁香、生姜、当归、郁金、玫瑰、银杏、大枣、胡椒、薤白	气味	食用香精、薄荷脑	柠檬、罗勒、大蒜
枸杞	色泽	焦糖色、柠檬黄、日落黄、苋菜红、玉米黄、萝卜红、金樱子棕、植物炭黑	胡萝卜、葡萄
罗汉果、甘草、枸杞、蜂蜜	甜味	三氯蔗糖、阿斯巴甜、甜菊素、蔗糖素	甜叶菊
黄连、莲子心	苦味	蔗糖八乙酸酯、柚皮苷、柠檬苦素	苦瓜、苦荞、咖啡、苦丁茶
山楂、乌梅、丁香、沙棘	酸味	枸橼酸、枸橼酸钠、冰醋酸	食醋
石榴皮、青果	涩味	表没食子儿茶素没食子酸酯	黄瓜皮、茶叶
芒硝、海藻、鹿茸	咸味	氯化钠	食用盐

药新药的颜色和气味，探索适当的成分组合。除此以外，此类安慰剂制备的实施难度较大，并且材料使用的受限影响了模拟中药的特殊气味和物质构成特性。此外，还应注意的是，一些被视作无药效活性的成分被加入安慰剂中，可能导致在临床试验中发挥药效作用，导致疗效评价出现问题。

例如，探究紫锥花治疗普通感冒的临床试验过程中，在安慰剂制备中加入了与紫锥花性状接近的紫花苜蓿，有报道表明紫花苜蓿可提高人体免疫力，因此不能排除安慰剂在治疗感冒方面没有药理作用。

因此，在临床试验中，安慰剂本身不含有试验药物的有效成分，因此不会对疾病产生直接的治疗效果。但这并不意味着安慰剂在所有情况下都完全无效，因为存在所谓的"安慰剂效应"，即受试者因相信治疗有效而表现出症状改善的现象。因此，在评估试验药物疗效时，安慰剂作为对照组，其"无效性"是相对于试验药物而言的。

（2）辅料加药物稀释法：目前试验设计普遍使用稀释汤药作为安慰剂使用，但并不能排除其治疗作用；然而由于前述安慰剂生产的难度大，因此仍然是一种暂时的解决办法。故亟待单纯辅料法制备安慰剂所需材料的探索与研究。

中药颗粒剂安慰剂的制备中，要注意观察试验药物的粒状结构及特性，据此寻找合适的辅料。然而，最大的问题仍是缺乏中药特殊气味，为确保安慰剂和药物尽可能在口感上接近，同时又不影响疗效观察，有学者建议在安慰剂经过评价后增加去除君臣药的试验药物粉末，较辅料加药物稀释法有所进步。除此以外，经过包衣工艺的中药丸剂在中药新药临床试验中具备特殊优势，有助于消除试验药物、安慰剂之间的气味差异以及崩解等药物代谢因素带来的不同。

2. 安慰剂的评价　根据最新颁布《原则》，安慰剂的评价十分重视对其颜色、气味、味道、形状、质感的评价，是判断其能否应用于中药新药临床试验的重要指标，但基本属性仍是安全性、适用性、相似性和可控性（图8-4）。

安全性评价是其中的重中之重，包括安慰剂中有害物质如微生物、重金属、黄曲霉素等的检测，以及受试者服用安慰剂后进行的血、尿、大便常规监测等，以及根据疾病的特异性展开的相关指标检测。例如，四磨汤口服液治疗腹部手术后促进胃肠功能恢复的临床试验中，设计者于疗前疗后各测1次生命体征（如体温、静息心率、呼吸、血压等）和血常规、尿常规、便常规及肝功能、肾功能和心电图。

相似性评价主要是对安慰剂、试验药物差异的大小进行对应的评估，包括以下两种评价。

（1）单项相似度评价：该法是由不同人员比较和分类安慰剂与中药新药的形状、颜色、气体

图8-4　安慰剂的基本属性

和味道的方法，要进行3次独立评分：①完成试验药物、安慰剂研制后，邀请未参与研制的药厂工作人员对试验用药物的外观、颜色和气味等打分；②药物进入临床试验前，邀请未参与该研究的医护人员对药物、安慰剂的外观、颜色、气味进行评分比较；③模拟临床试验是由住院患者对两种药物的外观、颜色和气味进行评价，最后综合三方评价结果得出结论。也有方案采用的评价人为研究者、患者、药学专家或者其他独立专家，但最终至少3个独立评价人完成评价。一些专家建议增加有认知能力的目标适应证患者，给予部分采纳，但目标适应证患者因为目标疾病不同，合并疾病不同，不易界定哪些患者可被纳入，纳排标准会更为复杂，无疑加大了评价的难度，并且后续可能会增加破盲风险。

（2）整体模拟效果评价：该法是参与临床试验的人员主观判断安慰剂成为试验药物的可能性的评价方法，通过对安慰剂的颜色、气味、味道、形状、质感比较与试验药物之间的差异，反映二者的相似程度，以此对于安慰剂的评价提供了一定的参考。

电子仿生测评法不具有人工评估不可重复、不可测量、存在主观差异的缺点，通过各种各样的电子智能技术进行智能评估，可以筛选出与试验药物具有客观相似性的安慰剂。电子鼻是模拟动物的嗅觉器官，利用数据处理的方法来识别被测样品的气味，以便分析和评估气味的相似性；电子舌是模拟人类的舌头来分析、识别和判断测试样品的味觉，通过数据的统计分析，亦可评估相似性。化学成分检测也十分重要，尤其是对于公认的药效指标成分含量的检测，可采用薄层色谱（TLC）、高效液相色谱（HPLC）、高效液相色谱-质谱联用（HPLC-MS）、紫外光谱法（UV）、红外光谱法（IR）等方法测定，但仍应全面结合对形状、颜色、气体和味道相似性的评估结果。

3. 安慰剂的选择与伦理学　在伦理学指导下，当一种新药进行临床试验时，如目前针对此疾病尚无其他的有效治疗，它与安慰剂对比通常没有伦理学问题。然而，中药新药临床试验中有疗效肯定的阳性对照药物，基于履行知情同意原则，使得部分受试者担心自己被分配到安慰剂对照组，故降低对试验的依从性，使临床试验的评价结果产生偏倚。因此，应当选择适合应用安慰剂进行研究的病种如一些非危及生命的疾病：①精神因素影响较大的疾病，如胃溃疡、十二指肠溃疡、高血压等；②疼痛为主要症状的疾病，如偏头痛、骨关节炎、心绞痛等；③有明显自愈倾向的伤病，如各种伤口、手术切口、感冒等；④病情相对比较稳定、短期不治疗也不会有显著改变的疾病，如咳嗽、慢性支气管炎等；⑤精神、神经系统疾病，如晕船、抑郁症、帕金森病等；⑥免疫系统疾病，如类风湿关节炎、哮喘等。

（三）阳性对照药的选择

1. 阳性对照药选择的原则　中药新药临床试验设计中阳性对照药选择的原则为安全、有效、可比。

"安全"表现为选择上市药物进行对比，但也要详细了解所选药物上市后不良反应报道。除此以外，与受试者签署的知情同意书应该包含所有试验用药物的安全信息，并充分告知其不良反应。此外，还应当注意阳性对照药的"天花板效应""地板效应"，部分药物剂量增高，虽效应增高，但到达平台期，安全性风险亦大量升高，因此要注意选取安全窗口大的药物作为对照，综合考量其有效性和安全性。

"有效"对中药新药临床试验选择对照药物提出了较高要求，因所选取《中华人民共和国药典》与试验药物主要功效、适应范围类似的药物可能尚未经过严格系统的随机、对照、盲法、多中心临床试验，选取此类药物作为阳性对照药可能造成产出的中药新药临床试验结果不被广泛认可，故选取的药物应当符合：①通过随机、对照、盲法、多中心临床试验；②已开展上市后循证研究并证明其有效性。

"可比"指所选阳性对照药物在原则上应选择与受试药有相同结构、相同药理作用、相同作用机制、相同剂型、相同给药途径。但中药治病机制与西药有着较为鲜明的区别，故阳性对照药物在功效、适应证方面也要近似，这也造成了阳性对照组难以开展。因此有学者创新性提出了复合对照，即阳性对照药采用2种或者2种以上药物。

对争议较大的西药作为阳性药物评价中药新药疗效，学者认为在探究某种药物治疗某种疾病的特定证型时不应选用西药阳性对照组。比如心脉通胶囊治疗轻、中度原发性高血压（瘀血阻滞兼阴虚阳亢证）的有效性和安全性的随机、双盲双模拟、多中心临床试验评价时，采用了心可舒片（药物组成：山楂、丹参、葛根、三七、木香）作为阳性对照药。而评价某种中药新药治疗某个西医疾病，不限定于对某一中医证候的改善情况时，选择西药作为阳性对照药是合理的。例如，血脂康对2型糖尿病和血脂异常患者甘油三酯水平影响的多中心随机对照试验中，以普伐他汀作为阳性对照药。

综上所述，在中药新药临床试验中，阳性对照药物的选择上宜慎，因为在优效性检验中，例如，果不能证明试验药物疗效优于阳性对照药疗效，则试验药物的疗效评价将难以得出。此外，以西药作为阳性对照药存在既往临床试验未按中医证型评价疗效的缺陷；当前设计的中药新药临床试验与既往试验设计的条件差异会使所选阳性对照药在当前试验中的疗效不确切。

2. 阳性对照药查找途径　主要包括：①在《中华人民共和国药典》、相关标准中选择与试验药物功能主治、包装、剂型等各方面完全一致或基本一致的药物；②利用疾病名称检索临床指南、专家共识，如中华中医药学会多学科诊疗指南（2012）、中医病证诊断疗效标准（1994）；③利用疾病名称检索系统评价、专家经验，如 Cochrane Library、PubMed、中国知网、万方医学等数据库；④利用疾病名称检索相关临床研究并参考，如中国临床试验注册中心（ChiCTR）、Clinical trials。

四、检测指标的选择

（一）检测指标的定义与选择原则

在中药新药临床试验设计中，客观评价中药受试药物是否具有改变某一个体和（或）目标人群特定病证或非健康状态的自然进程、结局或预后能力的过程称为中药新药的有效性评价。其可通过对合理的观察指标与疗效指标的准确分析，明确受试中药新药的治疗效应，检测指标包括在有效性评价中用以明确药物治疗效应的一系列观察指标与评价指标。而在进行对指标的分析与评价之前，检测指标的选择是至关重要的，它将直接关系到临床试验结果的科学性、可靠性和有效性。在选择检测指标时，应遵循以下原则。

1. 科学性和合理性　检测指标应有充分的科学依据，能够客观反映中药新药的安全性和有效性。为进一步促进中药新药研发，2023年2月10日，国家药品监督管理局在新修订的《药品管理法》（2019年第31号）及《药品注册管理办法》（2020年第27号）等药品注册管理通用性规定的基础之上，发布了《中药注册管理专门规定》（2023年第20号）（简称《专门规定》）。《专门规定》在进行广泛深入调研后，立足于临床上中药的实际情况，认为中药的疗效评价应当结合中医药临床治疗特点，在选择临床检测指标时需要选择与中药临床定位相适应、能够体现其作用特点和优势的疗效指标；并进一步提出了可作为中药疗效评价的8种情形，具体为对疾病痊愈或者延缓发展、病情或者症状改善、患者与疾病相关的机体功能或者生存质量改善、与化学药品等合用增效减毒或者减少不良反应明显的化学药品使用剂量等情形。

2. 相关性 检测指标应与试验药物的作用机制、预期疗效以及研究目的紧密相关。但作为中药新药还应该有相关的中医证候的疗效观测。除多层面疗效结果相关支持证据外，还需要与预期结果相关的量表。量表采用评分的方式将相关疗效指标数据化，作为临床结局指标的主要疗效观测指标。

例如，在中药新药治疗卒中的临床试验中，用于治疗卒中药物疗效的评价，现在多主张采用多方位多角度相关指标进行观测和评价。一般分参与、活动、身体、病理4个层次。参与水平，即残障水平，选用生存质量量表检测。活动水平，即残疾水平，常用的量表为改良的Ranking量表（mRS）、巴氏指数（Bathel index，BI）等。身体水平，即病损水平，常用的量表为美国国立卫生院卒中量表（NIH Stroke Scale，NIHSS）等。病理水平，即影像学检查显示的病理表现。

3. 标准化 检测方法应标准化，确保在不同实验室、不同时间点得到的结果具有可比性。对于中药新药临床试验设计来说，试验者需要对中药新药临床试验中产生的中医证候源数据进行客观化记录及保存。在试验实施过程中实时记录舌脉象原始采集图像及其相关特征参数，并保证数据的可溯源性。例如，在中药新药临床试验中使用经国家有关部门批准的合格四诊采集仪设备，且保留试验期间的校准报告及效期证明，与此同时将采集的中医四诊信息与临床试验电子化系统进行数据接口，以实现相关中医四诊信息数据实时抓取。

4. 可靠性 选择的检测指标应具有高的灵敏度和特异性，能够准确反映药物的效果。例如，在进行肾消方颗粒剂对糖尿病肾病患者的疗效观察时，检测指标为治疗前后检测两组患者肾功能、尿素氮、血肌酐、24 h尿蛋白、血糖及糖化血红蛋白水平。通过对比治疗前后患者的肾功能及一系列实验室检查结果从而证实肾消方对于糖尿病肾病的治疗效果。

5. 实用性 检测指标应在实际操作中简便易行，成本可控。在设计中药新药临床试验方案的时候，往往会因为无法全面预估试验方案，而出现为提高试验方案的理论科学性而忽略了实际操作的可行性的情况。

例 8-10 研究一种中药新药对于因上呼吸道感染引起的发热患者的疗效

为了更精确地评估药物对患者的影响，试验最初设定了每2 h要求患者自我监测体温的方案。然而，患者很难严格遵循每2 h测量一次体温的要求，这增加了数据的不准确性和不可靠性。作为替代方案，试验考虑由医护人员每2 h对患者进行一次体温监测，但在实际操作时，仍出现经费和人员配置上的重大问题。因此，设计需要重新评估和优化这一体温监测方案，以确保其在保障中药新药疗效评估准确性的同时，也能兼顾实际操作的可行性和成本效益。

（二）观察指标的分类

在《专门规定》中指出观察指标要全面。不仅必须进行临床症状、生命体征观察及实验室检查，还需要根据试验药物在既往人用经验所提示的毒性、非临床安全性研究所明确或提示的毒性靶器官、同类药物的毒性靶器官等方面增加一些特殊观察指标，以及增加临床前所提示的预期的药理作用的指标。具体可分为：①常规检查指标，如临床症状、体征、实验室检查（范围包括心血管、呼吸、消化、泌尿、内分泌、血液系统等）。②特殊检查指标，指为观察药物可能存在的不良反应而做的检查。应针对非临床安全性研究结果设计相应的安全性观察指标。例如外用制剂局部用药应注重观察局部刺激症状，注射剂还应重点观察过敏反应等。③预期药理作用指标，临床定位是指中药新药在拟定目标适应证中预期的治疗作用。例如代臣银等在研究郑氏洗剂治疗膝骨关节炎的过程中不仅对患者的一般情况及实验室检查做有相应记录，同时还保留有对于膝关节皮温的测定、膝冷痛评分、骨关节炎指数（Western Ontario and McMaster Universities osteoarthritis index，WOMAC）的记录。

（三）评价指标的分类

在遵循中药新药临床试验检测指标选择基本原则的前提下，中药新药临床试验设计疗效评价指标可根据其不同的功能性质划分为数类，具体分类如下。

1. 有效性指标　有效性指标又称为疗效指标，统计学又称为有效性变量，是反映受试药物用于患者所表现出临床获益的主要观测和评价工具，疗效指标的选择、测量和比较是药物有效性评价中的关键因素。疗效指标主要包括疗效观测指标和以其为基础确定药物效应大小比较与评价的方法和标准，即疗效评价指标。其指标对于试验结果的权重可分为主要指标及次要指标。

（1）主要指标：主要指标是能够为主要研究目的提供与临床最有关、最可信证据的有效性指标，应该与当前国内外相应适应证领域和试验目的的共识相符。研究者应使用在早期的研究或已发表的文献中报道的，已累积有实践经验的可信且有效的疗效指标反映主要的临床疗效。

> **例 8-11**　研究芪黄益肾颗粒对于糖尿病肾脏病气阴两虚证效果
>
> 采用 2012 年美国肾脏病基金会的肾病预后质量倡议（KDOQI）对于糖尿病肾病的诊断标准，选择以 24 h 尿蛋白（UP）定量作为观察指标。为了使主要指标与试验结果更具说服力，研究者继续进行了 24 h 尿蛋白总量（UTP）分别与尿白蛋白（UACR）和肾小管损伤标志物（尿 α1-MG、RBP、NAG/Cr）相关性分析，最终得出芪黄益肾颗粒可使糖尿病肾病患者糖脂代谢得到改善，同时延缓肾功能进展，改善临床症状，从而得出芪黄益肾颗粒对于气阴两虚证糖尿病肾病的临床疗效。

（2）次要指标：次要指标指与主要目的相关的支持性指标，或与次要目的相关的有效性指标，次要指标能为主要结论提供支持，形成证据链，但不一定需要确证性结论。

> **例 8-12**　健脾养阴固涩方对糖尿病肾病气阴两虚证患者临床疗效研究
>
> 除对主要指标 24 h UTP 进行检测外，还将 UACR、血肌酐（SCr）、尿素氮（BUN）、D-二聚体、糖化血红蛋白（HbA1c）定为次要指标进行分析，对照治疗前后 24 h UP、UACR 以及肾功能指标的水平，从而得出健脾养阴固涩方具有显著改善糖尿病肾病气阴两虚证患者症状、降低蛋白尿、保护肾功能的作用。

2. 复合指标与单项指标　复合指标是指按照某种确定的方法，由多个指标结合或组合而成的一个指标；组成复合指标的各项具体指标，属于单项指标。当与试验主要目的有关的变量较多而无法确定单一的主要变量时，可以采用复合指标。其重要的是构成复合终点指标的多个单一指标应具有关联性且一般具有相同的临床重要性。而在中药新药的临床试验设计中复合指标的常见形式为基于中医证候量表的中医证候疗效。值得注意的是，单项中医证候，往往分级量化标准明确，符合临床实际，临床试验中常作为疗效评价指标使用。

3. 终点指标与替代指标

（1）终点指标：终点指标指的是主要结局指标，指那些对患者影响最大、最直接，患者最关心、最想避免的临床事件，包括疾病终点（如死亡、残疾、功能丧失）和某些重要的临床事件（如终末期肾功能不全、脑卒中、急性心肌梗死、骨折等）。但由于该类疗效指标发生率低，且需要的临床试验时间长、样本量大、成本高，还可能不符合医学伦理，故容易存在临床疗效终点指标不合理性。因此，在选择该类疾病临床终点指标时需要充分重视其临床试验的难度。例如，治疗慢性心力衰竭最主要的目的是降低患者的死亡风险，但要证明其药物的有效性，可能需要数量较多的病例且临床试验时间非常长，故研究此方面新药的临床试验可能因为难度太大而难以实现。此时，可选择测定治疗前后左心室舒张末期内径（LVEDD）、左心室收缩末期内径（LVESD）、左室射血分数（LVEF）水平等多项指标组成的复合指标作为主要疗效指标来评价则显得较为合理。

（2）替代指标：替代指标指的是次要结局指标，指的是一种能够代替重要的临床结局的实验室测量指标、临床症状或体征，它不是终点但与终点存在因果关系，经过干预可使其变化；这种变化能直接反映患者的感觉、功能状况或生存情况。替代指标需要考察指标与临床获益的关联性和生物学合理性，同时需要关注在流行病学研究中该指标对临床结局的预测价值，并且还需要临床试验的证据显示药物对该指标的影响程度与药物对临床结局的影响程度一致，而这些证据的取得往往依赖于长期大样本的医学研究和发现。对于糖尿病肾病的现行研究来说，常用血肌酐、空腹血糖、尿素氮、总胆固醇、24 h尿蛋白定量、糖化血红蛋白、尿蛋白排泄率、甘油三酯、肿瘤坏死因子、白细胞介素-6等指标经治疗后的变化用以作为终点指标，由此达到减轻临床试验的难度的目的。

值得注意的是，替代指标并非真正的临床结局，若没有经过严格的效度评价，则可能在效应评价时产生偏倚。

4. 主观指标与客观指标　主观指标则是通过患者自身感觉或者观察他人的行为等进行评价的指标，如疼痛程度、情绪状态等。难以避免的，主观指标的数据采集往往会带有一定的主观因素，临床上应用时，可以采用如笑脸评分法等手段避免偏倚。客观指标是指可以通过客观方法进行测量的指标，如体温、血压、心率等。客观指标受外部因素的干扰较少，能很好地反应变量的变化，但可能时间滞后、有创检查。在选择临床试验指标时，需要考虑其准确性、可靠性、敏感性、特异性以及实用性等因素，以确保研究结果的真实性和可靠性。

（四）评价指标观测方法

中医证候量表/分级量化标准：中医证候是中医临床疗效评价的重要结局指标之一，近年来为了实现证候疗效评价的定量化、客观化、规范化，众多学者投身于中医证候疗效评价量表的研制工作并取得系列成果，并为后续研究提供思路。当前临床主要是西医辨病结合中医辨证的病证结合模式，如通过结合冠心病西医辨病及中医辨证编写了《冠心病稳定型心绞痛（痰瘀互结证）疗效评价证候计分表》。

西医评价量表：目前中药新药临床试验中引入了西医学中一系列成熟的疾病评价量表，如汉密尔顿抑郁量表（HAMD）、简易智能状态检查表（MMSE）等，并将其应用于中药新药的疗效评价之中。

第三节　中药新药临床研究的质量保证

临床试验是对患者与健康志愿者开展的药物系统性研究，其目的是围绕疗效与安全性对受试药物开展药效作用、药理、不良反应及药物代谢动力学等信息的揭示。临床试验是临床医学研究及新药开发的重要环节，包括方案设计、组织、实施、监查、稽查、记录、分析、总结和报告等一系列环节。据统计，近九成进入临床试验的药物被终止成为药品上市，良好的质量控制是临床试验结果科学性的重要保障，是上市药物的安全筛网，也是衡量机构科研能力与临床试验管理水平的重要标准。新药临床研究质量的有效管理，对保障人民用药安全及生物医药产业发展具有重大意义。

自2020年7月1日新修订的《药物临床试验质量管理规范》（GCP）实施以来，我国新药临床研究质量控制得到显著提升。中药新药临床试验是我国药临床研究的重要组成部分，遵照新修订GCP要求的同时还面临一些特殊性问题。中药是中医学的重要组成部分，是中医药传统文化的重要体现。与西药相比，中药物质成分丰富，中药方剂可能包括多种植物、动物或矿物成分。剂量设定较为复杂，多种成分存在相互作用。因此，中药的作用机制往往更复杂，可能涉及多个生物靶点和途径，有待进一步明确作用机制，其相关验证较西药也更为繁琐。中药药效评价具有特殊性，不仅仅依赖于生物化学指标，还包括整体的疗效评估，如症状改善和生活质量的提高。对于中药新药临床研究的质量保证亟须出台相应标准。目前，中药临床新药临床研究不断规范，一些关键问题已逐渐达成专家共识。中药临床试验质量研究的规范化与标准化控制，不仅可以促进中药新药的创新发展和优化中药产业的结构，奠定了坚实的基础，更有助于中药的现代化和国际化发展。本节将从临床研究的组织管理、质量控制和监查、稽查与检查三个方面阐述中药新药临床研究的质量保证。

一、临床研究的组织管理

中药新药临床试验过程中，申办者负责临床研究质量体系的构建。组织医学专家、GCP专家及数据统计与管理专家对试验设计进行全方位论证。根据新修订GCP规定，临床试验管理与质量控制涉及临床试验全过程，研究机构应在试验实施过程中对临床试验设计、实施情况、数据样本等进行全过程监控，并及时合理调整质量管理措施，确保样本的采集、存储、处理和分析过程严格按照协议进行。中药成分的复杂性要求高精度的样本管理系统，以实现依赖于人员齐整、分工明确的试验组织及客观科学的质量标准。

（一）质量保证组织体系建构

构架功能全面的中药新药临床试验组织体系是项目有效管理与高效实施的重要保证。组织体系的构成主要有赞助者或申办者、临床试验委员会（或研究领导小组）、主要研究者、合同研究者等，具体人员职责功能如下论述。

1. 赞助者或申办者　由启动、管理以及资助一个临床试验的制药公司、学术机构、政府机构或其他医疗组织构成。负责整个临床研究的资助、设计、实施和管理，包括确保试验的科学性和安全性，保护参与者的权益，以及监督整个试验的进展。此外，发起者还负责收集和分析数据，并根据临床试验的结果，向监管机构提交必要的文档，以便获取新药或治疗方法的批准。在多中心试验中，发起者也负责协调不同研究中心的工作，确保各个中心遵循统一的标准和程序。

2. **临床试验委员会** 临床试验委员会（或研究领导小组）制定临床试验的总体战略和方针政策，批准研究设计，监督试验进展。确保临床试验的科学性和伦理性，决策关键事项，如预算分配、协议修改等。

3. **主要研究者** 主要研究者（principal investigator，PI）负责整个临床试验的执行，确保试验按照批准的方案进行。组织和管理研究团队，直接参与病人的筛选和治疗，确保数据的准确性和完整性。

4. **合同研究者** 合同研究者（contract research organization，CRO）是受申办者委托提供临床试验和其他研究支持服务的商业或学术机构。通过临床试验的设计、执行、数据管理和监管提交等服务，帮助申办者高效、合规地完成临床试验。

5. **临床研究协调员** 临床研究协调员（clinical research coordinator，CRC）负责日常管理临床试验的具体事务，如参与者招募、随访、数据收集和记录。作为研究团队和参与者之间的桥梁，确保试验的顺利进行和数据的规范管理。

6. **数据管理团队** 负责数据的收集、输入、验证和分析。保证数据的质量和完整性，使用统计方法对数据进行分析，为最终的研究结果提供支持。

7. **监查员** 监查员（monitor）定期访问临床试验现场，验证数据的准确性，检查试验是否按照GCP（良好临床实践）标准执行。提供独立的审查，确保研究的合规性，并帮助解决临床试验中出现的问题。

8. **药物管理员** 药物管理员（pharmacy coordinator）负责中药新药的接收、储存、分发及回收，确保药物的质量。控制药物的使用，确保正确的药物被分发给正确的参与者。

9. **伦理委员会（ethics committee）** 伦理委员会评估和监督临床试验的伦理方面，确保所有研究遵循伦理标准。审查研究方案，监控参与者的权益保护，批准研究的启动和进行。

10. **质量保证团队** 检查和审查临床试验的流程和数据，确保符合国内外的法规要求。进行内部审计，提供质量控制报告，帮助提升临床试验的整体质量和效率。

这样的组织架构确保了中药新药临床试验的各个方面都受到严格的管理和监督，从而提高试验的可靠性和效果。

（二）质量保障标准体系的建构

中药新药临床研究的质量保证需要基于多维度的质量要求建构标准体系。近年来，国家层面已提出要建立中医药理论、人用经验和临床试验相结合的"三结合"质量评价体系，为临床试验质量控制提供了可行范式。在真实世界中药新药临床评价研究中不同主体可结合自身角色开展质量控制。

1. **申办者对质量控制的作用** 作为整个临床试验的设计、管理和资助的负责机构，申办者首先应制定详尽的临床试验方案，包括清晰的试验目的、设计、方法、统计分析计划等，确保科学性和操作的明确性。申办者需要建立质量管理体系，通过内部质量审计和外部质量保证活动，监控临床试验的每个阶段。此外，选择有资质的CRO和具备适当设施及人员的研究中心进行试验。合理设计与人员分工安排，保证临床试验顺利进行。

2. 研究者对质量控制的作用 研究者是直接参与临床试验的执行者，负责具体的操作和数据的收集。为确保质量控制，研究者应遵守临床试验方案，严格按照批准的研究方案执行试验，确保试验的一致性和可重复性。定期接受良好 GCP 及相关法规的培训，保证试验操作的正确性。扎实数据质量管理，确保数据准确录入、存储和处理，防止数据丢失或篡改。积极参与监督和审查，与质量控制部门和监查员合作，接受定期的监督和质量审查。

3. 临床研究协调员的质量控制作用 作为临床研究中研究者、患者与申办者之间的沟通桥梁，临床研究协调员协调各方面的工作，解决研究中遇到的各类难题。通过协调与质控，通过试验环节的质控作用，确保监控数据收集的过程，确保数据的准确录入、及时更新和完整保存。通过不同节点间的协调作用，保证新药临床试验的确保信息的流通符合规范，及时解决问题。

4. 监查员的督促作用与医院稽查制度 监查员定期访问研究现场，检查协议的遵守情况、数据的准确性以及研究的整体进度。向研究团队提供必要的 GCP 和临床试验操作培训，解释不明确的协议内容，指导如何改进实践。此外，监查员应及时向申办者报告问题，并跟踪问题解决过程，确保所有问题得到妥善处理。申办机构如医院内部可建立稽查制度，定期进行内部审计，定期检查临床试验的流程和记录，确保遵守相关法规和 GCP。对发现的问题，应迅速采取纠正和预防措施，避免同类问题再次发生。

二、临床研究的质量控制

临床新药评价的质量涵盖数据管理、样本管理、过程监管等方面。目前我国中药临床质量控制体系还不够完善，中药新药临床试验质量控制过程较为粗放。谭琴等人汇总在 2015 年至 2017 年 2 033 个待审药品注册申请中，申请人主动撤回项目 1 316 个，被核查的 313 个申请中有 38 项目涉嫌数据造假。在 2020 年至 2023 年的注册类中药的 18 项临床试验资料中（涉及中医内分泌、中医心血管、中医脑病、中医脾胃病等）共汇总 242 个问题，归类为不符合法规要求、方案描述模糊、方案设计可行性差、试验方案不一致和行文错误等（图 8-5）。针对临床试验设计资料中暴露的缺陷，应从试验设计、受试者选择、质量方案、数据管理、安全性评价等环节注重质量控制，并兼顾中药临床研究在证候中医评价、患者依从性、受试者权益等方面与西药临床研究存在的差异。

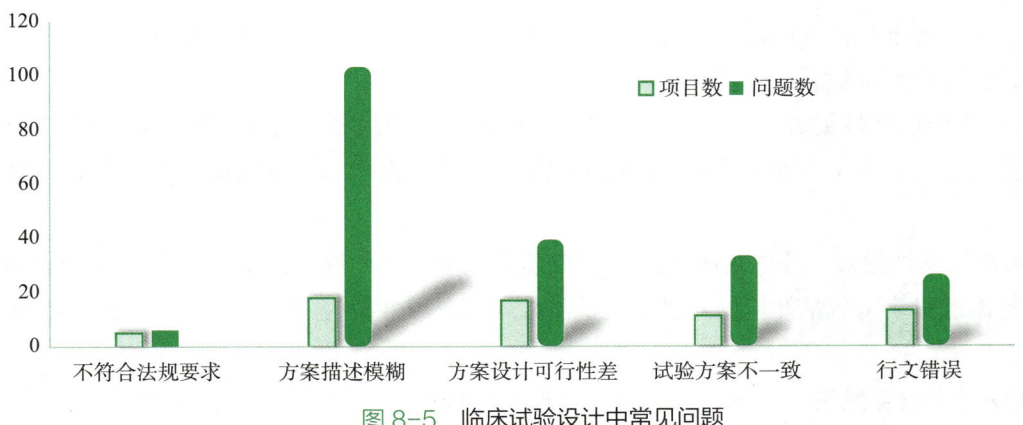

图 8-5 临床试验设计中常见问题

（一）临床质量评价标准

临床试验的标准操作规程（standard operating procedure，SOP）是一套详细的指导文件，用于保证临床试验的质量和一致性，确保所有试验活动遵循相同的标准和法规要求。SOP 覆盖从试验设计到数据收集、分析、报告及管理的各个方面。这些规程旨在确保临床试验的科学性、伦理性和法规遵从性，是进行有效临床研究的基础。

相关规程包括以下内容：①选择研究中心和主要研究者。②制定实践 GCP 的研究方案与修订办法。③试验设计、样本纳入及知情同意书的制定。④伦理委员会申报与审批。⑤患者安全性管理。⑥试验药物管理（中药品种来源、质量、运算、存储等）。⑦中药炮制、提取及剂量配伍的管理。⑧数据质量和完整性管理。⑨数据统计分析的操作。⑩文档资料的整理与管理。⑪临床总结报告的撰写与管理。⑫监查、稽查、检查质量控制的管理。⑬实验室质控的管理。

临床试验的质量评价标准是确保试验结果有效性和可靠性的核心要素，涵盖了从试验设计到数据管理和报告的全过程。首先，选择合适的研究中心和主要研究者是基础，这确保了研究由具备必要资质和经验的团队执行。其次，实施遵循良好临床实践（GCP）的研究方案并随时准备进行必要的修订，保障了试验的科学性和伦理性。试验设计必须详尽规划，包括样本大小的确定和知情同意书的制定，以确保受试者的权益受到保护。伦理委员会的申报与审批过程则进一步强化了试验的伦理标准。

患者安全性管理和试验药物的管理（特别是中药的品种来源、质量、运输和存储）是保障受试者安全和试验药物质量的关键环节。此外，中药的炮制、提取及剂量配伍的管理需要严格控制，以确保药物的一致性和科学性。数据的质量和完整性管理确保收集的信息准确无误，而数据统计分析的规范操作则支持了结果的客观性和科学性。

文档资料的整理与管理、临床总结报告的撰写与管理，以及稽查和检查的质量控制管理都是确保研究符合监管要求并能够反映真实结果的必要措施。最后，实验室质控的管理保证了所有生物标本和化学分析的准确性和重复性。

总之，这些质量评价标准共同构成了一个全面的框架，旨在通过精确和规范的管理实践，确保临床试验的每个环节都能达到最高的科学和伦理标准。

（二）临床质量研究工具

在临床试验中，为了系统评价和确保试验的质量，经常会使用一系列的评价量表。这些量表设计用于量化和标准化试验中的各个方面，从而提供一个清晰、客观的质量评估。以下是一些常见的临床试验质量评价量表的类型和用途。

1. **研究协议依从性量表** 评估研究人员在遵循研究协议的各项规定（如研究设计、受试者招募、数据收集和报告）方面的表现。量表可包括协议偏差次数、严重偏差事件、修正和违规情况等。

2. **GCP 依从性量表** 评估临床试验中 GCP 遵守的程度，确保临床试验符合国际和国内的伦理和质量标准。量表可包括知情同意过程的适当性、不良事件报告的及时性、数据完整性和保密性等。

3. **数据管理质量量表** 评价数据收集、处理和分析过程中的质量控制和完整性。量表可包含数据录入错误率、查询解决的及时性、数据锁定前的审核完整性等。

4. **监查和稽查量表** 用于内部或外部监查和审计团队评估临床试验的合规性和执行质量。相关内容可包括监查频率、发现的问题类型和严重程度、纠正措施的执行情况等。

5. **受试者安全量表** 专门评估临床试验中受试者的安全管理情况。量表可录入不良事件的监测和处理、安全相关的数据分析、紧急情况的响应等。

6. 培训和资格量表 评估临床试验团队成员的培训水平和资格是否符合试验要求。相关内容可涉及团队成员参与 GCP 培训的情况、专业资格和继续教育等。

7. 试验结束后的总结评价量表 在临床试验结束后评估整个试验的总体质量和效果。量表含试验目标的达成度、数据的科学分析结果、发表的论文或报告的质量等。

这些量表的设计和实施需要根据具体的试验类型和需要进行定制。通过使用这些评价工具，研究团队可以更有效地识别和解决临床试验中的问题，提高试验的整体质量和可靠性。

（三）基于实例探讨质量控制要点

在中药新药临床研究的科学管理和质量控制过程中，应充分体现中医临床特点，建立适合中医药临床研究的方法学。

1. 临床试验方案设计 从 2005 年 8 月启动的"芪参益气滴丸对心肌梗死二级预防的临床试验研究"为例，通过多学科专家研讨，完善顶层方案设计。以阿司匹林肠溶片为对照，评价药物对心血管病死率、再梗率及非致死性卒中事件发生率的影响。为中成药芪参益气滴丸心梗二级预防临床研究工作奠定了基础。前期准备阶段制定了详细的研究者手册、患者手册、知情同意书等文件，明确不良反应等信息的记录标准。

大规模随机双盲模拟试验强调试验的随机性。利用计算机、传真、电话随机化编码以确保试验的随机要求。为确保盲法的严密性，临床研究常采用双盲法，也可选择单盲或开放法。以安慰剂对照，或使用阳性药对照。鉴于中西药物的差异较大，常采用双盲安慰剂对照法。随机与盲法是临床新药研究真实性的重要保障，是提升数据统计学有效性、确保临床样本代表性、减少研究者主观影响、提高试验可信度的重要措施。以中国中医科学院西苑医院"变应性鼻炎中药新药临床研究方案"为例，试验评价舒比灵喷雾剂、复方辛夷花滴喷剂的有效性安全性研究、屏风鼻舒Ⅱ期临床试验中采用随机、双盲、两剂量平行分组及安慰剂对照方案。在研究统计的 500 余项中药临床试验中，中药安慰剂应用比例超 83.33%。中药安慰剂的质量和模拟效果也将影响中药新药临床试验的质量分析客观性，应在实际设计中留意中药安慰剂量化指标及患者依从性等问题。

2. 受试者选择

> **例 8-13　儿童功能性便秘的防治研究**
>
> 试验按照儿童功能性便秘的罗马Ⅲ诊断标准，分为小于 4 岁、4~7 岁、大于 7 岁三个年龄段。基于西医诊断标准、中医辨证标准联合诊断，参考伦理学、适应证、有效性、安全性合理规范纳入及排除标准，并允许患者自愿退出试验。对于中医辨证标准而言，证候选择应有统一标准与权威指导。本项目以 1994 年国家中医药管理局《中医病证诊断疗效标准》、徐荣谦主编《中医儿科学》为参考，由课题组专家遵循中医理论指导原则制定标准。

3. 治疗方案

> **例 8-14　急性痛风性关节炎复方中药新药临床试验设计**
>
> 由于临床自愈缓解时间（3~10 天）及受试者长期用药特点，疗程设计不宜过长且应满足长毒试验周期支持。试验方案中建立健康教育为非药物干预的治疗基础。对"疼痛剧烈难以忍受"的适应证及用药病情标准进行详细规定。当注意进行针灸、外用药外敷等治疗时对其他疗法的限定。此外，在儿童参与的临床试验中为确保试验质量，方案提出建议培训监护人提高患者依从性，有效保证患者在治疗过程中饮食作息的配合。

4. **准备伦理审核** 根据国际人用药品注册技术协调会（ICH）和我国 GCP 要求，试验方案必须经过伦理委员会审查批准；试验中的方案修改也需经过同样的审核。作为前期准备内容，项目经伦理委员会审核，通过临床试验注册，并对研究方案、研究者手册、病例报告表、患者手册、药品发放回收表等管理文件进行准备。

5. **培训研究人员** 重视培训对于项目的成功实施至关重要。培训可通过启动会、协作会等多种形式进行，旨在向医疗和科研人员宣传和解释试验的目的、意义和方法，提高参与者的参与度和理解程度的同时，充分展示项目试验设计、具体方法、观察指标及相关要求，确保临床研究的顺利进行。以"芪参益气滴丸"项目为例，项目采用了二级培训制度，在启动会议上开展研究骨干集中培训，灌输项目背景、实施方案和组织管理。通过逐级推进的渐进方式，在各地区开展现场培训和考核，合格后正式启动该地区的试验工作，并开始纳入病例。这种注重培训的做法能够确保项目参与者对试验的目的和方法有清晰的认识，提高试验工作的质量和效率。

6. **完善资料数据管理** 数据管理部门的设置是试验结果客观性和准确性的有力保障。项目管理办公室、分中心以及参加医院的人员保持密切联系，协调配合，确保医疗原始记录、病例报告表和化验单等资料的完整性、准确性和逻辑性。数据管理团队由临床专家、统计学家和相关工作人员组成，负责数据的监管、录入和分析。该项目于中国中医科学院临床评价中心建立了不参与临床的独立的数据管理中心，负责核查、录入、锁定和统计数据资料，保证研究的随机性和可信度，提升研究分析的科学性和公正性。

三、临床研究的监查、稽查与检查

SOP 的目标在于保证临床试验的实施符合临床试验方案和管理规定，维护受试者权益，确保试验数据记录和报告的准确性、完整性和可信度，以确保临床研究结果的可靠性，减少随机误差和抽样误差，降低系统误差，并防止出现偏倚。SOP 的执行情况需要独立于临床的质量保证人员通过监查、稽查和检查的方式实施。作为中药临床研究质量评估和监督的重要环节，监查、稽查与检查相辅相成，共同构成了中药新药临床研究的质量保证体系，旨在确保临床试验的可靠性，保护受试者的安全，以及最终获得的研究结果的科学性和实用性。

1. **监查** 监查（monitoring）通常由赞助方或 CRO（合同研究组织）进行，目的是定期评估研究的进展和质量，确保研究按照 GCP 及研究协议执行。确保研究的完整性、准确性和符合伦理规范。监查可能包括监督受试者的入选和排除标准的符合情况、数据记录的准确性、药物或治疗的符合情况等。通常监查由研究团队内部或专门的监查团队执行。

2. **稽查** 稽查（audit）通常由赞助方的质量保证部门或外部独立机构进行，是对研究的系统性评价，检查研究数据和相关活动的合规性。是对临床研究过程和数据进行独立、系统性审查的活动。稽查可以是定期的计划性稽查，也可以是因特定事件或投诉而进行的特别稽查。

3. **检查** 检查（inspection）由监管机构如药品监督管理部门进行，是对整个研究的正式审查，确保所有活动符合国家法律法规的要求。检查的目的是确保临床研究符合法规和标准要求，并且数据的质量和完整性得到保障。检查可能涉及对研究文件、受试者记录、研究人员资格、研究场所等方面的审查。

监查和稽查都是由试验申办者进行的，但角色与职责不同。监查和稽查在临床试验管理中扮演着不可或缺的角色，它们共同确保了试验的可靠性、透明性和合规性。监查是一个持续的过程，由试验监查员负责定期对试验进行现场检查和审核。他们的任务包括核实试验执行过程中的各个环节,如药品管理、数据记录、受试者招募和知情同意等,以确保试验的执行符合预先确定的方案和法规要求(表8-6)。监查员也扮演着教育者的角色,与研究者和试验人员合作,确保他们理解并遵守相关的规定和指导原则。

表8-6 中药新药临床试验监查计划表

监查项目	具体内容与要求
试验培训	对临床监查员、研究者等人员开展管理制度、落实制度、考核评估的培训,并存档
试验药物管理	中药新药质量控制,包括原料敷料标准、质量稳定性、药理毒理等
受试人群纳排	西医诊断标准、中医辨证划分,结合药物特点及人用经验选择受试人群
知情同意	结合中医药特点规范知情同意书,充分保护受试者权益保证试验结果可靠性
数据收集与管理	明确信息要求与时间,提高病例报告提交的数据规范性及数据来源可追溯性
文件资料管理	撰写试验相关文件时应专人核对,确保文件逻辑性与准确性,避免概念模糊与行文错误
多方协调与沟通	质量管理前置、明确监查内容、优化各部门沟通流程
问题报告	涉及方案违背及受试者安全问题等情况时报告方式
访视规范	监查时间、监查频率、监查报告书时限与审批
严重不良事件	定义、报告方法、报告对象
特殊注册文件	提交国外药物管理机构审批的特殊表格

相比之下,稽查是一种全面的审查和评估过程,通常由独立的机构或专业团队进行。稽查的目的是验证试验数据和报告的准确性、完整性和合规性。它不仅着眼于试验执行过程中的细节,还关注试验结果的可信度和真实性。稽查通常发生在试验结束后,其审查对象包括试验文件、病例报告表、数据记录和报告等。稽查员不直接参与试验执行,而是通过审核文档和数据来评估试验的整体质量和合规性。

尽管监查和稽查在目的和执行方式上略有不同,但它们共同致力于确保临床试验的质量和合规性。通过进行监查和稽查,可以及时发现和纠正试验执行中的偏差和问题,从而保障试验数据的可靠性和科学价值。这种举措进一步确保了试验结果的准确性和可信度,为药物研发和临床实践提供了可靠的依据。

在中药新药临床试验中监查、稽查及检查的任务应考虑中药制剂、治疗方案和文化背景进行全面考虑。确保中药新药临床试验的设计和执行符合国际和本地的法规要求,包括试验设计的科学性、受试者招募的合规性、治疗方案的一致性等。特别是在中药临床试验中,可能需要考虑中药的配方、剂量和煎煮方法等特殊因素。审查试验数据的记录、收集和报告,以确保数据的准确性和完整性。可能需要额外的审查来验证中药材的来源、质量标准和制剂过程,以确保试验结果的可靠性。

在中药新药临床试验中,监查、稽查及检查的职责需全面考虑中药制剂、治疗方案以及文化背景等方面的因素。这涵盖了确保试验设计和执行符合国际和本地法规要求的范畴,包括但不限于试验设计的科学性、受试者招募的合规性以及治疗方案的一致性。特别是在中药临床试验中,需要特别关注中药配方、剂量和煎煮方法等特殊因素。审查试验数据的记录、收集和报告是必要的,以确保数据的准确性和完整性。为了确保试验结果的可靠性,可能需要额外的审查来验证中药材的来源、质量标准以及制剂过程。

综上所述，监查、审查与检查在中药新药临床试验中具有至关重要的地位。它们通过确保试验的合规性、数据的可靠性和受试者的安全性，为中药新药的研发和上市提供了必要的保障。在进行中药新药临床试验时，研究者及相关机构应严格遵循监查与审查的规定，以确保试验过程的合法性和透明度。

思考题

1. 基于"三结合"中药注册审评体系，如何开展中药新药研发？
2. "三结合"审评证据体系的形成和完善对中药新药临床研究具有怎样的意义？
3. 应如何选择中药新药治疗冠心病稳定型心绞痛临床试验的疗效指标？
4. 在临床研究质量控制中监查、稽查与检查的主体与实施目的有何不同？

（庄朋伟，姜晨）

数字资源详见　新形态教材网

学习目标　　知识图谱　　推荐阅读　　教学课件　　自测题

第九章

中药新药注册申报资料与数据合规性要求

党中央、国务院高度重视中医药工作，特别是党的十八大以来，习近平总书记多次作出重要指示批示，要求改革完善中药审评审批机制，促进中药新药研发和产业发展。为深入贯彻落实党中央、国务院决策部署，解决中药创新研发动力明显不足等关键问题，国家药品监督管理局（药监局）着力构建、完善符合中药特点的审评审批机制，依据《药品管理法》《中医药法》及《药品注册管理办法》，2020年组织制定、颁布了《中药注册分类及申报资料要求》。此次中药注册分类的修订是在深刻总结中药审评审批实践经验、充分吸纳药品审评审批制度改革成果的基础上，结合中药特点和研发实际情况而进行的。为规范药品注册核查检验启动工作，2021年，国家药品监督管理局药品审评中心组织制定、颁布了《药品注册核查检验启动工作程序（试行）》，保证中药新药研究过程的合规性。

据国家药品监督管理局网站发布，近几年，中药注册申请受理情况呈增长趋势，新药临床试验申请（IND）受理情况逐年增加，新药上市许可申请（NDA）亦保持增长。自2020年新版中药注册分类发布后，创新中药和改良型中药IND注册申请件数明显增长，创新中药和古代经典名方NDA申请件数均增加。2022年，国家药监局批准首个按古代经典名方目录管理的中药复方制剂苓桂术甘颗粒上市，是深入发掘中医药宝库精华、推进古代经典名方向新药转化的一次生动实践。《中药注册分类及申报资料要求》及其核查等相关文件的发布，促进了中药的传承创新发展。

通过本章的学习，学生应掌握中药新药注册的分类及其申报内容，熟悉中药新药研究过程中数据的合规性，并了解现场核查内容。

第九章 中药新药注册申报资料与数据合规性要求

第一节 中药新药注册申报资料要求

中药新药申报资料的撰写应以准确性、完整性和规范性为基本原则，确保资料反映产品的基本信息、研发历程和研究结果等内容，同时遵循相关法规和标准，保持格式的一致性，以确保申报资料的可信度和易读性。

一、申报资料项目

2020年9月，国家药监局发布《中药注册分类及申报资料要求》，申请人需要基于不同注册分类、不同申报阶段及中药注册受理审查指南的要求提供相应资料（图9-1）。申报资料应按照

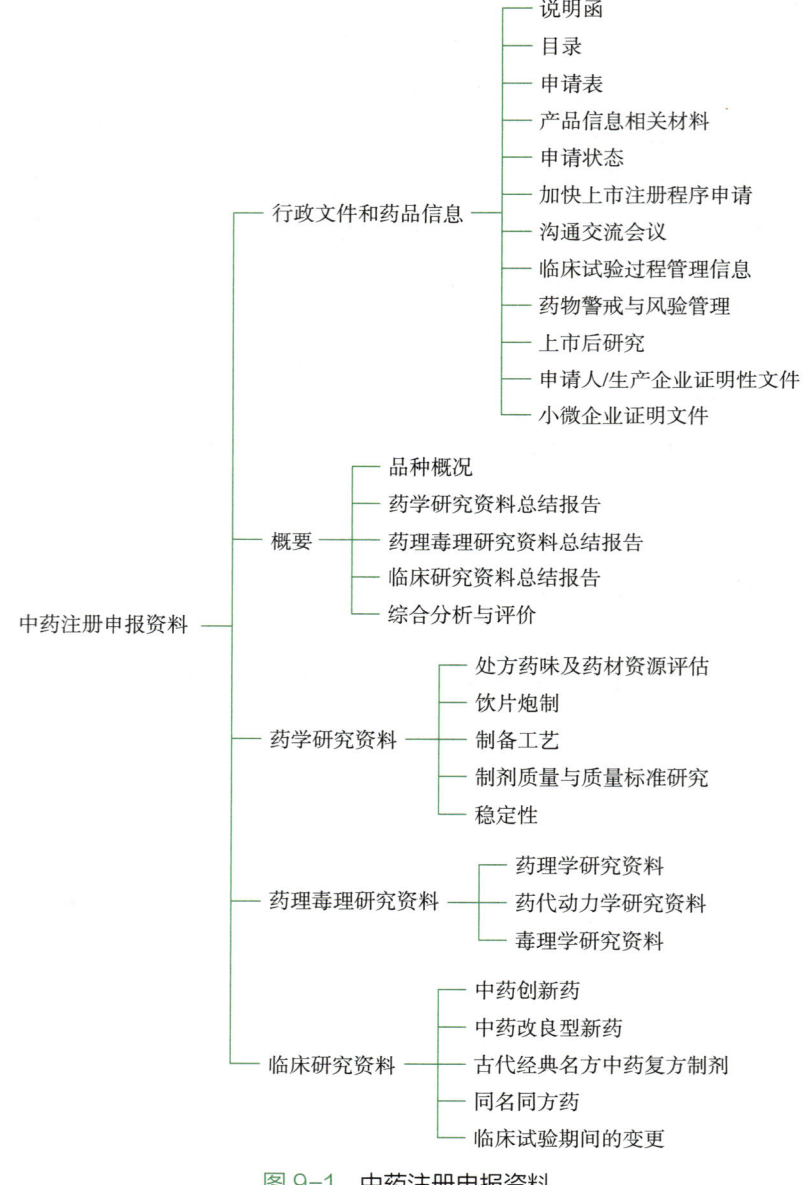

图 9-1 中药注册申报资料

项目编号提供，对应项目无相关信息或研究资料，项目编号和名称也应保留，可在项下注明"无相关研究内容"或"不适用"。如果申请人要求减免资料，应当充分说明理由。申报资料的撰写还应参考相关法规、技术要求及技术指导原则的相关规定。境外生产药品提供的境外药品管理机构证明文件及全部技术资料应当是中文翻译文本并附原文。

境外已上市而境内未上市的中药、天然药物制剂，参照中药创新药提供相关研究资料。

（一）行政文件和药品信息

1.0　说明函

1.1　目录

1.2　申请表

1.3　产品信息相关材料

1.4　申请状态（如适用）

1.5　加快上市注册程序申请（如适用）

1.6　沟通交流会议（如适用）

1.7　临床试验过程管理信息（如适用）

1.8　药物警戒与风险管理（如适用）

1.9　上市后研究（如适用）

1.10　申请人/生产企业证明性文件

1.11　小微企业证明文件（如适用）

（二）概要

2.1　品种概况

2.2　药学研究资料总结报告

2.3　药理毒理研究资料总结报告

2.4　临床研究资料总结报告

2.5　综合分析与评价

（三）药学研究资料

3.1　处方药味及药材资源评估

3.1.1　处方药味

3.1.1.1　处方药味的相关信息

3.1.1.2　处方药味的质量研究

3.1.1.3　药材生态环境、形态描述、生长特征、种植养殖（人工生产）技术等

3.1.1.4　植物、动物、矿物标本，植物标本应当包括全部器官，如花、果实、种子等

3.1.2　药材资源评估

3.1.3　参考文献

3.2　饮片炮制

3.2.1　饮片炮制方法

3.2.2　参考文献

3.3 制备工艺

3.3.1 处方

3.3.2 制法

3.3.2.1 制备工艺流程图

3.3.2.2 详细描述制备方法

3.3.3 剂型及原辅料情况

3.3.4 制备工艺研究资料

3.3.4.1 制备工艺路线筛选

3.3.4.2 剂型选择

3.3.4.3 处方药味前处理工艺

3.3.4.4 提取、纯化工艺研究

3.3.4.5 浓缩工艺

3.3.4.6 干燥工艺

3.3.4.7 制剂成型工艺

3.3.5 中试和生产工艺验证

3.3.5.1 样品生产企业信息

3.3.5.2 批处方

3.3.5.3 工艺描述

3.3.5.4 辅料、生产过程中所用材料

3.3.5.5 主要生产设备

3.3.5.6 关键步骤和中间体的控制

3.3.5.7 生产数据和工艺验证资料

3.3.6 试验用样品制备情况

3.3.6.1 毒理试验用样品

3.3.6.2 临床试验用药品（适用于上市许可申请）

3.3.7 "生产工艺"资料（适用于上市许可申请）

3.3.8 参考文献

3.4 制剂质量与质量标准研究

3.4.1 化学成分研究

3.4.2 质量研究

3.4.3 质量标准

3.4.4 样品检验报告

3.4.5 参考文献

3.5 稳定性

3.5.1 稳定性总结

3.5.2 稳定性研究数据

3.5.3 直接接触药品的包装材料和容器的选择

3.5.4 上市后的稳定性研究方案及承诺（适用于上市许可申请）

3.5.5 参考文献

（四）药理毒理研究资料

4.1　药理学研究资料

4.2　药代动力学研究资料

4.3　毒理学研究资料

（五）临床研究资料

5.1　中药创新药

5.1.1　处方组成符合中医药理论、具有人用经验的创新药

5.1.2　其他来源的创新药

5.2　中药改良型新药

5.2.1　研究背景

5.2.2　临床试验

5.2.3　临床价值评估

5.3　古代经典名方中药复方制剂

5.3.1　按古代经典名方目录管理的中药复方制剂

5.3.2　其他来源于古代经典名方的中药复方制剂

5.4　同名同方药

5.4.1　研究背景

5.4.2　临床试验

5.5　临床试验期间的变更（如适用）

二、申报资料说明

（一）申报资料撰写原则与基本要求

中药新药申报资料的撰写应以准确性、完整性和规范性为基本原则，确保资料反映产品的基本信息、研发历程和研究结果等内容，同时遵循相关法规和标准，保持格式的一致性，以确保申报资料的可信度和易读性。资料应清晰明了地描述产品的名称、剂型、规格、功能主治、用法用量等关键信息，使审评人员能够快速了解产品的特点和用途。同时，资料必须提供明确的依据，包括注册分类、申请事项的依据等，以确保申报过程的合法性和合规性。

（二）申报资料格式要求

自2023年1月1日起，申请人提交的国家药监局审评审批药品注册申请及审评过程中补充资料等，调整为以电子形式提交申报资料。其中，对于电子注册申报资料的文字体例及页面设置等要求，需参考《国家药监局药审中心关于发布〈药品注册申报资料格式体例与整理规范〉的通告》（2020年第12号）的相关要求。

字体　中文：宋体；英文：Times New Roman。

字号　中文：不小于小四号字，表格不小于五号字；申报资料封面加粗四号；申报资料项目目录小四号，脚注五号字。英文：叙述性文本推荐Times New Roman的12号字体。

字体颜色　黑色。

行间距离　至少为单倍行距。

页边距离　纵向页面：推荐左边距离不小于2.5 cm、上边距离不小于2 cm、其他边距不小于1 cm；横向页面：推荐上边距离不小于2.5 cm、右边距离不小于2 cm、其他边距不小于1 cm。

页眉和页脚　文件的所有页面都应包含一个具有唯一性的页眉和页脚，简要介绍文件的主题。页眉和页脚信息在上述页边距内显示。

（三）申报资料项目说明

1. 行政文件和药品信息　行政文件和药品信息部分是药品注册申请中至关重要的一部分，其目的在于提供全面、清晰、完整的资料，以确保申请的合规性和准确性。该部分涵盖了各种文件和信息，包括但不限于说明函、目录、申请表、产品信息相关材料等。这些文件和信息的内容涉及申请产品的基本信息、背景信息、质量标准、生产工艺、临床试验等方面（图9-2）。

具体而言，说明函是对所申请产品的概括和重要信息的说明，为其他文件的理解提供了基础。目录则清晰列出了各项申请资料，方便监管部门进行审查。申请表包括了产品的基本信息，如名称、剂型、规格等，为审评提供了起点。而产品信息相关材料则是申请的核心内容，包括说明书、包装标签、生产工艺、质量标准等。此外，还包括了古代经典名方关键信息、药品通用名称核准申请材料、检查相关信息、产品相关证明性文件等。这些文件和信息的提交有助于监管部门对申请进行全面的审查和评估，确保申请的合规性和准确性。

2. 概要　概要部分涵盖了中药新药申报的关键内容和要求，主要分为药品品种概况、药学研究资料总结报告、药理毒理研究资料总结报告、临床研究资料总结报告和综合分析与评价5个部分（图9-3）。

在药品品种概况中，申请人需要提供详细的药品信息，包括药品名称、注册分类、当前申请阶段等。此外，还需要简要描述药品的处方、辅料、制成总量、规格、功能主治、用法用量等关键信息，并提供立题依据和沟通交流情况等资料。针对改良型新药和同名同方药，还需要提供与原制剂或同名同方药的比较信息，包括处方、工艺、质量标准等方面的异同之处。对于按古代经典名方目录管理的中药复方制剂，还应说明与国家发布信息的一致性。

在药学研究资料总结报告中，申请人需要总结和分析药学研究结果，包括处方药味及药材资源评估、饮片炮制、生产工艺、质量标准、稳定性研究等内容。在处方药味及药材资源评估中，针对未被国家药品标准、药品注册标准及省、自治区、直辖市药材标准收载的处方药味，申请人需要说明是否按照相关技术要求进行了研究或申报，并简要概述研究结果。此外，还需要对药材资源评估情况进行简要描述。在生产工艺研究结果总结中，对于改良型新药或同名同方药，需要提供工艺的变化情况，包括剂型选择及规格确定的依据、制备工艺路线、工艺参数及确定依据等。在申请临床试验时，需要简要介绍中试研究结果和质量检测结果，评价工艺的合理性，并分析其可行性。申请上市许可时，应简要描述放大生产样品及商业化生产的批次、规模、质量检测结果等，以证明工艺的稳定性和可行性。同时，还需要说明辅料执行标准情况，申请上市许可时，辅料与药品关联审评审批情况也应提供。质量标准和稳定性研究中，除简述相关主要内容外，在申请上市许可时，还应简要描述质量标准变化情况、包材与药品关联审评审批情况。

药理毒理研究资料总结报告涉及药理学、药代动力学和毒理学方面的综合评价。申请人需要

- 行政文件和药品信息
  - 说明函
  - 目录
  - 申请表
  - 产品信息相关材料
    - 说明书
      - 研究药物说明书及修订说明（适用于临床试验申请）
      - 上市药品说明书及修订说明（适用于上市许可申请）
    - 包装标签
      - 研究药物包装标签（适用于临床试验申请）
      - 上市药品包装标签（适用于上市许可申请）
    - 产品质量标准和生产工艺
    - 古代经典名方关键信息
    - 药品通用名称核准申请材料
    - 检查相关信息
    - 产品相关证明性文件
    - 其他产品信息相关材料
  - 申请状态（如适用）
    - 既往批准情况
    - 申请调整临床试验方案、暂停或者终止临床试验
    - 暂停后申请恢复临床试验
    - 终止后重新申请临床试验
    - 申请撤回尚未批准的药物临床试验申请、上市注册许可申请
    - 申请上市注册审评期间变更仅包括申请人更名、变更注册地址名称等不涉及技术审评内容的变更
    - 申请注销药品注册证书
  - 加快上市注册程序申请（如适用）
    - 加快上市注册程序申请
    - 加快上市注册程序终止申请
    - 其他加快上市注册程序申请
  - 沟通交流会议（如适用）
    - 会议申请
    - 会议背景资料
    - 会议相关信函、会议纪要及答复
  - 临床试验过程管理信息（如适用）
    - 临床试验期间增加功能主治
    - 临床试验方案变更、非临床或者药学的变化或者新发现等可能增加受试者安全性风险的
    - 要求申办者调整临床试验方案、暂停或终止药物临床试验
  - 药物警戒与风险管理（如适用）
    - 研发期间安全性更新报告及附件
    - 其他潜在的严重安全性风险信息
    - 风险管理计划
  - 上市后研究（如适用）
  - 申请人/生产企业证明性文件
    - 境内生产药品申请人/生产企业资质证明文件
    - 境外生产药品申请人/生产企业资质证明文件
    - 注册代理机构证明文件
  - 小微企业证明文件（如适用）

图 9-2　行政文件和药品信息

提供药理毒理试验策略概述、药理学研究总结、药代动力学研究总结、毒理学研究总结、综合分析与评价等内容，以确保药品的安全性和有效性。

临床研究资料总结报告主要针对中医药理论或研究背景、人用经验、临床试验资料综述、临床价值评估等方面进行总结和评价。

综合分析与评价部分，申请人需要根据研究结果，综合评估申报品种的安全性、有效性、质量可控性及研究工作的科学性、规范性和完整性，为申请临床试验和上市许可提供支持和依据。

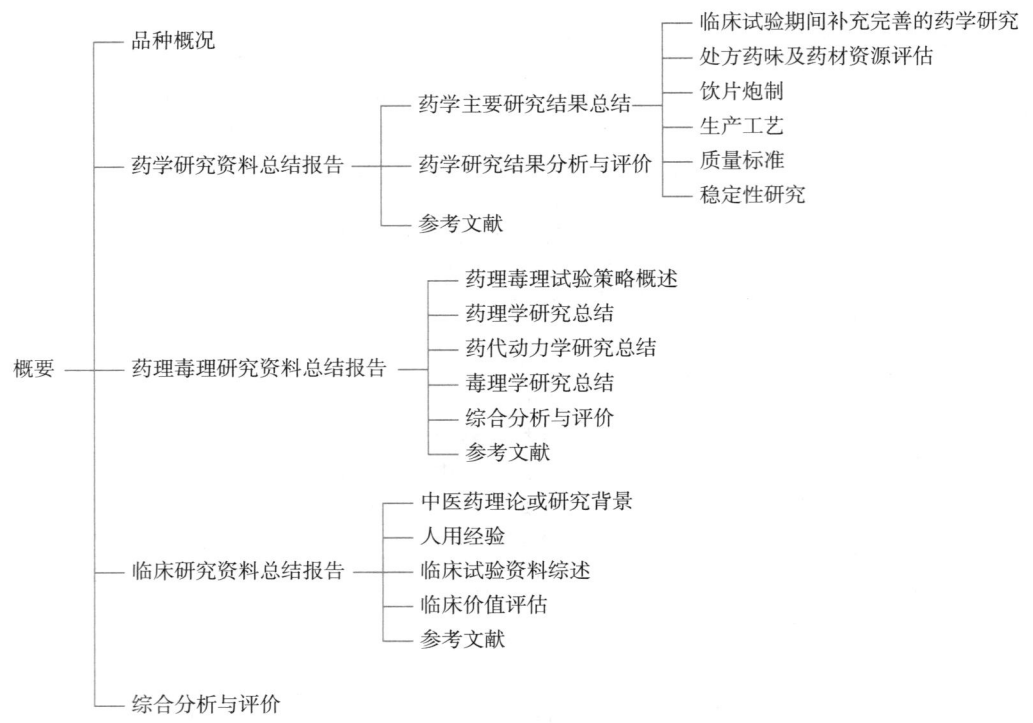

图 9-3　中药新药申报资料内容概要

3. 药学研究资料　申请人应基于不同申报阶段的要求提供相应药学研究资料。相应技术要求见相关中药药学研究技术指导原则。药学研究资料应提供以下 5 项材料：处方药味及药材资源评估、饮片炮制研究、制备工艺研究、制剂质量与质量标准研究和稳定性研究。

（1）处方药味及药材资源评估：该项材料需提供处方药味的相关信息、质量研究和药材资源评估。中药处方药味包括饮片、提取物等（图 9-4）。

处方药味为饮片应提供药材的基原、药用部位、药材产地、采收期、饮片炮制方法、药材是否种植养殖或来源于野生资源等信息。对于药材基原易混淆品种，需提供药材基原鉴定报告。多基原的药材必须固定基原，并提供基原选用的依据。药材应固定产地。涉及濒危物种的药材应符合国家的有关规定，应保证可持续利用，并特别注意来源的合法性。

按古代经典名方目录管理的中药复方制剂（以下简称中药 3.1 类）所用饮片的药材基原、药用部位等应与国家发布的古代经典名方关键信息一致。应提供产地选择的依据。多基原的药材一般应当固定一种基原，提供基原选择依据；若需使用多个基原的，应当固定使用的比例并提供依据。需提供研究用药材的产地等信息及质量研究数据，说明其合理性。药材的产地应当在道地产区或主产区中选择，一般应当针对不少于 3 个产地总计不少于 15 批次药材的质量进行研究分析。若所研究的药材道地产区或主产区少于 3 个，应当说明理由，并提供相关资料。确定的药材产地应当在其产地研究的范围内。

若处方药味为提取物，外购提取物应提供其相关批准（备案）情况、制备方法及生产商或供应商等信息。自制提取物应提供所用饮片的相关信息，提供详细制备工艺及其工艺研究资料。

若药味为自拟质量标准或在原质量标准基础上进行完善的，应提供相关研究资料。中药 3.1 类复方制剂，应提供研究确定的药材质量标准及其相关研究资料。药材质量标准应当根据国家发布的关键信息、药材质量分析数据、相关性研究结果及品种特点研究制定，不得低于国家药品标

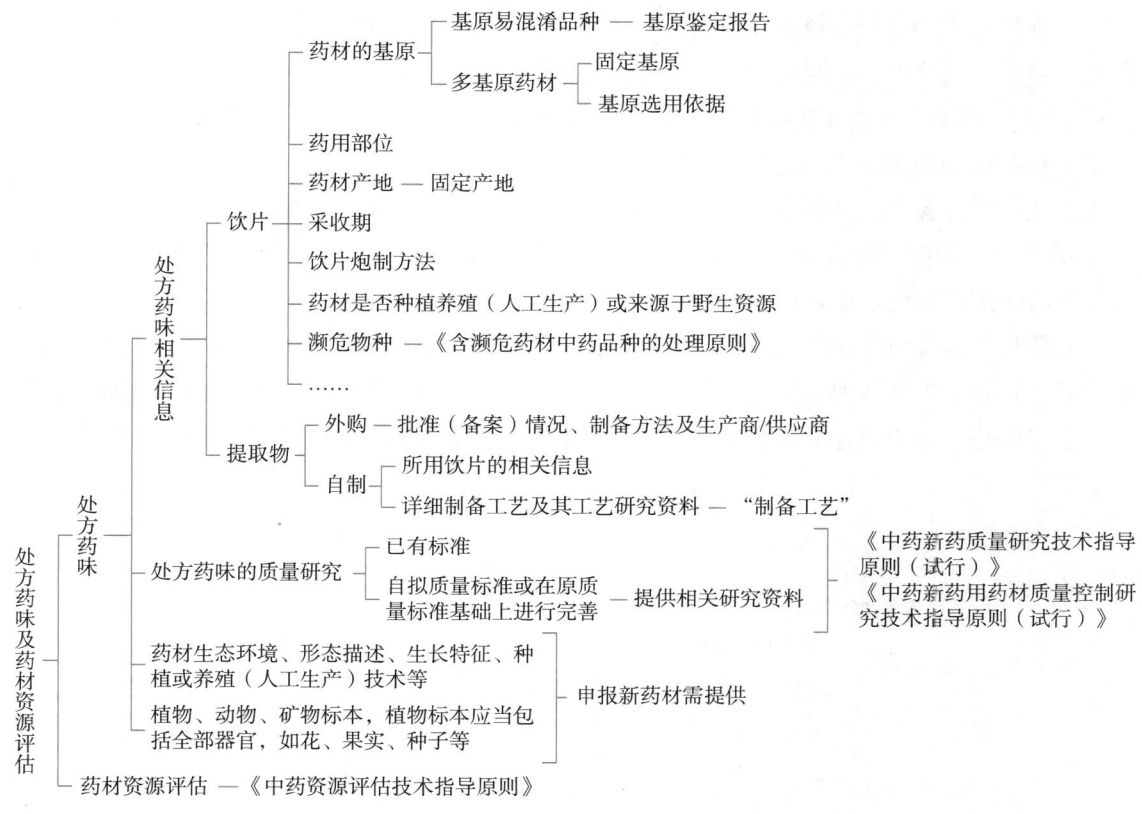

图 9-4 处方药味及药材资源评估研究资料

准。无国家药品标准的应当按相关技术指导原则制定药材质量标准，并将药材产地、生长年限、采收期、产地加工、种植养殖及质量要求等列入拟定的药材质量标准，饮片研究需提供所用药材的相关信息，包括基原、产地和质量标准等，所用药材应符合研究确定的药材质量标准，提供研究确定的饮片质量标准及其相关研究资料。饮片质量标准应当根据国家发布的关键信息、饮片质量分析数据、相关性研究结果以及品种特点研究制定，不得低于国家或者省级中药标准等，提供制备各阶段样品（如基准样品、中试规模样品、商业规模生产工艺验证批样品、毒理研究用样品等）所用药材、饮片的批号和检验数据等。

（2）饮片炮制：该项资料需明确饮片炮制方法，提供饮片炮制加工依据及详细工艺参数（图 9-5）。应注意中药 3.1 类复方制剂所用饮片的炮制规格与国家发布的关键信息的一致性。炮制过程中若涉及辅料，应当明确辅料的名称、用量、来源、质量标准等。如果国家发布的关键信息明确的炮制规格收载于《中国药典》《国家中药饮片炮制规范》或者省、自治区、直辖市炮制规范等的，应当按照相关规定进行炮制，明确工艺参数；如果关键信息已明确具体的炮制方法和辅料，但在上述标准及规范中尚未收载或者存在差异时，应当按照关键信息要求进行炮制工艺和辅料的研究。

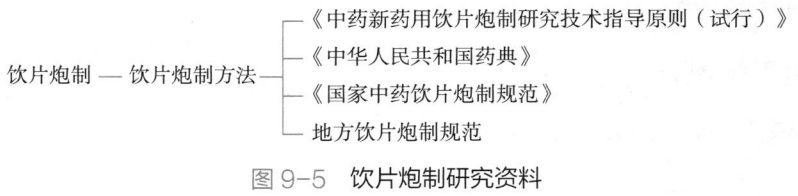

图 9-5 饮片炮制研究资料

（3）制备工艺：该项资料主要包括处方、制法、剂型及原辅料情况、制备工艺研究、中试和生产工艺验证、试验用样品制备情况和"生产工艺"资料等内容（图9-6）。

1）处方和剂型：提供1 000个制剂单位（如1 000片、1 000 g）的处方组成。

处方包括组方饮片和提取物等药味的名称与用量，复方制剂的处方药味排序一般应按君、臣、佐、使的顺序排列。固体药味的用量单位为克（g），液体药味的用量单位为克（g）或毫升（mL）。处方中各药味量一般以1 000个制剂单位（片、粒、g、mL等）的制成量折算；除特殊情况外，各药味量的数值一般采用整数位。

处方药味的名称应使用国家药品标准或药品注册标准中的名称，避免使用别名或异名，详细要求参照现行版《中国药典》的有关规范。如果含有无国家药品标准且不具有药品注册标准的中药饮片、提取物，应单独建立该药味的质量标准，并附于制剂标准中，提取物的质量标准应包括

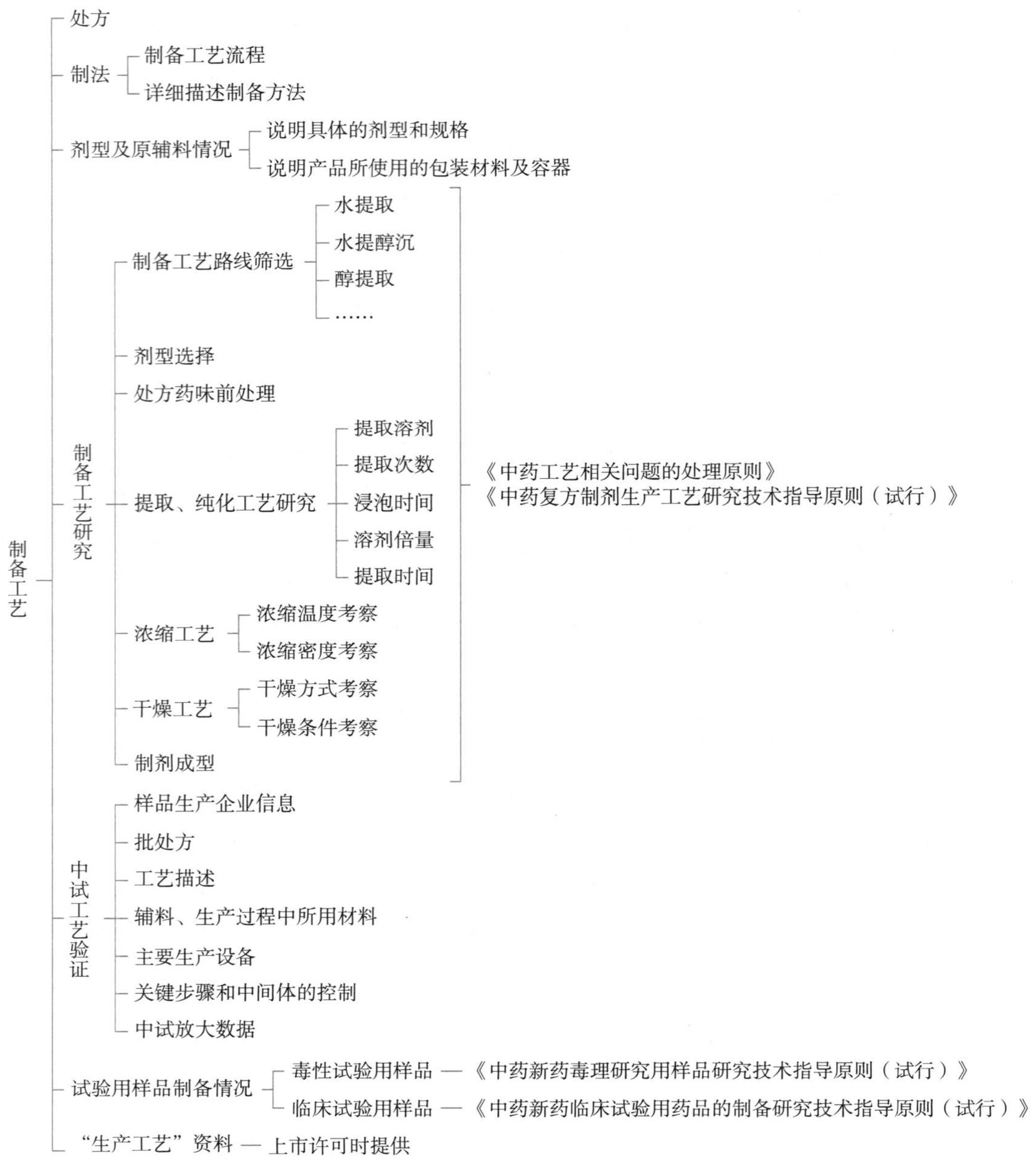

图9-6　制备工艺研究资料

其制备工艺。

2）制法：按照制备工艺步骤提供完整、直观、简洁的工艺流程图。对工艺过程进行规范描述，明确操作流程、工艺参数和范围，如苓桂术甘颗粒生产流程（图9-7），得到浸膏和包合液后的工序需在洁净区（框内）进行。

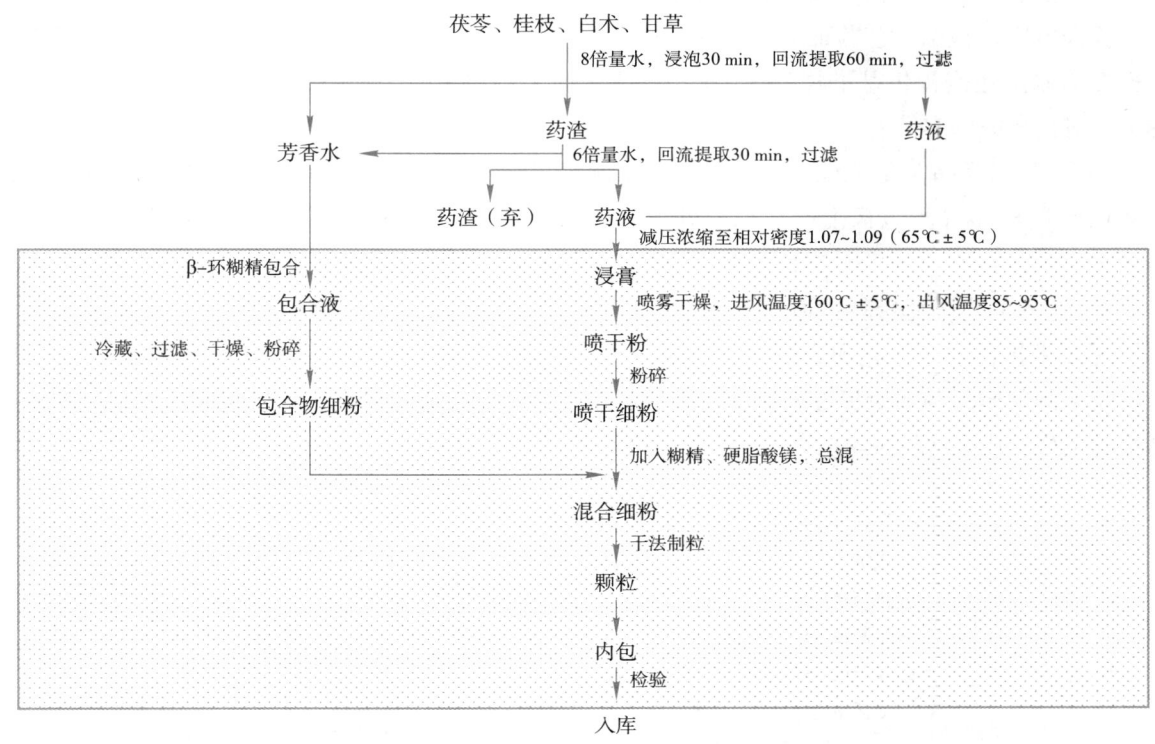

图 9-7　苓桂术甘颗粒生产流程

3）剂型及原辅料情况：说明具体的剂型和规格，以表格的方式列出单位剂量产品的处方组成，列明各药味及辅料在处方中的作用及其执行标准。对于制剂工艺中使用到但最终去除的溶剂也应列出，说明产品所使用的包装材料及容器。

4）制备工艺研究：提供制备工艺路线筛选研究资料，说明制备工艺路线选择的合理性，说明剂型选择依据。中药3.1类复方制剂应提供基准样品所用药材和饮片情况，基准样品的制备研究、质量研究、质量标准等内容。

复方制剂的制备工艺研究包括处方药味前处理工艺，提取和纯化工艺、浓缩工艺，干燥工艺及制剂成型工艺。需提供各工艺方法和主要工艺参数的确定依据。申请上市许可时，应明确各关键工艺参数控制点。

5）中试和生产工艺验证：根据申请情况提供样品生产企业信息，以表格的方式列出产品的批处方组成，列明各药味及辅料执行的标准，对于制剂工艺中使用到但最终去除的溶剂也应列出。

按单元操作过程描述（申请临床试验时，以中试批次；申请上市许可时，以商业规模生产工艺验证批次）样品的工艺（包括包装步骤），明确操作流程、工艺参数和范围，需列出所有关键步骤及其工艺参数控制范围。申请上市许可时，还应明确关键工艺参数控制点，列出中间体的质量控制标准，明确中间体（如浸膏等）的得率范围，提供所用辅料、生产过程中所用材料的相关证明文件和检验报告。申请上市许可时，应说明辅料与药品关联审评审批情况，提供样品制备过程中所用主要生产设备的信息。申请上市许可时，需关注生产设备的选择应符合生产工艺的要求。

生产数据和工艺验证资料需提供研发过程中代表性批次的样品情况汇总资料，包括批号、生产时间及地点、生产数据、批规模、用途、质量检测结果。申请上市许可时，提供商业规模生产工艺验证资料，包括工艺验证方案和验证报告，工艺必须在预定的参数范围内进行。中药3.1类中药复方制剂还需提供基准样品、中试规模样品、商业规模样品制备过程控制指标（如干膏率等）的对比研究内容等。

6）试验用样品制备情况：应根据申请情况提供试验用样品制备情况，如毒理试验用样品、临床试验用药品等。包括生产数据、处方药味信息、主要生产设备信息和样品的检验报告等信息。

7）生产工艺研究资料：适用于申请上市许可的药物，应参照中药相关生产工艺格式和内容撰写要求提供生产工艺研究资料。

（4）制剂质量与质量标准研究：该项资料主要涉及化学成分研究、质量研究、质量标准和样品检验报告等内容（图9-8）。

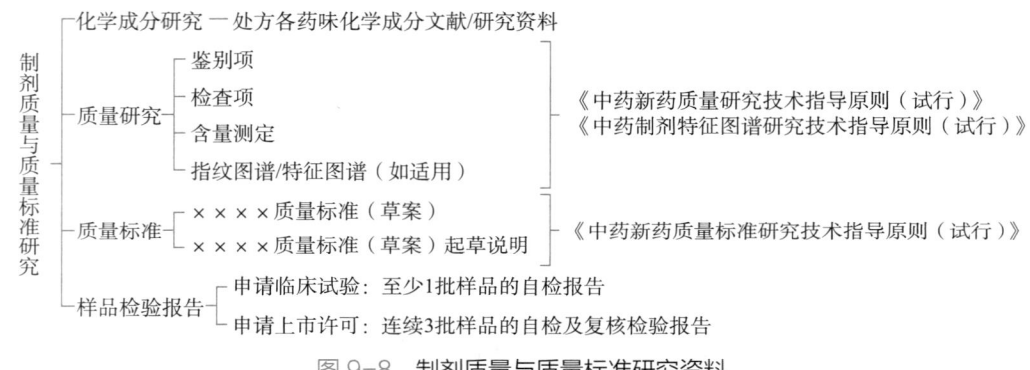

图9-8 制剂质量与质量标准研究资料

1）化学成分研究：需提供化学成分研究的文献资料或试验资料。

2）质量研究：提供质量研究工作的试验资料及文献资料。中药3.1类复方制剂应提供药材、饮片按照国家发布的古代经典名方关键信息及古籍记载制备的样品、中间体、制剂的质量相关性研究资料。汇总代表性批次样品的主要生产数据，从干膏率、浸出物/总固体、指标成分的含量、指纹/特征图谱等方面，说明商业规模生产制剂的质量与基准样品质量的一致性。对中试规模以上生产的中间体、制剂及所用的药材、饮片的相关性研究数据进行分析，并与基准样品进行质量对比，说明生产全过程的质量传递情况，关注煎煮/提取、滤过、浓缩、干燥等关键工艺步骤对基准样品和制剂质量的影响，并提供研究数据。

3）质量标准：提供药品质量标准草案及起草说明，并提供药品标准物质及有关资料。对于药品研制过程中使用的对照品，应说明其来源并提供说明书和批号。中药3.1类复方制剂应提供研究确定的基准样品质量标准及其研究资料。

中药新药质量标准的内容一般包括药品名称、处方、制法、性状、鉴别、检查、浸出物、指纹/特征图谱、含量测定、功能与主治、用法与用量、注意、规格、贮藏等。

4）样品检验报告：申请临床试验时，提供至少1批样品的自检报告。申请上市许可时，提供连续3批样品的自检及复核检验报告。

（5）稳定性研究：总结稳定性研究的样品情况、考察条件、考察指标和考察结果，并拟定贮存条件和有效期。提供稳定性研究数据及图谱，阐述直接接触药品的包装材料和容器的选择依据，提供包装材料和容器相关证明文件等（图9-9）。

申请药品上市许可时，应承诺对上市后生产的前三批产品进行长期稳定性考察，并对每年生产的至少1批产品进行长期稳定性考察，若有异常情况应及时通知药品监督管理部门并提供后续稳定性研究方案。对于中药3.1类复方制剂，如果中试规模样品与生产规模样品的处方、生产工艺、关键工艺参数、辅料种类及用量、剂型、规格、直接接触药品的包装材料和容器等一致时，可提供中试规模样品的长期稳定性试验数据作为确定制剂有效期的支持数据。

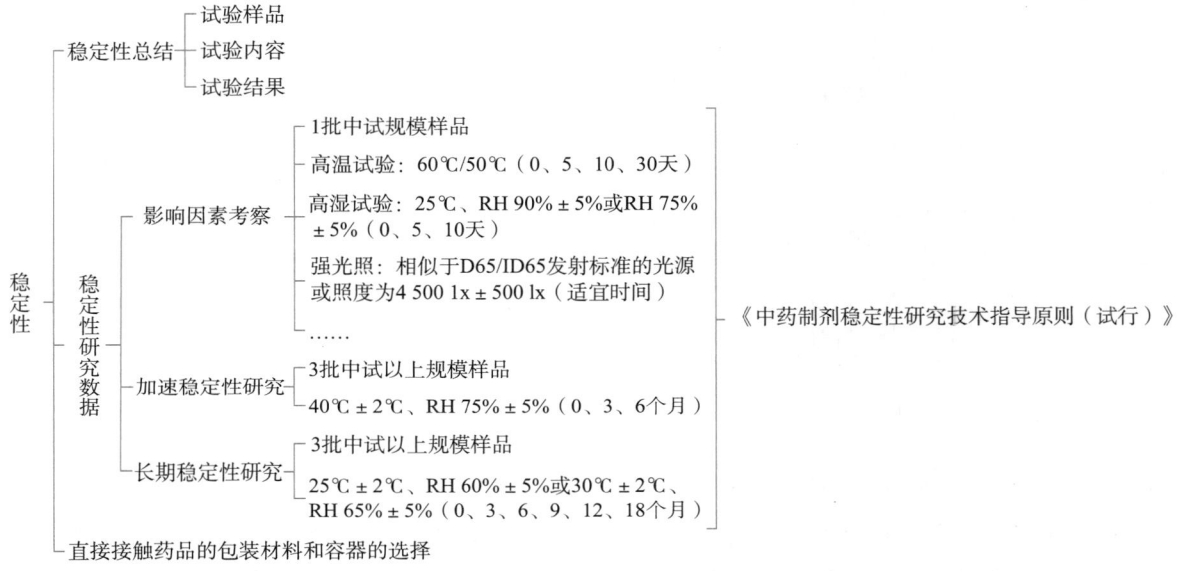

图9-9 稳定性研究资料

4. 药理毒理研究资料 申请人应基于不同申报阶段的要求提供相应药理毒理研究资料，相应要求详见相关技术指导原则。非临床安全性评价研究应当在经过GLP认证的机构开展。天然药物的药理毒理研究参考相应研究技术要求进行。

（1）药理学研究资料：药理学研究是通过动物或体外、离体实验来获得非临床有效性信息，包括药效学作用及其特点、药物作用机制等。该项申报资料应列出试验设计思路、试验实施过程、试验结果及评价。药效学试验设计时应考虑中医药特点，根据受试物拟定的功能主治，选择合适的试验项目（图9-10）。药理学研究报告应按照主要药效学、次要药效学、安全药理学和药效学药物相互作用的顺序提交，其中安全药理学试验属于非临床安全性评价的一部分，其要求见"毒理学研究资料"。

（2）药代动力学研究资料：非临床药代动力学研究是通过体外和动物体内的研究方法，揭示药物在体内的动态变化规律，获得药物的基本药代动力学参数，阐明药物的吸收、分布、代谢和排泄的过程和特征。对于提取的单一成分制剂，参考化学药物非临床药代动力学研究要求。其他制剂，视情况（如安全性风险程度）进行药代动力学研究或药代动力学探索性研究（图9-11）。药代动力学研究报告应按照分析方法及验证报告、吸收、分布（血浆蛋白结合率、组织分布等）、代谢（体外代谢、体内代谢、可能的代谢途径、药物代谢酶的诱导或抑制等）、排泄、药代动力

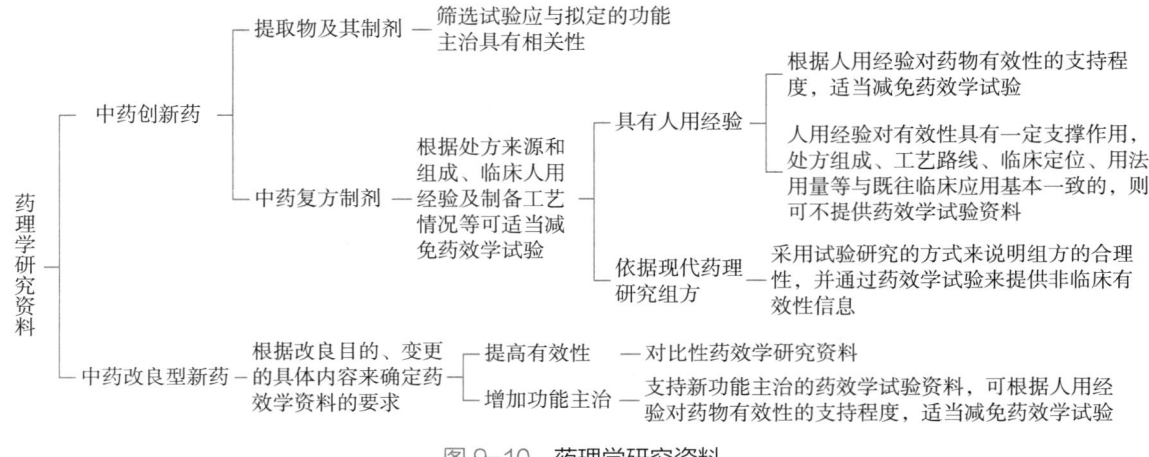

图 9-10 药理学研究资料

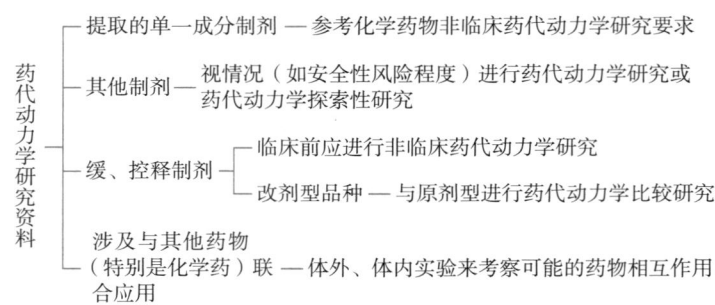

图 9-11 药代动力学研究资料

学药物相互作用（非临床）、其他药代试验的顺序提交。

（3）毒理学研究资料：毒理学研究包括单次给药毒性试验，重复给药毒性试验，遗传毒性试验，生殖毒性试验，致癌性试验，依赖性试验，刺激性、过敏性、溶血性等与局部、全身给药相关的制剂安全性试验，其他毒性试验等。根据注册分类、临床应用情况选择合适的试验项目（图9-12）。毒理学研究报告应按照单次给药毒性试验、重复给药毒性试验、遗传毒性试验、致癌性试验、生殖毒性试验、制剂安全性试验（刺激性、溶血性、过敏性试验等）、其他毒性试验的顺序提交。

5. 临床试验资料 中药新药申报的临床试验资料部分是整个申报过程中至关重要的一部分，包括中药创新药、中药改良型新药、古代经典名方中药复方制剂及同名同方药等（图9-13）。

对于中药创新药，临床试验资料需要根据中医药理论和人用经验，提供详细的处方组成、功能、主治病证等信息，并制定合理的临床试验计划和方案。对于其他来源的创新药，研究背景需要说明研发目的和依据，临床试验资料同样需要按照规定提交，以评估药品的临床价值和有效性。

中药改良型新药的临床试验资料需要说明改变的目的和依据，并按照相关要求提交临床试验和临床价值评估资料。

对于古代经典名方中药复方制剂，依据其来源可分为按古代经典名方目录管理的中药复方制剂（中药3.1类）和其他来源于古代经典名方的中药复方制剂（中药3.2类）。中药3.1类应提供药品说明书起草说明及依据，说明药品说明书中临床相关项草拟的内容及其依据。中药3.2类要提供处方来源、历史沿革、处方组成、功能主治等信息，基于古代经典名方加减化裁的中药复方

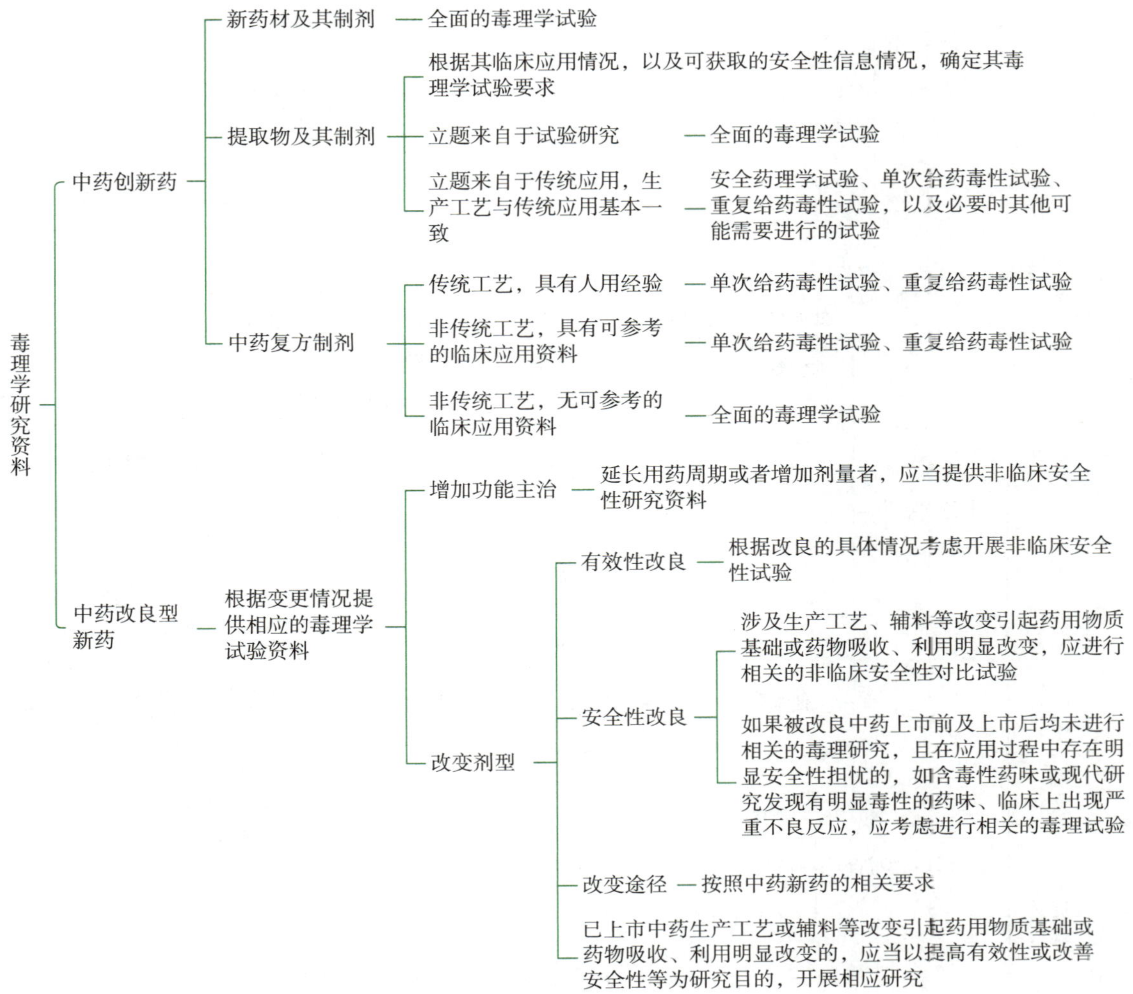

图 9-12 毒理学研究资料

制剂，还应提供加减化裁的理由及依据、处方合理性评价、处方安全性分析，并提供人用经验、临床价值评估和药品说明书起草说明及依据等资料。

同名同方药的临床试验资料需要提供对照同名同方药选择的合理性依据，并按照规定提交相关资料。

在提交临床试验资料时，申请人需要详细记录临床试验的计划、方案和实施情况，包括临床试验报告、病例报告表、统计分析计划等内容，并针对变更情况提供相关依据和理由。这些资料的提交有助于监管部门对药品的安全性、有效性和临床应用进行全面审查和评估，为药品的审批和上市提供科学依据和保障。

第二节　新药研究数据合规性要求

作为药品开发项目生命周期的开端，保证新药研究数据的真实性和完整性、确保数据取得及数据运用符合监管合规要求，是中药新药研究过程中的重要原则。2020 年 7 月，国家药监局发

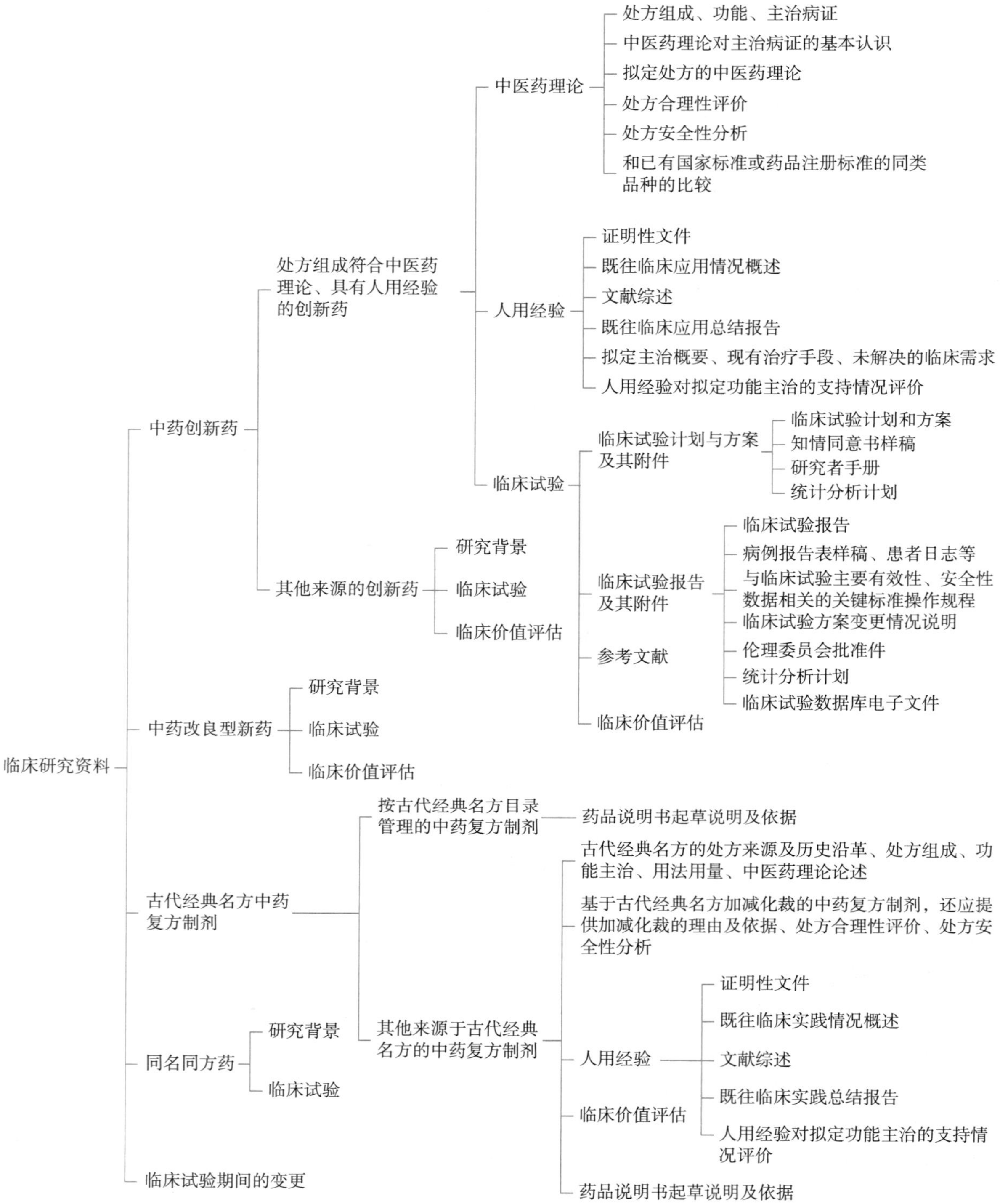

图 9-13 临床研究资料

布《药品记录与数据管理要求（试行）》，对药品研制、生产、经营、使用活动的记录与数据管理提出强制性要求，保障药品全生命周期、全过程信息真实、准确、完整和可追溯，于 2020 年 12 月 1 日起正式实施。

一、新药研究原始记录的一般要求

药品研究实验记录是指在药品研制过程中，应用实验、观察、调查或资料分析等方法，根据实际情况直接记录或统计形成的各种数据、文字、图表、声像等原始资料。实验记录的基本要求：真实、准确、完整和可追溯，防止漏记和随意涂改。不得伪造、编造数据。记录载体可采用纸质、电子或混合等一种或多种形式。

1. 纸质记录管理要求　记录文件样式应当便于识别、记载、收集、保存、追溯与使用，内容应当全面、完整、准确反映所对应的研究。制定原始记录书写管理要求，规定原始记录的审核与批准职责、印制与发放类型、明确记录版本及生效要求并进行受控，防止对记录进行替换或篡改。

（1）原始数据应当直接记载于规定的记录上，不得通过非受控的载体进行暂写或转录。

（2）记录的任何更改都应当签注修改人姓名和修改日期，并保持原有信息清晰可辨。必要时应当说明更改的理由。

（3）记录的收集时间、归档方式、存放地点、保存期限与管理人员应当有明确规定，并采取适当的保存或备份措施。记录的保存期限应当符合相关规定要求。

（4）记录的使用与复制应当采取适当措施防止记录的丢失、损坏或篡改。复制记录时，应当规定记录复制的批准、分发、控制方法，明确区分记录原件与复印件。

（5）应当确定适当的记录销毁方式，并建立相应的销毁记录。

2. 电子记录管理要求

（1）电子记录的计算机（化）系统的功能要求

1）保证记录时间与系统时间的真实性、准确性和一致性。

2）能够显示电子记录的所有数据，生成的数据可以阅读并能够打印。

3）系统生成的数据应当定期备份，备份与恢复流程必须经过验证，数据的备份与删除应有相应记录。

4）系统变更、升级或退役，应当采取措施保证原系统数据在规定的保存期限内能够进行查阅与追溯。

（2）电子记录操作权限与用户登录管理要求

1）建立操作与系统管理的不同权限，业务流程负责人的用户权限应当与承担的职责相匹配，不得赋予其系统管理员的权限。

2）具备用户权限设置与分配功能，能够对权限修改进行跟踪与查询。

3）确保登录用户的唯一性与可追溯性，当采用电子签名时，应当符合《中华人民共和国电子签名法》的相关规定。

4）记录系统操作相关信息，包括操作者、操作时间、操作过程、操作原因；数据的产生、修改、删除、再处理、重新命名、转移；计算机（化）系统的设置、配置、参数及时间戳的变更或修改。

3. 数据管理要求

（1）从计量器具读取数据的，应当依法对计量器具进行检定或校准。

（2）经人工输入由应用软件进行处理获得的电子数据，应当防止软件功能与设置被随意更改，并对输入的数据和系统产生的数据进行审核，原始数据应当按照相关规定保存。

（3）经计算机（化）系统采集与处理后生成的电子数据，其系统应当符合相应的规范要求，并对元数据进行保存与备份，备份及恢复流程必须经过验证。

（4）以文档、影像、音频、图片、图谱等形式所载的其他类型数据应能够有效地表现所载内容并可供随时调取查用，数据形式发生转换的，应当确保转换后的数据与原始数据一致。

二、药学研制和生产现场核查要求

研制和生产现场核查主要是通过对药学研制和生产中的处方与工艺研究、样品试制、质量控制研究、稳定性研究等的原始资料进行数据可靠性的核实和实地确证，确保研究资料和原始记录的真实性、一致性以及满足商业化生产条件。

药学研制和生产现场核查主要包含以下方面。

1. 质量管理 应当建立相应的组织架构和质量管理体系，具有与药物研究内容相适应的场地、设施、设备、仪器和遵照实施的管理制度或标准操作规程，开展药学研究的人员应具有研究所需的专业知识、资质和岗位需要的培训记录。建立变更控制、偏差管理、供应商管理、检验结果超标处理等相应管理标准操作规程，并按规程实施。

有委托研究的管理制度，委托其他机构进行药学研究及样品试制的，应当签订委托合同并确保委托研究过程中的数据可靠性。

2. 处方和工艺 处方和工艺研究过程应当科学完整、合理设计。研究确定的处方组成、工艺流程图、工艺描述、关键工艺参数和范围；处方工艺研究确定的试验数据、时间，应当真实记录并与申报资料一致。

3. 样品试制 研制样品试制记录，关键批次样品的处方和生产工艺、过程控制、试制场地和生产线、使用的主要生产设备型号、技术参数及原始记录等应当完整保存。样品试制量、剩余量与使用量之间应当能够对应；应当保留试制样品实物，关键批次样品在上市申请批准前不得销毁。

商业规模生产工艺验证批等关键批次的处方、批量、实际生产过程、批生产记录应当与工艺规程注册申报工艺一致。工艺验证数据应当支持批量生产的关键工艺参数，并在规定范围内。批生产记录、设备使用记录、物料领用记录、检验记录等各项记录信息应当一致，并具有可追溯性。中药材前处理、炮制方法等在产品工艺规程中明确。

4. 原辅料与直接接触药品的包装材料和容器 关键批次样品试制所用的原辅料、直接接触药品的包装材料和容器等具有合法来源（如供货协议、发票等）、检验报告书。中药饮片应当明确其药材基原、产地和炮制方法。

原辅料、直接接触药品的包装材料和容器等的使用时间和使用量、内控标准和研究过程均应当与样品研制情况相匹配。中药饮片和提取物使用时间和使用量应当与样品研制情况相匹配。

5. 质量控制

（1）关键批次研究使用的仪器设备应当经必要的检定或校验合格，有使用记录、维护记录和检定校验记录，与研究时间对应一致，记录内容与申报资料一致。

（2）用于质量研究的样品批次、研究时间与样品试制时间应当能够对应；质量研究各项目，关键质量属性研究及实验方法学考察的原始记录、实验图谱数据应当完整可靠，可溯源。

（3）对照品和标准品具有合法来源证明，按其规定的贮藏条件保存，在有效期内使用。有签收、发放、使用记录或凭证，与原始记录使用情况一致。

（4）数据均应当真实、准确，能够溯源，相关的原始记录、原始图谱、原始数据等均应当与申报资料一致。质量研究及稳定性研究中的数据（包括试验图谱）应当可溯源，具有数字信号处理系统设备应当开启审计追踪功能，被核查数据应当在采集数据的计算机或数据库中。纸质图谱编码和测试样本编码应当与原始记录对应，可溯源。电子图谱应当为连续图谱，数据应当能归属到具体的操作人员。

6. **技术转移** 技术转移应当评估转移过程涉及的人员、设备、工艺、物料等因素存在的风险及解决措施，完成技术文件的转移，并有相应关键文件和记录。技术转移后的生产工艺验证，验证数据应当能支持商业化批量生产的关键工艺参数。分析方法的转移应当经过确认，并有记录和报告。

7. **稳定性研究** 应当制定稳定性研究方案。稳定性研究样品批次、所用直接接触药品的包装材料和容器、放置条件、研究过程中各时间点原始检验记录数据应当能溯源并与申报资料一致。

三、药理毒理学研究核查要求

药理毒理学研究核查主要是通过对药理毒理学研究的原始资料进行数据可靠性的核实或实地确证，检查药理毒理学研究的合规性，核实申报资料的真实性、一致性。包括研究的条件、方案执行情况、数据记录和结果报告等。

1. **研究机构和人员** 药理毒理学研究涉及的所有研究机构相关信息应如实记录，开展正式毒理学研究的机构应通过国家药品监督管理局的 GLP 认证，且研究内容应在资质范围内。研究机构应建立与研究相匹配的标准操作规程，参与研究的人员应具有所需的专业知识、资质和岗位需要的培训记录。

2. **设施和仪器设备** 研究机构的设施环境需符合试验要求；涉及实验动物研究的，应具备符合研究要求的动物设施，具有相应的实验动物使用许可证明；试验样品（包括受试物、对照品及其配制制剂等）的研究档案和标本等储存保管条件应符合试验操作要求。

设施内仪器设备的使用、清洁、保养、测试、校准、确认或验证、维修、异常情况处理、报废等操作均需有记录；仪器设备使用记录的时间及内容应与研究对应一致；用于研究数据采集、传输、储存、处理、归档等的计算机（化）系统应经过验证，并保留相应记录；具有稽查轨迹功能的计算机化系统应保留完整的稽查轨迹和电子签名；计算机（化）系统所产生的研究数据应及时备份并妥善保存，保证电子数据真实、完整、可溯源。

3. **试验样品** 受试物和对照品的接收、保存、分发、使用、留样、返还或废弃等应有完整记录且数量吻合；受试物和对照品的保存条件应符合试验方案或相关证明性文件（如使用说明书、质检报告等）要求；应完整保留研究期间受试物和对照品的保存条件监测及异常情况处理记录；试验样品的配制、配制后保存、使用、使用剩余后的处理应有完整的记录；应完整保留研究所需毒麻药品、造模试剂（药品）等的配制、保存、使用、返还或废弃等记录。

4. **实验系统与生物样本** 研究需要使用实验动物时以下方面。

（1）实验动物来源应清晰合规，实验动物供应商应具有相应的资质证明。

（2）确认实验动物种、系、数量、年龄、性别、体重范围、等级符合研究要求。

（3）实验动物应有合适的个体标识，保证动物个体在研究期间的可追溯性。

（4）实验动物接收、检疫、使用、处理等应保存完整记录且数量吻合。

（5）实验动物饲料、垫料和饮用水等的名称、来源、批号（如适用）、有效期及主要控制指标有相关记录。

5. 原始记录 原始记录应真实、及时、准确、完整、可追溯，记录修改不得覆盖原有数据痕迹，并标注修改人、修改日期和修改理由；数据重测应遵循数据重测标准操作程序（SOP）或相应的试验操作文件，并记录重测的原因，纳入试验报告的理由。试验方案、SOP 或其他试验操作文件的偏离应及时记录、评估并如实反映在总结报告中。药理毒理学研究原始记录的主要包括以下方面。

（1）实验系统：实验动物可追溯的接收、分组、给药、检测、处置等的完整记录，如动物体重记录；动物摄食量、饮水量记录；动物观察和给药记录及生理生化指标检测记录；动物麻醉、处死、解剖记录；细胞等非动物实验系统的复苏、传代、培养、加样、给药记录等。

（2）试验样品：可追溯的受试物和对照品的接收、配制、分析（如均一性、浓度、稳定性等）、使用、返还等记录，如受试物与对照品的稳定性、批号、纯度含量、规格、数量、理化特征、保存条件、有效期等记录；配制记录、分发与返还记录。

（3）生物样本：可追溯的生物样本（血液、尿液、组织等）采集（时间等）、标识、处理、转运、交接、检测及保存等记录，如生物样本交接记录，运输温度记录；溶媒、血液样本中受试物和对照品分析方法建立及确证的相关记录；药（毒）代动力学生物样本分析数据（图谱、分析数据）；病理检测相关记录，如解剖、组织留取、病理制片和阅片记录等。

四、药物临床试验核查要求

药物临床试验核查主要是通过对注册申报资料与临床试验的原始记录和文件的核对、实地验证，评价试验实施、数据记录和结果报告是否符合试验方案和药物临床试验相关法规，核实相关申报资料的真实性、一致性。

1. 临床试验许可条件与伦理审查 药物开展临床试验应获得药品监督管理部门许可，并具有临床试验伦理委员会批件，在具备相应条件并备案的药物临床试验机构实施。应签署临床试验合同并履行相应职责，试验场地与申报资料一致且具备所需的设施设备、检定校准和日常维护，医疗急救设施有效运转。

2. 临床试验实施过程

（1）受试者签署知情同意书，其内容、签字和签署时间等符合 GCP 要求。

（2）受试者筛选入组及方案执行，受试者应遵守临床试验方案规定的入排标准，应保留足够的支持性证据。盲法试验按照试验方案的要求设盲、保持盲态和实施揭盲。研究者遵守临床试验方案的随机化程序，并按照规定的流程和评估方法开展试验。

（3）研究者应完整记录不良事件（adverse event，AE）、严重不良事件（serious adverse event，SAE），确保发生 AE、SAE 的受试者得到及时合理的观察与治疗。临床试验期间发生的可疑且非预期严重的不良反应，按要求进行报告。

（4）临床试验数据记录和报告，日常诊疗使用电子病历系统的，临床试验应使用电子病历；病历报告表中的数据应准确、完整、清晰、及时、与源文件一致；源数据和病历报告表中的数据修改应保留修改轨迹，签名注明日期说明修改理由；病例报告表、总结报告中的 AE、SAE 相关数据记录和报告情况与源数据一致，无漏记、误判和误记；受试者筛选失败、脱落、中止、退出和剔除按照临床试验方案的要求执行，记录实际情况并保存原始记录，证据链完整，与总结报告一致。

（5）病历报告表中入组、知情同意、病史、访视、给药记录、病情记录等信息与源数据或医院信息系统（hospital information system，HIS）一致；来自检验科、影像科、心电图室、内镜室等的医学数据能溯源；总结报告中记录的合并用药等可溯源；疗效和安全性数据可溯源；申报资料中的受试者编号、给药周期、给药顺序、制剂种类等信息与源数据一致。

3. 试验用药品管理

（1）试验用药品由指定人员管理，并应具有来源证明、检验报告和在符合GMP条件下生产的证明文件。

（2）试验用药品的运输和储存过程中的条件符合方案要求，接收、贮存、分发、使用、回收、退还及未使用药品的处置（如授权销毁）等环节留有记录，使用数量、剩余数量和其他情况（如丢失、授权销毁等）与申办者提供的数量一致。

（3）药品管理各项记录中的试验用药品批号与药检报告、总结报告等资料一致。

4. 临床试验数据采集与管理

（1）纸质记录（记录本、记录纸）受控管理，表格进行版本控制。记录更改保持原有信息清晰可辨，注明修改人姓名、修改日期和理由。

（2）电子数据采集系统经过系统验证，并保存验证记录。计算机化系统设置用户管理、角色管理和权限管理，并具有稽查轨迹功能。

（3）若数据处理过程中发生数据转换，确保转换后的数据与原数据一致和该数据转化过程的可见性。

（4）数据库锁定的条件和流程遵守数据库锁定的SOP，其过程和时间有明确的文档记录，对于盲法临床试验，数据库锁定后才进行揭盲。

五、参考案例

例9-1　某中药制剂药学研制与生产现场核查

1. 核查流程　见图9-14。

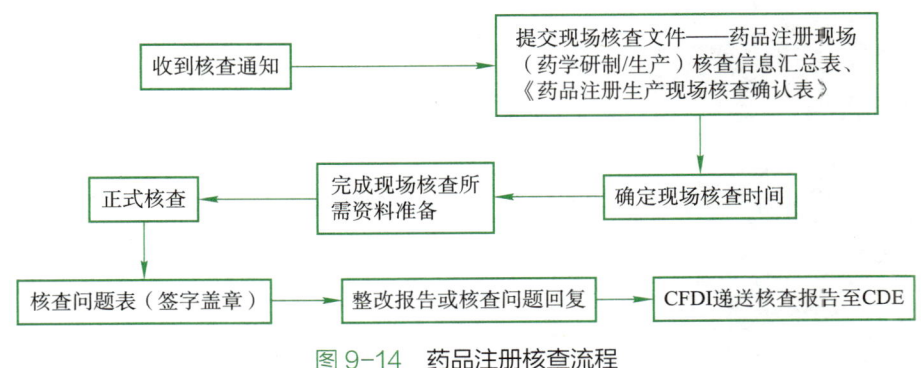

图9-14　药品注册核查流程

CFDI：国家药品监督管理局食品药品审核查验中心

2. 现场核查主要内容

（1）质量管理体系：包含培训记录，偏差管理、供应商管理、委托研究合同、审计报告等内容。

（2）样品试制：临床试验样品、工艺转移及工艺验证样品制备工艺规程、批生产记录、检验记录、生产设备与申报资料的一致性，样品试制量、剩余量的对应关系。

（3）原辅包的来源、检验报告。

（4）质量控制：关键批使用的仪器设备检定、使用、维护记录；原始记录、电子图谱一致性，数据可溯源，高效液相色谱仪（HPLC）等设备审计追踪与权限设置等。

（5）稳定性研究：放样与取样数量、剩余量的一致性；取样时间、偏差报告等。

3. 现场核查发现的主要问题

（1）未对挥发油的贮存期进行考察。

（2）紫外灯、烘箱等使用信息记录不全；阴性对照样品未记录批号。

（3）培训记录不全。

（4）批记录不详细。

（5）中药饮片与中药材未分库存放。

4. 现场核查整改　以上现场核查中发现的问题，经原因分析、风险评估、整改后形成整改材料，递交至审核查验中心。

思考题

1. 在中药新药注册申报资料中，中药3.1类与其他新药相比有什么区别？
2. 在中药新药研发过程中，数据管理应贯穿其整个生命周期，具体包括哪些过程？

（张彤，玄振玉）

数字资源详见　新形态教材网

　学习目标　　知识图谱　　推荐阅读　　教学课件　　自测题

参考文献

［1］国家药典委员会.中华人民共和国药典（2020年版）［M］.北京：中国医药科技出版社，2020.

［2］孙昱.中国香港与中国内地中药注册分类及技术性申报资料要求的对比［J］.药物评价研究，2019，42（8）：1503-1508.

［3］黄国凯，赖育健，邱楠.基于粤港澳大湾区药品监管创新视角的内地与香港、澳门中药注册管理体系对比及协同发展思考［J］.中国食品药品监管，2023（4）：34-43，143-144.

［4］孔祥生，武志昂.我国中药以药品身份在美国注册的策略初探［J］.中国临床药理学杂志，2020，36（3）：372-376.

［5］张钰，沙康，吴正红，等.中成药欧盟注册分析［J］.世界中医药，2020，15（17）：2660-2666.

［6］朱诗宇，杨龙会，谭勇，等.中成药在加拿大的注册情况分析及对我国中药国际注册的启示［J］.国际中医中药杂志，2022，44（2）：126-131.

［7］宋永军，刘建勋，李浩.澳大利亚中药监管与审批现状及我国中药产品注册分析［J］.中国现代中药，2021，23（5）：760-765.

［8］赵艳丽，赖佳辉，蔡吹，等.生长年限对滇重楼中甾体皂苷活性成分和生物量积累的影响［J］.中草药，2023，54（21）：7156-7165.

［9］陈丽华，张永，黄诗雨，等.基于创新方法中药产品设计思路［J］.中国新药杂志，2023，32（17）：1697-1702.

［10］刘玉娟，王永洁，邓莉莉，等.基于质量源于设计理念的中药制剂工艺研究进展［J］.中国现代中药，2022，24（3）：523-528.

［11］陈霞，阳长明，陈浩，等.基于中药复方制剂特点的中药复方制剂生产工艺研究［J］.中草药，2021，52（19）：5807-5813.

［12］周跃华，冯怡.关于中药复方制剂均一化研究及制剂中药用物质的探讨［J］.中草药，2023，54（8）：2357-2364.

［13］龚行楚，汪清琳，程翼宇.中药制药过程质量控制方法探索——以三七总皂苷生产制造为例［J］.中国食品药品监管，2022（10）：54-63.

［14］孙新茹，邓秀平，彭辉，等.经典名方物质基准的质量相关性研究进展［J］.天津中医药大学学报，2022，41（5）：653-660.

［15］刘昌孝，陈士林，肖小河，等.中药质量标志物（Q-Marker）：中药产品质量控制的新概念［J］.中草药，2016，47（9）：1443-1457.

［16］赵巍，马秀璟，屠鹏飞.中药新药药学研究的思考［J］.中草药，2019，50（23）：5872-5875.

［17］李玲，季光，张彤，等.经典名方苓桂术甘汤复方制剂的研制［J］.中成药，2023，45（10）：3165-3172.

［18］董雨蓉，解存，刘畅，等.基于病证结合的冠心病动物模型制备研究进展与思考［J］.天津中医药，2024，

41（2）：264-272.

[19] Zhang S, Xu P, Zhu Z, et al. Acetylation of p65 (Lys310) by p300 in macrophages mediates anti-inflammatory property of berberine [J]. Redox Biol., 2023 (62): 102704.

[20] 兰小芳. 连花清瘟胶囊给药后甘草成分药代动力学研究及其与假性醛固酮增多症风险关联物质鉴定 [D]. 天津中医药大学, 2020.

[21] 邵庭萌, 傅定中, 王汝俊, 等. 香砂六君丸对胃肠运动的影响及毒性 [J]. 中药药理与临床, 1990 (2): 5-7.

[22] 吴巍, 万军梅. 香砂六君丸药理学研究 [J]. 中成药, 2005 (10): 1213-1215.

[23] 李锦帅, 杨子娴, 王韬, 等. 苏黄止咳胶囊对豚鼠咳嗽高敏模型的抗炎止咳作用研究 [J]. 陕西中医, 2024, 45 (4): 473-476.

[24] 张忠德, 高明, 李际强, 等. 苏黄止咳胶囊对咳嗽变异性哮喘豚鼠模型疗效的实验研究 [J]. 广州中医药大学学报, 2016, 33 (5): 693-697.

[25] 郭欣, 蔡涛涛, 黄娜娜, 等. 青娥丸及不同拆方组合水提物对正常小鼠急性毒性影响的实验研究 [J]. 中国药物警戒, 2021, 18 (5): 427-432.

[26] 赵文文, 张萌, 张艳菊, 等. 青紫颗粒单次及重复给药毒性试验研究 [J]. 中国现代应用药学, 2023, 40 (13): 1833-1839.

[27] 杨华, 罗芳. 复方菊苣粉急性经口毒性和遗传毒性研究 [J]. 中国卫生检验杂志, 2023, 33 (9): 1058-1062.

[28] 张伯礼, 刘清泉, 高秀梅, 等. 一种宣肺败毒的中药: CN114377086B [P]. 2023-01-17.

[29] 周吉银, 刘强. 中药人用经验的现状及伦理审查辨析要点 [J]. 中国医学伦理学, 2022, 35 (3): 282-289.

[30] 智恺, 苏鹏丽, 刘骏, 等. 基于德尔菲法的中药人用经验评估核心指标研究 [J]. 中国新药杂志, 2023, 32 (12): 1201-1205.

[31] 马琳, 邓宏勇. 中医随机对照试验临床证据元数据研究 [J]. 中国实验方剂学杂志, 2024, 30 (11): 129-138.

[32] Weissler EH, Stebbins A, Wruck L, et al. Outcomes among patients with peripheral artery disease in the Aspirin Dosing: A Patient-Centric Trial Assessing Benefits and Long-Term Effectiveness (ADAPTABLE) study [J]. Vasc Med., 2023, 28 (2): 122-130.

[33] Guo N, Wu F, Wu M, et al. Progress in the design and quality control of placeboes for clinical trials of traditional Chinese medicine [J]. J Integr Med., 2022, 20 (3): 204-212.

[34] Xu J, Zhu L, Xie Y, et al. Effects of Xuezhikang versus Pravastatin on Triglyceride Level in Patients with T2DM and Dyslipidemia: Study Protocol for a Multicenter Randomized Controlled Trial [J]. Curr Vasc Pharmacol., 2023, 21 (3): 211-217.

[35] Yang Y, Li X, Chen G, et al. Traditional Chinese Medicine Compound (Tongxinluo) and Clinical Outcomes of Patients With Acute Myocardial Infarction: The CTS-AMI Randomized Clinical Trial [J]. JAMA, 2023, 330 (16): 1534-1545.

[36] He X, Jiang Y, Li S, et al. Efficacy and Safety of QiShen YiQi Dripping Pills in the Treatment of Coronary Heart Disease Complicating Chronic Heart Failure (Syndrome of Qi Deficiency with Blood Stasis): Study Protocol for a Randomized, Placebo-Controlled, Double-Blind and Multi-Centre Phase II Clinical Trial [J]. Int J Gen Med., 2023 (16): 6177-6188.

[37] 元唯安,唐健元,高蕊,等.中药新药临床试验质量控制关键问题的专家共识[J].中国中药杂志,2021,46(7):1701-1705.

[38] 谭琴,李庆娜,肖梦丽,等.从质量控制角度探讨中药新药临床试验设计中的问题与解决措施[J].中国新药杂志,2024,33(8):805-809.

附 录

附表 1-1　新药研究技术指导原则

指导原则	颁布时间
天然药物新药研究技术要求	2013-01-18
同名同方药研究技术指导原则（试行）	2022-12-27
中药改良型新药研究技术指导原则（试行）	2024-05-15

附表 1-2　药学研究相关指导原则

研发内容	指导原则	颁布时间
综合	中药新药研究各阶段药学研究技术指导原则（试行）	2020-11-04
	按古代经典名方目录管理的中药复方制剂药学研究技术指导原则（试行）	2021-08-31
	其他来源于古代经典名方的中药复方制剂药学研究技术指导原则（试行）	2023-07-25
	基于人用经验的中药复方制剂新药药学研究技术指导原则（试行）	2023-10-18
药材饮片研究	中药质量标准不明确的判定标准和处理原则	2008-06-03
	含濒危药材中药品种的处理原则	2008-06-03
	含毒性药材及其他安全性问题中药品种的处理原则	2008-06-12
	中药资源评估技术指导原则	2017-12-25
	中药新药用饮片炮制研究技术指导原则（试行）	2020-10-12
	中药新药用药材质量控制研究技术指导原则（试行）	2020-10-12
	替代或者减去已上市中药处方中濒危药味研究技术指导原则（试行）	2024-12-11
	濒危动物类中药材人工制成品研究技术指导原则（试行）	2024-12-11
制备工艺研究	中药外用制剂相关问题的处理原则	2008-06-12
	中药工艺相关问题的处理原则	2008-06-12
	中药改剂型品种剂型选择合理性的技术要求	2010-05-10
	中药、天然药物改变剂型研究技术指导原则	2014-03-07
	中药均一化研究技术指导原则（试行）	2020-11-05
	中药复方制剂生产工艺研究技术指导原则（试行）	2020-11-27
	中药新药临床试验用药品的制备研究技术指导原则（试行）	2023-07-25
	中药辐照灭菌技术指导原则	2015-11-09
质量研究	中药质量控制研究相关问题的处理原则	2008-06-12
	中药新药质量标准研究技术指导原则（试行）	2020-10-12
	中药生物效应检测研究技术指导原则（试行）	2020-12-17
	中药新药质量研究技术指导原则（试行）	2021-01-15
	中药制剂特征图谱研究技术指导原则（试行）	2024-02-27
稳定性研究	中药制剂稳定性研究技术指导原则（试行）	2024-02-27

附录

附表1-3 药理毒理研究相关指导原则

研发内容	指导原则	颁布时间
综合	药物非临床研究质量管理规范	2017-06-20
药理研究	药物非临床药代动力学研究技术指导原则	2014-05-13
	药物安全药理学研究技术指导原则	2014-05-13
	药物相互作用研究技术指导原则（试行）	2021-01-26
	基于动物法则的药物研究技术指导原则（试行）	2023-04-07
毒理研究	药物致癌试验必要性的技术指导原则	2010-04-22
	药物重复给药毒性研究技术指导原则	2014-05-13
	药物单次给药毒性研究技术指导原则	2014-05-13
	药物刺激性、过敏性和溶血性研究技术指导原则	2014-05-13
	药物QT间期延长潜在作用非临床研究技术指导原则	2014-05-13
	药物毒代动力学研究技术指导原则	2014-05-13
	药物遗传毒性研究技术指导原则	2018-03-15
	药物非临床依赖性研究技术指导原则	2022-01-07
	中药新药毒理研究用样品研究技术指导原则（试行）	2022-01-07
	药物免疫毒性非临床研究技术指导原则	2024-01-18

附表1-4 临床研究相关指导原则

研发内容	指导原则	颁布时间
综合	药物Ⅰ期临床试验管理指导原则（试行）	2011-12-08
	中药新药临床研究一般原则	2015-11-03
	接受药品境外临床试验数据的技术指导原则	2018-07-11
	证候类中药新药临床研究技术指导原则	2018-11-04
	真实世界研究支持儿童药物研发与审评的技术指导原则（试行）	2020-08-27
	药物临床研究有效性综合分析指导原则（试行）	2021-12-30
	基于"三结合"注册审评证据体系下的沟通交流指导原则（试行）	2022-04-29
	在罕见疾病药物临床研发中应用去中心化临床试验的技术指导原则	2024-05-30
	药物临床试验样本量估计指导原则（试行）	2024-12-23
病证临床研究相关	中药、天然药物治疗冠心病心绞痛临床研究技术指导原则	2011-12-08
	中药、天然药物治疗女性更年期综合征临床研究技术指导原则	2011-12-08
	中药新药治疗恶性肿瘤临床研究指导原则	2015-11-03
	中药新药治疗原发性骨质疏松症临床研究技术指导原则	2015-11-03
	中药新药治疗中风临床研究技术指导原则	2015-11-03
	中药新药治疗流行性感冒临床研究技术指导原则	2016-09-29
	中药新药用于肠易激综合征临床研究技术指导原则	2017-12-27
	中药新药用于功能性消化不良临床研究技术指导原则	2017-12-27
	中药新药用于咳嗽变异性哮喘临床研究技术指导原则	2017-12-27
	中药新药用于慢性心力衰竭临床研究技术指导原则	2017-12-27

续表

研发内容	指导原则	颁布时间
	中药新药用于类风湿关节炎临床研究技术指导原则	2017-12-27
	中药药源性肝损伤临床评价指导原则	2018-06-12
	中药新药用于慢性便秘临床研究技术指导原则	2020-12-31
	中药新药用于糖尿病肾脏疾病临床研究技术指导原则	2020-12-31
	药物临床依赖性研究技术指导原则（试行）	2022-09-28
	儿童用药口感设计与评价的技术指导原则（试行）	2022-11-02
	中药新药用于慢性胃炎的临床疗效评价技术指导原则（试行）	2022-12-21
	中药新药用于胃食管反流病的临床疗效评价技术指导原则（试行）	2022-12-21
	与恶性肿瘤治疗相关中药新药复方制剂临床研发技术指导原则（试行）	2023-04-14
	糖尿病视网膜病变相关中药新药临床研发技术指导原则（试行）	2023-11-14
	罕见疾病药物开发中疾病自然史研究指导原则	2023-07-27
	小儿便秘中药新药临床研发技术指导原则（试行）	2024-03-01
	生长激素制剂用于生长激素缺乏症临床试验技术指导原则	2024-03-01
	中药新药用于紧张型头痛的临床疗效评价技术指导原则（试行）	2024-05-06
	抗肿瘤药物临床试验中SUSAR分析与处理技术指导原则	2024-10-10
数据管理	药物临床试验的生物统计学指导原则	2016-06-03
	药物临床试验数据管理与统计分析的计划和报告指导原则	2016-07-27
	药物临床试验数据管理工作技术指南	2016-07-27
	药物临床试验的电子数据采集技术指导原则	2016-07-27
	生物等效性研究的统计学指导原则	2018-10-17
	真实世界证据支持药物研发与审评的指导原则（试行）	2020-01-07
	药物临床试验数据递交指导原则（试行）	2020-07-20
	药物临床试验非劣效设计指导原则	2020-07-24
	药物临床试验数据监查委员会指导原则（试行）	2020-09-23
	药物临床试验富集策略与设计指导原则（试行）	2020-12-31
	抗肿瘤药物临床试验统计学设计指导原则（试行）	2020-12-31
	药物临床试验亚组分析指导原则（试行）	2020-12-31
	药物临床试验协变量校正指导原则	2020-12-31
	药物临床试验多重性问题指导原则（试行）	2020-12-31
	药物临床试验适应性设计指导原则（试行）	2021-01-29
	用于产生真实世界证据的真实世界数据指导原则（试行）	2021-04-15
	药物临床试验数据管理与统计分析计划指导原则	2022-01-04
	药物临床试验随机分配指导原则（试行）	2022-01-07
	药物临床试验中心化监查统计指导原则（试行）	2022-01-21
	药物临床试验盲法指导原则（试行）	2022-12-30
	药物真实世界研究设计与方案框架指导原则（试行）	2023-02-16
	真实世界证据支持药物注册申请的沟通交流指导原则（试行）	2023-02-16
	成人用药数据外推至儿科人群的定量方法学指导原则（试行）	2023-04-12

续表

研发内容	指导原则	颁布时间
申报资料撰写	研究者手册中安全性参考信息撰写技术指导原则	2022-01-04
其他	患者报告结局在药物临床研发中应用的指导原则（试行）	2022-01-04
	新药研发过程中食物影响研究技术指导原则	2022-01-05
	药物临床试验期间方案变更技术指导原则（试行）	2022-06-23
	药物临床试验期间安全性信息汇总分析和报告指导原则（试行）	2023-03-17
	临床试验中的药物性肝损伤识别、处理及评价指导原则	2023-07-10
	基于疾病登记的真实世界数据应用指导原则（试行）	2024-11-12

附表 1-5　申报资料撰写相关指导原则

内容	指导原则	颁布时间
格式	药品研究实验记录暂行规定	2000-01-03
	药品记录与数据管理要求（试行）	2020-07-01
申报资料撰写	中药新药复方制剂	2021-10-15
	按古代经典名方目录管理的中药复方制剂药学申报资料撰写指导原则（试行）	2024-04-23
说明书相关内容	中成药通用名称命名技术指导原则	2017-11-28
	中成药规格表述技术指导原则	2017-12-25
	古代经典名方中药复方制剂说明书撰写指导原则（试行）	2021-10-15
沟通交流会	中药新药研究过程中沟通交流会的药学资料要求（试行）	2020-11-10

附表 1-6　上市、审查相关指导原则

内容	指导原则	颁布时间
附条件批准上市	药品附条件批准上市技术指导原则（试行）	2020-11-19
审查	药品注册核查要点与判定原则（药学研制和生产现场）（试行）	2021-12-20
	药品注册核查要点与判定原则（药理毒理学研究）（试行）	2021-12-20
	药品注册核查要点与判定原则（药物临床试验）（试行）	2021-12-20
	药物非临床研究质量管理规范检查要点和判定原则	2023-06-28
	药品注册研发生产主体合规信息管理与审查指导原则（试行）	2024-02-05
已上市药品变更	已上市中药变更研究技术指导原则（一）	2011-11-16
	已上市中药生产工艺变更研究技术指导原则	2017-09-11
	已上市中药药学变更研究技术指导原则（试行）	2021-04-02

郑重声明

高等教育出版社依法对本书享有专有出版权。任何未经许可的复制、销售行为均违反《中华人民共和国著作权法》，其行为人将承担相应的民事责任和行政责任；构成犯罪的，将被依法追究刑事责任。为了维护市场秩序，保护读者的合法权益，避免读者误用盗版书造成不良后果，我社将配合行政执法部门和司法机关对违法犯罪的单位和个人进行严厉打击。社会各界人士如发现上述侵权行为，希望及时举报，我社将奖励举报有功人员。

反盗版举报电话　（010）58581999　58582371
反盗版举报邮箱　dd@hep.com.cn
通信地址　北京市西城区德外大街4号　高等教育出版社知识产权与法律事务部
邮政编码　100120

读者意见反馈

为收集对教材的意见建议，进一步完善教材编写并做好服务工作，读者可将对本教材的意见建议通过如下渠道反馈至我社。

咨询电话　400-810-0598
反馈邮箱　gjdzfwb@pub.hep.cn
通信地址　北京市朝阳区惠新东街4号富盛大厦1座　高等教育出版社总编辑办公室
邮政编码　100029

防伪查询说明

用户购书后刮开封底防伪涂层，使用手机微信等软件扫描二维码，会跳转至防伪查询网页，获得所购图书详细信息。

防伪客服电话　（010）58582300